U0518038

北京市义务教育
均衡绩效与预算精细化

栗玉香　冯国有　张荣馨　著

中国财经出版传媒集团
经济科学出版社
Economic Science Press

图书在版编目（CIP）数据

北京市义务教育均衡绩效与预算精细化/栗玉香，冯国有，张荣馨著．—北京：经济科学出版社，2017.8
ISBN 978－7－5141－8362－7

Ⅰ.①北… Ⅱ.①栗…②冯…③张… Ⅲ.①义务教育－教育财政－研究－北京②义务教育－预算管理－研究－北京 Ⅳ.①G522.3②G526.7

中国版本图书馆 CIP 数据核字（2017）第 206025 号

责任编辑：陈昶彧
责任校对：王苗苗
版式设计：齐 杰
责任印制：王世伟

北京市义务教育均衡绩效与预算精细化
栗玉香 冯国有 张荣馨 著
经济科学出版社出版、发行 新华书店经销
社址：北京市海淀区阜成路甲 28 号 邮编：100142
总编部电话：010－88191217 发行部电话：010－88191522
网址：www.esp.com.cn
电子邮件：esp@esp.com.cn
天猫网店：经济科学出版社旗舰店
网址：http：//jjkxcbs.tmall.com
北京季蜂印刷有限公司印装
710×1000 16 开 22 印张 430000 字
2017 年 8 月第 1 版 2017 年 8 月第 1 次印刷
ISBN 978－7－5141－8362－7 定价：56.00 元
（图书出现印装问题，本社负责调换。电话：010－88191510）

前　言

实现义务教育均衡发展是世界教育变革的趋势，是我国教育发展的基本政策，也是北京市政府对公众的承诺。测度义务教育均衡绩效是评判政府履行其责任情况的基本手段，也是对公众期许的回应。测量义务教育均衡绩效的研究很多，方法也很丰富，本研究采取最为简明的方法和表述，对北京市义务教育均衡绩效进行了分析。

本研究的基本逻辑是：理论阐述义务教育均衡绩效的基本框架→文本分析 2004～2015 年北京市政府对义务教育均衡的承诺与行动→实证分析 2010～2015 年间北京市 16 个区义务教育均衡的总体绩效→实证分析 2010～2015 年间北京市 16 个区义务教育均衡的五个分项绩效→实证分析 2015 年北京市 16 个区义务教育均衡的综合绩效→比较北京市与上海市义务教育均衡的绩效→剖析影响北京市义务教育均衡绩效的因素→测算北京市实现优质义务教育均衡所需的财政资金缺口→提高北京市义务教育均衡绩效的预算精细化建议。研究内容分为四大部分，共 15 章。

第一部分，“导论和理论”（第 1～2 章）。“导论”主要概述了研究背景、文献综述、研究意义、研究内容、研究方法、可能的创新等内容。

“理论”即“义务教育均衡绩效理论分析与评价方法”部分。本研究的分析逻辑是：首先，分析了本研究所涉及的几个核心概念，即义务教育均衡、义务教育均衡绩效、预算精细化。分析指出，作为国家教育发展战略目标的义务教育均衡，是义务教育公平在实践中的表现形式，它包括了三个层次的均衡，即教育权利和机会均衡、教育资源和条件均衡、教育成功机会和学业成就均衡，以及这三个层次在不同受教育者个体间、在学校间、在城乡和区域间的均衡。有别于社会道义上的教育均衡或教育公平，本文所强调的是法定层面的义务教育均衡，即政府承诺并以法定程序作出规定的义务教育均衡。其次，分析了核心概念间的逻辑关系。其中，实现义务教育均衡是目标，测度义务教育均衡绩效是手段，实施义务教育均衡预算精细化是途径。最后，分析了义务教育均衡绩效评价方法。本研究采取了政策文本内容分析法，对政府在义务教育均衡方面的政策文本进行了分析，从而概括出政府的政策承诺要点。采取变异系数、基尼系数、麦克劳恩指数、沃兹廷根指数等差异系数分析了2010～2015年北京市义务教育均衡的总体绩效、分项绩效。采取平衡计分卡方法，对2015年北京市16个区义务教育均衡综合绩效进行了诊断和比较。采取OPAI（奥登—皮卡斯充足指数），对未来北京市实现优质义务教育均衡所需要的资金缺口进行了测算。运用比较方法对北京市与上海市的义务教育均衡水平进行了初步的对比。本部分为本书的理论阐述与实证分析建立了初步的分析框架。

第二部分，“政府承诺、行动和实证”（第3～11章）。这部分是本研究的重点。

首先，本部分通过政策文本内容分析，探讨了北京市政府2004～2015年推进义务教育均衡的政策承诺，并从北京市义务教育发展的五个阶段、义务教育均衡发展的主要路径、政府主动理顺的四个关系及推进义务教育均衡的主要措施等分析了政府行动及其成果。

文本分析结果显示，2004～2010年政府在义务教育机会均衡、过程均衡和结果均衡这三个层次方面政策承诺分别占23%、50%和27%，说明这一时期政府的政策重点是过程均衡（占比50%），结果均衡（占比27%）比机会均衡（占比23%）略微重要。2011～2015年政府在机会、过程和结果三个层次均衡方面的政策承诺分别占8%、36%和56%，说明这一时期政府的政策重点是结果均衡（占比56%），过程次之（占比36%），机会均衡只占8%的政策承诺。从整个2004～2015时期看，政府承诺的过程均衡方面，办学条件一直都是重点，其次是师资均衡，然后是教育经费均衡，同时这一时期政府的政策重点从2011年开始已经由过程均衡转为结果均衡。但通过对政府的行动分析看，政府在结果均衡方面并没有给予其承诺的权重。政府的行动与其承诺的不一致，可能埋下了公众对义务教育均衡满意度不高的潜在风险。

第二，实证2010～2015年间北京市16个区的义务教育均衡的总体绩效、分项绩效和综合绩效。其中，总体绩效是将北京作为一个整体，采用差异分析（如极差、变异系数、基尼系数等）方法，对北京市义务教育均衡的绩效现状评估。分项绩效也是将北京市作为一个整体，对其在办学条件、师资、经费等分项方面的现状进行评价和分析，而且分项绩效 1 ~ 3 的评价指标主要是依据政府承诺的办学条件、师资、经费均衡标准。综合绩效评价主要是根据平衡积分卡建立的绩效评价框架，即从教育经费、公众感受、办学条件、教育成果四大方面综合进行实证，所用数据包括了分项绩效所有一级评价指标，其中公众感受和教育均衡发展内容是政府在 2011 年后教育均衡政策承诺的重点。相较于总体绩效和分项绩效，综合绩效更全面、更综合。实证的具体内容包括：（1）从 16 个区间、城乡间、学校间、不同受教育群体间四个维度实证分析了北京市义务教育均衡的总体绩效；（2）从生均教育经费、办学条件、教师资源、学业成就、公众满意度五个方面实证分析了北京市 16 个区义务教育均衡的分项绩效；（3）比较分析了北京市与上海市的义务教育均衡绩效，重新认识北京市义务教育均衡的绩效水平；（4）运用平衡积分卡方法，实证分析了北京市 16 个区义务教育均衡的综合绩效。

实证结果显示，北京市 16 个区之间义务教育均衡总体绩效比较显著，已达到基本均衡的状态；城乡之间教育资源配置不均衡状况得以改善，甚至呈现出农村明显优于城市的趋势；但校际之间的教育资源不均衡仍十分显著；特殊群体之间资源不均衡比较显著；北京市流动适龄儿童入学问题仍较为突出。

实证结果还显示：北京市政府对于教育领域的经费投入水平较高，并向偏远落后地区倾斜，教育经费均衡绩效比较明显。从生均教育经费指数和义务教育财政支出占三级教育支出的比例可以看出，北京市各区义务教育支出水平目前处于比较合理的区间，生均预算内教育事业费、生均人员经费和生均公用经费五年间增长趋势明显，区间各类教育经费的差异程度都有不同程度的缩小。虽然不同区间生均学生补助费、偏远区县生均基建费用有明显差异，甚至出现两极分化情况，但这有利于远郊区县学生获得可负担的教育机会，以及改变偏远地区校园建设条件差的境况。存在的主要问题是各区间小学、初中人员经费的两极差异仍较大，城乡初中生均预算内教育事业费差距较大。

在办学条件均衡绩效方面，实证结果显示：各区间小学、初中生均教学及辅助用房、生均体育运动场馆面积、生均教学仪器设备值、每百名学生拥有计算机台数、生均图书册数和班级规模等指标未呈现明显的不均衡状况。但各项指标在学区间小学的差异水平普遍高于初中的差异水平。学区内部校际间的办学条件差异程度较高（平均变异系数均在0.5左右）。对于生均教学及辅助用房、生均体育运动场馆面积两项指标，城六区的具体数值明显低于其他区，呈现“城乡”倒挂的现象。在班级规模方面，各区普遍存在着班级规模偏大的情况。

在教师队伍均衡绩效方面，实证结果显示：在生均拥有教师数量方面，各区小学、初中生师比分别是16和5，即每16个小学生拥有1个教师，每5个初中生拥有一个教师，小学和初中在这一指标上均明显优于全国标准水平（全国标准是每19个小学生拥有一个教师，每13个初中生拥有一个教师），且2010～2015年北京市16个区间生均教师数量的差异水平维持在较低水平。在生均拥有教师质量方面，2014年，北京市总体上达到每13名小学生拥有1名高于规定学历的教师，每25名小学生拥有1名中级以上职称的专任教师。每9个初中生拥有1名高于规定学历的教师，每14名初中生拥有1名中级及以上专任教师。不过，各区生均拥有高于规定学历教师数和生均拥有中级及以上专任教师数的差异水平相对于生师比来说比较大，但变异系数仍在可接受范围内，均低于0.3。但是，各学区内校际间生均拥有教师质量的差异相对较大，平均变异系数均在0.3以上，个别区如延庆、昌平变异系数达到0.5以上；海淀区作为北京市义务教育高质量区，从上述总体数据分析来看，无论是教师数量或是教师质量均位于较低水平。通过进一步探访得知，海淀区172所中小学中，有42所高校附属中小学，这些中小学教师人事关系隶属于高校，在义务教育教师资源统计时未被计入，因而海淀区的教师数量和质量统计结果偏低，海淀区具体教师资源数据无法得知。

在学生学业成就均衡方面，实证结果显示：在入学率和完成率方面，北京市各区已实现100%的入学率和99%以上的完成率。在毕业率方面，2010～2015年，北京市小学毕业率平均接近100%，但其中，通州区五年来的毕业率整体水平较低，仅达到97%左右；北京市初中毕业率平均从98.92%降低到92.85%，其中，房山区五年来的初中毕业率总体水平最低，低于90%。显然，各区初中毕业率明显低于小学毕业率。而且，各区间初中毕业率差异水平略高于小学；不过，总体而言，北京市各区小学、初中毕业率的差异水平均维持在较低水平上。中考和高考成绩方面，2015年，北京市初中生中考成绩方面，均分以上学生占比为75.73%，高中达线率为82.68%。初中生中考优秀率西城区最高，为40.55%，平谷区最低，为11.36%。西城区、朝阳区、海淀区、顺义区、东城区、丰台区6个区中考优秀率高于全市平均水平。城乡相比，城六区学生中考学业成就明显高于生态涵养区。高考成绩方面，东城区、西城区、朝阳区、昌平区高考本科上线率均超过90%，海淀区文科650分以上考生人数占全市的43%，理科700分以上考生人数占全市的45%。城乡相比，城区的一本上线率明显高于其他区。换句话说，在以中考和高考成绩来衡量的学生享有教育结果方面，海淀区、东城区、西城区、朝阳区等城区明显优于延庆区、密云区等远郊地区。

在义务教育均衡公众满意度绩效方面，本研究得到的公众满意度得分是63.5%，也就是说公众对北京市义务教育均衡状况的评价是63.5%的满意，还有36.5%的不满意。虽然不算很高，但相对于快速发展的北京市义务教育来说，肯定是一个不错的成绩。而且虽然这一结论与教育部验收组对北京市85%的评价结论[①]存在一定差异，但本课题也同时指出，因为本调查中，北京公众依据对教育机会、教育过程、教育结果各项分指标打分所得出的满意度综合评判，基本是与政府的行动相一致，因而也许是公众的真实感觉，政府应当尊重公众的感受。事实上，择校热屡禁不止，高价学区房屡屡出现，也折射出北京居民对义务教育均衡绩效的基本判断和意向。

在义务教育均衡综合绩效指数方面，实证结果显示：按照北京市各区义务教育均衡绩效水平综合指标计算，无论是小学还是初中，远郊地区教育均衡综合绩效指数明显高于其他区，但单项教育结果绩效指数明显较低；城六区（尤其是海淀区和西城区）的教育结果绩效明显优于其他各区，但城六区的教育均衡综合绩效指数却偏低。综合考虑分析过程和各种外部条件，导致这一结果的主要因素如下：（1）数据限制。对北京市各区进行义务教育财政支出绩效水平研究的过程中，由于数据获取限制，仅对各区2015年的绩效水平进行计算，没有考虑各指标的存量影响。（2）政府财政投入倾斜政策。近年来，北京市政府强调在教育经费、办学条件和教师资源的投入方面向农村地区和教育薄弱地区倾斜。近五年的数据表明，生态涵养区的远郊地区生均教育经费的增长幅度明显高于其他各区。目前，生态涵养各区生均教育经费的绝对值也位于北京市各区前列。（3）教育结果差异仍明显。城六区虽然在教育经费、公众满意、学校内部运作等维度绩效水平较低，

---

① 2015年，北京市16个区均通过国家验收，但结果并未在教育部网站上公开，可以肯定的是，通过验收的区域义务教育均衡公众满意度肯定在85%以上。

但反映教育结果的教育均衡发展绩效水平较高。而远郊区正好相反，由于政府投入倾斜的影响，教育经费投入、公众满意度、办学条件和教师资源等学校内部运作绩效水平明显高于平均水平，但教育结果均衡发展绩效水平却远不如城六区，城六区仍旧是家长择校的主要地区。这一结论恰好与目前北京市区高价学区房久烧不退现象相一致，说明北京城区家长购买高价学区房的实质是在购买城区的高质量的教育服务。(4) 非学校指标难以量化。科尔曼报告以及后续的各项研究表明，非学校因素（如家长教育资源）对教育的影响更显著，学校外部环境（如社会文化氛围）等因素直接或间接影响教育绩效水平，但将非学校因素选作指标进行量化处理难以实现，本研究在绩效指数的计算中也未将非学校因素纳入指标体系。总体而言，城六区教育经费、满意度、学校内部运作等维度的绩效水平偏低，但教育结果均衡发展维度的绩效水平在各区中位于前列，反映出政府在城六区义务教育财政支出质量的有效性。远郊地区由于政策倾斜，综合绩效指数较高，反映了政府远郊区义务教育财政支出数量的有效性。

对比北京市与上海市义务教育均衡绩效，结果显示，北京市生均教育经费高于上海市，办学条件和教师资源也不低于上海市。但与上海市相比，北京市办学条件和教师资源的校际不均衡更显著。

第三部分，“影响北京市义务教育均衡绩效的因素”（第 12 ~ 13 章）。本书分析了北京市义务教育均衡绩效的成就及存在的问题；从教育经费、公众满意度、学校内部运作、教育均衡发展四个维度实证了影响北京市义务教育均衡绩效的因素；从未来北京市实现义务教育优质均衡政策目标的需要出发，预测北京市各区之间、学校之间实现优质义务教育均衡所需要的财政资金需求缺口。

实证证明，所有设定的方程模型大部分拟合程度较好，且不存在一阶自相关，方程估计参数都要进行显著性检验。不通过参数检验的视为影响不显著因素，反之，则视为影响因素。实证结果表明，影响北京市义务教育均衡综合绩效的因素分别是：

1. 影响教育经费均衡绩效的因素有：生均教育财政支出、学生人数和人均 GDP，教育财政支出不具有中立性。具体表现在：

在小学教育阶段，生均教育财政支出对生均预算内教育事业费有显著影响，生均教育财政支出平均每增加 1 元，生均预算内教育事业费平均增加 1.13 元。生均教育财政支出和学生人数两个因素对生均公用经费有显著影响，生均教育财政支出平均每增加 1 元，生均公用经费平均增加 0.81 元，学生人数平均每增加 1 人，生均公用经费平均增加0.14元。

在初中教育阶段，生均教育财政支出和人均GDP这两个因素对生均预算内教育事业费有显著影响，前者平均每增加1元，生均预算内事业费平均增加1.22元；后者平均每增加1元，生均预算内事业费平均增加0.07元。生均教育财政支出对生均公用经费有显著影响，生均教育财政支出平均每增加1元，公用经费平均增加0.8元。

2. 影响公众满意度绩效的直接因素没有找到，间接因素政府信息公开程度高低与公众满意度高低基本一致。影响公众满意度绩效的因素有待进一步研究。

3. 小学教育阶段，生均基建费用对学校内部运作绩效有显著影响，2010～2015年累积生均基建费用平均每增加1元，小学内部运作绩效平均增加0.02%。初中教育阶段现有指标没有通过显著性影响检验。

4. 无论是小学教育阶段还是初中教育阶段，以人均GDP衡量的主要经济发展水平对学业成就均衡绩效有显著影响。人均GDP平均每增加10000元，学生学业成就均衡绩效平均增加3%。

2016年北京市政府正式提出了实现优质义务教育均衡政策目标，这既是政府履行2011年以来在义务教育结果均衡方面的承诺，也是北京市政府在义务教育均衡方面新的行动。它意味着未来北京市政府在义务教育均衡方面的政策重点将在实现义务教育结果均衡方面发力，同时兼顾围绕着教育机会均衡和教育过程均衡中的短板，如对特殊儿童、流动儿童、个别学校的政策调整。对此，作为保障均衡实现的财政预算该如何调整呢？本研究基于2015年生均教育经费数据进行了初步测算。测算结果显示：北京市各区实现优质义务教育均衡，每年财政支出还有近140亿元的资金缺口。其中，各区小学财政性教育经费要达到绝对充足还需再投入近90亿元，北京市各区初中财政性教育经费达到绝对充足还需投入近50亿元。根据测算各区需求有所不同，其中，朝阳区义务教育财政性经费实现完全充足水平的总资金缺口为7.75亿元。需要说明的是，预测没有考虑各区间、学校间义务教育资源存量及未来通货膨胀率，这主要是受数据可获得性限制，如果考虑这些，资金缺口可能会更大些。这一充足性需要的财政支出量是北京市义务教育财政支出的刚性需求，政府必须在考虑通货膨胀率的前提下，保持义务教育财政支出总量的持续增长。

第四部分，“提高北京市义务教育均衡绩效的预算精细化改革”（第14～15章）。针对这部分，首先，本书通过问卷调查实证分析了北京市义务教育均衡预算管理现状；其次，从提高北京市义务教育均衡绩效角度提出了预算精细化改革的建议。

对北京市义务教育均衡预算管理的调查对象包括学校领导者、教师和学生家长。结果显示，在对学校教育预算管理的了解和关注程度方面，学校管理者最高，教学岗教师次之，学生家长的了解和关注程度有待提高；在预算编制参与情况方面，教学岗教师参与程度偏低，所接受的相关培训不足，学生家长参与预算编制的积极性不高；在教育算管理现状方面，教师和学生家长皆认为目标学校基建经费投入已充足，而教师工资经费投入需提高，专项经费的支出分配需调整；在教育经费管理的建议方面，学校领导者主要建议应提高学校预算编制的自主权，教师主要建议通过培训提高预算编制人员的技能并提高教师参与；学生家长则希望预算能够公开透明并能精细化，方便公众监督。

为了最大化地实现义务教育财政支出的基本目标，促进优质义务教育均衡发展，需要改革教育预算管理，使义务教育均衡预算支出更加精准化和精细化。在阐述中，本书借鉴了美国义务教育预算精细化管理的经验，并结合北京市的现实，提出了相应的建议。研究认为，预算精细化改革需要：第一，基于北京市“优质教育均衡需求”、基于北京市“国际竞争需求”、基于北京市“潜在教育均衡需求”精心筹划义务教育均衡所需的预算总量；第二，优化北京市义务教育均衡的预算结构，包括优化北京市义务教育均衡预算结构的原则、优化义务教育均衡预算结构的重点、完善义务教育均衡预算的管理体制、优化义务教育均衡预算的责任结构；第三，细化义务教育均衡预算的实施规则，包括细化义务教育均衡预算支出的教育功能、细化义务教育均衡预算支出的经济功能、细化义务教育均衡预算支出的项目、细化义务教育均衡财政预算的责任部门和法律依据；第四，透明化管理义务教育均衡预算支出的财务信息，包括透明化义务教育均衡预算支出的财务报告、公开财务账户分类描述、公开功能支出分类账户、公开成本会计和教育项目报告、公开细化的活动资金报告指南；第五，确立绩效问责的义务教育均衡财政政策导向。

本书是在北京市社会科学基金项目《基于北京市义务教育均衡的财政支出效率与精细化预算改革研究》（项目编号：10AbJG383）最终成果基础上修改而成的。中央财经大学政府管理学院栗玉香主持完成了课题研究。首都体育学院管理与传播学院冯国有，中央财经大学政府管理学院张荣馨，北京市朝阳区教委刘宇、王玉林，北京市朝阳区发改委罗凤鸣，中央财经大学袁晋芳、许寅硕、朱江煜，北京市朝阳区陈经纶中学王海荣，中央财经大学政府管理学院博士研究生边中让、硕士研究生江杭、张安伟、张慧等参与了课题研究。栗玉香、冯国有、张荣馨共同将最终研究成果修改成书。北京市哲学社会科学基金会、中央财经大学政府管理学院为课题研究及本书出版提供了资助，在此一并表示由衷的感谢。

2017 年 6 月 28 日于中央财经大学

目录

第一部分　导论和理论

第四部分 提高北京市义务教育均衡绩效的预算精细化改革

第一部分
导论和理论

本部分包括第1、2章内容。

第1章“导论”。主要概述了研究背景、文献综述、研究意义、研究内容、研究方法、可能的创新等内容。

第2章“义务教育均衡绩效理论分析与评价方法”。分析逻辑是：首先，从理论和可操作两方面分析了本研究所涉及的几个核心概念，即义务教育均衡、义务教育均衡绩效、预算精细化。分析指出，作为国家教育发展战略目标的义务教育均衡，是义务教育公平在实践中的表现形式，它包括了教育权利和机会均衡、教育资源和条件均衡、教育成功机会和学业成就均衡，以及这三个层次在不同受教育者个体间、在学校间、在城乡和区域间的均衡。有别于社会道义上的教育均衡或教育公平，本文所强调的是法定层面的义务教育均衡，即政府承诺并以法定程序作出规定的义务教育均衡。其次，研究分析了核心概念间的逻辑关系。最后，分析了义务教育均衡绩效评价方法。本研究将采取政策文本内容分析法，对政府在义务教育均衡方面的政策文本进行分析，从而概括出政府的政策承诺要点。采取变异系数、基尼系数、麦克劳恩指数、沃兹廷根指数等差异系数分析北京市义务教育均衡绩效的总体情况。采取平衡计分卡方法，对北京市16个区义务教育均衡绩效的综合水平，以及各区的义务教育均衡绩效状况进行诊断和比较。采取OPAI（奥登—皮卡斯充足指数），对北京市实现优质义务教育均衡所需要的资金缺口进行测算。运用比较方法对北京市与上海市的义务教育均衡水平进行初步的对比。本部分为本书的理论阐述与实证分析建立了初步的分析框架。

1

导 论

这一章阐述了本书的基本轮廓，主要概述研究背景、文献综述、研究思路、可能的创新等内容。

1.1 研究背景

1.1.1 世界教育变革的趋势

2015 年 9 月，世界各国首脑在联合国第七十届会议上通过了《变革我们的世界：2030 年可持续发展议程》①，阐明了教育已经成为“全球共同利益”，各国政府承诺要提供包容和平等的优质教育；承诺所有人都有机会获得教育，掌握必要知识和技能，充分融入社会；承诺到 2030 年，确保所有儿童完成免费、公平和优质的中小学教育，并取得有效的学习成果。让儿童公平享有教育机会、教育资源、教育成就已经成为世界各国共同追求的教育政策目标的重中之重。一国政府能否为其公民提供基本均衡的教育机会，能否为每一个受教育者提供大致相当的教育资源，并充分有效地使用教育资源，最终使受教育者——学生获得较高的教育成就，已经成为世界组织及各国衡量政府教育政策目标实现程度和绩效的重要标准。

世界银行在 2020 年教育战略《全民学习：投资于人们的知识和技能以促进发展》中提出：教育是发展和经济增长的基础，接受教育不仅是《世界人权宣言》和《联合国儿童权利公约》所赋予的基本人权，发展教育也是一项战略性

① 联合国大会第七十届会议决议“变革我们的世界：2030 年可持续发展议程”的成果文件，2015 年 9 月 25 日至 27 日举行的关于通过 2015 年后发展联合国首脑会议审议.

的发展投资，投资于高质量的教育可以带来更快速和可持续的经济增长与发展。战略投资全民教育，不仅是投入，还有使所有学生都能获得他们所需要的知识、技能；围绕着全民教育的体系改革，也不仅是投入，还要确保投入的更有效使用。世界银行报告认为，未来需要建立新的教育体系，需要提供充足的学校投入，无论是学校建筑、受过培训的教师，还是课本的投入，都对一个国家的教育进步至关重要。同时，作为提供投入的补充，需要改革教育体系中各方和参与者的责任关系，使这些关系明晰，与各方的职能相一致，并能够测量、监控和支持。

OECD 国家在过去的 30 多年的时间里，为确保儿童参与和完成学业，并在经合组织成员国家之间进行比较，已经开发并实践了一套可靠地对学生的学习成果和教育公平进行检测的工具 PISA①。

2016 年初，美国联邦教育部发布《确保每个美国儿童公平享有接受优质教育的机会》政策指出，每一间教室都需要一位优秀教师，每一所学校都需要一位优秀校长，每一个学生都应该接受世界一流教育；基础教育要拒绝仅凭简单印象就给学生贴上失败标签，应确定正在改进和缩小成就差距的学校，意识到随着时间的推移所取得的进展和发展并相应地做出反应，注重改进学生（尤其是落后学生）的学习结果；所有孩子的机会应该均等，每一个学生都值得拥有将来通过辛勤工作和创造性获得更大发展的机会。

面对汹汹来潮的世界教育大变革，中国政府该如何顺应世界趋势，确保本国儿童不被世界大潮甩出去，确保本国儿童均等享受世界一流的优质教育，任重道远。

1.1.2 我国义务教育发展的政策目标

义务教育均衡发展是国家教育发展的重要政策目标。《国家中长期教育改革与发展规划纲要》提出：办好人民满意的教育，需要把促进公平作为国家基本教育政策。均衡发展是义务教育的战略性任务，应均衡配置教师、设备、图书、校舍等资源，切实缩小校际差距；加快缩小城乡差距，在财政拨款、学校建设、教师配置等方面向农村倾斜；要率先在县（区）域内实现城乡均衡发展，努力缩小区域差距。

为实现这一政策目标，政府义务教育财政支出总量不断增长，财政支出受益的群体规模不断扩大，生均享有的教育财政资源水平也逐年提高。从某种意义上说，教育政策就是教育财政政策，缺乏教育财政资源的必要支持，教育政策目标

① OECD. 教育概览 2015 年［N］. 教育科学出版社，2016.

就会打折扣甚至不可能实现。接受义务教育属于公民的基本教育权利，而非选择性教育权利，公平享有义务教育资源是社会公平正义的体现，是政府不可推卸的责任，是义务教育财政支出的目标，更是每个家庭对义务教育发展的期盼。2012年，我国实现了自20世纪80年代以来孜孜以求的教育财政投入目标，即财政性教育经费支出占GDP4%的目标，标志着政府教育财政支出阶段性目标的实现，同时，一系列推进义务教育均衡发展政策的出台和实施，也代表着政府在新世纪新的目标和追求以及为此所作出的努力。这些均衡政策如何能早日切实落到实处，值得研究。

1.1.3 公众对义务教育均衡的满意度

近年来，政府围绕着义务教育均衡的财政支出总量不断增长，但公众对义务教育均衡满意度与政府教育财政支出并未实现同步增长。根据教育部发布全国县域义务教育均衡发展状况监测报告，全国大部分地区已经实现义务教育均衡发展的目标，公众满意度评价均在80%以上，但不少学者的调查研究报告显示，这一数据为60%左右，部分地区在50%以下。政府统计公布的辍学率为3%，而公众反映、学者和地方大量调研却得出30%辍学率的结论，两者相差甚远。为什么会存在这样的差距？为什么在经济发达的地区，县域的义务教育均衡满意度也不如预期？这其中，除了“数字出官，官出数字”因素外，还存在哪些真正的问题？这是非常值得思考和研究的问题。虽然从经验判断来看，出现这些问题，可能的原因如下：

一是教育财政支出结构存在问题。其主要表现在：教育财政支出总量不断增长，但义务教育财政在总支出中占比重较低，导致义务教育财政总量不足；义务教育财政内部支出结构不合理，部分教育财政支出是锦上添花，学校之间教育财政资源配置不均衡，仅靠增量部分无法从根本上改变学校之间义务教育财政资源配置非均衡的基本格局；学校内部财政支出结构不合理，大部分教育财政资源被配置到与教育质量提高关联度较低的项目上，教育、教学质量不能实现应有的提高。

二是公众对教育服务质量的感受问题。政府教育财政投入基本上没有实现从投入型均衡到产出型均衡的转变，每个家庭的孩子只能在一所学校接受教育，他对教育质量的感知只能是这所学校。当公众的教育质量预期高于教育服务质量的实际供给时就会存在偏差，加上父母们对孩子教育的重视，家长们之间相互交流、攀比，义务教育均衡发展的满意度就会较低。公众对教育满意度的评价也在很大程度上存在着相互影响的效应。政府无权干预公众对义务教育均衡发展满意度评价的结果，办人民满意的教育是政府对人民的政策承诺，政府需要做的事情只能是在保证财政支出总量增长的基础上，不断优化义务教育财政的支出结构。

那么，如何从优化财政支出结构，以及更前置的政府行动——精细化、科学化教育财政预算做起，非常值得研究。

1.1.4　北京市政府对义务教育均衡的承诺

推进优质教育均衡发展，办人民满意的教育，是北京市政府对公众在义务教育领域的最新承诺。

北京市义务教育发展的绝对水平和均衡水平在全国都居于前列，这是公认的事实。无论是整个北京市拥有的义务教育优质资源总量，还是生均享有的义务教育资源水平，都是全国绝大部分地区无法企及的。以 2014 年为例，北京市普通初中生均公共经费支出达到 35082. 16 元，是全国平均水平的 3. 68 倍；北京市普通小学生均公共经费支出达到 21920. 5 元，是全国平均水平的 3. 12 倍。北京市经过多年的发展，义务教育机会均衡基本实现，入学率已接近 100%，2015 年底，北京市 16 个区的义务教育均衡全部通过了“国标”检测和评估。即使考虑外来人口子女义务教育入学，也基本实现了教育机会的均衡，人人都有学上已经成为现实。在这样的背景下，北京市义务教育均衡发展的目标显然不能是全国平均水平，而是高水平的优质教育均衡。北京市“十三五”规划提出了“推进教育优质均衡发展”① 的政策目标：推进教育优质均衡发展，要构建公平、优质、创新、开放的现代教育体系，为所有人提供适宜的教育。为此，一是增强教育服务供给能力。适应首都城市空间布局、人口分布和学龄人口变化趋势，在重点区域、重点阶段有步骤地扩大基础教育；二是提高义务教育均衡发展的水平。以发展的方式，不断缩小区域、校际教育水平差距，努力为学生成长提供公平、优质的教育；三是全面提升教育质量，完善教育质量综合评价体系，形成实施素质教育导向机制。

2015 年，北京市人均 GDP 已经超过 17000 美元。按照世界银行 2015 年最新收入分组标准，北京市已经进入高收入国家或地区的水平。虽然当今的北京并不能与发达国家或地区相比，但北京义务教育均衡发展目标至少应快速实现发达国家 20 世纪末的水平，实现生均教育经费均衡、各项基本办学条件均衡，争取迎头追上发达国家或地区的义务教育均衡水平，使北京市在国际大都市竞争中不至于因教育资本短缺而落伍！基于此，北京义务教育财政支出总量需要持续增长，支出结构需要进一步优化，为每个学生都能享受到一流的教育资源，为每一个学生都能成功，办出人民满意的义务教育。当然，近年来，北京市义务教育财政总

① 北京市人民政府：《北京市国民经济和社会发展第十三个五年规划纲要》. 2016.

量支出在不断增长，区县间、学校间义务教育财政资源配置差异水平有较为明显的缩小。但从义务教育财政支出总量增长和区县间、尤其是学校间财政差异缩小幅度来看，仍不尽如人意，择校情结、天价学区房折射了这一实际。如何立足北京市义务教育均衡的实际，采取适切的教育政策，以及相应的政府行动，科学规划教育财政预算，以提高北京市义务教育均衡绩效，非常需要进一步研究。

1.1.5 预算精细化改革的新要求

2015 年 1 月 1 日起开始实施的新修订的《预算法》，更加强调绩效评价、预算透明、预算精细化，这为围绕着义务教育均衡而进行的教育财政支出以及预算提出了新的要求和新的挑战。在义务教育领域的绩效要求，既包括了对已有财政支出在直接配置教育资源中的均衡效果，在间接配置教育资源使受教育者在享受教育服务方面的均衡效果，也包括受教育者在教育成果方面的均衡绩效，最终实现公众满意的义务教育均衡效果。预算作为连接政府和公众的纽带，是实现公众满意的义务教育均衡效果的有效工具。政府通过预算规划来为实现义务教育均衡而进行的各项支出做出指向性安排，直接和间接地为受教育者享受均衡的教育资源和服务提供财政资金保障。同时，政府通过预算规划来为矫正义务教育不均衡状况而进行各项调整性支出做出指向性安排，及时弥补义务教育不均衡中的短板。因此，在既定的财政投入水平下，围绕着提高义务教育均衡绩效，不断完善政府的财政投入机制，探寻充分发挥财政预算管理的作用，通过预算的合理化、精细化管理改革，有效地进行教育财政支出，不失为办出人民满意的义务教育均衡的重要途径。这也正是本研究要解决的主要问题之一。

本研究从理论上阐释了义务教育均衡、义务教育均衡绩效、义务教育财政预算精细化概念的内涵及相互关系等相关问题，并通过对北京市 16 个区的义务教育均衡总体绩效、分项绩效，以及基于平衡计分卡测算的综合绩效实证分析，找出北京市义务教育均衡绩效存在的问题以及原因，最终围绕着提高义务教育均衡绩效，从预算精细化管理改革角度进行分析，提出相应的政策建议。研究建构了义务教育均衡绩效的分析模型，对深化义务教育财政相关问题研究具有积极的意义，也丰富了教育财政学的相关研究内容。

本研究运用各种公开数据及问卷调查数据，实证分析北京市义务教育均衡的绩效的同时，也借鉴发达国家的相关经验，提出了基于大量数据和发达国家最新实践的预算管理改革建议，希冀对公众进一步认识北京市义务教育均衡水平以及政府进行科学决策具有一定的参考价值。

1.2 文献综述

梳理归纳相关研究文献发现，国内研究大多数聚焦在义务教育均衡及财政支持政策方面，也基本达成了共识。较少对教育均衡绩效及教育预算精细化进行研究，从北京市义务教育均衡绩效与预算精细化改革的文献则更少。

与本研究相关的文献主要涉及三个方面，即“义务教育资源均衡配置”及“义务教育财政”、“义务教育财政效率（绩效）”。“义务教育资源均衡配置”的研究主要涉及相关理论分析、国内省域间、县域间义务教育资源配置状况的实证分析、促进义务教育资源均衡配置政策等内容。“义务教育财政”的研究主要涉及义务教育财政相关理论、义务教育财政管理体制、以财政相关指标、数据实证分析、促进义务教育财政均衡的财政政策。“义务教育资源均衡配置”理论分析主要涉及教育公平、公共产品、义务教育均衡发展、基本公共服务均等化等相关理论。实证分析大多是以《中国教育统计年鉴》《中国教育经费统计年鉴》数据、地方政府公布相关统计数据及部分研究者实地调研的相关数据，运用统计学极差、标准差、变异系数、基尼系数、泰尔指数、麦克劳恩指数等方法计算义务教育资源差异，在采用数据相同的情况下，大多数研究者获得的义务教育资源配置差异及义务教育财政差异的结论并无大的区别，对策研究也基本趋同。“义务教育均衡绩效”主要集中在教育效率、学校生产效率等方面的理论和实证分析，义务教育均衡绩效实证分析大多是使用《中国教育经费统计年鉴》《中国教育统计年鉴》数据，部分研究成果是对区域内义务教育财政支出绩效进行的研究。

1.2.1 义务教育均衡发展的理论研究

对义务教育均衡发展理论基础的研究主要集中在“义务教育为什么要均衡发展”问题的理论阐述。概括起来主要有三个方面：一是从法学的视角，即从《世界人权宣言》、联合国教科文组织的相关文件、发达国家教育相关法律、我国教育法律等精神和主张，阐述义务教育均衡发展是公民实现基本权利平等的保障。二是从政治学和社会学视角，即运用社会公平、社会公正、社会正义理论等分析义务教育均衡发展对缩小阶层之间差异、促进社会和谐、实现社会公平正义的价值。三是从经济学视角分析教育对家庭人力资本积累、收入、社会地位的影响，以及对地区乃至全国经济发展的影响，强调如果放任义务教育资源配置在地区及群体之间的差异不断扩大，可能影响地区和家庭对教育资源（尤其是优质教育资源）的获取，可能影响数量众多的低收入家庭的人力资本积累，使得中国工业化进程中劳动力优质低价的比较优势难以持续。① 四是世界民主国家均把义务教育均衡发展（公平）作为政府教育政策的目标。

1.2.2 义务教育均衡发展的实证研究

对义务教育均衡发展的实证研究主要集中在区域之间、城乡之间、校际之间教育资源配置的差异研究。其中，受地方政府教育统计数据公开程度的影响，省域之间义务教育均衡发展实证研究成果较多。同样是受数据收集的限制，不同研究者在义务教育均衡发展评价指标选择上也存在差异。一般而言，有政府背景的研究机构，调研比较充分，获取数据比较全面，评价指标就可能较多。大多数研究者的实证分析仅限于中央及地方政府公开的统计数据指标。

中央教育科学研究所课题组 2009 年对全国东中西部 42 个县 3640 所学校进行抽样调查，从办学条件、教师队伍、教育经费三个方面 26 个指标实证分析了东中西部区域间、区域内县域间、城乡间的义务教育均衡发展水平。② 国务院教育督导委员会办公室采用生均教学及辅助用房面积、生均体育运动场馆面积、生均教学仪器设备值、每百名学生拥有计算机台数、生均图书册数、师生比、生均高于规定学历教师数、生均中级及以上专业技术职务教师数等 8 项指标对 293 个达标县的督导评估结果显示，2012 年小学、初中综合差异系数均比 2011 年明显缩小，从 2011 年的 0.529 和 0.475 下降到 2012 年的 0.413 和 0.356。③ 翟博等从教育机会均衡、教育资源配置均衡、教育质量均衡、教育成就均衡四个维度 11 个指标测度了 1995 ~ 2010 年全国区域、城乡、学校、群体间基础教育均衡状况。④ 张旺等采用生均危房面积、生均仪器投入、生均图书数量、生均微机数量、生均场馆面积、生均公用经费、生均事业费用、生均校舍面积、教师学历达标、入学率等指标，利用 2006 ~ 2009 年数据对吉林省 40 个县（市）义务教育发展的标准差及差异系数进行比较分析。⑤ 李慧勤等采用生均校舍建筑面积、生均教学及辅助用房面积、生均体育运动场（馆）面积、师生比、高于规定学历教师比例、中高级专业技术职务教师比例、生均仪器设备值、每百名学生计算机拥有台

---

① 丁维莉，陆铭：教育的公平与效率是鱼和熊掌吗 [J]. 中国社会科学 . 2005 (6)：47 – 57.

② 中央教育科学研究所教育督导评估研究中心：义务教育均衡发展报告 . 2010 [M]. 教育科学出版社 2010.

③ 国务院教育督导委员会办公室：国家教育督导报告（2014 年第 1 号）. 2013 年义务教育均衡发展督导评估 [N]. 中国教育报/2014 年/2 月/22 日/第 003 版 .

④ 翟博，孙百才：中国基础教育均衡发展实证研究报告 [J]. 教育研究 . 2012 (5)：22 – 30.

⑤ 张旺，郭喜永：省域义务教育均衡发展研究——基于吉林省 40 个县（市）义务教育发展的比较分析 [J]. 东北师范大学学报 . 2011 (6)：170 – 176.

数、生均图书对2009年云南省39个县义务教育发展差异进行了实证分析。① 杨令平等对西部部分省9个县（市）进行了调研，分析了2011年西部县域义务教育均衡发展状况。② 不同研究者选取大致相同的义务教育均衡发展指标对全国省域、县域义务教育均衡状况进行了实证研究，所获得的研究结论基本相同。即区域义务教育差距不断扩大的趋势得到抑制，相对差距在波动过程中逐步缩小，中央政府推进义务教育均衡发展政策效果不断凸显。

1.2.3 义务教育财政均衡的相关研究

国内义务教育财政均衡研究成果较多。理论研究主要集中在义务教育财政制度、义务教育财政均衡（公平）。实证研究主要是以义务教育财政指标（生均教育经费）对全国、省域、县域、城乡、学校间财政均衡进行研究。由于研究者大多使用《中国教育经费统计年鉴》和教育部、财政部《全国教育经费执行情况公报》的统计数据，所以省域间义务教育财政均衡实证研究文献较多。

义务教育财政制度主要涉及政府间教育事权与教育财政支出关系的研究。研究者大多梳理了我国义务教育财政制度的演变，对义务教育财政体制改革提出了相应的建议。周金玲认为，基础教育财政制度的变迁是由各国历史决定的，不同国家在不同发展阶段义务教育财政制度的效率与经费负担主体存在一定的差异。③ 杜育红认为，现行的教育财政体制与其说是理性设计的结果，还不如说是利益集团相互博弈的结果，是中央教育行政部门在整个财政体制改革的大背景下不得已而为之的结果。④ 金戈从制度变迁理论视角，分析了多级政府间的制度互动对于推进全国义务教育财政制度变迁的重要作用，以浙江省在义务教育财政制度上的区域性变迁与中央推动的全国性制度变迁之间的相互影响与相互作用进行实证。⑤ 王善迈认为，农村税费改革是义务教育财政制度变革的分界点，我国义务教育财政制度变迁呈现义务教育经费从政府个人共担到政府保障，个人承担义务教育经费从城乡有别到逐步取消，政府承担义务教育经费责任从地方为主到上级统筹；农村义务教育经费保障新机制是对义务教育财政制度的完善。⑥ 赵力涛认为，在20世纪80年代和20世纪90年代，中国是世界教育领域分权改革的重要组成部

① 李慧勤，刘虹：县域间义务教育均衡发展的影响因素及对策思考——以云南省为例［J］. 教育研究. 2012（6）：86－90.

② 杨令平，司晓宏：西部县域义务教育均衡发展现状调研报告［J］. 教育研究. 2012（4）：35－42.

③ 周金玲. 义务教育及其财政制度研究［D］. 浙江大学博士学位论文. 2005. 15.

④ 杜育红. 论农村基础教育财政体制创新［J］. 教育发展研究，2001（11）：20－21.

⑤ 金戈. 义务教育财政制度变迁中的政府间互动——以中央与浙江为例［J］. 社会科学战线. 2011（11）：34－40.

⑥ 王善迈等著. 公共财政框架下公共教育财政制度研究［N］. 2012：32－43.

分，强调“低重心”多渠道的教育经费体制的内在合理性，强调分权化是难以逆转的趋势。从2001年开始，中国调整了农村义务教育管理体制，不再是分权化改革的延续和完善，而是重新确立政府责任的一种尝试，为世界教育改革提供了有益经验。① 现行义务教育财政仍然存在较大的缺陷，也导致一些严重的后果：一是造成贫困地区的政府财政无力负担本地的义务教育经费，直接影响了我国义务教育普及的进度；② 二是分级办学体制意味着在义务教育阶段将城乡进一步分割，造成了农村与城市之间教育机会不平等的延续乃至扩大。在客观上也迟滞了农村教育的发展，造成了不同地区义务教育经费的巨大差异，并在一些贫困地区形成了恶性循环。③ 不少学者通过对农村义务教育财政状况调查后认为，以县为主”的基础教育财政投资管理不能解决农村义务教育发展资金缺口问题，很多贫困县无力为主。④ 因为从财政自给度来看，中国大部分县级政府财政相对薄弱，相当数量的贫困县只能靠国家财政补贴维持财政支出水准，根本无力支撑庞大的教育开支，⑤ 中国义务教育财政体制需要重构。⑥ 较多的学者主张县以上级别的各级政府应该分担义务教育经费，应该构建“以省为主，分类承担”的基础教育财政投资管理体制；⑦ 也有学者提出中央政府应该承担义务教育的基本经费。⑧

财政转移支付是义务教育财政制度的组成部分，是针对政府间义务教育投入责任与财力不对称问题的制度设计。王善迈等认为，现行体制下各级政府间拥有的财力资源与义务教育责任的不对称：中央和省级政府掌握了主要财力，但不承担义务教育的财政责任，县、乡政府财力薄弱，却承担着举办义务教育的筹资重任。建立规范的中央和省级政府承担更大财政责任的义务教育财政转移支付制度，是解决在贫困地区表现最为突出的义务教育经费问题的根本保证。⑨ 杜育红认为，中国现行的教育转移支付制度由于照顾了原有的利益格局，起不到缩小地

---

① 赵力涛. 中国义务教育经费体制改革：变化与效果［J］. 中国社会科学. 2009（4）：80－92.

② 周宏. 关于当前我国农村义务教育管理体制改革的新思考［J］. 教育发展研究，2001（1）：56－59.

③ 潘天舒. 我国县级义务教育投资的地区差异及其影响因素分析［J］. 教育与经济，2000（4）：36－44.

④ 袁桂林. 农村义务教育“以县为主”管理体制现状及多元化发展模式初探［J］. 东北师大学报（哲学社会科学版），2004（1）：115－122.

⑤ 闫建璋，黄育云. 税费改革后农村义务教育经费保障途径探析［J］. 中国农村教育，2002（8）：25－26.

⑥ 王善迈等. 重构我国公共财政体制下的义务教育财政体制［J］. 北京大学教育评论，2005（4）：25－30.

⑦ 范先佐. 构建“国家办学、分类承担”的农村义务教育财政体［J］. 制教育发展研究，2004（4）：8－12.

⑧ 周金玲. 农村义务教育经费筹措主体分析［J］. 山东社会科学，2003（6）：35－39.

⑨ 王善迈，袁连生. 建立规范的义务教育财政转移支付制度［J］. 教育研究. 2002（6）：3－8.

区间教育发展差异的政策作用，应借鉴日美教育转移支付制度与拨款模式经验，构建新的中国教育转移支付制度与拨款模式。[①] 马国贤探讨建立规范、公平、有效的义务教育转移支付制度的可行性，重点分析了这项制度建设中“谁是资金转移支付的主体？谁有条件获得这项转移支付？应当如何分配这一资金？如何对这项资金的效果进行考核？”四个关键问题。[②] 李祥云认为，由于政府间义务教育财政转移支付不同类型具有不同的经济效应，为达成预期的各种政策目标，必须选择合适的转移支付类型与之搭配。[③] 赵海利对浙江省 2006～2009 年教育专项转移支付的受益分析表明，转移支付资金本身完成了缩小地区投入差距，促进教育公平的政策初衷。但是，从新增转移支付资金的受益归宿看，低收入群体并非新增转移支付资金的最大受益者，而是利益受损者，意味着教育专项转移支付资金规模扩大对推动教育公平的力度在逐步减小。[④] 钟晓敏等通过义务教育财政供给能力、义务教育财政需求以及财政努力程度等三类指标，构建了一个可供选择的因素法义务教育转移支付模型。[⑤] 胡德仁等从财政能力和财政需求的角度，分析形成地区间小学教育差异的若干因素，构建了财力客观能够承受的农村小学教育投入模型和农村小学标准教育支出模型，并据此设计农村小学教育的一般性转移支付模型和激励性转移支付模型。[⑥] 常万新等认为，公平和效益是义务教育财政转移支付的内在依据。[⑦] 刘亮、曾明的实证研究结果表明，教育财政转移支付对贫困地区教育支出存在挤出效应，而发达地区并不存在，单纯依靠转移支付并不能实现地区间公共教育服务的均等化。[⑧] 李阳等利用财政转移支付中“差额补助”计算法的设计思想，结合我国流动儿童义务教育各流入城市之间的实际，构建对流动儿童义务教育财政转移支付量化分析的数学模型，并据此对全国十个主

---

① 杜育红．中国义务教育转移支付制度研究［J］．北京师范大学学报（人文社会科学版）．2000（1）：23－30.

② 马国贤．中国义务教育资金转移支付制度研究［J］．上海财经大学学报．2002（6）：24－30.

③ 李祥云．论义务教育财政转移支付类型与不同政策目标组合［J］．教育与济．2002（4）：32－36.

④ 赵海利．教育专项转移支付的公平性分析——以浙江省为例［J］．经济社会体制比较（双月刊）．2011（6）：85－95.

⑤ 钟晓敏，赵海利．义务教育因素法转移支付模型——以浙江省为例［J］．浙江社会科学．2009（2）：78－82.

⑥ 胡德仁，任康，刘亮．地区间农村小学教育均等化的财政转移支付模型——基于财政能力和财政需求的视角［J］．地方财政研究．2009（8）：19－25.

⑦ 常万新，黄育云．公平和效益：义务教育财政转移支付的依据［J］．教育与济．2002（4）：37－39.

⑧ 曾明，张光．农村教育支出的财政转移支付效应研究——以浙江、江西为例［J］．教育与经济．2009（3）：51－56.；刘亮，胡德仁．教育专项转移支付挤出效应的实证研究［J］．经济与管理研究．2009（10）：116－121.

要流入地城市进行模拟。①

义务教育财政均衡（公平）的理论研究主要探讨了“以什么标准来判断义务教育财政的公平”。大多数研究者认为，生均教育经费均等即义务教育财政公平，实证分析也是以这个标准来进行判断的。但也有学者认为，生均教育经费均等并不能够保证义务教育服务均等，衡量义务教育财政均衡应以教育经费投入结果（教育服务均等）作为判断标准。②

教育财政充足是与财政公平紧密联系的概念，是将教育公平与教育效率同时纳入教育财政考虑的一种教育财政原则。③ 教育财政充足的法律概念是指一个州的公立中小学财政拨款体系需要为州内普通公立学校提供充足的教育资源，使得每一个普通学生能够达到州规定的成绩标准；同时，为特殊需要的学生提供额外的教育资源，使之能够达到州规定的特殊学生学业成绩标准。④ 因此，建立充足、公平、有效的教育财政制度是促进教育公平的根本保障。⑤

义务教育财政均衡（公平）的实证研究主要的利用官方公布的教育经费数据及研究者调研数据，分析省域间、县域间、城乡间、学校间教育经费的非均衡状况。林涛等基于 2005 ~2006 年浙江省普通小学区县级数据对义务教育财政公平程度的经验研究发现，近年来浙江省的义务教育财政改革促进了横向公平的提升，但纵向公平的目标没有实现。⑥ 栗玉香基于对北京市相关数据的处理，描述了北京市内区县间、校际间义务教育财政均衡配置状况。⑦ 王蓉 2000 年以县为单位对我国义务教育经费的区域性不平衡进行了实证分析，得出结论：就全国而言，小学和初中的生均教育事业性经费支出上的不平等更多是由省内差异引起的，而非省际差异。⑧ 曾满超、丁延庆前后用 2000 年及 2003 年的数据，用变异系数、基尼系数和塞尔系数等五个指标测量了生均总支出、事业型支出、人员支出、预算内总支出等 9 个支出科目的不均等情况。研究显示中国义务教育生均经费支出的不均等程度很高，初中层次的不均等程度明显超过小学层次。另外，塞

---

① 李阳，杨东平．流动儿童义务教育经费的政府间转移支付模型［J］．北京理工大学学报．2012（2）：146 –149.

② 栗玉香．结果均衡：义务教育财政政策新视角［J］．中国教育学刊．2011（3）：5 –8.

③ 黄斌，钟宇平．教育财政充足性的探讨及其在中国的适用性［J］．北京大学教育评论．2008（1）：139 –153.

④ 李文利，曾满超．美国基础教育“新”财政［J］．教育研究．2002（5）：84 –89.

⑤ 王善迈．构建促进教育公平的教育财政制度［N］中国教育报/2007 年/2 月/10 日/第 003 版．

⑥ 林涛，成刚．我国义务教育财政公平的经验研究——基于浙江省普通小学数据的分析［J］．北京师范大学学报（社会科学版），2008（3）：98 –107.

⑦ 栗玉香．区域内义务教育财政均衡配置状况及政策选择——基于北京市数据的实证分析［J］．华中师范大学学报（人文社会科学版）．2010（1）：106 –112.

⑧ 王蓉．我国义务教育经费的地区性差异研究．http：//www. moe. edu. cn/edoas/website18/info5963. htm，2002.

尔系数分解显示，不平等主要源于省内。[①] 黄国平综合运用双变量泰尔指数层级分解和水平分解法，从地区与城乡两个维度对中国义务教育财政支出均等化的总体水平及内部结构进行实证考察，发现2005年以来中国义务教育财政支出的地区与城乡差距明显缩小。[②] 卜紫洲等利用2000～2006年全国2150多个县（市、区）的面板数据，采用Evidence-based方法，考虑了教育需求、教育目标和标准、教育生产要素及价格，以及财政收入水平对基础教育支出最低标准的影响，建立了县级教育最低支出标准测算模型，计算了县级教育财政充足度。[③] 杜育红（2008）对广西、湖北、浙江、黑龙江四省300个农村小学公用经费充足性进行调查发现，农村小学年度生均公用经费的定额标准与实际支出额与公用经费充足性水平间都存在较大的缺口。[④] 龙文佳等采用中国六个省所有县级义务教育阶段学校层面数据，全面评估了"新机制"政策对城乡义务教育阶段学校教育财政资源均衡配置的影响。研究结果发现，改革虽没有改变义务教育阶段城乡间学校教育财政资源非均衡配置的现状，但在缩小城乡义务教育阶段学校财政资源配置差距方面仍取得了一定的效果。[⑤] 赵力涛利用1997～2005年的数据实证分析显示，2001年以县为主义务教育财政体制改革相当程度上促进了教育公平。虽然初中生均预算内教育经费支出的地区差距在增加，但是如果没有2001年的教育财政改革，教育经费在城乡和地区之间的分布会更不均衡。[⑥] 冯学军（2013）依据相关原则将我国划分为东、中、西三个经济区域，对不同区域间普通初中、普通小学的生均预算内经费、生均预算内公用经费的不均衡水平进行测定分析。冯文还对我国东中西各区域内部各省（自治区、直辖市）以及城乡间义务教育财政投入不均衡水平进行了测算分析。[⑦] 陈丰（2014）基于全国数据，从经费投入、办学条件、师资力量、教育结果等方面，分析了当前我国城乡义务教育非均衡发展的表现，通过建立数学模型实证分析了城乡义务教育非均衡对居民收入差距的影响，并对我国城乡义务教育非均衡发展的原因进行了归纳分析。以山东省日照市

---

① 曾满超，丁延庆．中国义务教育资源利用及配置不均衡研究［J］．教育与经济，2005，（2）：34－40.；曾满超，丁延庆．中国义务教育财政面临的挑战与教育转移支付［J］．北京大学教育评论，2003，（1）：84－94.

② 黄国平．义务教育财政支出均等化水平的实证考察——基于双变量泰尔指数的综合分析［J］．统计与信息论坛．2012（11）：45－52.

③ 卜紫洲，侯一麟，王有强．中国县级教育财政充足度考察——基于Evidence-based方法的实证研究［J］．北清华大学教育研究，2011，（5）：35－42.

④ 杜育红，梁文艳，杜屏．我国农村中小学公用经费充足性研究［J］．北京师范大学学报（社会科学版）．2008（6）：13－20.

⑤ 龙文佳，薛海平，王颖．"新机制"政策对城乡义务教育财政资源均衡配置影响的实证研究［J］．首都师范大学学报（社会科学版）．2011（5）：13－20.

⑥ 赵力涛．中国义务教育经费体制改革：变化与效果［J］．中国社会科学．2009（4）：80－92.

⑦ 冯学军．中国义务教育财政投入不均衡问题研究［D］．辽宁大学博士学位论文，2013.

为例，采用自编的调查问卷对城乡义务教育均衡发展情况进行了统计分析，并采用有序 Probit 模型，分析估计了城乡义务教育均衡满意度的影响因素。[①] 李桂荣等（2016）以河南省 2009 ~ 2012 年财政统计数据为依据，运用均值、标准差、极差、变异系数等工具，分析了义务教育财政投入在地市间与县域间的总体均衡水平。[②] 宋乃庆（2016）基于 2008 ~ 2013 年重庆市 41 个区县的义务教育经费数据，运用双变量泰尔指数层级分解和水平分解法，从区域差异与城乡差异两个维度对重庆市义务教育财政支出均等化程度及其内部结构予以分析。[③]

1.2.4 财政分权与义务教育财政均衡的研究

1994 年的分税制改革被不少学者称为财政分权，尽管它并非真正意义的财政分权。学者们仍据此研究和探讨了财政分权对义务教育均衡的影响、财政分权条件下义务教育的经费均衡等问题。邢祖礼等用财政自给度衡量财政分权程度，基于 1995 ~ 2003 年间省级面板数据研究财政分权对农村义务教育的影响，认为扩大分权有损农村义务教育发展，保持农村义务教育财权和事权的适度集中是必要的。[④] 陈昕等从纵向和横向计算 1995 ~ 2009 年全国和各省区的指数值及中央省财政分权度和各省内财政分权度指标，发现在全国和各省层面上财政分权度与义务教育均衡的关系恰好相反。[⑤] 乔宝云等分析 1978 年以来的财政分权改革与中国小学义务教育的案例，发现财政分权并没有增加小学义务教育的有效供给。[⑥] 李祥云等基于县级数据实证分析的结果表明，1994 年推行分税制后中国县级义务教育投入不足，不仅仅是“钱”的问题，主要是县级财政支出的激励不足。在中国特有的行政集权和财政分权体制下，县级政府基于自身政绩考核和升迁的需要挤占了教育支出。[⑦] 卢洪友等认为，中国农村义务教育落后与财政分权有密切关系。分税制特别是偏离公平目标的政府间财政转移支付制度，使得贫困地区具有

---

① 陈丰．基于财政视角的城乡义务教育均衡发展研究［D］．中国海洋大学博士学位论文，2014.

② 李桂荣，李季洋．均衡发展视域下县域义务教育财政投入研究——基于河南省县级教育财政面板数据的分析［J］．华北水利水电大学学报，2016（3）：63 – 67.

③ 宋乃庆，马恋．义务教育财政支出均等化的实证研究：重庆的例证［J］．教育与经济，2016（1）：68 – 74.

④ 邢祖礼，邓朝春．财政分权与农村义务教育研究——基于财政自给度视角［J］．中国经济问题．2012（4）：62 – 68.

⑤ 陈昕，史建民，闻德美．我国财政分权与义务教育均衡关系的实证分析［J］．统计与决策．2013（3）：154 – 158.

⑥ 乔宝云，范剑勇，冯兴元．中国的财政分权与小学义务教育［J］．中国社会科学．2005（6）：31 – 47.

⑦ 李祥云，陈建伟．财政分权视角下中国县级义务教育财政支出不足的原因分析［J］．教育与经济．2010（2）：51 – 56.

极强的压缩农村义务教育投入的内在动力，这是导致20世纪90年代中期以来中国农村义务教育状况不断恶化的重要原因。① 田志磊等认为，省内财政分权是地区间城乡义务教育水平差异的最主要决定因素，地市级财政支出比重占全省财政支出比重大的地区，农村义务教育发展会受到抑制，城镇义务教育发展并没有明显提高。② 林江等使用1978～2008年28个省际面板数据，实证分析了在财政分权和晋升激励下地方政府的义务教育供给，结果显示财政分权对地方政府的义务教育供给起负作用。③ 范永茂（2012）认为，除了区域性的不均衡外，我国的义务教育不均衡发展还表现在城乡之间的不均衡发展和进城农民工子女难以享受到同等质量的义务教育。在财政高度自主的“分灶吃饭”的体制下，按照财权与事权大体一致的原则，有利于较好地解决同一区域内城乡义务教育差别的问题和外来农民工子女教育问题。④ 李军超（2015）认为，影响城乡义务教育均衡发展的因素是多元的，财政分权体制无疑是影响权重较高的一个。在中国式财政分权体制下，地方政府的公共支出偏好在促进经济持续高速增长的同时，抑制了地方政府对义务教育等的公共物品（服务）供给的投入，从而形成了经济增长与民生改善的反向替代。⑤ 宋亚香（2016）利用2002～2011年省际面板数据，综合采用了财政收入分权、财政支出分权、财政自主度三大分权指标，实证分析了财政分权和城乡义务教育均衡度之间的关系。实证发现，中国的省级财政分权对于提升城乡义务教育均衡度、缩小城乡义务教育差距具有显著的负向影响，其中财政分权对于城乡小学差异影响比对城乡初中差异的影响更大。同时，财政收入分权对于城乡义务教育均衡度的负向影响最大，而财政自主性对于城乡义务教育的负向影响则相对较小。⑥

1.2.5 义务教育财政效率及预算的相关研究

廖楚晖（2004）、鲍劲翔（2006）研究了多级政府博弈行为及公立学校垄断

① 卢洪友，李凌．财政分权视角下中国农村义务教育落后的原因分析［J］．财贸经济．2006（12）：57－61.

② 田志磊，袁连生，张雪．地区间城乡义务教育公平差异研究［J］．教育与经济．2011（2）：43－48.

③ 林江，孙辉，黄亮雄．财政分权、晋升激励和地方政府义务教育供给［J］．财贸经济．2011（1）：34－40.

④ 范永茂．财政分权下的义务教育均衡发展再探讨［J］．政治学研究，2012（6）：53－59.

⑤ 李军超．财政分权视阈下城乡义务教育均衡发展的动力缺失问题研究［J］．浙江社会科学，2015（5）：94－103.

⑥ 宋亚香．财政分权对城乡义务教育均衡度的影响实证分析［J］．公共经济与政策研究，2016（上）：66－76.

教育服务供给引起教育财政效率的缺失；侯余兴等（2008）研究了教育券政策与提高教育经费使用效率；杜育红等（2009）研究了学校教育支出效率问题；胡敏等（2010）、丁建福（2010）采用EDA模型及相关评价方法对教育财政支出效率进行了实证分析。丁维莉（2005）从基础教育财政一般均衡的视角研究了教育公平与效率关系。陈笑妍（2013）建立了2000~2010年的中国31个省市的面板数据，使用Malmquist-DEA方法对我国省际间义务教育财政效率进行了分析，发现我国义务教育财政整体无效率，并据此提出相关政策建议。① 樊燕（2013）以CIP模式构建义务教育财政支出绩效评估模型，围绕模型中的环境、投入、产出三个维度，对我国义务教育财政支出绩效进行实证分析，可以得知义务教育财政支持所取得的绩效改善源于单纯的财政资金追加而非“帕累托改进”，其原因在于：缺乏一套有效的“投入—产出”监督评估体系、资金使用没有受到严格监督、财政预算软约束、义务教育监督存在法律真空、义务教育财政绩效评估处于探索阶段。② 刘安长（2013）认为，基于平衡计分卡思想的关键绩效指标设计克服了以往绩效指标设计项目繁杂、重点不突出等缺点，能很好地把考评对象、考评目标和考评内容有机结合起来。其设计思路是：先确定战略绩效目标，然后分解出绩效关键领域，再从绩效关键领域分解出关键绩效因素，最后根据SMART原则筛选出关键绩效指标。③ 赵明凤（2014）认为，在教育经费紧缺的情况下，如何加强对教育经费的筹措和管理，提高其利用效率，对地方义务教育支出绩效进行评价具有十分重要的意义和作用。④ 杜玲玲（2015）认为，义务教育财政效率是财政效率在义务教育领域的延伸和应用，在财政支出基本方向明确之后，义务教育财政支出的经济效率主要表现为：财政资金的配置规模和结构是否合理；财政支出在运行过程中是否实现了成本最小化或产出最大化；财政支出制度的安排是否合理有效。这就是义务教育均衡绩效的三个维度：配置效率、技术效率和制度效率。⑤ 曾芳芳（2015）以重庆市2009~2013年五年内各区县义务教育供给作为研究对象，以数据包络分析作为研究工具，实证分析出重庆市义务教育供给效率在2009~2013年五年内持续下降，很大程度上源于各区县对义务教育资金的使用安排不尽合理。⑥ 余秋莹（2016）运用动态因子分析法（dynamic factor

---

① 陈笑妍．中国义务教育财政效率评价［J］．企业研究，2013（1）：70-73.

② 樊燕，邢天添．中国义务教育财政支出绩效评估［J］．湖北大学学报，2013（2）：132-136.

③ 刘安长．关键绩效指标设计在财政支出绩效评价中的应用——以某市义务教育支出为例［J］．地方财政研究，2013（6）：30-34.

④ 赵明凤．地方财政义务教育支出绩效与政策研究——以广东省江门市为例［J］．贵州师范学院学报，2014（7）：34-38.

⑤ 杜玲玲．义务教育财政效率：内涵、度量与影响因素［J］．教育学术月刊，2015（3）：67-74.

⑥ 曾芳芳．重庆市教育支出对义务教育供给效率的影响探究——以2009~2013年县级数据为例［J］．探索，2015（3）：144-149.

analysis，DFA）对中国30个省级地方政府（不含西藏）2009～2013年义务教育财政支出的绩效水平进行了综合评价。结果表明，经济发达地区具有较高的绩效水平，但经济欠发达地区也可通过转移支付等方式获得高绩效水平，地区间的绩效水平差异较大。在此基础上，对义务教育财政支出绩效水平的影响因素进行了实证分析。[①] 姚艳燕（2016）运用数据包络分析和 Malmquist 指数相结合，对广东省义务教育财政资金投入产出绩效进行实证分析，研究结果表明，广东省义务教育财政资金投入与财政收入不匹配且略显不足；广东省义务教育财政资金配置效率中技术进步的作用很小；广东省义务教育财政资金配置的综合效率不高。[②] 谢霞飞（2016）构建了义务教育均衡发展支出的绩效评价指标体系，运用 AHP 法和模糊综合评价法对武汉市江夏区2014年义务教育均衡发展项目支出的绩效做了综合评价。[③]

教育预算的相关研究成果比较少：成刚（2006）分析了公共财政框架下的教育预算制度，安晓敏（2008）提出建立以学校需求为导向的义务教育财政预算管理制度；刘天佐（2006）探讨了政府收支分类改革对教育经费预算影响等。

国外对教育预算研究成果比较丰富，并应用于政府预算政策实践。（1）学校教育效率，研究财政投入对学生成绩及学校资源及环境的影响（Rauden bush & Williams，1995）。（2）基于教育产出均衡的义务教育财政投入机制改革，实现投入结果均衡的考核与评价（Odden，2000；James，2003；Brimley，2007）。（3）政府将义务教育财政投入的结果均衡评价纳入到教育经费预算环节，实行财政投入与教育均衡结果挂钩，建立以绩效为基础的财政拨款机制，如英国“生均经费基准加因素调整”的拨款机制、澳大利亚“需求本位经费”和“校本财政”拨款机制（Odden，1998；Bsen，2006）；生均教育经费投入均衡充分考虑城乡及特殊社会群体生均教育经费需求差异（Busch，2005；Bsen，2006）。（4）一些发展中国家主要通过“均衡分配公式”（ESF）及“国家学校经费规范和标准”（NNSSF）两个机制，实行保障义务教育结果均衡的财政预算改革（DOE，1999、2000、2003）等。

1.2.6 北京市义务教育均衡及财政支出的研究

唐忠（2006）从城乡角度和区域角度对北京义务教育均衡问题的实证结果表

① 余秋莹，寇璇，王莹．义务教育财政支出绩效及其影响因素实证分析［J］．公共经济与政策研究，2016（上）：77－91．

② 姚艳燕，邢路，姚远．义务教育财政资金配置效率的统计测度——以广东省的实践为例［J］．财政研究，2016（5）：54－67．

③ 谢霞飞．义务教育均衡发展支出的绩效评价研究——基于 AHP 和模糊综合评判法［J］．中南财经大学研究生学报，2016（5）：55－63．

明，无论城乡之间还是区域之间，北京义务教育发展都不均衡；在家庭教育支出、学生经费投入及硬件设施方面差距明显；在教师数量上差距不大，但在教师质量上存在差距。[①] 李政（2007）在分析北京市推进义务教育均衡发展的政策现状以及面临的政策需求的基础上，提出整体构建促进义务教育均衡发展的制度体系的政策建议。[②] 王旭东（2009）认为，财政体制政策的缺陷是北京市义务教育发展不均衡的重要原因之一，北京市推进义务教育优质均衡发展必须构建新的教育财政体制。[③] 栗玉香（2010）基于对北京市相关数据的处理，描述了区域内区县间、校际间义务教育财政均衡配置状况，剖析了影响义务教育均衡配置状况的主要因素，提出了具有针对性的政策建议。[④] 郑童等（2011）以北京以及丰台区的适龄流动儿童分布和公立小学分布数据为例，采取社会地理学空间匹配的分析方法来测度流动儿童接受义务教育的空间不均衡性结果显示，无论在市域、城区还是街道，流动儿童就学需求和教育资源供给之间的空间不均衡现象都存在。[⑤] 赖俊明（2011）认为，北京市区域之间、城乡之间义务教育发展不均衡的原因主要是长期以来经费总量投入不足及教育财政不公平、不均衡；在财政资金有限的条件下，如何实现地方财政教育资金的最优配置，对于教育的快速发展、财政的稳健运行和经济社会的协调可持续发展具有十分重要的意义。[⑥] 张熙（2012）等认为，北京义务教育均衡发展具有高复杂性和高关注度，北京市通过积极探索初步形成了义务教育均衡发展的"北京模式"。"北京模式"分为标准化和共享化两个阶段，各有其特征。[⑦] 白洁（2014）对北京市义务教育教师均衡配置制度现状进行了实证分析，并提出了相应优化配置政策建议。[⑧] 李爽等（2015）采用扩展线性支出法建立需求模型实证分析表明，北京市的城乡义务教育虽然还存在一定的差距，但是这一差距在逐步缩小，其城乡义务教育均衡发展初见成效。[⑨] 李海波（2016）认为，北京市把促进义务教育优质均衡发展，纳入落实首都城市战略定位和总体布局之中，以强调首都战略，提高公共服务，实现"四个进一步"的总体目标为指导，围绕三种任务目标，构建义务教育优质均衡发展的框架体

① 唐忠，崔国胜．北京义务教育非均衡发展的实证分析［J］．北京社会科学，2006（2）．

② 李政．北京市义务教育均衡发展的政策研究［J］．教育科学研究，2007（6）．

③ 王旭东．构建促进北京市义务教育均衡发展的教育财政体制［J］．教育科学研究，2009（6）．

④ 栗玉香．区域内义务教育财政均衡配置状况及政策选择——基于北京市数据的实证分析［J］．华中师范大学学报，2010（1）．

⑤ 郑童，吕斌，张纯．北京流动儿童义务教育设施的空间不均衡研究——以丰台区为例［J］．城市发展研究，2011（10）．

⑥ 赖俊明．北京市义务教育区域均衡发展的财政制度改革研究［J］．现代教育论处，2011（3）．

⑦ 张熙，拱雪，左慧．义务教育均衡发展的"北京模式"研究［J］．课程教学研究，2012（12）．

⑧ 白洁．北京市义务教育教师均衡配置制度现状及优化研究［D］．首都师范大学．2014．

⑨ 李爽，刘黎明．城乡义务教育经费差异分析——以北京市为例［J］．税务与经济，2015（4）．

系；推进三项策略，使教育更加符合优质均衡发展需要；明确四类具体抓手，抓住优质均衡发展的突出问题，构成了首都义务教育优质均衡发展的宏观、中观和微观的推进机制。①

1.2.7 文献评述

综合而言，国内外研究成果为本研究提供了研究基础和研究思路启发，但也存在不同程度的缺憾。一是国内相关研究大多把义务教育资源均衡配置与财政公平分开研究，对义务教育资源均衡配置与财政公平的内在联系缺乏深入的分析，在财政与义务教育资源均衡配置之间没有建立起学理上的联系；二是不少研究者虽然使用了教育均衡效率或者教育财政效率的概念，也谈到提高教育财政效率的对策，但很少对教育财政效率内涵做出明确的界定，其对策的针对性也就有较大的局限性；三是对义务教育财政预算的研究，大多是对一般预算知识的简单移植，没有真正对体现教育领域复杂性、需要精细化的教育预算问题进行深入研究；四是对国外义务教育财政投入效果与预算相联结的研究，大多局限在对个别国家的实践介绍上，缺乏融合实际的应用阐述。

本研究期望：一方面弥补现有研究的缺憾，从理论上系统阐述义务教育均衡绩效及预算精细化问题，丰富义务教育财政相关研究内容；另一方面针对北京市义务教育均衡进程中财政投入效率及预算问题进行实证分析，为提高义务教育均衡绩效提供实证数据与技术工具支撑，寻求预算精细化改革的政策建议。

1.3 研究内容与方法

1.3.1 研究内容

本研究主要围绕着北京市义务教育均衡目标，从北京市政府对义务教育均衡的政策承诺和行动开始，通过大量的统计数据、调研数据以及多种定量方法，从多个视角实证分析北京市义务教育均衡的绩效水平，最后从精细化预算管理改革的角度，探寻提出北京市义务教育均衡绩效的政策建议。全书分为四大部分，共15章。

第一部分，“导论和理论”（第1~2章）。“导论”主要概述了研究背景、文

① 李海波．义务教育优质均衡发展的新方向——北京市推进义务教育优质均衡发展解析［J］．现代教育学刊，2016（3）．

献综述、研究意义、研究内容、研究方法、可能的创新等内容。

“理论”即“义务教育均衡绩效理论分析与评价方法”部分，本研究的分析逻辑是：首先，从理论和可操作两方面分析了本研究所涉及的几个核心概念，即义务教育均衡、义务教育财政均衡、义务教育财政支出绩效、义务教育财政精细化预算。分析指出，作为国家义务教育发展的战略目标的义务教育均衡，是义务教育公平在实践中的表现形式，它包括了教育权利和机会均衡、教育资源和条件均衡、教育成功机会和学业成就均衡，以及这三个层次在不同受教育者个体间、在学校间、在城乡和区域间的均衡。有别于社会道义上的教育均衡或教育公平，本文所强调的是法定层面的义务教育均衡，即政府承诺并以法定程序作出规定的义务教育均衡。其次，研究分析了核心概念间的逻辑关系。最后，分析了义务教育均衡绩效评价方法。本研究采取了政策文本内容分析法，对政府在义务教育均衡方面的政策文本进行了分析，从而概括出政府的承诺要点。采取变异系数、基尼系数、麦克劳恩指数、沃兹廷根指数等差异系数分析了北京市义务教育均衡绩效的总体情况。采取平衡计分卡方法，对北京市16个区义务教育均衡绩效的综合水平以及各区的义务教育均衡绩效状况进行了诊断和比较。采取OPAI（奥登—皮卡斯充足指数），对北京市实现优质义务教育均衡所需要的资金缺口进行了测算。运用比较方法对北京市与上海市的义务教育均衡水平进行了初步的对比。本部分为本书的理论阐述与实证分析建立了初步的分析框架。

第二部分，“政府承诺、行动和实证”（第3~11章）。这部分是本研究的重点。

首先，本部分通过政策文本内容分析，探讨了北京市政府推进义务教育均衡的政策承诺，并从北京市义务教育均衡发展的历史背景、主要路径、理念基础及主要措施等方面，分析了北京市政府推进义务教育均衡发展的主要行动。

其次，实证分析了北京市16个区的义务教育均衡绩效。包括（1）从16个区间、城乡间、学校间、不同受教育群体间四个维度实证分析了北京市义务教育均衡的总体绩效；（2）从生均教育经费、办学条件、教师资源、学业成就、公众满意度五个视角实证分析了北京市16个区义务教育均衡的分项绩效；（3）运用平衡积分卡方法，实证分析了北京市16个区县义务教育均衡的综合绩效；（4）比较分析了北京市与上海市的义务教育均衡绩效，重新认识北京市义务教育均衡的绩效水平。

第三部分，“影响北京市义务教育均衡绩效的因素”（第12~13章）。本书分析了北京市义务教育均衡绩效的成就及存在的问题；从教育经费、公众满意度、学校内部运作、教育均衡发展四个维度实证了影响北京市义务教育均衡绩效的因素；从未来北京市实现义务教育优质均衡政策目标的需要出发，预测北京市各区之间、学校之间实现优质义务教育均衡所需要的财政资金需求缺口。

第四部分，“提高北京市义务教育均衡绩效的预算精细化改革”（第 14 ~ 15 章）。针对这部分，首先，本书通过问卷调查实证分析了北京市义务教育均衡预算管理现状；然后，从提高北京市义务教育均衡绩效角度提出了预算精细化改革的建议。

1.3.2 研究思路

本研究总体思路是：第一，从理论上阐述义务教育均衡、义务教育均衡绩效、义务教育预算精细化等核心概念的内涵及相互逻辑关系，进而建构课题研究的理论分析框架；第二，采用政策文本内容分析方法，研究 2004 ~ 2015 年北京市政府对义务教育均衡的政策承诺与行动；第三，实证分析 2010 ~ 2015 年间北京市义务教育均衡的总体绩效、分项绩效；第四，实证分析 2015 年北京市 16 个区义务教育均衡的综合绩效；第五，比较北京市与上海市义务教育均衡的绩效；第六，实证分析影响北京市义务教育均衡绩效的因素；第七，测算北京市实现优质义务教育均衡所需的财政资金缺口；第八，提出了基于提高北京市义务教育均衡绩效的预算精细化改革建议。

1.3.3 研究方法

研究采取规范分析和实证分析、比较分析相结合的方法。

规范分析的研究方法着眼于建立一般理论和一般原则，重视价值考虑、追求应当是什么的理想状况，也称为应然研究。本研究对基本概念、研究框架、政府政策、预算精细化改革的分析，主要采用规范分析的研究方法。

实证研究方法坚持研究价值中立、追求是什么、强调研究对象的客观性，也称为实然研究。本研究对基于北京市义务教育均衡绩效实证分析，影响北京市义务教育均衡绩效的因素分析、北京市义务教育财政预算管理现状的调研统计等，主要采用实证分析的方法。实证分析方法主要有政策文本内容分析法、问卷调查法、层次分析法、平衡积分卡法、线性回归法等。

1.4 可能的创新

1.4.1 研究视角多维

目前，对义务教育均衡问题的研究大多是从财政投入体制、投入总量与结构视角，而这些在政府文件中已经有比较明确的规定。本研究针对义务教育财政支出的绩效情况，首先，从政策视角研究了北京市对于义务教育均衡发展的政策承诺；其二，从总体视角研究了北京市 16 个区间、城乡间、学校间、不同受教育人群间等不同维度的义务教育均衡绩效；其三，从分项视角研究了 16 个区间在教育经费配置、办学条件配置、教师资源配置、学业成就、公众满意度等不同方面的均衡绩效；其四，从综合视角研究了基于平衡计分卡方法实证的北京市 16 个区义务教育均衡的综合绩效；其五，从比较视角将北京市义务教育财政支出绩效情况与上海市对比；其六，从发展视角研究了北京市义务教育财政支出绩效的影响因素，并预测了未来北京市达到优质均衡所需的财政资金数量。因此，基于全文的多维度研究，文章最后从精细化的预算改革角度提出的提高义务教育均衡绩效的建议具有较强的实践应用价值。

1.4.2 研究方法综合

本研究突破目前有关北京市义务教育财政实证的泛泛分析，针对不同的研究视角采取了不同的研究方法，具体包括内容分析法、差异分析法、层次分析法、平衡积分卡法、比较研究法、线性回归法等分析工具，从政府的政策承诺、行动到实际效果的实证，综合的研究了北京市义务教育均衡绩效状况，研究结论和技术工具将会为政府决策提供重要参考。

1.4.3 改革指向清晰

义务教育均衡目标的实现必须落实到政府精细化的预算管理上，这是本研究主张的明确的改革指向。实现义务教育均衡，作为政府向公众承诺达成的一项公共服务目标，必须落实到精细化的财政预算管理行动中，没有精准和精细的教育预算资金作支撑，义务教育均衡目标很容易变成空谈，围绕着义务教育均衡的规划也很容易变成一张废纸。以高效的义务教育财政支出为基础，以精细化的预算改革为途径，将是破解目前政府义务教育财政投入不够充足与积极推进义务教育均衡发展矛盾的利器。

2

义务教育均衡绩效理论分析与评价方法

本部分目的是为本书的理论阐述与实证分析建立一个初步的分析框架。分析逻辑是：首先，分析了本研究所涉及的几个核心概念，即义务教育均衡、义务教育均衡绩效、义务教育预算精细化。其次，分析了核心概念间的逻辑关系。最后，分析了义务教育均衡绩效评价方法。本研究主要采取政策文本内容分析法、差异系数分析法、平衡计分卡法、比较研究法等。采取政策文本内容分析法，对政府在义务教育均衡方面的政策文本进行了分析，从而概括出政府的政策承诺要点。采取变异系数、基尼系数、麦克劳恩指数、沃兹廷根指数等差异系数法，分析了北京市义务教育均衡绩效的总体情况。采取平衡计分卡法，对北京市 16 个区义务教育均衡绩效的综合水平以及各区的义务教育均衡绩效状况进行了诊断和比较。采取 OPAI（奥登—皮卡斯充足指数），对北京市实现优质义务教育均衡所需要的资金缺口进行了测算。运用比较研究法对北京市与上海市的义务教育均衡水平进行了初步的对比。

2.1 相关概念的界定

2.1.1 义务教育均衡

义务教育均衡是由“义务教育 + 均衡”构成的。在不同的国家，“义务教育”的定义都比较清晰，如美国的 K12。在我国，义务教育是指普通小学阶段和普通初中阶段，共 9 年时间，俗称九年义务教育。在这个阶段，凡具有中华人民共和国国籍的适龄儿童、少年，不分性别、民族、种族、家庭财产状况、宗教信仰等都有权享受由政府提供的、免费的义务教育机会和教育资源，并获得国家规定标准的大体相等的教育结果，这是义务教育法赋予适龄儿童的权利，也是政府应该履行的职责。这本身就隐含着一个“均衡”的概念。均衡是指在某一个时点供求双方都“没有内在变革倾向的一种状态”。这种状态也称之为静态均衡，即供求双方达到一种暂时的平衡，局部的均衡。但这种平衡只是暂时的。当外部环境或者供求一方的内部环境发生变化时，这种暂时的平衡就会被打破，新的均衡就会形成。从整个社会来说，局部的、暂时的、静态均衡始终会存在，但不一定是合意的，因而永久的动态均衡又会在不断地发生，类似蛛网理论描述的规律性循环变动。公共政策就是要及时观察到不合意的静态均衡，通过采取适当的干预手段，使之转向合意的动态均衡，从而实现整个社会的平衡。

义务教育均衡作为我国义务教育发展的战略目标，它是教育公平的具体表现形式，是教育公平的实践化。公平是现代社会的基本价值理念，教育公平不仅是社会公平价值在教育领域的延伸和体现，而且因为教育能够显著地改善人的生存状态，增进社会公平，教育公平又被视为实现社会平等“最伟大的工具”，或称社会公平的基础。

教育公平可以从不同维度来理解。如麦克马洪（McMahon）把教育公平分为三类：即“（1）水平公平（horizontal equity），指相同者受相同的对待。(2）垂直公平（vertical equity），指不同者受不同的对待。（3）代际公平（intergenerational equity），指确保上一代人的不平等现象不至于全然延续下去”。[①] 教育公平的主要内容包括人人享有平等的教育权利，人人平等地享有公共教育资源，公共教育资源配置向社会弱势群体倾斜（“不平等”的矫正），反对各种形式的教育特权。[②] 从罗尔斯正义论原则来看教育公平，教育公平是社会正义的一个方面，教育公平的状态表达了一个社会在其教育资源仍然短缺的条件下，分配教育基本权利和义务以及由社会合作所产生教育利益的制度设计方式，平等自由的教育公平、差异的教育公平是正义原则的具体体现。[③] 因为“所有社会价值（自由、机会、收入和财富以及自尊的基础）都应平等地分配，除非是这价值之一或全部的不平等分配应对每个人都有利。”[④] 教育公平可分为“利益—分配”型公平和“操作—程序”型公平。前者涉及机会的公平、起点的公平和结果的公平，后者涉及标准的公平、操作的公平和结果的公平。[⑤] 教育公平也可以分为起点、过程、结果公平，所有受教育者享有同等质量的教育过程才是具有实质意义的教育公平。[⑥]

---

① 翁文艳：教育公平的多元分析，教育发展研究，2001（3）.

② 石中英：教育公平的主要内涵与社会意义［J］. 中国教育学刊，2008（3）：1-7.

③ 吴文俊：从罗尔斯的正义原则看教育公平问题［A］. 2003年高等教育国际论坛论文集，2003. 10.

④ ［美］约翰·罗尔斯. 正义论［M］. 中国社会科学出版社. 何怀宏等译. 2001. 124.

⑤ 朱永坤，曲铁华：“公平”的分类对我国义务教育公平问题解决的路径指引［J］. 教育科学研究. 2008（6）：2-6.

⑥ 杨小微：从义务教育免费走向教育过程公平［A］. “公平、均衡、效率—多元社会背景下的教育政策”国家研讨会论文集. 2008. 10.

因而，义务教育均衡实质是指在教育公平思想和教育平等原则支配下，义务教育阶段不同的受教育者在教育活动中能够平等的享受政府提供的教育机会、资源和服务待遇，并有实际可操作的教育政策及其法律制度作保障。当不平等状态比较突出时，政府要采用相应的补偿和校正政策与制度，以形成新的比较合意的公平或者合意的均衡。①

界定义务教育均衡内涵，尤其要突出对“均衡发展”的理解。一个比较普遍的共识是：义务教育均衡是动态的均衡，是从起点、过程到结果均衡逐次推进的。但对义务教育均衡的内涵和评价指标的认识上存在差异。很多学者将区域教育发展差异与义务教育均衡发展视作同义词来研究。比如，有学者认为，义务教育均衡通常是指实施义务教育单位区域范围内的均衡发展。区域义务教育均衡发展的核心是要保证区域范围内每一位符合接受义务教育条件的成员都能接受基本均衡的义务教育，即享受均衡的义务教育机会、均衡的义务教育条件和均衡的义务教育过程。② 也有学者认为教育本身的追求应该是“适合”而非“均等”，只有让天赋各异、出身有别的各个儿童都能获得适合自己发展的教育，才是良好的教育，也才是义务教育均衡应当追求的最终目标。③

从近年来政府的教育政策文件、政府教育部门领导讲话都可以看到对“义务教育均衡”的表述，比较集中的是2005年教育部《关于进一步推进义务教育均衡发展的若干意见》（以下简称《若干意见》）和2006年的新修订和颁布的《中华人民共和国义务教育法》（以下简称《义务教育法》）。2005年教育部颁布的《若干意见》是政府推进义务教育均衡的专门性文件。文件虽然没有对“义务教育均衡”内涵进行明确的界定，但我们可以通过对文件中提出的若干措施来分析政府对“义务教育均衡”内涵的表述。《若干意见》中的“义务教育均衡”应包括办学条件、师资队伍、教学质量的均衡和对弱势群体义务教育的保障等。2006年的《义务教育法》首次将“义务教育均衡”上升到法律层面，在共8章63条的《义务教育法》中，义务教育均衡涵盖了不同区域、不同学校间的受教育者应该在入学机会、公共经费、办学基础设施、师资条件等教育资源方面均衡享受。其中，针对当前，就有19条关于教育资源方面的均衡，这说明就全国而言，除了受教育者入学权利和机会均衡外，近些年义务教育均衡的重点是在教育资源均衡。从本研究内容设计来看，义务教育均衡的操作性定义可以概括为：

1. 义务教育均衡有三个层次的均衡。这三个相互联系的层次包括：第一层

---

① 翟博：基础教育均衡发展理论与实践—中国基础教育均衡发展研究报告［M］. 教育科学出版社，2013.8.

② 戴亦明．论教育法制与区域义务教育的均衡发展［J］. 教育评论，2003，（6）：7.

③ 周序，杜菲菲，杨振梅：从“均等”到“适合”——义务教育均衡发展研究的现状与趋势［J］. 教育学术月刊．2014（1）：32－36.

次，也是最基本的均衡层次，是指确保人人都有受教育的权利和机会；第二层次，是指受教育者享有大体均衡教育资源和办学条件；第三层次，是指受教育者享有大体均衡的教育成功机会和教育结果。在这三层含义中，受教育权利和机会均衡是最基本的要求，是受教育者在教育资源和办学条件方面均衡的前提。接受教育资源和办学条件均衡是教育均衡进一步的提高，同时又是受教育者在教育成就和效果方面均衡的前提和条件；教育成就和结果的相对均衡是义务教育均衡发展的最高层次要求。义务教育均衡沿着“教育权利和机会均衡——教育资源和办学条件均衡——教育成就和结果均衡”的轨迹演进。由此可见，义务教育均衡的实质是不仅要有教育“输入”的平等，而且要有教育“输出”效果的平等，即达到教育“投入”与“产出”的相对均衡。①

2. 义务教育均衡要求首先在多维空间内实现局部均衡。义务教育均衡不仅包含着对不同的受教育者个体的均衡，还包括在不同学校间的均衡，在不同区域间的均衡，在城乡之间的均衡。区域间主要包括作为一个整体的北京市内 16 个区的义务教育均衡，还包括城市不同功能区即首都功能核心区、城市功能拓展区、城市发展新区和生态涵养保护区之间的义务教育均衡。城乡间包括 6 个城区内部义务教育均衡、10 个远郊区义务教育内部均衡、城市与远郊区间义务教育均衡。区域间和城乡间义务教育均衡主要包括义务教育的普及程度、学校的布局、义务教育的总体质量等在不同的地域空间的均衡，它是宏观层次的均衡。学校间指的是整个北京市约 1500 所小学之间、300 所初中学校之间、小学和初中学校之间的教育均衡。学校间义务教育均衡，是指一定区域内义务教育学校之间在办学条件和教育质量上的大体均衡。个体间的均衡是指不同的受教育者个体、群体，无论其性别、出身、穷富，也无论是正常儿童还是特殊儿童，都可以接受大致相同的义务教育，儿童不因所处的环境不同而接受不同的义务教育，受教育者个体的均衡同时还被赋予个体全面发展的含义，也就是说，通过义务教育使受教育者的各种素质得到大致均衡的发展。个体均衡是义务教育均衡所追求的终极目的，区域和学校均衡则是实现个体均衡发展的条件和途径。② 从教育机会均衡、教育条件均衡到教育结果均衡三个阶段来看，目前，我国大部分区域义务教育均衡仍处在从教育机会均衡向教育条件均衡的转化，推进教育资源的均衡配置成为义务教育均衡发展的关键。北京市教育水平居于全国领先位置，教育机会均衡已经基本实现，正在推进的是由教育资源配置均衡向教育结果均衡的转变，从多维空间看，北京市正在实现城乡间、学区间、学区内学校间的义务教育均衡发展，兼顾不同特质学生个体的均衡。

---

① 鲜万标：对北京市义务教育均衡问题的分析与思考发展［J］. 北京市教育学院学报 . 2004（6）.

② 鲍传友：义务教育均衡发展：内涵和原则［J］. 国家教育行政学院学报 . 2007（1）.

3. 在均衡中发展是义务教育发展的基本价值取向。对义务教育均衡来讲，是发展中的均衡，还是均衡中的发展，是两种不同的教育均衡发展理念。“发展中的均衡”是从义务教育均衡的结果来看义务教育发展的，常被理解为只有教育发展水平到一定程度时才能实现均衡。“均衡中的发展”是从教育发展的价值取向来理解的，是指义务教育的发展必须以均衡作为基本的价值取向，判断义务教育发展水平是以均衡作为基本标准的。义务教育均衡不是绝对消除差异，而是要把差异控制在公众可以接受的范围内。义务教育均衡应是教育发展的基本价值取向，绝对不是要等到教育发展某种程度才来关注和解决均衡问题。

4. 义务教育均衡应优先满足法定教育均衡。教育均衡包括法定教育均衡和社会道义均衡。法定教育均衡是根据相关法律规定适龄儿童应该享有的教育权利和待遇。社会道义均衡是根据社会经济发展的需要以及社会认同的公共价值，适龄儿童应该享有的教育权利和待遇。法定教育均衡是经过相关法定程序、反映社会共同价值理念的、最基本的均衡，因而应当优先满足，本文论及的教育均衡也主要是指法定的教育均衡，即判断教育均衡与否的标准是基于法定的或者政府相关法律、政策文件要求和承诺的均衡。

同义务教育均衡概念相关的是义务教育财政均衡。义务教育财政均衡的最初含义是指为每个学生提供大致相等的教育财政资金。如果从教育公平和社会公正角度以及不少国家的改革实践看，这个范围已经不够。在现实社会中，教育公平是在教育领域维护社会公平与正义的价值体现，它反对和遏制各种形式的、旨在破坏教育权利平等和机会均等的教育特权。因为在这个教育世界里，不公平的现象仍然以各种不同的方式存在着。同教育公平完全相反，那些最没有社会地位的人们往往享受不到普遍受教育的权利，在一个贫穷的社会里，他们是首先被剥夺权利的人；而在一个富裕的社会里，他们是唯一被剥夺权利的人。这些事实是可悲的，但它们确实存在，尽管教育体系不能消灭它们，但是教育体系至少不应该使这些情况变得更坏。不管教育有无力量减少它自己领域内个人之间和团体之间这种不平等的现象，而如果要在这方面取得进步，它就必须事先采取一种坚定的社会政策，纠正教育资源分配不公平的状况。① 教育公平视角下的教育财政均衡是反对特权存在的教育财政，这是毋庸置疑的。在教育过程和教育效果难以测度与量化的情况下，均衡的教育财政是优先保证教育机会公平的财政，是不使代际间差别得以延续的教育财政。在维护平等为所有儿童提供发展所需的基本教育条件得以满足的前提下，均衡的教育财政还要为不同人，尤其是有特殊需要的学生提供更多的财政支持。

---

① 联合国教科文组织国际教育发展委员会．学会生存——教育世界的今天和明天．华东师范大学比较教育研究所．北京：教育科学出版社，1996，99－102.

在教育财政改革实践中，义务教育财政均衡的涵义得到了进一步的诠释。传统上，为每一个学生提供相同数目的资金，即为教育财政均衡。但逐渐地人们认识到在某些学生的教育上要投入比其他学生更多的钱。出于这种考虑，财政投入最初的改革是为家住乡村的学生提供更多的投入，因为他们接受教育的单位成本更高，交通费就是一个主要的成本因素。同时，额外的资金被提供用于特殊学生的教育，尤其是智力或生理上存在障碍的学生。一般而言，在失业率居高不下、赋税负担过重或是种族区域问题严重的大城市，上述因素使得这些地区的教育单位成本远高于一般地区，对这些地区也应给予特殊的财政投入。

义务教育财政均衡分为横向教育财政均衡和纵向教育财政均衡。横向教育财政均衡又称“水平均衡”，指的是同样的受教育者享有同样的教育财政资源待遇、获得分配均等的教育资源；纵向教育财政均衡又称“垂直均衡”，指的是不同的受教育者享有不同的教育财政资源待遇，对特殊学生或者有特殊需要的地区允许分配额外资源。从有关研究和认识来看，这两种教育财政均衡体现在：(1) 每个学生获得均等的资源分配，接受公共资金的学生无论其能力如何，所获得的教育财政资助额应是相等的；(2) 每个学生的公共教育经费支出上的差异不能与所在学区的富裕程度相关，尽管每个地区的富裕程度存在差异，但法律拒绝以此为由使不同地区生均教育经费不平等；(3) 对少数民族或不同种族的学生、偏远地区及居住分散的学生、贫困学生、身心发展有障碍的学生给予更多的关注和教育财政投入的调整需要特殊对待；(4) 教育财政资源从富裕流向贫困的原则在理念上已被广泛接受。各国教育财政均衡的实践体现在：一是从区域内向区域间生均教育财政经费均等过渡；二是对社会弱势群体教育财政投入的特别关注。从本研究内容设计来看，义务教育财政均衡的操作性定义可以概括为：

1. 义务教育财政均衡的根本目的是实现义务教育服务均衡。相同的教育经费投入并不等于教育服务的均衡，积极的差异经费投入水平（比如农村高于城市），受教育者可能享受均衡的教育服务。在以义务教育服务均衡的根本目的下，义务教育财政均衡并不简单地等同于经费水平相等，需要考虑不同区域、不同群体教育服务供给的成本差异。

2. 义务教育财政均衡包括投入均衡和产出均衡。财政投入均衡主要是指义务教育生均预算内教育经费、生均公用经费、基本建设与相关改造资金支出等方面的均衡。财政产出均衡主要包括办学条件、师资条件等由于经费投入而形成教育资源及服务的均衡。

3. 义务教育财政均衡是义务教育均衡的重要方面。义务教育财政均衡也是从财政视角分析教育均衡的。从财政视角来分析义务教育均衡，重点在于探讨教育经费投入对生均教育经费均衡状况、以及教育经费投入对教育资源配置均衡的影响。因为教育财政投入的均衡与教育产出的均衡是两个不同的过程，虽然二者之间存在一定的内在联系，但没有必然的因果关系。教育财政可以提供财力的保障，也可以通过配置方式影响教育产出的均衡，但它不能直接实现教育产出的均衡。

2.1.2 义务教育均衡绩效

绩效是由“绩”和“效”组成的集合体。“绩”指的是业绩、成绩、成果。“效”指的是效率、效果、效应、效益。“绩效”合起来就是做正确的事和有效率的做事。对于微观的市场经济主体而言，绩效指的是其整个生产、经营过程的投入与产出和结果的集合。在公共财政政策领域，绩效的概念经常被置换为“效益”、“成效”，表示的是一种广义的社会效率，其核心是“资源的有效使用和有效配置”。因为政府作为公众利益的委托者，没有自己的利益，公共支出的产出应当是符合正义和公平的产出，是缩小社会差异、体现社会公正的产出，因而公共效率是基于公平公正的投入产出比，是合乎公众利益的投入产出比。它的根本含义是以最小的投入获得最大的合意（即合乎公众利益、合乎公平）产出，或者获得最大的合意产出投入最小。

新公共管理运动以来，研究者和实践者对政府的管理水平，有一个基本认同的概念就是政府绩效，用政府绩效的高低来衡量政府公共政策效率的大小、效益的高低，因此，为避免认识混乱和误区，本文在论述中统一将效率置换为绩效，意为合意的效率或者效益。它既包含了直接的投入产出比（效率），也包含了投入效果比（效益），还包含了投入收益比（合意）。

本文使用的“义务教育均衡绩效”，是政府绩效在义务教育均衡领域的具体运用，它是指为政府为实现义务教育均衡而进行的财政投入收益比。它包括既定的财政投入产生合意的教育均衡结果，以及获得相同的、合意的教育均衡结果所需的财政投入最小两种情况。任何偏离义务教育均衡目标或缺乏财政支出效益支撑的投入增长，都可能会被异化为无效投入或更大的浪费。从本研究内容设计来看，义务教育均衡绩效的操作性定义可以概括为：

1. 义务教育均衡绩效是评价义务教育财政支出效益的重要手段，偏离义务教育均衡的义务教育财政支出是无效的。

2. 反映义务教育均衡绩效的指标包括生均教育经费、生均教育服务、生均学业成就、公众满意度等，衡量尺度是差异指数。义务教育均衡绩效所包括的绩效指标、差异指数缩小越明显，义务教育均衡绩效就越高。这里需要重申的是，义务教育均衡绩效不是单纯的投入产出比，而是包括反映义务教育均衡的投入与合意的均衡结果之比。这一点可以在本研究实证分析部分的义务教育均衡的总体绩效、分项绩效、综合绩效中看到。

3. 义务教育均衡绩效评价结果存在着与官方公布结果的差异。由于本研究对义务教育均衡程度的评价指标、采用的数据，既有来自官方的公开数据，也有来自问卷调查的数据，尤其是不同群体对义务教育均衡的感受调查，可能在一些综合绩效指数的计算结果上与官方公布的部分内容存在差异。但从研究的角度来看，这些差异的存在是客观且不可否定的。

2.1.3 预算精细化

预算精细化源自精细化管理，是发达国家的一种企业管理理念。预算精细化管理多见于企业财务管理实践，并无明确的概念界定，很少有人从理论上进行阐述。2008 年之后，中国政府文件（尤其是财政文件）及相关学者开始较频繁使用“预算精细化”一词，但对其基本内涵也没有准确的界定。

事实上，当我们明确了“预算是政府受托责任的表达”之后，预算精细化就是保障实现这一表达及其政策目标的基本工具和途径。因为过于“粗犷”的预算，受托责任难以明晰，问责对象难以界定。有学者曾将预算精细化与企业财务管理中的责任预算等同，在政府预算层面上，预算精细化是指财政预算的每一个程序都“得以细化”，每一个环节都“做到位”，把预算中的公民参与性、预算的全面性、预算的程序性、预算的绩效控制等方面真正落到实处。

教育预算精细化是预算精细化在教育预算管理中的具体运用，其基本内涵也未定论。教育预算是“将公众教育需要转化为财政计划的过程”。[①] 这里隐含着的前提是：政府取自公众的资源，应取得公众的同意，按公众的意愿分配和使用，并尽可能产生公众期待的结果。2010 年，《国家中长期教育改革与发展规划纲要》提出：“建立科学化精细化预算管理机制”，不仅对教育预算提出了新的要求，而且也提示我们及时总结和反思教育预算存在的问题，全面理解教育预算精细化。教育预算精细化是进一步明晰政府间以及政府与学校支配教育资金的受托责任，有效解决教育资源配置的绩效，实现政府教育政策目标的有效途径，是政府实施教育善治的“利器”和教育问责的重要机制。从本研究内容设计来看，为了实现义务教育均衡的预算精细化，可操作性的定义可以概括为：

1. 预算总量管理的精细化。它是教育预算精细化的前提。预算总量管理精细化首先要求实行“全口径预算管理”。教育的全口径预算是指预算资金范围应覆盖政府所有部门及学校所有来自于财政的、用于教育的收支活动，包括预算内、预算外资金、各种专项资金、转移支付资金、事业性收费、学校经营性收入

① ［美］小弗恩．布里姆莱，鲁龙·R·贾弗尔德．教育财政学——因应变革时代（第 9 版）［M］．北京：中国人民大学出版社，2007，266.

等，体现教育预算的全面性。全口径预算是预算全面性的要求，也是实现预算总量控制的基础，同时也可以约束官员自由裁量权以及由此而导致的权力寻租行为，从而全面反映教育财政的配置状况，使教育财政配置从经费配置的源头上缩小差异。

2. 预算结构管理的精细化。它是教育预算精细化的核心。预算结构既包括预算的内容结构、也包括预算的程序结构。预算的内容结构精细化包括预算的功能结构、预算的项目结构、预算的决算结构、预算的财务报告结构等都要精细化。预算的程序结构包括预算过程中的每个环节都应有详细的操作程序，即从预算编制、预算审批、预算执行到预算评估的每个环节都要细化。结构精细化的预算要做到：（1）有充足的预算时间保证；（2）有严格执行操作程序规定的活动；（3）不断优化预算结构，使之更科学、更透明；（4）细化预算参与对象，使预算有足够的参与广度和参与质量。教育预算过程就是公众公共教育需求发现、确认和实现过程。在此过程中，要充分发挥学校作为资金需求者的参与作用，使政府的教育预算供给能够更符合需求者的实际。

学校经费预算是政府教育部门预算的基础。相对而言，学校比政府更了解学校经费的实际需求数量及用途，更能了解学生及家庭对教育的需求，缺乏学校符合实际支撑的政府教育部门预算是空洞的，是不可能很好地反映公众的教育利益诉求的。强调学校预算：一是可以进一步强化学校财政支出的责任，改变现行学校只管花钱，不问支出效果的现状；二是有利于促进学校发展规划与资金支持的有效结合，保障学校的可持续发展；三是可以使学校基层预算真正成为公众参与政府教育部门预算的最基础环节，使教育部门预算具有最广泛的参与基础和机会。

3. 预算结果管理的精细化。它是教育预算精细化的导向，也是世界各国正在实践的趋势所在，是基于产出预算进行的管理。投入预算与产出预算是两种不同取向的预算模式，目前的教育经费预算基本是投入预算。在投入预算中，预算执行部门只需要对投入经费的取得和使用合规负责，并不需要就经费的使用所产生的结果承担受托责任，对预算执行中花掉的经费究竟产生了怎样的结果很少进行计量和评估，更不把计量和评估的结果同各支出部门与机构预算经费的申请联系起来。[①] 这与纳税人更加关注财政投入结果（政府花我们的钱给我们带来了什么？是否有效地促进了政府自己所承诺的那些政策目标的实现?）很不吻合。相对投入预算而言，产出预算更强调结果。在产出预算模式下，审计部门更多的是关注预算执行部门花钱是否取得了预期的绩效，绩效成为各部门和支出机构申请预算并获得资金的正当理由，立法机关、支出控制者和支出机构得以了解有关政

① 王雍君：从投入预算到产出预算［J］. 河北经贸大学学报，2005（3）：34 – 38.

府绩效的一些关键问题：即我们花了纳税人的钱得到了什么？我们如何判断是否取得了成功？我们在多大程度上完成了任务和政策目标？“以产出为本”的公共服务供给评估是以政府行为的最终结果是否实现了预期的目标来评判政府工作的成效，并根据政府期望达到的成就来重塑计划、预算、管理和报告等各个环节。比如，美国地方政府实施“以产出为本”的公共服务供给评估，通常综合采用产出测量、效率测量、结果测量、服务质量测量、公民满意度测量等方法。①

预算结果管理的精细化，要求实践中还应加强对预算结果的应用，尤其应当及时将结果向社会公布，并通过各种途径和方法让公众知晓预算结果、评论预算结果，及时回收公众的反馈意见和建议，及时沟通协调。

2.2 概念间的逻辑关系

从上述分析看，义务教育均衡是个最基本的概念，它有静态均衡和动态均衡，有局部均衡和一般均衡。义务教育均衡绩效是通过一定的测量方法对义务教育均衡的投入和产出比进行评价，分析在特定时点义务教育均衡所达到的水平和状态。预算精细化是关于资金管理的机制和方式，是实现合意的义务教育均衡的调节器。连接上述三个核心概念（即作为目标的义务教育均衡、作为手段的义务教育均衡绩效、作为途径和机制的预算精细化）的是财政支出，它贯穿了三个核心概念分析的全过程。

2.2.1 义务教育均衡是目标

义务教育均衡作为政策目标，公众期望的均衡永远是短期内合意的，但政府期望均衡往往是长期内合意的，公众和政府期待之间的差别常常伴随着改革的疼痛而加以弥合，这期间政府临时的行政干预以及快速的财政行动也许是必要的。关于财政行动的必要性，众所周知。正所谓有钱不一定能够办好教育，但没有钱一定办不好教育，这是无法否认的常识。教育财政支出不仅是义务教育均衡的构成要素，也是实现义务教育均衡的基础。一般而言，分析财政支出主要从总量及结构两个方面，对义务教育均衡而言，教育财政支出的总量及义务教育财政支出总量是两个影响因素。如果在教育财政分配比例既定的条件下，教育财政支出的总量决定义务教育财政支出的总量，而义务教育财政支出总量决定着实现义务教

① ［美］亨利·尼古拉斯：公共行政与公共事务第8版［M］. 张昕译，北京：中国人民大学出版社，2002，313－314.

育均衡可以使用的财政总资源。财政支出结构主要在义务教育财政支出总量既定的条件下，财政资源在区域间、学校间及学校内部不同项目之间的配置比例。理想的状态下，教育财政支出总量增长带来义务教育财政支出总量的同比增长，更多的教育财政资源用于义务教育均衡发展。在义务教育财政支出内部结构合理的条件下，义务教育财政支出总量的增长使更多资源用于推进义务教育均衡的项目上，义务教育非均衡状况能够实现同比的改善。

教育均衡包括教育机会、教育资源、教育结果均衡三个层次。教育机会均衡是权利公平，是最基本的均衡，主要指适龄儿童在入学机会上是否公平，是否存在着有的适龄儿童有机会上学，而有的儿童却没有资格上学，或者没有学校可以上。教育资源均衡是享受投入资源公平，是第二层次均衡，主要指儿童入学后，同等条件（如都是健康儿童）下的适龄儿童是否享受同等数量的教育资源，不同条件（如有的是残疾儿童）的适龄儿童是否享受了不同数量的教育资源。这些教育资源主要包括教育部义务教育国家验收标准中关于办学条件的 8 项资源，其中最为关键的教育资源是教师资源。教育结果均衡是获得国家规定的教育质量标准所需要的支出水平均衡，是第三层次的均衡。换句话说，它主要是指受教育者通过教育过程，在基础知识和基本技能掌握上是否获得了大致相同的教育成就，比如基本或绝大多数学生通过了国家或区域规定课程和教育内容的测试，通常用阶段性的考试成绩或者一定规模和范围的统一测试来衡量。从世界各国尤其是发达国家经历的教育均衡过程来看，教育机会均衡是教育权利均衡，教育资源均衡是教育条件均衡，教育结果均衡是教育成就均衡。

任何一个阶段教育均衡的实现都要有大量的财政资金作保障。教育机会均衡阶段，政府财政主要用于创建和扩大学校规模；教育资源均衡阶段，政府财政主要用于办学条件建设和改善；教育结果均衡阶段，政府财政主要用于教育质量提升和学生成就达标。

2.2.2 义务教育均衡绩效是手段

作为义务教育均衡检测工具的绩效，必须科学、全面、真实、及时、公开、透明的进行，它是真正连接政府和公众的重要纽带，政府应将它作为履职和资源配置的基本价值理念，既不能无视、又不能草率了事，因为某种程度上，义务教育均衡绩效是政府作为和财政支出效果的体现和折射，也是政府和公众关系和谐的重要体现，如同测试天气气温的晴雨表。

阿马蒂亚・森指出：“一个贫穷的经济可能只拥有较少的钱用于医疗保健和教育，但与富国相比，它也只需要较少的钱就能提供富国要花多得多的钱才能提供的服务。”“通过适当的社会服务项目，尽管收入低，生活质量还是可以迅速提高的。再说，教育和医疗保健的发展也能促进经济增长率的提高这一事实，也增强了在贫穷经济中应该大力发展这些社会安排，而不必等到先‘富裕’起来的观点和说服力。”①

义务教育均衡绩效的实现需要一定量的财政支出，并不意味着一个国家或地区只有等到完全富足了，才开始发展义务教教育，才开始进行相应的财政支出。少量的但配置合理的财政支出同样能获得较好的义务教育均衡绩效。因为义务教育既不是社会分化、社会选择工具，也不应成为推动经济增长的工具，而是社会发展的平衡器，平等接受义务教育的权利作为基本人权是现代教育的基础价值之一。20 世纪 40 年代的《联合国人权宣言》就明确规定，“不论什么阶层，不论经济条件，也不论父母的居住地，一切儿童都有受教育的权利”。在 20 世纪 60 年代以来的世界性教育改革浪潮中，教育平等成为“全世界所有国家和所有与教育问题有关的人最关心的问题”。② 虽然一些地方政府认为，在资源短缺的情况下，义务教育的主要问题不是不均衡，而是“不增长”，只有做大“蛋糕”才有利于增进均衡。但事实上，增长并不能代替均衡，除非明确地将均衡视为增长的基本价值和目标。③ 均衡应是政府教育资源配置的基本价值和理念选择。义务教育均衡绩效是财政支出效果的体现和折射。

2.2.3 预算精细化是途径

预算精细化即预算的精细化，是预算管理机制改革的重要内容，是实现合意的义务教育均衡的重要途径和方式。因为无论是在哪些方面、在多大范围内实现义务教育均衡，也无论是义务教育均衡实现的合意与否，适量预算及其精细化管理不可或缺，通过预算的精细化管理，对获得的财政资金实行精细化管理，有利于顺利实现政府致力于义务教育均衡政策的重点，有助于补偿有普遍和特别需要的受教育者或者学校、区域，校正突出的不均衡或者很不合意的不均衡，在基本实现义务教育均衡和实现优质义务教育均衡中发挥着重要的作用。

“预算精细化”作为预算管理机制改革的重要内容，是《国家中长期教育改革和发展规划纲要》（以下简称《纲要》）提出的教育财政改革目标。《纲要》强调“建立科学化精细化的预算管理机制，科学编制预算，提高预算执行效率。”预算精细化要求预算资金完整化、预算过程民主化、预算项目细化、预算执行结果绩效化、预算信息公开化，以从根本上保障义务教育均衡目标实现的绩效水平与财政投入总量增长相向而行，保证“花对（方向正确）、花好（效率高）”财

---

① 阿马蒂亚·森：以自由看待发展［M］．北京：中国人民大学出版社，2002. 38，39.

② 查尔斯·赫梅尔：今日的教育为了明日的世界［M］. 北京：中国对外翻译出版公司，1983. 68.

③ 杨东平：教育公平是一个独立发展的目标——辨析教育的公平与效率，教育研究，2004（7）.

政上用于教育的每一分钱。可以说，预算精细化是实现义务教育均衡绩效的重要途径和方式。更具体地说，预算精细化就是要对所有义务教育均衡项目进行分解，要把每一笔财政资金都落实到具体的项目上，形成精心规划的事儿与精细化管理预算的钱相互对应。预算精细化可以精准补偿义务教育不公平涉及领域，校正义务教育均衡绩效不佳的支出项目。可以说，如果没有精心规划的预算，再美好、再翔实的义务教育均衡目标终将成为“泡影”或者“空谈”。有了精细规划的预算，将有助于改善突出的义务教育不均衡问题，有助于矫正不合意的义务教育均衡绩效。

预算精细化对义务教育均衡绩效的价值，不仅有助于义务教育均衡项目资金的精准发力、不断提高义务教育均衡绩效，更重要的是增强教育预算本身的权威性，有助于经过批准的政府预算的顺利执行，从而保证教育预算执行的法定权威，并有助于从根本上遏制地方政府官员在义务教育财政支出方面的随意性和寻租行为。比如，美国政府预算突出“增进预算的透明度、可理解性、精细度和政府承诺可信度”的指导思想①以及实际行动，为实现高绩效的义务教育均衡提供了厚实的基础。

预算精细化改革的着重点：

1. 实行义务教育财政支出规划预算。规划预算强调以规划作为分配预算资源的基本单元，通过规划预算，将政府用于义务教育的功能预算、预算项目、部门预算融为一体。实行教育支出规划预算：一是在决定政府教育政策目标、政府任期教育目标、满足公众公共教育需求的基础上，对教育发展进行部门规划，在规划的框架内确定需要开展的活动；二是界定每项活动的产出，计量和归集产出和完全成本，编制规划预算；三是每一个规划预算应有多种方案可供选择，每一种方案都要明确告诉公众，教育经费支出多少、产生的结果如何、在多大程度上促进了预定目标这三个关键问题；四是规划预算中的每项活动支出必须有充分的理由，并辅以大量的文件，证明其预算支出申请的合理性，交由立法机关逐项审核。教育支出规划预算，明确了政府某项教育财政政策的目标，确定了实现目标的具体活动支撑，规定了教育成果目标的产出成本约束，使教育支出资金用途落到实处，使规划管理者的责任更加明确。

2. 预算科目编制精细化。预算科目也叫预算条目或功能类别（function）。目前的功能类别（含次级功能类别，the second function）下设项目（program）、活动（activity）、条目（line-item）。功能、项目、活动和条目分别对应预算表中的财务科目类、款、项、目。对于教育领域的投入，如果预算科目编制精细，公众就会很清晰的了解相关信息，比如义务教育（次级功能）投入多少，在其之下有哪些规划项目（如师资培养规划项目）及其支出情况，每一个项目下又有哪些活动

---

① 李涛：公共预算精细化：国际经验与启示［J］. 地方财政研究，2009（11），20－22.

(培养师资的人数、次数、课时数), 每一活动下的条目支出情况如何 (用于培训师资所需要的人员数、支出标准, 公用经费的支出标准和支出数额)。通过细化了的预算科目编制, 一方面可以让更多的公众判断教育经费的使用方向和结构是否合理; 另一方面可以有效限制经费管理者的自由裁量权及与教育活动无关的支出。

3. 学校应参与政府教育部门预算。学校在完善自身预算基础上, 政府应创设学校间经费分配博弈的平台, 允许学校间为自己争取更多经费而进行公开的博弈, 以有效遏制官员、学校在经费分配过程的设租、寻租行为, 以降低经费配置过程的交易费用, 提高教育经费的配置效率。学校预算确保相关利益群体充分参与预算。(1) 组成有广泛代表性的学校预算委员会。学校预算委员会在组成上包括教师、社区参与委员会、家长教师协会以及学生等方面的代表, 依据学区目标和对学生需要的评估编制出预算方案。(2) 预算内容兼顾到相关利益群体的利益。预算委员会利用一定时间来讨论所有的利益相关者共同关注的学校重点项目, 利益相关者经过充分讨论后最终确定一个预算方案。(3) 预算信息公开, 充分接受相关利益群体的监督。

4. 预算信息充分披露且足够透明。公民对教育经费预算的参与和监督依赖于相关信息公开的程度, 教育经费相关信息的公开程度既反映了政府接受公民监督的主动性程度, 也是遏制权力异化现象的必由之路。目前, 教育预算信息不仅披露有限, 而且透明度较低。在信息披露方面, 除了政府通过统计年鉴、公报、新闻媒体、发布会等方式披露教育经费信息之外, 公众基本上无法通过其他渠道全面、真实、系统地了解教育经费相关的信息。教育经费支出信息透明度较低主要表现在: 政府教育预算支出的活动信息不透明、不及时、不可靠; 各级政府教育部门和学校财务状况公开不充分, 教育经费审计不完全独立, 教育审计内容不完全公开等问题。因此, 政府财政、教育部门及学校应树立依法披露信息的自觉意识, 及时、完整地公开教育经费相关信息; 省、市、区县政府及学校应定期透明化地公开教育经费预算、执行、绩效评估信息等。同时, 财政及教育部门应不断完善信息公开的手段, 利用电子政务网络, 有效整合相关信息, 保证信息的真实性、统一性和权威性。值得注意的是, 教育部门和财政部门的教育经费数据要统一, 要避免所谓内部数据和公开数据同时存在现象的出现。

2.3 评价义务教育均衡绩效的方法

2.3.1 政策文本分析法

文本内容分析法是对研究对象的内容进行系统的量化描述, 透过内容所体现的数量特征反映研究对象本质的研究方法。文本内容分析法产生于20世纪初，第二次世界大战时期，美国著名传播学家哈罗德·拉斯韦尔等人运用内容分析法对德国报纸进行研究，获取大量情报使该方法的应用得到发展。鉴于研究的有效性和可操作性，文本内容分析法已经广泛地应用于社会科学的各个研究领域中。政策文本内容分析是目前公共管理领域的重要研究方法，通过对政策文本的特定语句进行客观、系统、定量的描述，有利于研究者了解政策内容所体现的内在逻辑。政策文本内容分析法主要包括如下7个步骤。

1. 确定分析问题：进行内容分析的前提，政策样本选择、分析单元确定和分析类目确定都要围绕分析的问题。

2. 选择政策样本：即确定分析的“内容”，需考虑哪些政策是有效政策及选择样本的时间段。如果政策样本的数量较多，可采取抽样的方法，政策文本的抽样可以对单个政策进行简单抽样，也可以对每个政策文本的分析单元进行分层抽样。

3. 确定分析单元：分析单元是内容分析进行描述和统计的基本元素，一般以单句或单词作为分析单元。分析单元不仅限于文字，也可以是图片、表格、声音等其他能反映研究问题的元素。

4. 确定分析类目：分析类目是分析单元的分类维度，在确定分析类目时要结合分析单元的特征和分析的目标。

5. 编码和统计：内容分析的主体部分，编码是按照某一原则对确定的分析单元进行编号，统计是将分析单元按照分析类目进行归类。

6. 信度分析：为了保证编码和统计结果的有效信，可以对编码和统计结果进行信度分析，即对不同人员的编码和统计结果或相同人员不同时期的编码和统计结果的相同程度进行分析。如果相同程度低，需重新进行编码和统计。

7. 结果分析：对统计结果所体现的数量特征给予解释。

2.3.2 差异系数分析法

在对区间义务教育资源配置均衡总体状况进行分析时，研究主要运用了洛伦兹曲线、基尼系数、麦克劳恩指数和沃兹廷根指数等方法，对北京市区间教育经费整体分配差异状况进行描述。

2.3.2.1 洛伦兹曲线

洛伦兹曲线是由1907年由奥地利统计学家M. O. 洛伦兹（Max Otto Lorenz）提出的。其基本含义是：洛伦兹曲线在将一国人口收入由低到高排序的基础上，通过人口累计百分比和收入累计百分比的对应关系所形成的曲线，曲线的弯曲程度可以反映一国贫富差距程度。贫富差距越大曲线越弯曲，反之亦然。本文运用“洛伦兹曲线”原理，将各区学生的生均教育经费由低到高排列，通过学生数累计百分比和生均教育经费累计百分比绘制的“教育经费洛伦兹曲线”，以反映学生收入（即生均教育经费）分配的均衡状况，曲线越偏离 45 度绝对均衡线，则说明不同区间义务教育生均经费配置越不均衡。

2.3.2.2 基尼系数

基尼系数是 20 世纪初意大利经济学家基尼根据洛伦兹曲线设计的判断收入分配平等程度的指标，是将洛伦兹曲线的偏离情况进行量化，从数量上体现收入差异情况。基尼系数取值范围在［0，1］，收入分配越是趋向平等，基尼系数也越小；反之，收入分配越是趋向不平等，基尼系数越大。基尼系数通常取值范围划分为六个区间：低于 0.2 表示收入绝对平均；0.2 ~ 0.3 表示比较平均；0.3 ~ 0.4 表示相对合理；0.4 ~ 0.5 表示收入差距较大；0.5 ~ 0.6 表示收入差距很大；0.6 以上表示收入差距悬殊。通常 0.4 被看作基尼系数的警戒线。义务教育作为公共产品，在对义务教育生均经费收入差距进行评价时应适当调整区间标准。1990 年，美国统计局报告了美国 49 个州生均教育经费公平情况，其中 39 个州学区间生均经费基尼系数低于 0.1，9 个州学区间生均经费基尼系数在 0.1 至 0.2 区间内。[①] 不可否认，基尼系数引入教育财政领域为评价教育财政支出配置的公平程度提供了直观的量化标准。

2.3.2.3 麦克劳恩指数、沃兹廷根指数

基尼系数从整体平均程度展现北京市义务教育生均经费的均衡状况，而麦克劳恩指数（Mcloone Index）和沃兹廷根指数（Verstegen Index）则分别从低于和高于生均教育经费中位数水平的两个部分在分配上的差异来体现教育均衡情况。麦克劳恩指数是所有处于中位及以下地区的实际支出与其全部达到中位数水平时支出的比例，它是用来衡量全部达到中位数水平目标的实现程度。麦克劳恩指数的最大值为 1.00，代表处于中位数以下的所有地区完全公平。麦克劳恩指数低于 1.00 且数值越小，说明中位数以下地区所占资源越少，说明差异越大，越不均衡。沃兹廷根指数是指高于中位数以上所有观察值的总和与其全部达到中位数水平时支出的比率，其数值大于等于 1.00。沃兹廷根指数高于 1.00 且数值越大，说明差异越大，越不均衡[②]。当麦克劳恩指数和沃兹廷根指数越趋近于 1.00 时，说明生均教育经费下半部分和上半部分教育经费配置差异越小，生均教育经费配

① ［美］理查德·金等著．曹淑江等译．教育财政——效率、公平与绩效［M］．北京：中国人民大学出版社．2009．305 – 307．

② 栗玉香．教育财政学［M］．经济科学出版社．2009．79 – 81．

置越趋于均衡。

2.3.3 综合绩效分析法

2.3.3.1 平衡积分卡

平衡积分卡（BSC，Balanced Score Card）概念最早是由美国哈佛大学教授、著名管理会计学家罗伯特·S·卡普兰（Robert. S·Kaplan）和美国复兴全球公司（Renaissance worldwide）总裁大卫·P·诺顿（David. P·Norton）在1992的《平衡积分卡：企业绩效的驱动》一文中提出的。由于其不仅能将传统的财务指标分析与非财务指标结合，并能将组织的战略目标与组织绩效驱动因素结合起来，从财务、客户、内部运营、学习与成长四个维度动态实施绩效评价，便于及时发现问题，避免短视行为，给管理者提供了更加广泛、丰富的管理及决策信息，自21世纪以来逐渐成为企业乃至非营利性组织绩效和战略管理的重要工具。将平衡加分卡的框架引入义务教育均衡绩效评价，一方面可以对当前义务教育均衡绩效评价体系不完善之处进行补充，通过平衡积分卡四个维度的指标确定提高义务教育均衡绩效评价的系统性；另一方面平衡积分卡的逐层战略分解也能够有效地解决制定战略和实施战略之间的脱节问题。

2.3.3.2 层次分析法

层次分析法（Analytic Hierarchy Process，AHP）是美国运筹学家T. L. Saaty等人在20世纪70年代中期提出的一种定性和定量相结合的，对多层次目标进行决策分析的方法。层次分析法的关键在于通过构造判断矩阵对各个层次的指标进行两两比较，判断指标之间的相对重要性。

2.3.4 线性回归分析法

线性回归技术是体现不同变量之间线性数量关系的分析方法，目前最常用的分析方法是普通最小二乘法（OLS），基于残差平方和最小的原理对变量进行线性组合。本书基于可获得的数据对平衡积分卡四个维度绩效的影响因素进行回归分析，识别显著影响因素和影响程度，回归分析以Eviews8.0作为分析工具，对选取变量进行普通最小二乘法分析。

第二部分
政府承诺、行动与实证

本部分主要是对北京市政府推进义务教育均衡政策的承诺与行动、绩效实证的分析，包括第3~11章的内容。这部分是研究的重点之一。研究运用政策文本内容分析法，对2004~2015年间北京市政府推进义务教育均衡政策的承诺，以及北京市义务教育发展的五个阶段、义务教育均衡发展的主要路径、政府主动理顺的四个理念关系及推进义务教育均衡的主要行动等进行了分析；绩效实证从三个视角进行：研究运用差异系数分析法，从区县间、城乡间、学校间、群体间四个维度，对2010~2015年间北京市16个区义务教育均衡总体绩效进行了分析。总体绩效是将北京作为一个整体，采用差异分析（如极差、变异系数、基尼系数等）方法，对北京市义务教育均衡的绩效现状进行的评估。分项绩效是从生均教育经费、办学条件、师资配置、学业成就、公众满意度五个视角，对2010~2015年间北京市16个区义务教育均衡分项绩效进行分析，尤其是分项绩效1~3的评价指标更多的是依据政府承诺的办学条件、师资、经费均衡标准进行测度的；综合绩效评价主要是根据平衡积分卡建立的绩效评价框架，对2015年北京市16个区义务教育均衡综合绩效进行了分析，即从教育经费、公众感受、办学条件、教育成果四大方面综合进行实证，所用数据包括了分项绩效所有一级评价指标，其中公众感受和教育均衡发展内容是政府在2011年后教育均衡政策承诺的重点。相较于总体绩效和分项绩效，综合绩效更全面、更综合。最后，通过北京市与上海市的比较，重新认识北京市义务教育均衡绩效水平。

3

北京市政府义务教育均衡目标的承诺与行动

政府存在的价值就是为公众提供充足、合意的公共产品和服务。从一定意义上讲，政府义务教育均衡的政策目标是政府对公众庄严的承诺，实现政策目标乃政府取信于民的应有之意和执政合法性的基础。本章通过对北京市政府推进义务教育均衡发展相关政策的文本内容分析，明确了政府在义务教育均衡发展方面的承诺，梳理了北京市政府推进义务教育均衡的行动，目的在于与实证分析的结论相对照，客观判断政府承诺实现的水平。

3.1 北京市政府义务教育均衡目标的承诺

自2005年教育部出台《关于进一步推进义务教育均衡发展的若干意见》（教基〔2005〕9号）之后，“义务教育均衡”成为我国教育工作的重中之重。各省市为落实教育部指导意见，推进义务教育均衡发展，在缩小办学条件、统筹教师资源、建立有效监督评估机制等方面进行了规划和政策引导。首都北京作为首善之区，从2006年修订的《北京市实施〈中华人民共和国义务教育法〉办法》、2007年颁发的《北京市委、市政府关于进一步推进义务教育均衡发展的意见》、2010年制定的《北京市中长期教育改革和发展规划纲要（2010～2020年）》至2013年发行的《北京市区人民政府落实义务教育均衡发展责任情况督导评估办法（试行）》，对义务教育均衡不断提出政策要求和实施路线，积极推进北京市义务教育均衡政策目标的实现。2015年4月30日，北京市16个区通过了国家督导组的审核，整体上实现了义务教育基本均衡。同年，在义务教育基本均衡的基础上，北京市教委出台了《关于推进义务教育优质均衡发展的意见》，明确提出了北京市义务教育走向“优质均衡”的新目标。本研究通过对2004～2015年北京市义务教育均衡政策文本内容的详细分析，进一步厘清了北京市政府推进义务教育均衡发展的承诺与思路。

3.1.1 选择政策样本和分析单元

由于教育政策相关文件主要由北京市教委颁布出台，因此在选择政策样本时通过在北京市教委网站上检索关键词——“义务教育均衡”，获得相关信息，并通过信息筛选获得与北京市义务教育均衡相关的 13 个政策和重要会议（见附录 1）。其中包括 2004～2010 年间出台政策 5 个，2011～2015 年间出台的政策和重要会议 8 个；市政一级颁布的义务教育均衡政策 10 个，相关的重要会议 3 个。

在取得政策样本后，以义务教育均衡相关的单个词条作为分析单元，对样本内容进行整理编号，最终共获得 62 分析单元（见附录 1）。

3.1.2 建立文本分析类目

对义务教育均衡政策进行内容分析的主要目的是：通过对北京市义务教育均衡的政策导向、引导方式和变迁过程的分析，理解北京市义务教育均衡的政策目标和主要措施，进而观察北京市义务教育均衡现状。在分析时，结合政策文本分析单元的特征，从机会均衡、过程均衡、结果均衡三层次均衡来体现政策导向；过程均衡分为教育经费、办学条件和教师质量三个维度，从“人、财、物”三方面来分析过程均衡政策导向。政策内容主要有三个维度：建立倡导机制、提供实施措施和进行监督评价，三个维度之间具有推进、循环关系。建立机制有助于保证具体实施，实施过程需要监督评价，监督结果进而反馈机制的缺陷和实施漏洞。因此，从建立机制、实施措施、监督评价三个维度来反映政策引导方式。政策的变迁过程从时间节点上，选择了 2011 年。因为，这一年北京市与教育部签订了推进义务教育均衡发展备忘录，对北京市义务教育均衡发展提出了明确的时间和质量要求。此后，义务教育均衡成为北京教育政策的关键词。因此，以 2011 年为分水岭对政策进行分类，考察不同时间段内政策内容对于上述类目的分布情况更符合实际。

3.1.3 内容编码和频数统计

建立类目之后，通过政策文本分析单元的内容对应类目进行编码，编码结果如表 3－1 所示。在 2011 年之前的 5 个样本政策文本中共选择出了 26 个分析单元，分析单元涉及机会均衡的有 6 个，过程均衡的有 13 个（涉及教育经费均衡的有 3 个，办学条件均衡的有 5 个，教师质量均衡的有 5 个），结果均衡的有 7 个。分析单元内容体现为建立机制的有 12 个，实施措施的有 7 个，监督评价的有7个。在2011~2015年的8个样本政策文本中共选择出了36个分析单元，分析单元涉及机会均衡的有3个，过程均衡的有13个（涉及教育经费均衡的有4个，办学条件均衡的有5个，教师质量均衡的有4个），结果均衡的有20个。分析单元内容体现为建立机制的有15个，实施措施的有11个，监督评价的有10个。

表3-1　北京市义务教育政策法规会议内容分析编码统计表

年份	政策导向 / 引导方式	机会均衡	过程均衡			结果均衡	合计
			教育经费	办学条件	教师质量		
2004~2010	建立机制	5-1　5-7 5-8	2-2	2-1 4-1	1-1　2-4 4-2　5-4	2-5 5-6	12
	实施措施	2-6 2-7	2-3	1-2 5-5	—	5-2 5-3	7
	监督评价	3-5	3-1	3-2	3-3	2-8　3-4 4-2	7
	小计	6	3	5	5	7	26
2011~2015	建立机制	13-2	6-3	6-4 7-2	11-4	6-6　7-1 8-3　9-1 9-2　11-1 11-2　11-3 12-2　12-3	15
	实施措施	7-3	12-4 13-3	6-2	13-1	6-1　8-1 8-4　8-5 11-5　12-1	11
	监督评价	10-1	10-2	10-5 10-6	10-3 10-7	6-5　8-2 10-4　10-8	10
	小计	3	4	5	4	20	36
	合计	9	7	10	9	27	62

注：

（1）表中带有“-”的数据分别是对文件和文件中的单元进行的编号。如5-1，指的是第5个文件中的第一个单元。单个数据表示单元个数，如“12”表示分析文本中有12个单元是有关“建立机制”的，其中，在“机会均衡”方面有3个（5-1、5-7、5-8）是关于“建立机制”的。

（2）“—”表示无对应政策内容。

资料来源：作者根据附录1统计得出。

3.1.4　结果分析

编码统计得出频数后，对政策引导方式频数分布进行对比分析的结果如图3-1所示。2004~2010年，北京市义务教育均衡政策引导方式以建立机制为主，分析单元体现为建立机制的数量占总单元数的46%，体现为实施措施和监督评价的比例皆为 27%。2011 ~2015 年，分析单元体现为建立机制的比例为 42%，虽稍有下降但仍是主体地位，实施措施所占比例上升 3 个百分点，监督评价所占比例上升 1 个百分点。由 2011 年前后情况对比可见，北京市政府与教育部签订推进义务教育均衡发展备忘录之后，义务教育均衡政策在引导方式上改变并不明显，仍以建立机制为主。说明一直以来北京市义务教育均衡政策以建立、完善保障机制为主。在 2011 年后，“依法落实……”、“将……列入考核指标”成为建立机制的新内容，与我国“依法治国”方略和“政府绩效考核”体系相一致。在北京市实现义务教育“优质均衡”的过程中，在完善机制的基础上要增加具体实施措施和监督政策的出台，使政策“落地”，提高政策指导作用。

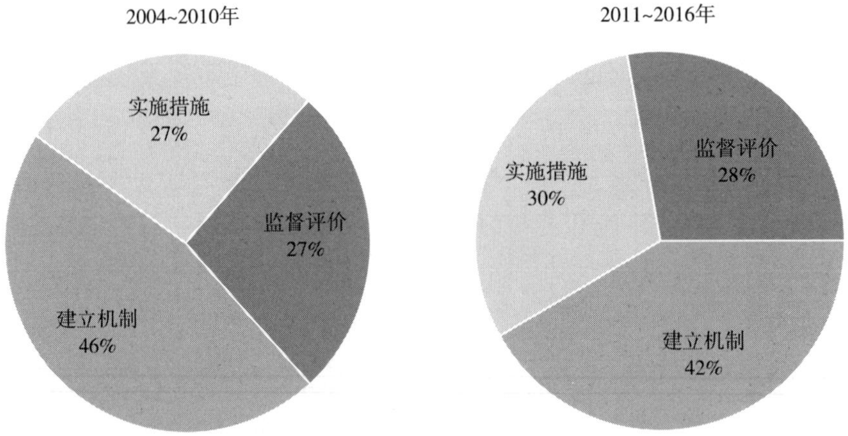

图 3－1　政策引导方式分布图

对政策导向频数分布进行对比分析的结果如图 3 －2、图 3 －3 所示。2004 ~2010 年北京市义务教育政策主要倾向于过程均衡，50% 的分析单元对教育经费、办学条件、教师质量均衡提出了要求。2011 ~2015 年，义务教育政策更加倾向于对结果均衡的引导，56% 的分析单元对结果均衡提出指导和要求，其中 50% 对结果均衡进行机制引导，30% 为结果均衡提出具体实施措施，20% 对结果均衡实施情况进行监督。反之，政策中对机会均衡的导向大大减少，仅有 8% 的分析单元涉及机会均衡。北京市政府实现推进义务教育均衡备忘录的承诺，政策导向结果均衡是必然结果，但直至 2016 年 4 月，北京“择校”问题依旧突出，如在多校划片的政策引导下中关村第一、第二小学（北京市知名小学）附近学区房仍保持 10 万元/平方米的高位、且需求不减，因此，政府对机会均衡的政策导向仍旧不能放松。

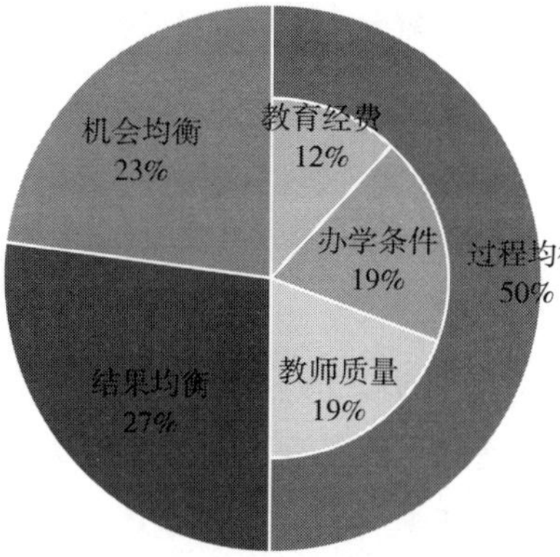

图 3-2 2011 年之前三层次均衡频数分布

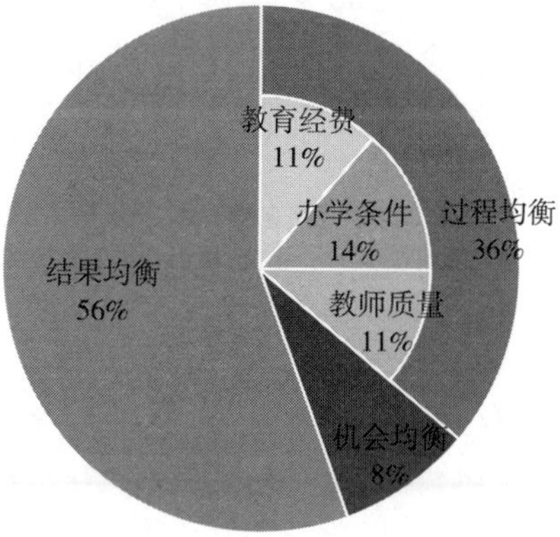

图 3-3 2011 年之后三层次均衡频数分布

综合而言，政策文本内容分析的结果表明，北京市义务教育均衡政策在引导方式上目前主要仍以建立、完善机制为主，而在内容导向上则由过程均衡转向结果均衡。多年来，北京市为实现义务教育均衡投入了大量的人力、物力、财力，希望通过促进机会和过程均衡以达到结果均衡，办人民满意的教育。如今，北京市政府是时候向公众提交一份“义务教育均衡发展实际状况如何”的答卷了。

3.2 北京市政府推进义务教育均衡的行动

3.2.1 北京市义务教育发展的五个阶段

北京市政府推进义务教育均衡的行动，是北京市义务教育演进过程的一部分。北京市义务教育发展大致分为五个阶段。

1. 义务教育普及阶段（1986～1993 年）。在全国率先普及九年义务教育，依法提供就学条件和入学机会，确保了每一位适龄儿童、少年有学上。

2. 义务教育巩固阶段（1994～2000 年）。通过科学规划学校发展，合理调整学校布局，逐步形成规模办学，大力改善办学条件，保障了适龄儿童少年在有学上的基础上上好学。

3. 义务教育标准化阶段（2000～2005 年）。普及的重点从规模条件转向内涵质量，促进教育公平，办人民满意的教育，逐步满足人民群众选择优质学校的要求，提出了普及义务教育的高标准、高质量目标，立足信息化，推进学校标准化建设，同时以深化课程改革为契机，加强教师和校长的队伍建设，提高教育教学质量。

4. 义务教育初步均衡阶段（2006～2010 年）。北京市区两级政府以办学条件标准化、教师素质专业化、教育资源信息化持续推进学校发展，力求缩小校际差距、区域差距和城乡差距，扩大优质教育资源，推进义务教育优质均衡发展，满足北京居民多样化的选择需求。

5. 义务教育基本均衡发展阶段（2011～2015 年）。落实北京市政府与教育部签订的备忘录任务，市与区政府签订了按期实现区域内义务教育均衡发展责任书，16 个区在“十二五”期间将分期分批达到义务教育基本均衡发展的标准。

从上述可以看出，北京市政府在推进义务教育发展中，能够积极地根据国家政策和北京市的实际需要采取行动，及时地将北京市义务教育均衡纳入到义务教育发展进程之中。

3.2.2 北京市推进义务教育均衡的主要路径

2000 年以来，北京市义务教育在 20 世纪率先实现普及和阶段性巩固的基础上，开启了推进均衡发展的道路。概括起来，北京市推进义务教育均衡发展工作主要经历了实现标准化均衡、初步整体化均衡、达到“国标”均衡、迈向优质均衡四个阶段。

1. 通过标准化建设，实现办学条件初步均衡阶段（2000～2005 年）。这一阶段，北京市先后实施了“中小学办学条件标准”、“义务教育阶段学校课程标准”、“中小学课堂教学基本功标准”、“义务教育质量调研标准”等统筹义务教育学校办学、确保义务教育质量的标准。通过各项标准的实施，使各级政府进一步明确义务教育均衡发展的责任，义务教育学校均衡程度不断提高，初步实现了办学条件的均衡发展。

2. 通过综合项目推进，实现义务教育整体初步均衡阶段（2006～2010 年）。

2006年开始，北京市在继续坚持义务教育标准化建设的基础上，进一步调动市区两级政府推进义务教育均衡发展的积极性，先后启动了“初中建设工程”、“小学规范化建设工程”、“校安工程”、“名校办分校”、“城乡手拉手”等综合性项目，积极推进义务教育均衡发展。这期间，义务教育阶段学校布局进一步优化，办学条件进一步提升，师资队伍专业化水平进一步提高，优质教育资源效能进一步扩大，城乡、区域、校际间差距进一步缩小，义务教育达到初步均衡水平。

3. 通过市、区政府签署均衡发展责任书，开展专项督导，实施综合改革，义务教育均衡达到“国标”验收阶段（2010~2015年）。这一阶段，在全面落实《国家中长期教育改革和发展规划纲要（2010~2020年）》的基础上，北京市与教育部签订了推进区（县）域义务教育均衡发展“备忘录”，与区县政府签订了按期实现区域内义务教育均衡发展“责任书”，并同时启动了国家级推进义务教育均衡发展体制改革项目，启动了对区县义务教育均衡发展的督导评价制度。根据备忘录计划，“十二五”期间，北京市各区县要分期分批达到义务教育基本均衡发展的水平。2015年4月，国家教育督导办和教育部对北京市区（县）域义务教育均衡发展情况进行了专项督导评估。北京市16个区县一次性通过了专家组评估认证，标志着北京市区县域义务教育均衡达到“国标”水平。

4. 全面综合改革，迈向优质均衡发展阶段。北京市义务教育均衡到达“国标”后，市委、市政府又以最快的速度，于4月23日出台《关于推进义务教育优质均衡发展的意见》（京发〔2015〕5号），提出了26条工作策略，这不仅对北京市民旺盛的让子女接受优质义务教育需求进行了回应，也标志着北京市政府推进义务教育均衡行动进入了全面优质均衡发展的阶段。

3.2.3 理顺义务教育均衡发展的四个关系

北京市政府在推进义务教育均衡发展实践中，积极探索和深入思考，不断理顺一系列看似矛盾但又互相联系、必能割裂的一些的理论问题，并用以指导实践工作。

3.2.3.1 理顺公平与效率的关系

这是在实践中出现最多、最容易混淆的一对矛盾，必须予以理顺。公平与效率的关系实际是均衡与发展的关系。一方面，义务教育均衡是公平在实践中的表现形式，因而，义务教育均衡表现为公平的价值取向。另一方面，义务教育均衡也是义务教育发展的形式，因而它又是效率的价值取向。因此，义务教育均衡发展政策的实质是公平与效率的有机结合。均衡既是公平政策的目标，又是效率发展的形式，目标和形式是统一的关系。均衡是公平政策的目的，效率发展促进均衡；均衡实现依靠效率发展，效率发展为了均衡目标；实现均衡是阶段性的，效率发展是永恒的；实现了均衡还会再发展，发展是为了更高水平的均衡。正是在均衡发展策略中理顺了公平与效率的关系，从而建立推进薄弱区域、领域快速发展的“补偿性”机制，充分发挥优质资源辐射带动作用，避免在实践中出现“削峰填谷”、“拆强扶弱”等背离发展规律现象。

3.2.3.2 理顺均衡发展与特色发展的关系

均衡发展是义务教育发展的目标，特色发展是义务教育发展的过程，二者相辅相成，相互促进。均衡发展的目标：一是义务教育的起点均衡，主要体现了入学机会均衡；二是义务教育的过程均衡，主要侧重义务教育办学水平的均衡；三是义务教育的结果均衡，主要体现在教育质量和升学机会均衡上。学校的特色发展主要是学校办学过程中的个性表现，主要包括：办学思想特色、育人目标特色、课程体系特色、学校文化特色、管理模式特色等。实践表明，那些优质的中小学都是具有独特办学特色的学校。那些有待进一步发展的学校，也在寻求特色发展的道路，来提升学校的整体影响力和办学品质。因而，特色发展也是促进学校均衡发展的有效途径。

3.2.3.3 理顺阶段性均衡与动态性均衡的关系

均衡发展具有阶段性和动态性的特点。均衡发展的阶段性表现为伴随教育投入和教育政策的保障水平以及教育需求的变化，而显现的不同水平的均衡程度。一般来说，随着教育投入的增加，教育保障水平的提高，教育的整体水平不断提高，教育均衡程度也逐步提高。在义务教育均衡发展过程中，当均衡水平达到一定阶段均衡后，总有一部分学校和地区会通过努力，超越现有均衡发展阶段，这时义务教育整体均衡水平就会打破，从而进入下一个更高水平的均衡发展周期。从这个角度看，均衡发展又具有动态性。也就是说，均衡不等于永恒平衡，均衡是发展的过程，均衡是阶段性的表现，不均衡是永恒的动力，义务教育正是在均衡与不均衡的过程中实现了不断发展。因此在推进均衡发展的过程中要动态的、发展的、持久的看问题，建立促进义务教育均衡发展的长期性、持久性的机制，保障义务教育均衡发展在动态过程中保持持续均衡发展。

3.2.3.4 明确义务教育均衡层次与责任主体关系

在北京市区域内，义务教育均衡发展的层次包括全市 16 个区域间均衡、每个区域内校际均衡、校际内班际均衡以及班级内学生个体均衡等层次。义务教育均衡发展是教育发展的综合性工作，各级政府和相关部门、教育行政部门和中小学校都应担负其自己相应的职责。由于目前我国义务教育发展采取的是“以（区）县为主”的行政管理体制，因此，对北京市来说，区级政府就是本区内校际义务教育均衡发展的最主要的责任主体。这是义务教育均衡发展要到达到最为重要的一个层次，即区域内均衡。但由于各区政府经济发展水平不同，区域内均衡发展程度各不相同，因而省级政府就要承担起具有统筹各区域间均衡发展的职责。这是义务教育均衡发展要实现的第二个层次均衡，即省级统筹职责负责的16个区间的义务教育均衡。省级统筹主要有两个功能，一个是统筹义务教育学校办学条件标准和义务教育学校公用经费定额标准，在学校发展的基础保障上实现均衡；二是通过省级经费和政策统筹，采取“补偿性”政策，帮助基础薄弱的区县和学校实现快速发展。义务教育均衡发展的第三个责任主体和层次是学校。当政府办学条件标准和教育投入达到一定的均衡水平时，学校的办学水平、管理水平就是影响义务教育校内班级、班级内学生个体均衡发展的重要因素。因此，推进均衡发展过程中，要加强校级干部队伍和教育队伍建设。三个层次、三个主体紧密联系，不可脱节和断裂。

3.2.4 北京市区政府推进义务教育均衡的主要行动

“以县为主、省级统筹”是对政府间推进义务教育均衡发展的主体责任及财政关系界定，北京市市、区两级政府在推进义务教育均衡发展过程中积极履行主体责任，采取了一系列行之有效的政策措施。

3.2.4.1 市级统筹政策及行动

北京市政府和教育行政部门从上世纪末本世纪初开始，启动了推进义务教育均衡发展的市级统筹政策。主要包括：中小学办学条件标准、中小学经费定额、中小学干部教师入职标准和继续教育标准、中小学课程和课堂教学标准、中小学生学业水平评价、中小学规范化管理、中小学学籍管理等。此外，为了加强对郊区、山区等教育发展水平相对薄弱区县的支持，市教委还出台了一系列市级统筹的补偿性政策，推进义务教育均衡发展。

1. 规范办学条件标准。教育的均衡化发展首先就要从硬件条件实现均衡，是教育过程公平的重要体现，为此在20世纪80年代曾经颁布过一套办学条件标准，标准分为基本、一般、较高三个标准，人为地将学校分为了三六九等，为此90年代末期，重新统一了办学条件标准，即所有学校均实行一套办学条件标准，避免在改善办学条件的同时出现新的不均衡，并以此为基础先后实施了“初中建设工程”和“小学规范化建设”。目前北京市正在研究调整新的办学条件标准，加大了选配设备的范围，给学校更多的自主权，鼓励学校特色办学，符合优质均衡发展的要求。此外，北京市还建立了“教师专业标准”、“学生质量标准”等办学标准，初步形成北京市义务教育公共服务标准体系，为推进义务教育优质均衡发展奠定了基础。

2. 提高综合定额标准。保障学校日常运转的公用经费采用定额核定的原则，按照生均标准核定，近年来，北京市先后几次调整公用经费定额标准，调整标准结构及额度，实现教育经费的稳定增长。2016 年北京市在 2007 年公用经费定额标准的基础上，又提高了额度标准，目前北京市小学综合定额为生均 1650 元，初中综合定额为生均 1750 元，在义务教育阶段生均公用经费长期保持国内领先水平，为义务教育均衡发展提供了经费保障。

3. 稳定优质教师队伍。北京市规范提升义务教育教师入职标准，提高教职工的基本素质，加强教师继续教育政策，全市教师学历水平、能力水平整体得以提升。2011 年全面启动义务教育绩效工资改革，实行绩效工资总额管理，从工资待遇上使教职工得到了均衡保障。同时设置农村及偏远地区教师补贴，稳定基础薄弱地区教育队伍。为促进城乡优质教师队伍均衡，在启动“双名工程”的基础上，启动干部教师交流政策，各区县根据各自的实际情况，采取不同的方式方法，统筹城乡教师队伍，提升农村及偏远地区的教师素质。

4. 深化课程改革。加强教师队伍的基本功建设，通过基本功大赛等形式，普遍提升教师教学基本能力。在此基础上，全面深化课程改革和教学改革，鼓励学校开设校本课程，鼓励学校课程建设的个性化发展，并通过创新各种教学形式，如“翻转课堂”、“慕课”等形式，运用现代化手段，实现优质课程资源共享，不断提升学校教学水平，稳定提升学校教学质量。

5. 健全学业评价体系。组织各区县每年对三、五、八年级的学业质量水平进行统测，市级抽样考核，及时了解学校的办学水平，掌握第一手的学生学业水平。同时健全学业水平的评价指标，借鉴上海经验，引入 PISA 测评试点，为全面评价学生综合素质的提升奠定基础，为指导全市课程改革提供了基础数据，也为教育服务对象的结果公平奠定基础。

6. 规范学校管理。坚持依法办学、依法治校，不断规范学校的办学行为。坚持义务教育免试就近入学，规范来京务工子女入学政策；建立全市统一的招生入学系统和学籍管理系统，规范招生考试行为；规范学校的作息时间，规范学校课程设置，规范教师教学行为，促进义务教育的入学公平和教学过程的均衡，促进义务教育阶段学生的健康、全面发展。

7. 扶持薄弱学校发展。对经济薄弱地区给予一定的教育拨款倾斜，通过转移支付的方式保障公用经费的充足度。对教育薄弱地区，采取“城乡手拉手”、“城乡一体化建设”、“教科研部门或高校扶持基础教育”等政策，提升教育水平。对师资力量薄弱地区，采取干部教师队伍交流、优秀教师评选倾斜政策等形式，提升优质教师队伍建设。对于家庭困难学生、残障、智障及工读学生给予特殊补偿政策，关注弱势群体，改善办学条件，确保特殊学生接受良好义务教育。

8. 打造优质品牌校，满足群众“上好学”的需求。优质均衡发展不是学校的千篇一律，需要特色发展，校校不同、校校精彩。近几年北京市启动了学校特色化建设项目，鼓励学校凝练办学特色，打造优质教育品牌，提升办学品质，从而促进义务教育优质均衡发展。

由于教育品牌的建设需要长期的积淀，为迅速缓解社会公众对优质教育资源的需求，协调各区县政府，不断调整教育布局规划，给予相应政策支持，创新体制机制，建立优质资源共享的政策和管理环境。为此，很多区县实施了“名校办分校”、“学区化”、“校区制”、“学校联盟”、“集团化”、“集群化”、“组团化”、“引进式”等不同模式，不断加强区域内部品牌校的辐射力度，同时引进外部优质教育资源进驻，扩大优质资源的供给，避免了“削峰填谷”的现象，促进义务教育的优质均衡发展。

3.2.4.2 区级政府的政策及行动

区级人民政府是推进义务教育均衡发展的行政主体。各区人民政府和教育行政部门高度重视推进区域义务教育均衡发展工作，都成立了工作组织机构，制定了区域推进政策，建立了时间表和路线图。一些区结合区域特点扬长补短，创造性的推进义务教育均衡发展。

1. 落实区级政府主体责任。北京市各区人民政府高度重视推进义务教育均衡发展工作，所有区都成立了以区领导为组长的推进义务教育均衡发展工作领导小组，制定了推进义务教育均衡发展工作规划或方案。其中朝阳区和通州区有区政府主要负责人亲自任领导小组组长，保证了义务教育均衡发展的领导和协调力度。领导小组定期研究工作，统筹协调区级各相关委办局，落实义务教育均衡发展的相关任务。义务教育均衡发展工作已经成为近年来各区县教育工作的重中之重。

2. 切实保证义务教育投入。各区县在推进义务教育均衡发展过程中，重点保障教育投入，促进义务教育投入均衡达到标准。各区县都保障了教育经费依法增长，实现了三个增长两个比例。在此基础上，各区县都重点将教育费附加主要用于保障义务教育发展。几年来区县义务教育经费实现了稳步增长、均衡投入的良性状态。根据市教委统计数据，北京市小学生均教育事业费和生均公用经费分别从 2010 年的 14882.39 元和 5836.99 元，提高到 2014 年的 23441.78 元和 9950.95 元；初中生均教育事业费和生均公用经费分别从 2010 年的 20023.04 元和 8247.66 元，提高到 2014 年的 36507.21 元和 14127.64 元。义务教育经费的稳定增长为义务教育均衡发展提供了经费保障。

3. 因地制宜扬长补短。由于各区县发展的历史状况不同，发展的现状各不相同，因此在推进义务教育均衡发展过程中，各区县都深入调研，摸清底数，扬长补短，形成各具特色的推进思路。

东城区和西城区是北京的老城区，是首都功能核心区，优质传统校较多，教育文化传统底蕴相对深厚。但由于老城地域所限，小规模学校较多，硬件条件制约学校发展。近年来东城区、西城区一是采取了“学区化”和“集团化”管理的机制，实现办学资源、学校品牌、干部教师流动等方面的资源共享，扩大了优质教育资源的辐射范围；二是采取了品牌输出战略，支持城区人口疏散接受区办学，分别在朝阳、通州、丰台、大兴、昌平、房山等区县建立优质品牌学校的分校，实现了优质教育资源的跨区辐射。

海淀区是北京基础教育发展相对发达的区县，但海淀区地域大，城乡经济社会基础发展不平衡，集中表现在北部农村地区教育基础相对薄弱，中关村高校区教育发展相对发达。为此，海淀区提出了“三个一流”、“南北同步”的发展目标，统筹区域内资源向北部农村倾斜，主要采取名校办分校的方式，建立了18所高水平、高标准的名校分校，整体提升区域教育均衡水平。

朝阳区是首都功能拓展区，是经济增长和城市发展最快的区域，也是人口增长较快的区域。但由于历史原因教育发展的基础相对薄弱，近年来，朝阳区确定了教育发展“三个优先”战略，即规划优先、投入优先、政策优先。在学校建设上挖掘内部资源与引进外部资源相结合，形成了内部资源辐射的41所优质示范学校，引进外地区21所名校落户朝阳，引进其他城区名校6所，整体提升义务教育均衡程度和发展水平。

其他区县均根据自身的实际情况，内培外引，一方面加强城乡一体化发展，通过一体化带动教育均衡化；另一方面加大教育投入，整体提高办学水平，促进教育均衡。

3.2.5 北京市推进义务教育均衡的行动成果

北京市各区县在推进义务教育均衡发展过程中，经过努力探索，因地制宜，形成了很多具有实效性的体制机制。概括起来，主要有：学区化、集群、联盟、集团等优质学校带动性学校群发展模式；引进资源建立名校分校等一体化发展模式；一贯制学校等学制连续发展模式；培育学校课程、文化等特色的学校特色发展模式等。

根据2015年9月的统计，全市16各区县共组建学校集团471个，辐射带动学校1062所，涉及独立法人学校1533所，约占全市中小学总数的87%。其中区域内，名校办分校74项，受益学校145所；教育集团共计57个，受益学校233

所；教育联盟 74 个，223 所学校受益；优质资源带 4 个，涉及学校 11 所。跨区域、名校办分校 95 项，涉及 172 所学校；城乡一体化学校项目 63 项，涉及学校 66 所；区域间合作协议 55 项，85 所学校受益；区域与大学等其他部门合作协议 23 项，96 所学校受益；其他形式 3 所学校。教科研部门支持 21 项，受益学校 26 所。此外，区域内其他扩大优质教育资源的方式还有：教育集群 21 个，受益学校共计 209 个；学区制（学区化）办学 79 项，共使 667 所学校受益；区域内城乡学校联合体 78 个，共计 173 所学校受益；名校办“民办学校”5 所；双优工程 36 所学校，“合并学校”和“直升校”共 44 所；其他部门办学、高校支持办学涉及高校 127 所，受益学校 169 所；民办培训机构参与办学 21 项，使 102 所学校受益；名家办学项目 5 项，共涉及 4 所学校；其他形式 64 项，涉及 35 所学校。多种形式扩大教育资源，构建了北京教育新地图，极大满足了人民群众“上好学”的需求。北京义务教育就近入学率接近 100%。义务教育择校问题基本得到解决。

案例 1：

义务教育高位优质均衡发展“朝阳经验”

朝阳区是北京市城六区中面积最大、人口最多、经济发展最快、国际化程度最高、流动人口最多……一直以来，在北京义务教育的版图中举足轻重。近年来，在全区上下的共同努力下，朝阳区落实优先发展战略，创新管理服务民生，全力深入实施素质教育，努力破解教育难题，推动教育优质均衡发展，取得了显著成效，形成了“城乡一体、服务均等、内涵引领、协调发展”的鲜明特色。

在北京市教委、教育督导室的关心支持下，朝阳区按照“统筹规划、分步实施、动态配置、高位均衡”的原则，以质量为核心，以硬件改善为基础，以软件提升为关键，以优质带动为重点，以机制构建为保障，确立了“均衡发展三步走”战略构想。几年来，全区上下一致，同心勠力，大力推进全区优质资源均衡配置与城乡教育公共服务均等化，在北京义务教育发展史上刻下了鲜明的历史印记。

一、民生工程之首：顺应民心的使命自觉

近年来，随着农村城市化和城市现代化的快速推进，广大市民对优质教育资源均衡配置和多样化需求日益提升。朝阳区对此高度重视，坚持把推动义务教育均衡发展作为一项提升教育质量、办人民满意教育的“民心工程”，作为妥善解决当前义务教育阶段矛盾焦点的重大举措，明确列入“十二五”规划，并作为全区“十二五”时期重点建设的“十大民生工程”之首。

朝阳区成立了以区政府主要领导挂帅的朝阳区教育发展领导小组、完善主管区长牵头的联席会议制度、组建教育综合改革实验办公室、推进综合督导评估验收及专项督导……“教育质量提升工程”被纳入朝阳区委、区政府的重要议事日程，提出“一体系、四区、三化”的发展目标，形成了政府统筹、部门参与、职能联动、分工协作的工作格局，努力构建推进义务教育均衡发展的领导机制、投入机制、督导评估机制等五个长效机制，有效推进了全区教育事业的可持续发展。

针对区域均衡发展，全区2011~2013年三年间教育财政拨款投入连年增加，较2011年增幅达48.25%，不仅依法实现了教育经费的“三个增长、一个提高”，同时实现了在区内经费拨款标准、教师收入标准、办学条件配置标准、教师编制配置标准的“四个统一”，实行城乡均等和城乡统筹的经费定额与供给方式，教育公共服务“一个体系，五个机制”更加完善，突出学校办学主体地位，加速推进政府职能和发展方式的转变，有效提升了依法治教的水平和管理效益。

二、优质扩容辐射：固本开新的资源运筹

2010年，新源里中学更名为清华大学附属中学朝阳学校。清华附中本部派出了包括特级教师、北京市骨干教师、海淀区骨干教师在内的一批优秀教师到朝阳学校任教。目前，清华附中朝阳学校已拥有特级教师6人，市、区级学科带头人、骨干教师及优秀青年教师26人，中学高级教师69人，学生2298人。为扩大优质资源的辐射面，目前，学校已经拥有新源里校区、新源西里校区、柳芳校区、三元桥校区以及小学部校区等五个校区，发展成为12年学制学校。

为促使朝阳百姓尽快享受优质教育成果，特别是尽快改变农村地区、城乡接合部和大量新建小区“教育洼地”现状，自2008年开始，朝阳区开始全国性地遴选并引进优质教育资源。历经多年的探索与实践，按照“促进均衡、辐射品牌、资源共享、提升内涵”的基本思路，朝阳区走出了一条“以名校为龙头，以‘五化’促均衡，以‘名校办学三模式’为主、高校和科研单位合作办学为辅的优质资源扩充的基本路径”。

“名校+新校”，拉动区域教育快速发展；“名校+薄弱”办学模式，促进一般学校转型升级；“名校+民办”办学模式，满足百姓教育多元选择……近年来，朝阳区先后引进黄冈、华师一附中、东北师大附中、人大附中、清华附小、北京第二实验小学、府学小学、芳草地国际学校等区级、市级和全国名校资源，共举办中小学33校45址，惠及约31000名中小学生；先后推动了和平街一中整合紫绶园小学，清华附中整合新源里中学、服装附中、新源里小学，八十中学整合温榆河双语学校等一系列名校整合工作，累计整合学校25所31址，惠及17291学生，实现了优质资源在43个街乡的全覆盖；先后开办八十国际学校、陈经纶分校实验学校、人大附中朝阳分校、芳草地小武基学校、王四营中心小学分校等5所优质民办学校，总规模达到126个班，能够为5040名学生提供优质化教育选择。

同时，朝阳区借助区内外高校和科研单位力量，积极开展多种形式合作办学，拓宽优质资源供给渠道，先后与北师大、首师大、北工大、传媒大学、二外、北京教育学院、中科院等开展合作办学，举办附中附小 14 所 21 址，惠及 14808 学生。高校和科研单位合作办学，将科研优势转化为教育发展力，带动了教师教学能力和办学质量的提升，以二外附中等为代表的一批学校快速成长为素质教育的示范学校。

不同形式优质资源的丰富，促进了办学体制和管理机制全面改革的不断深化，朝阳区相继研究制定了“一校一策”、“名师管理保障计划”等一系列深化机制建设的配套政策措施，初步形成了多元化义务教育办学体制，极大程度激发了学校管理活力，促进了区域间、校际间均衡程度的提高。

朝阳区教委副主任肖汶介绍，优质资源的均衡配置和薄弱学校转化，增强了百姓对就近入学的认可，带动了择校等不公平现象的解决，准备择校的学生纷纷回流，特别是农村地区生源结构失衡的学校（非京籍比例超过 90%），由 23 所减少为 3 所。2014 年朝阳区义务教育入学实现了全部取消共建行为，新生全部免试就近入学，标志着今年择校得到根本性遏制。

三、城乡一体联动：公平均衡的生动实践

“区内留学”——这是朝阳区因城乡教育一体化发展而产生的生动词汇之一。2014 年 10 月 20 日至 24 日，位于朝阳区王四营乡官庄村的官庄小学 20 名学生再次来到芳草地国际学校，开展为期一周的“留学活动”。短短的五天时间里，官庄小学的孩子们融入芳草集体、深入芳草课堂，在快乐与分享的氛围中体验了城区优质校的特色学校文化。像管庄小学与芳草地国际学校这样的“结对子”学校，在朝阳共有 14 对。2011 年起，朝阳区由市区级示范学校与农村学校、相对薄弱校组建了上述“城乡发展共同体”。

共同体不仅仅停留于口号与纸面，不仅选派学生“区内留学”，更是通过建立“管理一体、研训一体、资源一体”的工作模式，促进农村学校教师专业发展、农村学校特色发展。如在共同体融通教师编制使用，市区级示范学校要全面开放学校教育资源，吸纳成员学校教师参加听课、评课、优质课展示等教研活动，组织选派教师到成员学校任教；如建立教研培联动制度，积极组织科研课题研究和教师校本培训方面的合作，共同开展学术论坛、教学沙龙、教学业务培训和课题研究活动；如实施教师交流制度，主要学科至少一名骨干教师或优秀教师派驻对口学校的比例进行交流，实现骨干教师覆盖全部重点和薄弱学科，示范校的市、区级骨干教师到共同体框架内农村学校支教。

“十一五”至“十二五”期间，朝阳区农村教师能力提升工程、农村学校教师专项培训助力项目、农村学校特色发展工程等多个项目先后开展，涵盖内容从农村教师职业能力提升逐渐扩展至校本教学模式、校本课程建设、校本特色德育、学校文化建设等四个发展方向，由“农提”进至“农助”，推动农村学校特色发展，虽一字之变，折射的却是朝阳区关于城乡一体、“自主造血”的转变与进步。

四、人才强教战略：均衡深化的核心动力

十余年来，朝阳区始终坚持“以教师作为深化素质教育第一资源”，在“双名工程”的孵化下，促进干部教师的专业化发展，努力建设一支德才兼备、富有创新精神和实践能力的干部教师队伍。人才队伍建设是区域教育优质均衡推进与深化的核心动力，先后三轮的“双名工程”实施以来，朝阳区按照基础性人才、骨干人才、专家团队、专家领袖人物4个层次设计了9大培养措施和8大载体，以“青蓝计划”、“翱翔计划”、“教育家计划”为抓手，以“成就未来计划”、“打造精英计划”、“塑造名家计划”为载体，突出对应不同层级的人才实施针对性的培养与建设，探索建立人才梯度培养培训机制，培养了一批有专业引领能力的带头人，已初步形成了教育系统人才队伍层级建设体系。目前，全区特级教师实际规模已达202人，市级学科带头人56人，市级骨干教师281人，分别占到北京市的13.46%和14.01%，总量占全市的13.92%（接近1/7），区级各类骨干近4000余人，各级各类骨干人才占全区专任教师的40%左右。

大批优秀人才聚集朝阳的态势形成离不开人才发展的激励措施。朝阳区审时度势，启动了教育系统队伍建设“4H”计划，从Health（健康）、Home（家庭关怀）、House（住房）、HR（人力资源开发）四个方面入手，进一步优化人才发展环境。为了达到促进人才有序流动，促进城区优秀干部教师资源向农村、薄弱学校辐射，朝阳区还制定了义务教育学校教师、校级干部交流工作办法，就干部教师交流对象的确定、交流的方式、交流工作程序以及交流的纪律进行了明确，探索了区域内学校校长、教师科学交流机制，采取双向选择交流、对等匹配交流、学区配置轮岗交流、资源统筹交流、城乡发展共同体合作交流、合作办学共享交流、特级教师送教交流、骨干教师支教交流等多种形式。

五、学区综合改革：高位均衡的崭新起点

2014年初，“朝阳区将启动学区化综合改革教育实验”的新闻引起中新社、北京晨报、法制晚报以及央广网、新民网、凤凰网等各路媒体关注。这一改革对朝阳已有的学区制进行重新规划，提出了以“10—15—40教育发展结构”为标志的“义务教育学区化综合改革”即依据城市的空间结构和重点功能区等因素，将朝阳全区划分为10个功能集团。在功能集团基础上依据教育发展需要细分为15个学区，学区内实施资源统筹。学区内按地域细分为2～3个片区，全区共划分为40个片区，片区内优质资源为龙头整合办学基础相对薄弱的学校，实行一体化管理，扩大优质资源辐射带动作用，有条件的片区组建九年一贯制学校，实现区域内学生对口入学。

目前，学区化资源结构重组和转型升级共72校97址，优质教育服务惠及

63099名学生，受惠学生比例达到43.86%。仅2014年上半年就有18所中小学转型升级为教育资源优质校，涉及11个学区，18个片区，占学区总数的73%，惠及16568名学生。“要在达到均衡发展的基础上，还要达到高位标准，并且满足老百姓的需求，既要让孩子上学，同时要上好学，继续城乡统筹战略。”朝阳区教委主任孙其军表示，在扩充扩充优质资源总量、城乡一体发展的同时，素质教育八项工程的统筹推进，教育系统名校长、名教师“双名工程”的长期实施，数字网络平台的支撑应用为朝阳教育的品质发展、内涵发展提供了重要保障。

根据“义务教育学区化综合改革”阶段目标，2014~2015年，朝阳区将完成十大功能区十五个学区的布局，区域资源配置基本到位，完成机构整合和重组，形成领导健全、衔接紧密、边界清晰、群众认可的学区框架；2016~2018年，完善体制机制建设，形成学区内部与外部的运转机制，形成九年一贯的教育教学体系，形成街（乡）、社区、学校相互融通的育人网络，学区、片区内运转正常，稳定发展；2019~2020年重点推动学区内涵发展、品质提升，构建成熟的学区发展模式，建立保障区域发展的制度机制体系，实现各区域整体高位优质均衡，不断推进朝阳教育由“教育大区”迈向“教育强区”。

资料来源：根据曾瑞鑫《义务教育高位优质均衡发展“朝阳经验”》改编，中国网，2014-12-22。

案例2：

中关村二小一校三址，如何实现“同质均衡”

名校“一校多址”是北京市各区县扩大优质教育资源辐射范围的通常做法，但如何保证多个小区“同质均衡”成为这一模式的瓶颈，中关村二小探索出了“一校多址”办学经验即“一个二小、一个标准、一个质量”。该校成立至今，先后与七个学校或校区发展建设，目前已发展成为一校多址品牌校。

一校多址办学不仅会带来管理方式中的诸多难题，而且还会面临教育改革中种种“阵痛”，相较于单一校区办学而言，问题会更复杂、管理难度更大。多校区优质办学的一个最现实的难题是：如何克服空间上的距离，来实现校区间的统筹管理与同步发展？出路在新技术助力，即中关村二小利用现代信息技术，为三校区统一搭建了多维的技术联络立交桥，打破了三校区的空间限制，实现了三校区教育教学和行政等工作的全面、实时、零距离沟通。

学校的信息技术支撑主要体现两部分内容，即：建一套系统，搭两个平台。这些信息技术运用使学校在推进“一校多址”教育质量均衡过程中获得了充分的支撑。

一、同时召开多组视频会议，随时进行远程会议研修教学

面对教师们跨校区开会难、教研难的问题，2006年，学校成功开通了中关

村和华清两校区的视频会议系统，使二小的信息化建设实现了飞跃。随着学校的不断变化，2009 年，又开通了三个校区的视频会议系统。近年来，学校逐步扩展了原有系统，目前共建有 8 个视频会议室及远程教室，拥有 24 个视频终端以及 MCU 设备，可以同时召开多组视频会议，随时进行远程会议、教育教学研修等，有效满足了异地同步会议、同步教研的需求。现在，学校的视频互动系统已经广泛应用在学校日常的各种教育教学活动中，成为老师们每日工作中不可或缺的工具，最大限度地满足并服务于学校三校区教育教学管理工作。目前，该校正在研发多校区课程观摩评价系统、协同备课等系统，以便使其更广泛地服务于三校区的管理工作。

二、网上办公平台统筹行政管理，三校区无纸化办公

面对学校教师多，教育教学活动多，面对信息交互飞速发展的今天，多校区办学如何让全体教师及时、方便、准确、有效地进行信息发布、沟通、互动，这是保障多校区有效办学的一个重要问题。根据发展需要，二小自 2003 年起自主开发了基于二小环境的操作性很强的校园日常办公网，完成了在学校任意一点对学校信息的有效分享、交互和使用，极大地促进了三校区教育教学资源共享与核心业务的同步推进。这其中主要包括：及时的学校信息发布、开放的文件共享专区、各种数字资源的集中管理。目前，校园日常办公网已经成为老师们每天工作必不可少的平台。为实现高效的行政审批、业务流转，减少干部教师在校区间的奔波消耗，二小于 2009 年引进了现代 OA 智能网上办公平台，实现了校区间公共资源配置、人事档案管理、各种行政审批等工作的网络化管理。三校区基本形成了无纸化办公。这些有力的支撑完全实现了校区间的融合，只有地点不同，没有区域之差。

三、统一管理充分接纳平等待遇

学校合并呈现在面前的困惑与困难，促使学校站在更高的角度上进行思考。“一校多址”以后，二小的人员变复杂了，校区变多了，管理变难了，社会的要求变得越来越高了，但是，学校坚持，一个“大二小”的决心不能变，管理标准不能变，教育质量不能变。学校坚持教育教学工作同步实施、坚持教师发展研修制度全面覆盖。校区之间只有地理位置不同，没有先后顺序之分，也没有身份地位之别。有的是统一的管理、充分的接纳、平等的待遇，突出每一个人在中关村二小的主体地位和对学校发展的重要意义。“二小是大家的，二小的发展是为大家的，二小的发展是靠大家的。”这三句话已经成为每一个二小人所欣赏、推崇并以此作为行为原动力的一种共同理念

资料来源：根据杨刚《中关村二小一校三址如何实现“同质均衡”》改编，微信公众号，京城教育圈，2014－11－19。

3.3 小　结

经过上述分析，可以看到，针对义务教育均衡，北京市政府无论是在政策导向上，还是在行动上，2004～2015 年主要以建立、完善机制为主，这一点可以从组织管理、经费投入、补偿机制等方面可以观察，效果也是比较明显的。

政策文本内容分析结果显示，2004～2010 年政府在义务教育机会均衡、过程均衡和结果均衡这三个层次方面政策承诺分别占 23%、50%、27%，说明这一时期政府的政策重点是过程均衡（占比 50%），结果均衡（占比 27%）比机会均衡（占比 23%）略微重要。2011～2015 年政府在机会、过程和结果三个层次均衡方法政策承诺分别占 8%、36%、56%，说明这一时期政府的政策重点是结果均衡（占比 56%），过程次之（占比 36%），机会均衡只占 8% 的政策承诺。从整个 2004～2015 时期看，在政府政策承诺的过程均衡中，办学条件一直都是重点，其次是师资均衡，然后是教育经费均衡，同时这一时期政府的政策重点从 2011 年开始已经由过程均衡转为结果均衡。但通过对政府的行动分析看，政府在结果均衡方面并没有给予其承诺的权重。政府行动与承诺的不一致，可能埋下了公众对义务教育均衡满意度不高的潜在风险。

那么，实践中，北京市义务教育均衡总体绩效、分项绩效、综合绩效又如何呢？它和政府的政策承诺与行动是否一致？下文的第 4～11 章将详述之。

4

总体绩效：北京市义务教育资源均衡配置状况

均衡是评价义务教育资源配置绩效的根本目标指向，偏离均衡的义务教育资源配置绩效是无效的。北京市义务教育均衡的总体绩效是通过对北京市义务教育资源均衡配置状况来衡量的。配置义务教育资源所包括的因素（如经费、办学条件、不同群体等）差异越小绩效越明显，义务教育均衡绩效越高。就北京市而言，评价北京市义务教育资源均衡的总体情况可以从不同维度进行，本文主要从各区间、城乡间、校际间、群体间四个维度进行分析。至于对教育经费、办学条件和教师队伍等具体资源配置均衡状况将在第 5 ~ 9 章的分项绩效部分详细分析。

4.1 各区间义务教育资源配置均衡状况

义务教育均衡的实现需要“钱”与“事”的合理对应，教育资源均衡是实现义务教育均衡的基础。本章主要运用洛伦兹曲线、基尼系数、麦克劳恩指数和沃兹廷根指数等指标，对北京市各区间义务教育资源配置均衡的总体状况进行分析。

4.1.1 生均教育经费均衡状况

2010 年和 2015 年北京市义务教育生均经费支出洛伦兹曲线如图 4 - 1 所示。从生均教育经费支出配置的总体水平来看，2010 ~ 2015 年间，北京市政府为推进义务教育均衡所做的努力取得较为明显的成效。相对于 2010 年，2015 年义务教育生均经费支出的洛伦兹曲线明显更靠近绝对平均线（45 度线），说明各区之间义务教育生均经费总体配置均衡明显提高，各区学生所获得的教育经费更加均等。

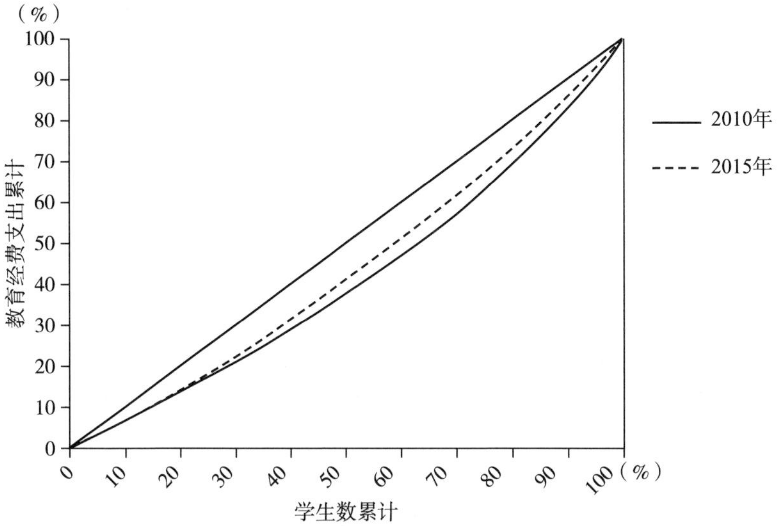

图 4－1　2010 年和 2015 年义务教育经费支出洛伦兹曲线

数据来源：根据北京市教育委员会统计报表原始数据整理。

从各区总体水平来看，北京市义务教育经费配置均衡有明显改善，如图 4－2 所示。2010～2015 年，总体基尼系数维持在 0.2 以下，且有不断缩小的趋势，从 2010 年的 0.18 下降至 2015 年的 0.13，五年间缩小了 28%，义务教育生均经费分配均衡情况明显改善。从不同教育级别来看，普通小学、普通初中教育经费配置均衡都有明显改善趋势。2010～2015 年，普通小学总教育经费基尼系数

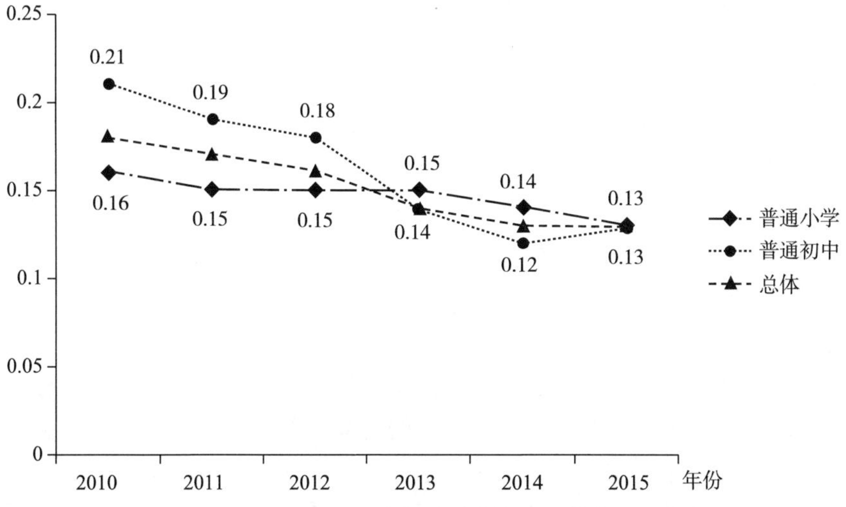

图 4－2　2010～2015 年北京义务教育经费基尼系数

数据来源：根据北京市教育委员会统计报表原始数据整理。

从0.16下降至0.13，五年间缩小了19%；普通初中总教育经费均衡情况改善更为显著，基尼系数由2010年的0.21降低至2015年的0.13，五年间缩小了38%。但基尼系数0.13的差异水平与1990年美国49个州相比仍处于较高水平，北京市义务教育生均经费配置均衡状况仍需进一步提高。

4.1.2 人员和办学条件经费均衡情况

教育活动是在一定环境下，师生互动完成“教”与“学”的过程。其中“环境”即指校园基础设施、教学设备、信息化程度等办学条件。教师是课堂教学的主导，教师质量直接影响学生学科知识的习得和身心健康的发展，进而影响学生的学业结果。教师质量和办学水平分别是学校教育的“软”、“硬”条件，二者均衡发展是义务教育均衡发展的必要条件。同时，教师质量和办学水平均衡也是北京市义务教育均衡相关政策积极引导的重要方面。2004~2015年间，北京市62条义务教育均衡政策分析单元中，分别就有10条办学条件均衡相关内容和9条教师质量均衡相关内容，二者合计占分析单元总数的30%。教师质量一般与人员经费成正比关系，一方面由于高质量的教师会倾向于选择福利待遇、工作环境较好的学校或地区执教；另一方面人员经费支出高也意味着教师进行知识更新、提高的机会更多。而办学条件的改善需要公用经费建设校园、购置先进教学设备。因此，分析教育经费配置是否均衡还需考察人员经费和公用经费配置情况。

在对北京市各区义务教育的人员经费进行核算时，剔除了其中“助学金”金额，进而更准确地反映各区教师的工资和福利收入。公用经费包括经常性公用经费和资本性公用经费，资本性公用经费一般用于办公设备购置、专用设备购置、交通工具购置、图书资料购置、信息网络购建、房屋建筑物购建、大型修缮等，是保障学校硬件设施条件的主要经费来源。考察各北京市各区生均资本性公用经费的差异情况比总体公用经费更能体现各区政府为办学水平均衡发展所做出财政努力的差异。

如图4-3所示，2010~2015年，北京市义务教育人员经费（教师工资福利费）配置较为均衡，五年间，小学、初中人员经费基尼系数一般维持在0.2以下。人员经费的均衡分配有赖于北京市教师工资制度的落实，在教师基本工资方面，北京市各区已实现基本均衡。但类似于人民大学附属中学等知名学校，教师收入却不仅限于工资收入，因此教师收入的均衡情况还需进一步调查研究。另一方面，公用经费的配置差异远大于人员经费，2010~2015年五年间，除2014年外，小学资本性公用经费均超过0.4的警戒线，最高达到0.51，经费分配差距较大，且无明显的缩小趋势。初中资本性公用经费基尼系数略低于小学，但也均在

0.3 以上，2014 年稍有下降至 0.25，2015 年却迅速提高至 0.45。

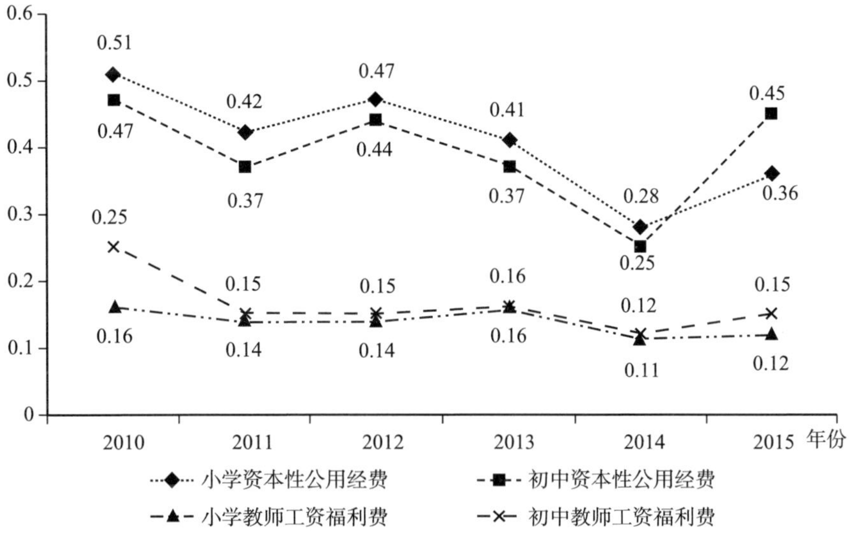

图 4-3　2010~2015 年北京市义务教育阶段人员和公用经费基尼系数

数据来源：根据北京市教育委员会统计报表原始数据整理。

资本性公用经费主要用于设备购置和房屋建筑购建，具有一次投入性的特点，即在一次投入后长期内无须进行再购置。2010 年，门头沟区、密云区、延庆区、平谷区和怀柔区的生均资本性公用经费由低到高的排名位次分别为第 3、第 4、第 5、第 11 和第 15，可见生态涵养区①的生均资本性公用经费多数处于较低的水平。而至 2015 年，怀柔区、密云区、延庆区、平谷区、门头沟区的排名转变为第 8、第 13、第 14、第 15 和第 16，普遍处于最高的水平。

如图 4-4 所示，将北京生态涵养区 5 个区的生均资本性公用经费与其他各区剥离开来比较可见，生态涵养区生均资本性公用经费五年间从 3153.35 元增长至 15747.38 元，增长了 5.6 倍，而其他区的生均资本性公用经费变化并不明显。生态涵养区相比于其他各区，经济发展水平较为落后，2010 年生均资本性公用经费也普遍落后于其他区，而从 2011 年开始反超其他各区，生均资本性教育经费大幅度上升。因此，考虑到资本性公用经费的特征和生态涵养区经济发展水平以及 2010 年前的低水平，2011 年后生均资本性公用经费的变化，恰恰说明了北京市是各区生均资本性公用经费的显著差异的缩小，这是北京市实现义务教育办学条件均衡的体现。

① 生态涵养区包括门头沟区、平谷区、怀柔区、密云区、延庆区.

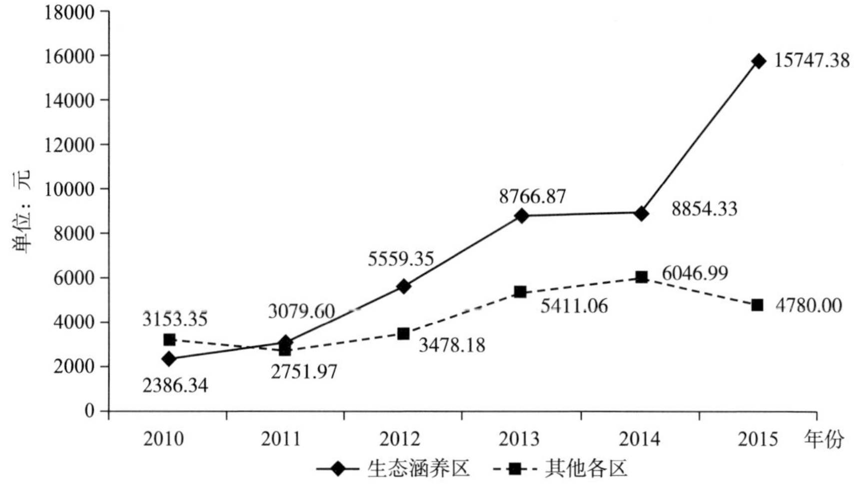

图4-4　2010~2015年生态涵养区与其他各区义务教育生均资本性教育经费比较

数据来源：根据北京市教育委员会统计报表原始数据整理。

4.1.3　中位数上下部区域均衡状况

如表4-1所示，2010~2015年，无论是总体还是普通小学、普通初中，麦克劳恩指数并没有明显的下降趋势，甚至在2010~2012年间有波动上升趋势，而沃兹廷根指数6年间下降趋势明显，总体降幅为23%，普通初中的降幅较为明显，为31%。与基尼系数不断降低所体现的结果一致，北京市义务教育生均经费差异有缩小的趋势，而整体的均衡主要来源于上半部分教育经费配置差异缩小的贡献。

表4-1　　2010~2015年北京义务教育生均经费麦克劳恩指数

	年份 / 指数	2010	2011	2012	2013	2014	2015
总体	麦克劳恩指数	0.79	0.80	0.86	0.79	0.77	0.74
	沃兹廷根指数	1.41	1.32	1.46	1.36	1.25	1.15
普通小学	麦克劳恩指数	0.76	0.81	0.79	0.76	0.74	0.77
	沃兹廷根指数	1.31	1.30	1.35	1.25	1.18	1.16
普通初中	麦克劳恩指数	0.81	0.78	0.82	0.87	0.87	0.78
	沃兹廷根指数	1.54	1.39	1.44	1.44	1.30	1.18

资料来源：根据北京市教育委员会统计报表原始数据整理。

综上对北京市16个区之间义务教育资源均衡总体状况的实证分析，各区小学、初中教育经费总体配置情况均体现总体均衡状态，基尼系数在 0.2 以下，且有明显下降趋势，初中教育经费配置均衡改善程度更为明显。在教师工资制度的落实下，小学、初中人员经费配置实现均衡。虽然资本性公用经费基尼系数较高，呈现经费分配明显不均衡状态，但这一“不均衡”是有利于义务教育均衡发展的。

4.2 城乡间义务教育资源均衡配置状况

目前，我国义务教育投入城乡“二元化特征”较为明显，导致农村义务教育发展水平远低于城市义务教育发展水平，实现义务教育均衡必须解决城乡教育资源配置巨大差异问题。《北京市中长期教育改革和发展规划纲要（2010～2020 年）》中明确提出，要“建立城乡一体化义务教育发展机制”，保障北京市农村义务教育的发展。由于北京市农村义务教育经费投入部分数据无法获得，这里以城六区①和其他十区②的义务教育生均经费差异来反映北京城乡义务教育差异情况。③

如图 4－5 所示，城六区的生均经费从 2010 年的 19084.58 元增长至 2015 年的 38089.53 元，同比增长 99.58%。其他区的生均经费从 2010 年的 20867.14 元增长至 2015 年的 35053.85 元，同比增长 67.99%。城六区生均经费增长幅度显著大于其他十区生均经费增长幅度。2012 年之前，城六区的生均经费低于其他十区的生均经费，之后，生均经费差异逐年上升，于 2014 年达到 6405.58 元，2015 年稍有回落。可见，在总体教育经费投入上，城乡之间的差异有增长的趋势，2010～2015 年 6 年间，差异绝对值的增长率为 70.30%。

如图 4－6 所示，除了城六区与其他十区总体义务教育生均经费差异不断增大之外，两个领域内部义务教育经费不均衡状况也大不相同，城六区内部的教育经费均衡状况明显优于其他十个区内部经费均衡状况。城六区内部教育经费基尼系数从 2010 年的 0.18 降低至 2015 年的 0.07，同比降低 61.11%。而其他十区内部教育经费基尼系数却有上升趋势，从 2010 年的 0.16 上升为 2015 年的 0.19，同比上升 18.75%，其他十区之间教育经费的均衡配置有待提高。

---

① 城六区包括：东城区、西城区、朝阳区、海淀区、丰台区、石景山区.

② 其他区包括：门头沟区、房山区、通州区、顺义区、昌平区、大兴区、平谷区、怀柔区、密云区、延庆区.

③ 城六区的生均经费为城六区各区教育经费之和除各区学生数之和；其他十区的生均教育经费为其他十区各区教育经费之和除各区学生数之和.

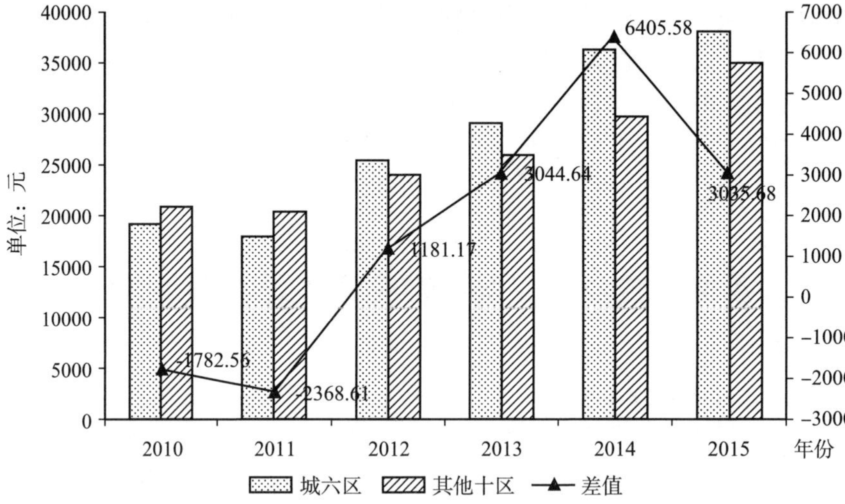

图 4 - 5　2010 ~ 2015 年北京城六区和其他十区义务教育生均经费差异

数据来源：根据北京市教育委员会统计报表原始数据整理。

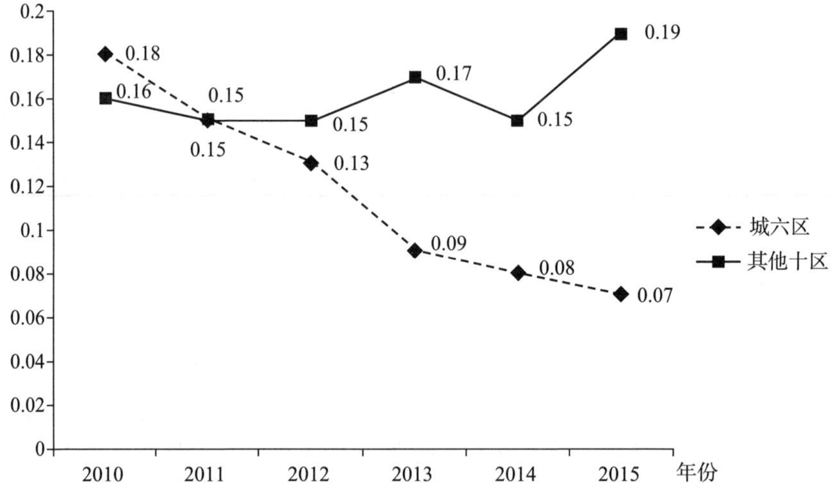

图 4 - 6　2010 ~ 2015 年北京城六区和其他十区内部义务教育经费基尼系数

数据来源：根据北京市教育委员会统计报表原始数据整理。

在教育经费投入差异的基础上，城乡教师资源和办学条件配置状况是否与教育经费配置差异体现一致的趋势呢？在对北京市城市、县镇、农村三个层次小学和初中师生比、生均教学及辅助用房面积、生均体育运动场面积、每百名学生拥有计算机台数、生均教学仪器资产值、生均图书册数、建立校园网校数比例等 7 项指标进行对比分析时，教学条件呈现“农村明显优于县镇，县镇略微优于城市”的趋势。

如表4－2所示，2010～2014年北京市城、县、乡教学条件的差异状况：师生比方面，农村师生比均在0.08以上，而县镇、城市师生比仅在0.06以上；生均教学及辅助用房面积方面，农村四年间从5.08平方米上升至6.79平方米，同比增长33.66%，而县镇仅增长14.25%，城市下降了5.63%；生均体育运动场面积方面，农村平均为19.92平方米，比县镇高出近1倍，比农村高出近3倍；学生拥有计算机台数方面，农村每百名小学生约拥有30台电脑，县镇每百名小学生约拥有23台电脑，城市每百名小学生约拥有24台电脑，2010～2014年4年间，城、乡、镇电脑配置数量皆上升了20%；生均教学仪器资产值方面，农村从2010年的6544.28元上升至2014年的7271.11元，城镇平均值为4806.12元，明显低于农村，城市从2010年的4281.53元上升至2014年的6140.26元，同比上升43.42%，增长速度较快，总量上仍低于农村；生均图书册数方面，农村每名小学生平均拥有48册图书，比县镇和城市每名小学生拥有33册图书高出45%；在学校信息化建设方面，城市学校走在前列，2014年有94.34%的城市学校建设了校园网，县镇和农村的比例为91%。

表4－2　2010～2014年北京市城、镇、乡小学教学条件对比

		2010年	2011年	2012年	2013年	2014年
师生比	城市	0.07	0.06	0.06	0.06	0.06
	县镇	0.08	0.07	0.07	0.06	0.06
	农村	0.10	0.09	0.07	0.08	0.08
生均教学及辅助用房面积（M^2）	城市	3.73	3.49	3.69	3.57	3.52
	县镇	4.07	3.68	3.80	4.27	4.65
	农村	5.08	6.19	3.80	5.60	6.79
生均体育运动场面积（M^2）	城市	5.42	5.40	5.60	5.25	5.05
	县镇	11.88	11.69	10.57	9.56	10.11
	农村	22.25	26.09	10.57	21.12	19.55
每百名学生拥有计算机台数（台）	城市	21.87	22.62	24.41	25.24	26.08
	县镇	21.04	23.20	22.61	24.67	25.43
	农村	28.98	29.46	22.61	33.20	35.25
生均教学仪器资产值（元）	城市	4281.53	3272.56	4828.61	5561.40	6140.26
	县镇	6865.16	3126.60	3864.97	4734.13	5439.77
	农村	6544.28	3684.22	3864.97	6879.03	7271.11
生均图书册数（册）	城市	34.57	33.58	34.00	31.83	30.82
	县镇	33.51	34.91	30.77	30.65	33.78
	农村	50.61	55.52	30.77	55.98	49.27
建立校园网校数比例	城市	93.06%	93.44%	94.88%	94.54%	95.80%
	县镇	91.13%	92.67%	91.03%	93.92%	90.51%
	农村	87.86%	91.82%	91.03%	92.77%	91.53%

数据来源：根据《北京市教育事业统计资料》（2010～2014年）数据整理。

如表4－3所示，初中城、镇、乡三个层次的教学条件差异较为明显：师生比方面，4年间城、镇、乡的每名初中学生拥有教师数量的增长率在30%左右，农村平均师生比为0.15，县镇和城市平均师生比为0.11；生均教学及辅助用房面积方面，农村4年间从8.91平方米增长至14.81平方米，同比增长66.22%，城市和县镇的增长率分别为33.57%和34.26%，2014年的绝对值分别为9.31平方米、10.66平方米；生均体育运动场面积方面，农村的平均值比县镇高出47个百分点，并是城市的近5倍；每百名学生拥有计算机台数方面，4年间城、镇、乡的增长率分别为43.73%、50.77%、65.60%，农村和县镇的平均值分别是城市的3倍和2倍；生均教学仪器资产值方面，农村和县镇2014年的绝对值已超过了1万元，而2014年城市生均教学仪器资产值仅为4863.63元，而该值已比2010年增长了2倍；生均图书册数方面，农村每名初中学生平均拥有69本图书，县镇每名初中学生平均拥有56本图书，而城市每名初中学生仅拥有23本图书，是农村学生的三分之一；在学校信息化建设方面，2014年农村中学以建设校园网校数已达100%，县镇和城市中学建设校园网的学校比例也在95%以上。

表4－3　2010～2014年北京市城、镇、乡初中教学条件对比

		2010年	2011年	2012年	2013年	2014年
师生比	城市	0.09	0.11	0.11	0.11	0.12
	县镇	0.11	0.06	0.14	0.14	0.14
	农村	0.12	0.15	0.16	0.17	0.17
生均教学及辅助用房面积（M^2）	城市	6.97	7.07	7.76	8.28	9.31
	县镇	7.94	8.99	10.38	10.54	10.66
	农村	8.91	10.67	12.87	13.17	14.81
生均体育运动场面积（M^2）	城市	7.18	7.20	6.78	7.16	7.35
	县镇	20.94	24.70	24.79	23.82	22.49
	农村	27.49	39.83	36.46	35.47	31.89
每百名学生拥有计算机台数（台）	城市	15.48	16.55	18.04	19.89	22.25
	县镇	30.37	36.53	45.19	47.38	45.79
	农村	34.59	47.18	53.46	61.37	57.28
生均教学仪器资产值（元）	城市	1589.31	1886.54	3309.54	4099.40	4863.63
	县镇	40508.47	5611.03	8288.88	9987.36	10104.77
	农村	5469.68	6361.48	9468.81	12865.72	14011.04
生均图书册数（册）	城市	22.73	22.23	21.64	22.54	25.29
	县镇	49.29	56.23	62.90	57.35	53.03
	农村	53.86	70.95	78.70	78.10	65.22
建立校园网校数比例	城市	93.33%	94.55%	95.74%	96.25%	96.41%
	县镇	94.74%	96.49%	99.12%	96.55%	95.00%
	农村	94.12%	92.31%	97.14%	97.10%	100.00%

注：生均教学及辅助用房面积和建立校园网校数比例为初中、高中的综合值。
数据来源：根据《北京市教育事业统计资料》（2010～2014年）数据整理。

综上对北京市城乡义务教育经费和教学条件的实证对比分析，农村小学、初中的教学条件最优，县镇次之，城市最差，这与北京迅速的建设发展，城镇化率不断提高，城市学生数量迅速增加有一定关系。但在这一基础上，北京市的确应增加对城市小学、初中教育的经费投入。另一方面，北京在发展农村教育的同时应注重降低农村内部教育经费投入差异，提高农村内部教育资源配置均衡。

4.3 校际间义务教育资源均衡配置
——以北京市 C 区为例

前文对北京市 16 个区之间义务教育资源配置均衡的分析表明，北京市各区间义务教育资源配置基本达到相对均衡的状态，那么各区内部校际间的资源配置是否也能达到相对均衡的状态呢？目前择校问题仍旧是北京市义务教育均衡发展的难题，“天价学区房”的社会问题更是源于北京市校际间教育资源配置的不均衡。解决义务教育资源配置非均衡的最终目的是要消除校际差异，使每位适龄儿童在任何一所学校都能享受公平的教育资源，择校问题也会随之而解。

北京市校际间教育资源均衡配置状况以 C 区为例进行分析。C 区的经济发展较快、人口结构较为复杂，既包含城市人群又包含农村群体，既有教学条件优质的中小学，也有教学条件较为普通的中小学，因此以 C 区为例分析北京市校际间教育资源均衡配置情况具有较强的代表性。分析共选择了 C 区 107 所中小学，其中包括 16 所完全中学、31 所普通初中、20 所九年制学校、15 所十二年制学校和 25 所普通小学，分析过程中对这 107 所学校教育经费情况、教师资源情况和办学条件情况进行考察。

如图 4 - 7 所示，从总体教育经费来看，2010 ~ 2015 年，C 区 107 所学校间，小学、初中生均教育经费变异系数变化波动较大，无明显下降趋势。小学校际间变异系数在 40% ~ 70% 间波动，2015 年为 46.07%，较 2010 年的 69.91% 下降 40%，总体差异水平仍然较高。2015 年，小学中有 5 所学校生均教育经费均达到 2 万元以上，分别为 26891.25 元、24113.77 元、22557.41 元、21630.38 元、21061.11 元；有 3 所学校生均经费不足 5000 元，分别为 1119.74 元、3966.22 元、4278.15 元，小学生均经费极差率（最高/最低）为 24.02。初中校际间教育经费差异水平略低于小学，变异系数在 20% ~ 60% 间波动，2013 年达到 59.80%，此后呈下降趋势，2015 年为 42.10%，相较于 2010 年下降了 2 个百分点。2015 年，初中有 2 所学校生均教育经费达到 9 万元以上，分别为 94687.50 元和 91445.62 元，有 4 所学校生均教育经费不足 2 万元，分别为 14144.45 元、14235.65 元、17344.09 元和 18495.29 元，初中生均经费极差率为 6.69。

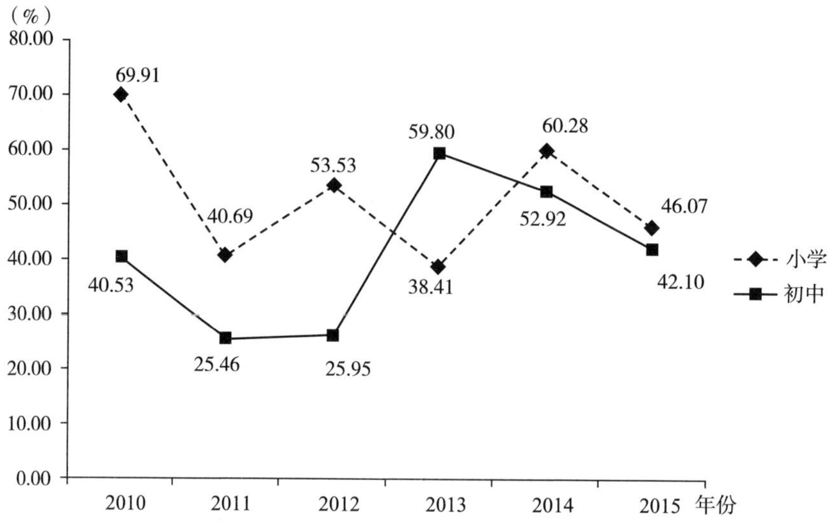

图 4－7　2010～2015 年北京市 C 区义务教育校际间生均经费变异系数

数据来源：根据北京市 C 区教育委员会报表原始资料整理。

在校际总体生均教育经费配置差异基础上，对 2015 年 C 区义务教育经费进一步细化分析，分别考察 C 区校际间生均人员经费、生均公用经费、生均专项经费和平均教职工年收入的差异情况。由于九年一贯制学校、完全中学、十二年一贯制学校存在无法准确划分小学、初中、高中经费投入的情况，按照 C 区教育委员会所提供的学校报表中对小学、初中原始统计数据计算会得出诸多不合理结果，因此，九年一贯制学校、完全中学、十二年一贯制学校小学、初中各项生均教育经费按照小学、初中学生数量对总经费拆分所得。2015 年 C 区校际间义务教育经费配置差异结果如表 4－4 所示。

表 4－4　　2015 年 C 区义务教育经费配置校际差异

级别	指标	生均人员经费（元）	生均公用经费（元）	生均专项经费（元）	平均教职工年收入（元）
小学	最大值	19265.84	18832.04	12511.80	182687.02
	最小值	3068.73	2243.35	952.52	34972.68
	极差	16197.11	16588.69	11559.28	147714.34
	极差率	6.28	8.39	13.14	5.22
	均值	11756.78	6800.40	4905.25	115215.55
	变异系数	0.32	0.46	0.49	0.26

续表

级别	指标	生均人员经费（元）	生均公用经费（元）	生均专项经费（元）	平均教职工年收入（元）
初中	最大值	62290.31	33391.67	28681.43	311969.14
	最小值	5398.41	2457.60	952.52	25820.34
	极差	56891.90	30934.07	27728.91	286148.80
	极差率	11.54	13.59	30.11	12.08
	均值	20316.82	10668.02	8204.09	136661.49
	变异系数	0.59	0.56	0.62	0.36

注：平均教职工年收入为人员经费扣除奖助学金后与学校教师数量的比值。

根据《北京市区人民政府落实义务教育均衡发展责任情况督导评估办法（试行）》，完全中学初中、高中教师拆分比例为1∶1.2；九年制学校小学、初中教师拆分比例为1∶1.1。

数据来源：根据北京市C区教育委员会报表原始资料整理。

小学生均人员经费平均值为11756.78元，其中最高值为19265.84元，最低值为3068.73元，极差率为6.28，各学校之间的变异系数为0.32；小学生均公用经费校际之间的差异更为突出，变异系数为0.46，其中最高值为18832.04元，最低值为2243.35元，极差率为8.39；小学校际间差异最大的是生均专项经费，变异系数为0.49，最高值为12511.80元，最低值为952.52元，相差11559.28元；小学校际间教职工年收入的差异相对较低，变异系数为0.26，最高值为182687.02元，最低为34972.68元，极差率5.22。初中校际间差异情况总体而言大于小学，生均人员经费的整体变异系数为0.59，最高值为62290.31元，最低值为5398.41元，极差率为11.54；初中教育校际间生均公用经费差异水平也较高，整体变异系数为0.56，最高值33391.67元，最低为2457.60元，极差率为13.59；初中生均专项经费投入差异水平最高，最高为28681.43元，最低为952.52元，整体变异系数为0.62；初中校际之间平均教职工年收入的差异与其他经费相比水平较低，但绝对值仍处于较高水平，变异系数为0.39，其中最高值为311969.14元，最低值为25820.34元，相差286148.80元。

总体而言，2015年C区校际间义务教育生均人员经费、生均公用经费、生均专项经费、平均教职工年收入差异均较大，初中的差异水平明显高于小学，其中差异最为突出的是生均公用经费和生均专项经费。公用经费是维持学校正常运作的资金保障，与学生日常学习条件息息相关，公用经费的投入差异直接影响学生的学习条件。专项经费的投入一般与学校大型修缮活动相关，学校条件较好的学校所必需的专项经费投入较低，因为其校园设施基本完善，而办学条件较落后的学校应更投入更多的专项经费。

在教育经费投入差异的基础上，C区小学、初中校际间的教师资源和办学条件上也存在较大的差异。对2014年、2015年C区107所小学和初中的师生比、生均教学及辅助用房面积、生均图书册数的对比结果如表 4 –5 所示。2015 年小学校际间师生比变异系数为 0.55，比 2014 年高出 2%；2015 年初中校际间师生比变异系数为 0.61，比 2014 年高出 30%，差异明显增大。2015 年小学校际间生均教学及辅助用房面积变异系数为 1.59，较 2014 年差异稍有降低；初中校际间生均教学及辅助用房面积差异持续增大，与 2014 年相比，2015 变异系数提高了 3.4%，达到 1.21。校际间生均图书册数的差异水平也较高，2015 年小学生均图书册数变异系数为 1.72，比 2014 年稍有回落；近两年，初中生均图书册数变异系数维持在 0.57。《北京市区人民政府落实义务教育均衡发展责任情况督导评估办法（试行）》（教督〔2012〕3 号）中明确规定，校际间教师资源和办学条件综合变异系数小学和初中分别小于或等于 0.65 和 0.55，尽管这一标准水平设定较低，C 区小学、中学校际之间师生比、生均教学及辅助用房面积和生均图书册数等基本条件的差异仍然未达到该标准。

表 4 –5　　2014 年、2015 年北京市 C 区教师资源和办学条件校际差异

类别＼年份	小学		初中	
	2014	2015	2014	2015
师生比	0.54	0.55	0.47	0.61
生均教学及辅助用房面积（M^2）	1.60	1.59	1.17	1.21
生均图书册数（册）	1.76	1.72	0.57	0.57

注：根据《北京市区人民政府落实义务教育均衡发展责任情况督导评估办法（试行）》，完全中学初中、高中教师资源和办学条件拆分比例为 1∶1.2；九年制学校小学、初中教教师资源和办学条件比例为 1∶1.1。

数据来源：根据北京市 C 区教育委员会报表原始资料整理。

综上以 C 区为例，对北京市校际间义务教育资源均衡配置情况的分析，尽管北京市各区间义务教育资源配置已经达到相对均衡的状态，但是区内校际间无论是教育经费投入还是基本教师资源和办学条件的差异仍非常明显。北京市义务教育若要进一步达到优质均衡，必须加快解决校际间教育资源配置的差异问题。

4.4　群体间义务教育资源均衡配置状况

4.4.1　特殊群体教育资源配置状况

特殊教育是国家教育的有机组成部分，保证残疾儿童少年受教育的权利是国家法律的基本要求，也是作为首善之区的北京市教育发展的一项重要工作。特殊教育公平包含两层含义：其一是特殊教育内横向公平，即每个残疾儿童是否获得同等的教育资源；其二是特殊教育的纵向公平，即与普通学生相比，残疾儿童接受义务教育是否考虑到其特殊性，在教育资源配置上予以适当的“特殊化”。

2015 年，北京市特殊教育在校人数为 7136 人，这 7000 多名学生在接受义务教育中是否获得相同的教育经费资源可以用洛伦兹曲线和基尼系数进行衡量。如图 4-8 所示，2010 年北京市特殊教育经费支出洛伦兹曲线与 45 度绝对公平线偏大程度较大，说明特殊教育经费分配存在较大的差异，而 2015 年洛伦兹曲线偏离程度更大，5 年间特殊教育经费分配差异不减反增。从量化指标来看，2010～2015 年北京市特殊教育经费支出基尼系数分别为 0.33、0.31、0.36、0.39、0.36 和 0.36，五年间，基尼系数用明显上升趋势，2013 年甚至达到 0.39，接近基尼系数 0.4 的警戒线。

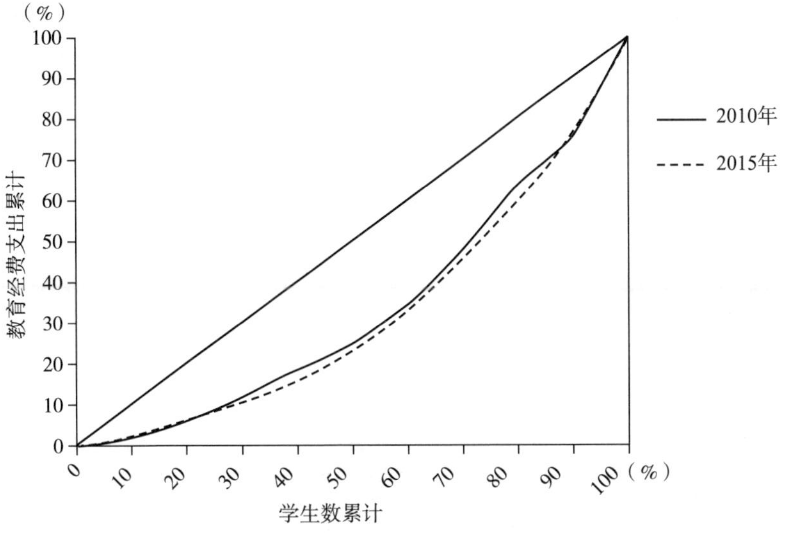

图 4-8 2010 年和 2015 年特殊教育经费支出洛伦兹曲线

数据来源：根据北京市教育委员会统计报表原始数据整理。

基于残障儿童成长发育的特殊性，特殊教育在教育资源分配上理应享受特殊待遇。在教师资源上，《北京市特殊教育学校办学条件标准》（京教基二〔2013〕15 号）明确规定盲校教职工与学生数量比应为 1∶2，聋校应为 1∶3，培智学校应为 1∶2.5；在办学条件上，盲校和聋校的班级规模应在 12 人以下，培智学校应在 8 人以下。

如表 4-6 所示，2010～2015 年北京市特殊教育生均经费增长近一倍，2015

年达到65600.79元，是普通义务教育生均经费的2倍。2013年广州市以普通学生5~10倍的标准用于特殊教育生均经费①、《贵州省残疾人保障条例（草案）》提请审议特殊教育经费应不低于普通学校的5倍②，北京市在特殊教育经费投入上虽无明确标准，但与其他省市的标准相比，北京市特殊教育生均经费明显不足。教职工与学生比五年间稳定在15%~18%，有略微上涨，将1∶3（即33.33%）作为标准值，2015年教职工与学生比仅达到标准的63.65%。五年间特殊教育平均班级规模从25人/班下降至22人/班，但仍未达到18人/班的标准。生均教学及辅助用房面积增长速度较快，四年间从5.60平方米上升到8.28平方米，同比增长48个百分点，超出普通教育平均水平80%。生均图书册数方面，尽管五年间特殊教育生均图书册数增长94%，与普通教育相比仍显略低，为普通学生生均图书拥有量的80%。

表4-6　2010~2015年北京市特殊教育资源配置情况

	2010年	2011年	2012年	2013年	2014年	2015年	标准值	标准完成率
生均教育经费（元）	33565.47	34891.25	40979.55	46675.61	56813.70	65600.79	—	—
教职工与学生比	15.05%	14.42%	15.16%	14.79%	16.51%	17.88%	33.33%	<54%
班级规模（人）	25	26	24	24	24	22	18	<83%
生均教学及辅助用房面积（M^2）	5.60	6.58	6.62	6.91	8.28	—	4.68	>100%
生均图书册数（册）	23.64	33.83	31.14	31.44	32.87	36.22	45.79	<80%

注：教职工与学生比、班级规模标准值为《北京市特殊教育学校办学条件标准》所设定标准；生均教育经费、生均教学及辅助用房面积、生均图书册数标准值为2015年普通中小学该指标的值。

数据来源：根据《北京教育事业发展统计概况》（2010~2015年）《北京市教育事业统计资料》（2010~2014年）整理。

综上对特殊教育资源配置均衡性的实证分析，北京市特殊教育无论在横向公平上还是在纵向公平上情况都不容乐观。接受良好的义务教育是残障儿童获得基本社会能力的重要途径，北京市有义务为残障儿童提供公平教育机会和教育条件。

① 网易新闻．特殊教育生均经费高出普通学生5~10倍［EB/OL］．http：//news.163.com/14/0917/14/A6BO9LJ700014AED.html.

② 中国特殊教育网．《贵州省残疾人保障条例（草案）》提请审议［EB/OL］．http：//www.spe-edu.net/Html/tjnews/201312/35875.html.

4.4.2 流动人口教育资源配置情况

北京市的经济发展和城市建设是基于将近一千万常住外来人口的共同努力，伴随而来的是这一千万常住外来人口子女的入学问题。目前，随迁子女义务教育入学问题已经成为北京市义务教育均衡发展的热点和难点，其主要矛盾在于随迁子女接受义务教育的必要性和北京市义务教育资源有限性。

如图4－9所示，2010年北京市普通小学非京籍学生数为26.8万人，占北京市普通小学在校生总人数的41.06%；普通初中非京籍学生数为7.4万人，占北京市普通初中在校生总人数的23.86%。随着北京市流动人口入学政策的放开和首都城市的持续吸引力，2014年，北京市普通小学非京籍学生数上升至36.9万人，相较于2010年上升37.39%；普通初中非京籍学生数上升至10.23万，相较于2010年上升38.37%。在流动人口较快的增长压力下，北京市在解决流动人口入学问题上取得了一定成绩。2014年，普通小学非京籍学生占在校生总人数的比例提高至44.88%，普通初中非京籍学生占在校生总人数的比例也提高至33.36%，多解决2.4万流动学生义务教育入学问题。北京市解决流动学生义务教育入学问题的主要方式是通过向民办教育购买学位的方式提高义务教育学位供给量。2014年，非京籍学生就读于公办小学的人数比例从2010年的90.38%下降至83.00%，共下降了7.38个百分点；就读于公办初中的学生人数从2010年的86.88%下降85.16%，共下降了1.72个百分点。向民办学校购买“学位”仅从量上解决随迁子女入学问题，但民办学校的办学质量却存在一定问题，众多家长更愿意让子女在北京公办学校入学。

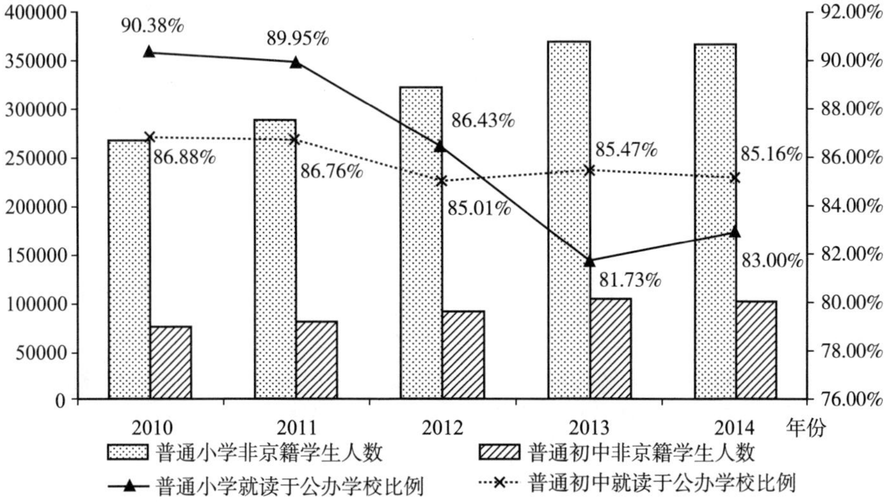

图4－9 2010～2014年北京随迁子女义务教育入学规模

数据来源：根据《北京市教育事业统计资料》（2010～2014年）数据整理。

《2016北京市教育委员会义务教育阶段入学工作的意见》（京教基二〔2016〕3号）明确提出，随迁子女父母或其他法定监护人需集齐“五证”（本人在京务工就业证明、在京实际住所居住证明、全家户口簿、在京暂住证、户籍所在地街道办事处或乡镇人民政府出具的在当地没有监护条件的证明），通过审核后即可至所在地联系公办学校就读。但由于“五证”手续办理繁杂，审核手续较多，所需时间较长，因此众多家长无法集齐“五证”导致孩子无法正常入学，也因此引起了较大的社会舆论和家长不满（见专栏1）。

专栏1：

百位家长集聚教委　呼吁放宽非京籍学生入学政策

北京非京籍儿童入学事实上并没有那么容易，“五证”收集和审核也是困难重重。北京市朝阳区教委在2015年4月9日发布“2015年非京籍适龄儿童在朝阳区接受义务教育证明证件材料审核实施细则”中要求：适龄儿童少年父母需持有暂住地公安派出所制发的在有效期内的暂住证，暂住证有效期限起始时间距2015年5月1日满6个月以上（含6个月）。而这一条件使大量非京籍儿童入学受阻。有学生因为5天暂住证的断档而失去上学的机会。

2016年5月18日，同样的情形再次上演，百余位家长来到朝阳区教委呼吁放宽非京籍学生入学政策，取消暂住证要求。

资料来源：天涯社区．户籍政策真厉害［EB/OL］. http：//bbs. tianya. cn/post-free－5100879－1. shtml. 2015－05－15.

中青在线．百位家长集聚教委　呼吁放宽非京籍学生入学政策［EB/OL］. http：//edu. cyol. com/content/2016－05/18/content_12600492. htm. 2016－05－16.

4.5 小　　结

实证结果显示，北京市各区之间义务教育资源配置的总体差异情况并不显著，已达到基本均衡的状态；城乡之间教育资源配置呈现农村明显优于城市的趋势；校际之间的教育资源配置差异仍十分显著；特殊群体之间资源配置的差异显著，整体教学条件的保障需进一步提高；北京市在保障流动人口接受义务教育上做出了努力并取得一定成果，但流动人口入学问题仍较为突出。

5

分项绩效之一：各区义务教育经费均衡状况

第4章对北京市各区间义务教育资源均衡的总体情况进行了分析，获得了北京市级层面义务教育均衡的总体绩效。本章主要对北京市16个区不同类别的教育经费进行实证对比分析，以进一步说明北京市区间义务教育经费均衡状况，反映义务教育均衡的分项绩效。

5.1 生均教育经费指数

生均教育经费指数为义务教育生均经费与人均地区生产总值（人均GDP）的比值，该指标的核算可以反映地区在经济发展过程中对于义务教育发展的投入程度，即反映该地区对于义务教育发展的重视程度。生均教育经费指数的取值一般在［0，1］，指数越高则说明该地区对义务教育的投入水平越高。生均教育经费指数的取值也可以大于1，此时则说明该地区虽然经济发展实力不足，但却超前进行了教育投入，这些投入资金通常是较多地获得了高一层级政府的教育经费拨款。

5.1.1 小学生均教育经费指数

2010~2015年北京市16个区小学生均教育经费指数的具体数值和差异情况如表5-1所示。从绝对值水平上看，2010~2015年，北京市小学生均教育经费指数保持在0.5左右，且有明显的上升趋势，除房山区、通州区、大兴区有下降趋势外，其他13个区都有不同程度增长，其中门头沟区和石景山区增长速度最快，同比增长率分别为123.40%和112.50%。东城区和丰台区五年间的增长率在50%以上，海淀区和昌平区五年间的增长率在40%以上，其他区有略微增长趋势。指数的普遍增长趋势说明北京市各区对于小学教育的重视程度和投入水平不断提高。延庆区的小学生均教育经费指数一直保持在1以上，一方面说明延庆区的经济发展动力不足，另一方面说明北京市政府对于偏远地区教育发展的支持。从差异水平上看，五年间16个区小学生均教育经费指数的差异程度有缩小趋势，变异系数从2010年的0.62降低至2015年的0.57，同比降低5%，但变异系数绝对值仍处于较高水平，差异显著。

表5-1　　2010~2015年北京市各区小学生均教育经费指数

区＼年份	2010	2011	2012	2013	2014	2015
东城区	0.12	0.12	0.13	0.13	0.19	0.19
西城区	0.11	0.10	0.11	0.11	0.13	0.14
朝阳区	0.29	0.28	0.29	0.30	0.32	0.30
丰台区	0.28	0.29	0.33	0.44	0.42	0.46
石景山区	0.24	0.33	0.34	0.31	0.45	0.51
海淀区	0.16	0.16	0.20	0.23	0.26	0.23
门头沟区	0.47	0.51	0.59	0.95	0.79	1.05
房山区	0.53	0.50	0.42	0.40	0.46	0.46
通州区	0.41	0.45	0.44	0.43	0.44	0.28
顺义区	0.17	0.16	0.14	0.15	0.20	0.22
昌平区	0.58	0.72	0.51	0.54	0.75	0.82
大兴区	0.75	0.76	0.68	0.56	0.57	0.60
平谷区	0.97	1.00	0.98	0.89	0.88	1.02
怀柔区	0.81	0.81	0.78	0.75	0.76	0.84
密云区	0.64	0.59	0.61	0.59	0.58	0.73
延庆区	1.06	1.21	1.14	1.22	1.19	1.12
极差	0.95	1.11	1.03	1.11	1.07	0.98
极差率	9.75	11.96	10.29	11.33	9.45	7.95
平均值	0.47	0.50	0.48	0.50	0.52	0.56
变异系数	0.62	0.64	0.61	0.62	0.54	0.57

注：2015年各区地区生产总值具体值为公布，所用值为各区2016年政府工作报告中的近似值。
数据来源：根据北京市教育委员会统计报表原始数据整理。

2015年，北京市16个区小学生均教育经费指数的排序情况如图5-1所示，延庆区、门头沟区、平谷区的指数最高，皆在1以上，西城区和东城区的指数最低，在0.2以下，延庆区是西城区的近8倍。整体排序上，东城区、西城区、朝阳区、海淀区等经济发展较好的区小学生均教育经费指数均低于平均水平，而地处偏远的生态涵养区的5个区的指数排序较为靠前，均高于平均水平。这一现状有利于经济发展较为落后地区通过教育发展促进地区发展。

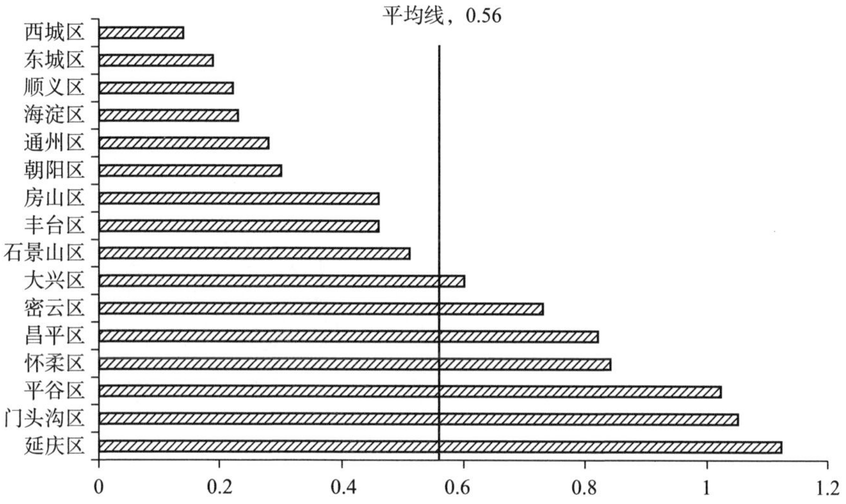

图5-1 2015年北京市各区小学生均教育经费指数排序

注：2015年各区地区生产总值具体值为公布，所用值为各区2016年政府工作报告中的近似值。
数据来源：根据北京市教育委员会统计报表原始数据整理。

5.1.2 初中生均教育经费指数

2010~2015年，北京16个区初中生均教育经费指数的具体值和差异情况如表5-2所示。从绝对值水平上看，北京16个区初中生均教育经费指数具有较高的水平，2015年整体平均值为1.06，较2010年增长51.43%。五年间，除西城区、通州区和怀柔区指数有降低趋势外，其他13个区都有较大程度的提升，其中门头沟区增长279.63%，石景山区增长156.76%，密云区增长190.00%，东城区、丰台区、海淀区、顺义区、昌平区、平谷区都保持50%以上的增长率。门头沟区、昌平区、大兴区、平谷区、怀柔区、密云区和延庆区等7个区初中生均教育经费指数超过1，甚至达到2。从差异上看，五年间，16个区初中生均教育经费指数差异相对小学较大，均在0.5以上，但总体有缩小趋势。

表 5-2 2010~2015 年北京市各区初中生均教育经费指数

区＼年份	2010	2011	2012	2013	2014	2015
东城区	0.18	0.11	0.20	0.20	0.28	0.30
西城区	0.29	0.14	0.27	0.24	0.27	0.28
朝阳区	0.42	0.28	0.44	0.48	0.54	0.55
丰台区	0.61	0.45	0.66	0.76	0.86	0.98
石景山区	0.37	0.35	0.49	0.52	0.77	0.95
海淀区	0.20	0.12	0.24	0.30	0.36	0.39
门头沟区	0.54	0.50	1.00	1.36	1.31	2.05
房山区	0.58	0.43	0.56	0.68	0.76	0.78
通州区	0.80	0.49	0.82	0.81	0.81	0.54
顺义区	0.20	0.13	0.21	0.21	0.29	0.35
昌平区	0.96	0.72	1.19	1.34	1.34	1.55
大兴区	1.19	0.80	1.17	1.14	1.26	1.41
平谷区	1.50	1.06	2.13	1.66	1.52	2.38
怀柔区	1.57	0.95	1.45	1.40	1.30	1.14
密云区	0.60	0.39	0.75	1.02	1.01	1.74
延庆区	1.26	0.76	1.22	1.63	1.64	1.63
极差	1.39	0.95	1.93	1.47	1.37	2.10
极差率	8.70	9.90	10.53	8.53	6.00	8.49
平均值	0.70	0.48	0.80	0.86	0.90	1.06
变异系数	0.64	0.61	0.65	0.58	0.50	0.60

注：2015 年各区地区生产总值采用各区 2016 年政府工作报告中的数值。
数据来源：根据北京市教育委员会统计报表原始数据整理。

2015 年，北京市 16 个区的初中生均教育经费指数排序情况如图 5-2 所示。平谷区、门头沟区的指数值最高，均在 2 以上，密云区、延庆区和昌平区次之，指数值超过 1，西城区、东城区、顺义区、海淀区的指数值较低，均在 0.5 以下。与小学情况大致一致，经济状况良好的城区的指数值偏低，远郊地区的指数值较高。

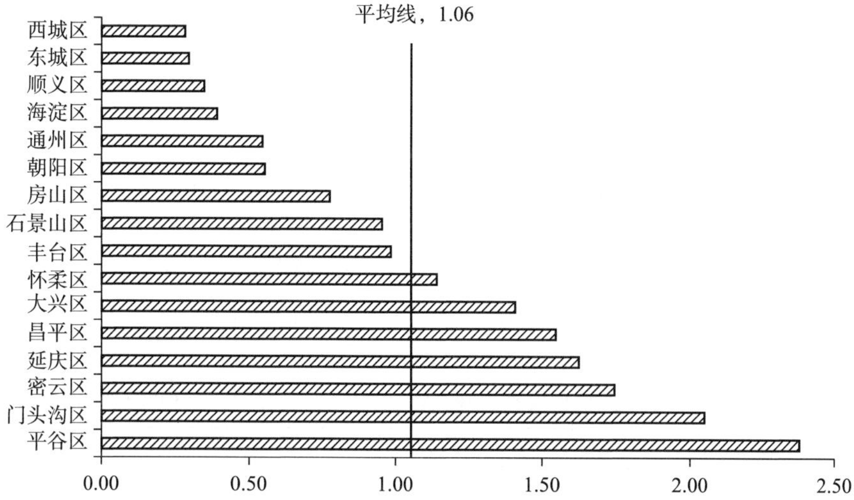

图 5-2 2015 年北京市各区初中生均教育经费指数排序

注：2015 年各区地区生产总值具体值为公布，所用值为各区 2016 年政府工作报告中的近似值。
数据来源：根据北京市教育委员会统计报表原始数据整理。

5.2 义务教育财政支出占三级教育支出的比例

义务教育财政支出占三级教育支出的比例为义务教育财政支出与高等教育、中等教育、初等教育财政支出总和的比值，该值越高说明政府对于义务教育的重视程度越高，义务教育财政投入的水平越高。然而，我国目前三级教育财政支出的普遍问题在于“重高等，轻初等”，对于高等教育的财政支出较高，而对于义务教育的财政支出偏低。北京师范大学教育经费研究小组对 50 多个不同发展水平国家教育结构的统计研究表明人均 GDP 在 5000 美元以上，初、中、高三级教育投入比例应分别为 37.7%、37.7%、17.1%。① 2005 年北京市的人均 GDP 已超过 5000 美元，为 5615 美元②，2015 年，北京市的人均 GDP 已超 17000 美元。因此，在研究北京市义务教育财政支出占三级教育支出比例时，可以参照北京师范大学教育经费研究小组所设定的标准进行对比分析。

5.2.1 小学教育财政支出占三级教育支出的比例

2010~2015 年，北京各区小学财政支出占三级教育比例的具体数值和差异情

① 刘华．优化财政性三级教育支出结构［J］．中国流通经济．2014（12）：15-17.
② 北京统计局．北京统计年鉴［J］．北京：中国统计出版社．2015.

况如表5－3所示。从绝对值水平上看，五年间，除2013年外，北京市初等教育财政支出占三级教育比例的总体水平均在40%以上，高于37.7%的标准，2015年与2010年相比，比例值增长2个百分点。各区初等教育财政支出占三级教育的比例值于2015年也全部高于37.77%的标准。五年间，顺义区、大兴区和密云区的比例值有降低趋势，其他区均有不同程度的增长，其中西城区增长最为明显，五年共增长16.3个百分点。从差异上看，五年间，16个区初等教育财政支出占三级教育的比例值的差异水平较低，变异系数均维持在0.15以下，且有不断降低趋势，2015年变异系数实现0.1的突破，降低至0.082。

表5－3　2010～2015年北京各区初等教育财政支出占三级教育支出的比例（单位：%）

年份 区	2010年	2011年	2012年	2013年	2014年	2015年
东城区	36.30	34.07	34.69	30.65	42.32	42.01
西城区	21.55	23.37	27.29	30.41	32.46	37.85
朝阳区	49.52	47.00	47.42	36.69	52.97	52.42
丰台区	44.66	49.72	50.69	35.87	44.79	48.58
石景山区	43.26	41.94	44.09	33.98	39.85	43.71
海淀区	44.66	47.05	38.29	34.09	49.13	47.40
门头沟区	43.26	48.07	49.08	40.19	44.10	44.93
房山区	46.68	47.09	46.76	35.53	45.16	46.95
通州区	42.69	45.82	46.72	32.87	44.22	47.23
顺义区	46.96	43.85	42.32	28.69	42.41	45.50
昌平区	44.56	51.22	45.68	35.46	49.25	49.20
大兴区	43.46	46.49	46.00	35.16	45.80	42.21
平谷区	44.36	39.49	36.17	37.94	44.49	44.68
怀柔区	48.50	36.47	42.99	38.02	48.47	50.16
密云区	41.47	46.09	43.43	24.23	39.77	40.41
延庆区	35.77	48.69	41.11	22.61	37.40	42.75
极差	27.97	27.85	23.40	17.58	20.51	14.58
极差率	2.30	2.19	1.86	1.78	1.63	1.39
平均值	42.35	43.53	42.67	33.27	43.91	45.37
变异系数	0.152	0.159	0.137	0.142	0.111	0.082

数据来源：根据北京市教育委员会统计报表原始数据整理。

2015 年，北京市各区初等教育财政支出占三级教育比例排序情况如图 5 – 3 所示。西城区的比例值最低为 37. 85%，略高于 37. 77% 的标准；朝阳区的比例值最高为 52. 42%，比西城区高 14. 58%。除西城区外，其他 15 个区的比例值均在 40% 以上，整体水平较高。

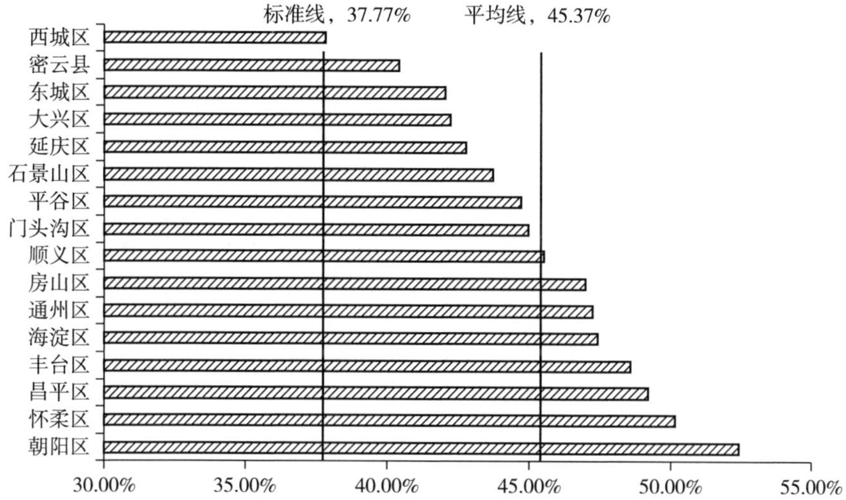

图 5 – 3　2015 年北京市各区初等教育财政支出占三级教育比例排序

数据来源：根据北京市教育委员会统计报表原始数据整理。

5. 2. 2　初中教育财政支出占三级教育支出的比例

2010 ~ 2015 年，北京 16 个区初中教育财政支出占三级教育支出比例的具体数值和差异情况如表 5 – 4 所示。需注意，初中并不等同于中等教育，中等教育还包括高中教育。从绝对值水平上看，五年间，北京初中教育财政支出占三级教育支出比例的总体水平在 30% 左右，2013 年最高，达到 34. 98%，但整体有略微下降趋势，与 2010 年相比，2015 年下降了 2 个百分点。各区中，东城区、丰台区、海淀区、房山区、大兴区、平谷区 6 个区整体保持增长，其他区均有不同比例的下降。从差异上看，2013 年，各区间的差异程度最低，变异系数低于 0. 1，整体上差异有缩小趋势，2015 年变异系数较 2010 年降低 25. 68%。若将 2015 年各区小学和初中教育财政支出占三级教育支出比例平均值累加再平均，北京市义务教育财政支出占三级教育的比例值接近 37%，属于基本合理范围，不过，初中教育财政支出的比例需进一步提高。

表 5-4　　2010～2015 年北京各区初中教育财政支出占三级教育比例

区＼年份	2010	2011	2012	2013	2014	2015
东城区	26.67%	29.92%	29.22%	30.65%	28.45%	27.30%
西城区	36.81%	34.22%	32.19%	30.41%	31.34%	26.66%
朝阳区	28.40%	26.57%	26.94%	36.69%	27.33%	27.49%
丰台区	29.50%	28.06%	25.82%	35.87%	28.70%	31.65%
石景山区	31.77%	31.14%	26.86%	33.98%	30.19%	29.56%
海淀区	25.85%	26.40%	21.63%	34.09%	26.84%	28.47%
门头沟区	31.77%	33.31%	29.87%	40.19%	34.95%	31.59%
房山区	25.85%	30.38%	30.99%	35.53%	27.54%	28.22%
通州区	28.81%	28.36%	28.57%	32.87%	24.88%	25.79%
顺义区	30.48%	28.42%	26.73%	28.69%	26.89%	24.18%
昌平区	32.87%	30.44%	33.38%	35.46%	27.08%	27.19%
大兴区	28.87%	31.82%	31.25%	35.16%	30.23%	33.30%
平谷区	29.31%	41.16%	42.23%	37.94%	34.07%	36.41%
怀柔区	34.16%	39.93%	36.74%	38.02%	34.21%	27.52%
密云区	41.91%	28.73%	28.33%	36.73%	35.94%	33.71%
延庆区	40.56%	29.60%	27.55%	37.48%	29.63%	32.09%
极差	16.06%	14.76%	20.60%	11.50%	11.06%	12.23%
极差率	1.62	1.56	1.95	1.40	1.44	1.51
平均值	31.47%	31.15%	29.90%	34.98%	29.89%	29.45%
变异系数	0.148	0.132	0.155	0.086	0.108	0.110

数据来源：根据北京市教育委员会统计报表原始数据整理。

2015 年，北京市 16 个区初中教育财政支出占三级教育支出比例值的排序情况如图 5-4 所示。顺义区最低，为 24.18%；平谷区最高，为 36.41%，比顺义区高 12 个百分点。16 个区中，有 7 个区的比例值高于平均水平，整体平均比例值不足 30%。高于平均水平的 7 个区中有 4 个区位于偏远生态涵养区，城六区的比例值有 5 个区位于 30% 以下。

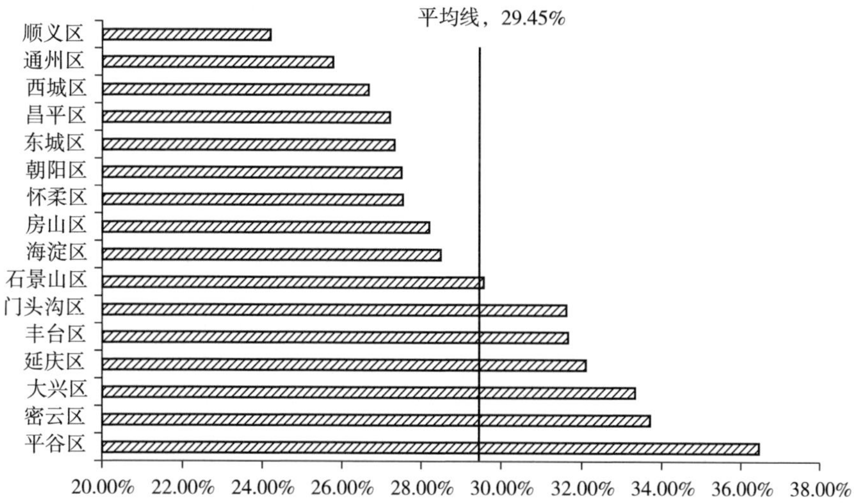

图 5－4 2015 年北京市各区初中教育财政支出占三级教育比例排序

数据来源：根据北京市教育委员会统计报表原始数据整理。

5.3 生均预算内教育事业费

生均预算内教育事业费指数为预算内教育事业费与学生数量的比值。教育事业费主要包括人员经费和公用经费。预算内教育事业费即指各级政府部门在本年度内计划划拨到各类教育单位的经费。该指标主要体现政府部门为保障义务教育日常教学活动的正常进行所做出的经费努力，同时也能体现各区义务教育维持日常教学所需经费的充足程度。

5.3.1 小学生均预算内教育事业费

2010～2015 年，北京市 16 个区小学生均预算内教育事业费的具体值和差异情况如表 5－5 所示。从绝对值水平上看，五年间，北京市小学生均预算内教育事业费有明显的增长幅度，2015 年较 2010 年增长了 130%，年平均增长率为 18%。基于 2010 年的不变价，2015 年北京小学整体生均预算内教育事业费为 32723.12 元。各区五年间小学生均预算内教育事业费的增长趋势也十分明显，除大兴区外，其他区都有 50% 以上的增长率，其中海淀区增长 255.35%、门头沟区增长 246.62%、昌平区增长 238.65%、石景山区增长 237.40%。从差异上看，2010～2014 年，各区之间的极差率、变异系数都有明显的缩小趋势，虽然 2015 年的差异值扩大，变异系数增加至 0.29，但较 2010 年仍降低了 9.38%。总体而言，目前北京市各区小学生均预算内教育事业费普遍有明显增长趋势，区间差异在可接受范围内。

表 5 -5　　2010 ~2015 年北京市各区小学生均预算内教育事业费　　单位：元

年份 区	2010	2011	2012	2013	2014	2015
东城区	14860. 00	18315. 45	20449. 85	24615. 39	40564. 78	30314. 05
西城区	17987. 58	20072. 01	24550. 17	28389. 21	36566. 71	36033. 48
朝阳区	22801. 12	27535. 51	33432. 82	43365. 46	41941. 17	55137. 67
丰台区	9880. 68	11466. 95	13936. 61	20771. 93	20978. 22	24916. 96
石景山区	11512. 41	16804. 95	18713. 70	19492. 23	29308. 92	38843. 14
海淀区	13315. 32	16187. 25	22263. 40	28613. 37	34338. 65	47316. 57
门头沟区	14059. 54	17185. 94	21824. 15	36338. 74	32720. 10	48733. 17
房山区	19241. 06	22258. 56	21406. 09	23092. 16	28541. 96	31237. 76
通州区	11318. 56	14745. 10	17288. 63	20239. 84	21693. 19	24365. 27
顺义区	16498. 58	19366. 19	18764. 21	22975. 24	27629. 29	39741. 98
昌平区	12603. 51	19007. 63	19559. 93	22802. 41	33721. 28	42682. 21
大兴区	13604. 34	14740. 46	16948. 41	21247. 39	23382. 56	13529. 98
平谷区	21164. 75	26769. 88	34771. 20	35680. 24	45186. 46	49638. 64
怀柔区	32119. 19	37325. 50	38526. 01	42785. 07	42963. 90	54283. 10
密云区	16641. 97	19375. 08	22950. 74	25277. 78	27802. 34	39557. 84
延庆区	18226. 44	25128. 85	27271. 98	31803. 02	33878. 81	35070. 16
极差	22238. 51	25858. 55	24589. 40	23873. 23	24208. 24	41607. 69
不变价极差	22238. 51	24487. 26	22541. 54	21185. 89	21144. 87	35630. 46
极差率	3. 25	3. 26	2. 76	2. 22	2. 15	4. 08
平均值	16614. 69	20392. 83	23291. 12	27968. 09	32576. 15	38212. 62
不变价均值	16614. 69	19311. 39	21351. 39	24819. 80	28453. 88	32723. 12
变异系数	0. 32	0. 30	0. 29	0. 27	0. 22	0. 29

数据来源：根据北京市教育委员会统计报表原始数据整理。

2015 年，北京市 16 个区小学生均预算内教育事业费基于 2010 年不变价的排序情况如图 5 -5 所示。大兴区最低，为 11586. 30 元；朝阳区最高，为 47216. 76 元，是大兴区的 4. 08 倍，极差为 35630. 46 元。16 个区中，有 9 个区高于平均水平，两极分化较大。整体而言，各区小学生均预算内教育事业费与区间经济发展水平（以地区生产总值为衡量标准）之间没有明显的相关性，教育财政保证一定的中立性。

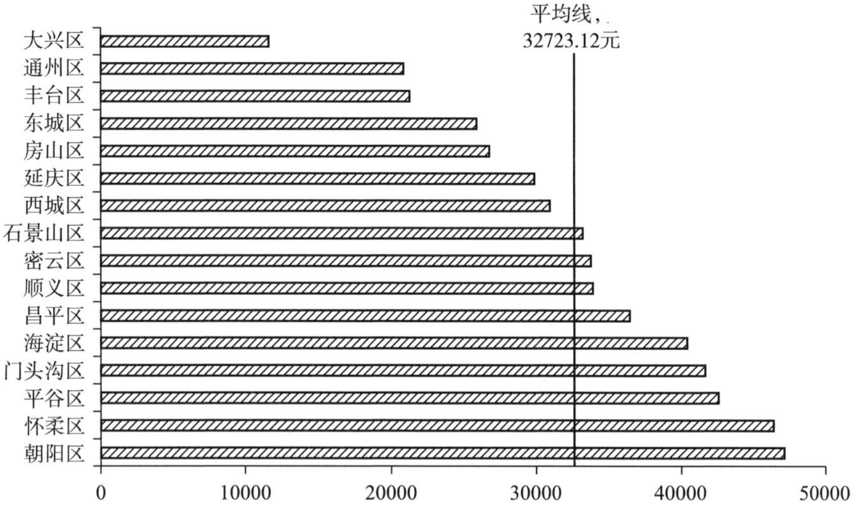

图5-5 2015年北京市各区基于不变价小学生均预算内教育事业费排序

数据来源：根据北京市教育委员会统计报表原始数据整理。

5.3.2 初中生均预算内教育事业费

2010~2015年，北京市16个区初中生均预算内教育事业费的具体值和差异情况如表5-6所示。从绝对值水平上看，五年间北京市初中生均预算内教育事业费总体明显增加，基于2010年不变价，2015年整体平均值增长至44589.12元，较2010年增长87.01%。各区初中生均预算内教育事业费也普遍大幅度增长，除怀柔区外，其他15个区均有50%以上的增长，其中门头沟区增长幅度最大，为390.98%，东城区、西城区、朝阳区、海淀区、丰台区、石景山区、海淀区、顺义区、昌平区、平谷区、密云区、延庆区等12个区均有100%以上的增长率。尽管怀柔区初中生均预算内教育事业费有下降趋势，但2015年的绝对值仍在5万元以上，位于中等水平。从差异上看，各区初中生均预算内教育事业费的差异缩小比小学更为明显，变异系数从2010年的0.46降低至2015年的0.25，同比降低46%。但与2014年相比，差异情况有所扩大。整体而言，与小学情况一致，初中生均预算内教育事业费增长明显，目前的差异程度在可接受范围内。

表5-6 2010~2015年北京市各区初中生均预算内教育事业费 单位：元

年份 区	2010	2011	2012	2013	2014	2015
东城区	23230.60	27633.38	39245.37	32716.75	41238.49	53107.43
西城区	22695.98	28077.64	40647.17	35427.80	45387.12	66547.99

续表

区＼年份	2010	2011	2012	2013	2014	2015
朝阳区	32247.86	38684.15	71250.20	59417.00	48607.99	71938.17
丰台区	19368.29	24670.86	29924.17	33496.88	40075.59	46491.64
石景山区	17723.30	26283.02	30547.27	30063.13	34650.45	53322.69
海淀区	16988.20	20349.13	37654.10	35131.72	37511.84	46852.03
门头沟区	16235.12	23835.34	37801.37	47828.15	41359.46	79711.30
房山区	20677.85	25401.03	28759.70	28255.96	25900.78	31584.17
通州区	20363.51	25304.55	36439.48	29529.34	28913.38	33787.54
顺义区	19736.02	24600.52	29463.66	25692.43	27516.89	44246.27
昌平区	19100.15	25563.52	43354.59	35556.91	40908.07	59038.58
大兴区	23382.81	22263.00	28806.26	29926.71	33039.51	41562.30
平谷区	30670.48	36117.27	79230.66	45602.60	47144.58	61381.78
怀柔区	62334.60	66941.10	80075.68	61287.36	39053.41	50734.87
密云区	17280.09	19809.07	27328.30	33072.72	27712.26	53836.23
延庆区	19453.96	25928.38	35447.75	42604.26	37178.68	38970.15
极差	46099.48	47132.03	52747.37	35594.94	22707.21	48127.13
不变价极差	46099.48	44632.61	48354.47	31588.11	19833.78	41213.34
极差率	3.84	3.38	2.93	2.39	1.88	2.52
平均值	23843.05	28841.37	42248.48	37850.61	37262.41	52069.57
不变价均值	23843.05	27311.91	38729.94	33589.87	32547.12	44589.12
变异系数	0.46	0.38	0.41	0.27	0.18	0.25

数据来源：根据北京市教育委员会统计报表原始数据整理。

2015 年，北京市 16 个区初中生均预算内教育事业费基于 2010 年不变价的排序情况如图 5 - 6 所示。房山区最低，为 27046.89 元；门头沟区最高，为 68260.23 元，是房山区的 2.52 倍，极差为 41213.34 元。城六区中，有 4 个区（朝阳区、西城区、石景山区、东城区）初中生均预算内教育事业费高于不变价均值，生态涵养 4 个区中仅有密云区高于不变价均值，城区与偏远区的初中生均预算内教育事业费存在较大差异。

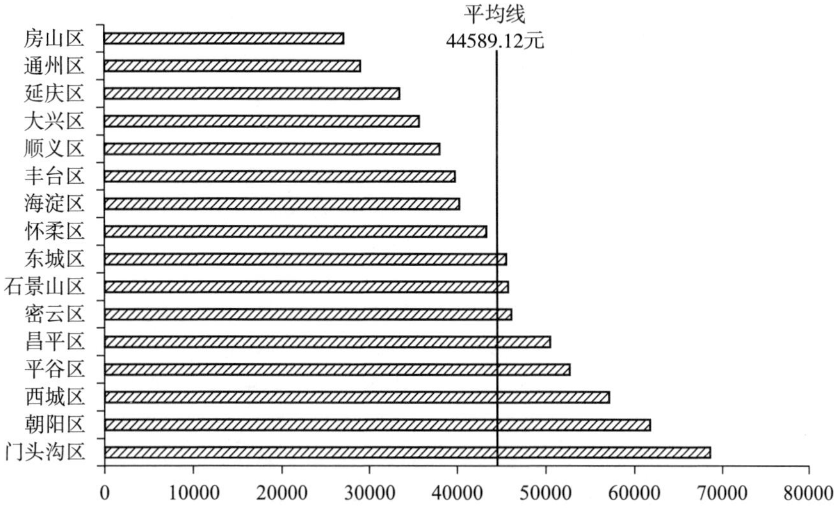

图 5－6 2015 年北京市各区基于不变价初中生均预算内教育事业费排序

数据来源：根据北京市教育委员会统计报表原始数据整理。

5.4 生均人员经费

生均人员经费是人员经费支出总值与学生数量的比值。人员经费是教育事业费的重要组成部分，主要包括工资福利支出、对个人和家庭的补助支出两大部分。工资福利支出主要是对学校教职工基本工资、津贴补贴、奖金及绩效工资、社会保障缴费的支出，对个人和家庭的补助支出主要是针对教职工的离退休费、医疗费支出和针对学生的补助费支出。人员经费与教师收入息息相关，人员经费越高，对优质教师的吸引力也越强。

5.4.1 小学生均人员经费

2010～2015 年，北京市 16 个区小学生均人员经费具体数值和差异情况如表 5－7 所示。从绝对值水平上看，基于 2010 年不变价，五年间北京市总体小学生均人员经费从 2010 年的 11470.05 元上升至 2015 年的 18219.91 元，同比增长 58.85%，总体增长趋势明显。2015 年之前，各区小学生均人员经费均明显的增长趋势，2015 年，东城区、西城区、大兴区、平谷区有明显回落现象。总体而言，五年间，除东城区和大兴区外，其他区小学生均人员经费均实现正向增长，其中朝阳区、丰台区、石景山区、海淀区、门头沟区、通州区、顺义区、昌平区、平谷区 9 个区的增长率高于 100%。从差异上看，2015 年之前，各区间的差异程度有明显下降趋势，变异系数从 2010 年的 0. 29 降低到 2014 年的 0. 23，2015 年又回升至 0. 30。五年间，基于 2010 年不变价的极差也明显增长，增长率为 78. 07%。2010 ~2014 年的极差率均在 3. 0 以内，2015 年突然增长至 6. 28。

表 5 －7 2010 ~2015 年北京市各区小学生均人员经费 单位：元

区＼年份	2010	2011	2012	2013	2014	2015
东城区	11718. 23	15016. 00	16765. 72	20259. 10	23549. 36	11630. 99
西城区	13170. 19	15073. 14	18909. 86	20941. 05	24578. 28	23024. 11
朝阳区	9804. 76	13021. 51	16865. 30	17304. 54	20232. 69	25792. 78
丰台区	7893. 49	9326. 27	11659. 68	12379. 47	15744. 93	17277. 14
石景山区	9586. 01	14690. 28	13585. 72	13785. 26	17494. 37	21486. 32
海淀区	8443. 50	9186. 51	11418. 46	11003. 91	17469. 16	17963. 90
门头沟区	11103. 52	14796. 74	19179. 97	19653. 94	20654. 14	23948. 35
房山区	13244. 00	14447. 98	16364. 00	15607. 19	19034. 04	21936. 45
通州区	7286. 44	9182. 25	11072. 61	11979. 69	13708. 60	16443. 19
顺义区	9064. 79	11224. 72	14416. 23	15452. 43	17200. 84	26290. 50
昌平区	8877. 69	11920. 35	14181. 36	15222. 08	18009. 16	24051. 48
大兴区	9841. 39	11625. 07	12866. 81	14320. 40	16336. 23	5265. 96
平谷区	15631. 53	18288. 08	22141. 37	19124. 21	34304. 44	33056. 09
怀柔区	20650. 65	24138. 46	26663. 99	30479. 38	24111. 00	26431. 54
密云区	12987. 43	15448. 45	17203. 03	17740. 74	18788. 89	21389. 34
延庆区	14217. 22	17648. 64	19621. 83	19553. 78	21274. 86	24434. 40
极差	13364. 21	14956. 21	15591. 38	19475. 47	20595. 85	27790. 13
不变价极差	13364. 21	14163. 08	14292. 90	17283. 17	17989. 59	23797. 89
极差率	2. 83	2. 63	2. 41	2. 77	2. 50	6. 28
平均值	11470. 05	14064. 65	16432. 25	17175. 45	20155. 69	21276. 41
不变价均值	11470. 05	13318. 80	15063. 74	15242. 05	17605. 13	18219. 91
变异系数	0. 29	0. 27	0. 25	0. 27	0. 23	0. 30

数据来源：根据北京市教育委员会统计报表原始数据整理。

2015 年，北京市 16 个区小学基于 2010 年不变价生均人员经费的排序情况如图 5 －7 所示。大兴区的数值最低，为 4509. 47 元；平谷区的数值最高，为 28307. 36 元，是大兴区的 6. 28 倍，两极分化比较严重。16 个区县中，有 11 个区小学生均人员经费高于平均水平，其中，平谷区、怀柔区、顺义区、朝阳区、延庆区、昌平区、门头沟区等 7 个区高于 2 万元，大兴区、东城区、通州区、丰台区、海淀区的小学生均人员经费未达到平均水平。

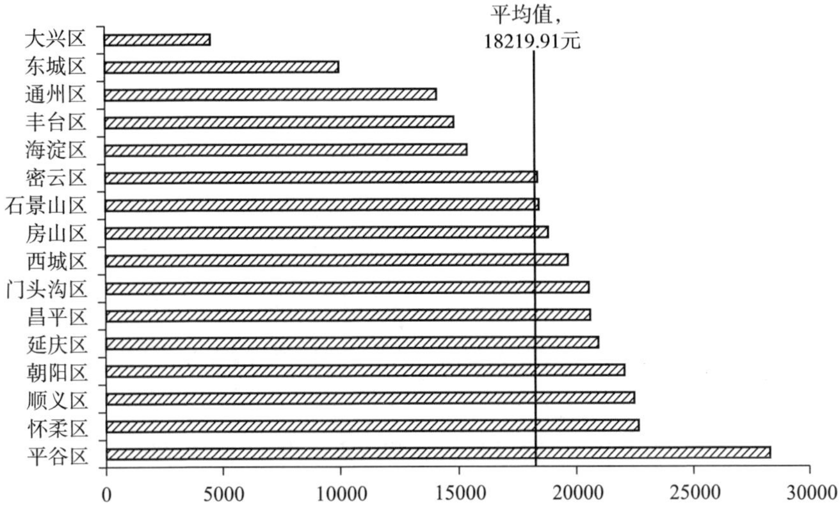

图 5－7 2015 年北京市各区小学基于 2010 年不变价生均人员经费排序

数据来源：根据北京市教育委员会统计报表原始数据整理。

5.4.2 初中生均人员经费

2010～2015 年，北京市 16 个区初中生均人员经费具体数值和差异情况如表 5－8 所示。从绝对值水平上看，五年间，基于 2010 年不变价，北京市初中生均人员经费总体有明显增长趋势，从 2010 年的 15736.29 元增长至 2015 年的 26866.33 元，整体提高 70.73%。除怀柔区外，各区相对于 2010 年均有 50% 以上的增长率，其中东城区、西城区、朝阳区、海淀区、门头沟区、顺义区、昌平区等 7 个区的增长率超 100%。怀柔区在 2014 年之前，初中生均人员经费水平较高，2012 年将近 6 万元，2014 年和 2015 年初中人员经费水平有所回落，加上资深教师的流失，2015 年初中生均人员经费大幅度下降至不足 3 万元。从差异上看，五年间各区间初中生均人员经费差异有缩小趋势，变异系数波动下降，从 2010 年的 0.38 降低至 2015 年的 0.24，下降 36.84%。基于 2010 年不变价的极差值波动上升，但幅度较低，极差率稳定在 4 以内。

表 5－8　　2010～2015 年北京市各区初中生均人员经费　　单位：元

区 \ 年份	2010	2011	2012	2013	2014	2015
东城区	16535.36	20686.22	31823.75	25431.95	32370.14	35267.43
西城区	16941.92	20539.86	32707.50	27120.00	33477.19	54365.58

续表

区＼年份	2010	2011	2012	2013	2014	2015
朝阳区	14700. 97	19249. 70	48663. 14	27032. 53	31014. 82	37591. 28
丰台区	14766. 35	17854. 68	25548. 53	23602. 71	28909. 64	33767. 06
石景山区	15556. 35	23291. 69	25349. 52	19953. 49	24718. 99	29638. 73
海淀区	10317. 88	12652. 33	26365. 52	16095. 74	21867. 06	24380. 97
门头沟区	11331. 12	19908. 50	33350. 71	26505. 66	32180. 38	32866. 09
房山区	14491. 20	15488. 41	22934. 87	18461. 56	19552. 94	22398. 56
通州区	11805. 94	15589. 67	27013. 78	18343. 05	20328. 78	23057. 76
顺义区	11352. 11	14907. 98	23648. 30	17071. 20	19743. 08	30066. 05
昌平区	12135. 81	16031. 35	31080. 81	19283. 05	24229. 90	31584. 26
大兴区	15915. 90	17413. 97	23434. 48	20527. 69	23452. 28	28855. 04
平谷区	19407. 38	24832. 77	55186. 02	23874. 02	40235. 63	36899. 15
怀柔区	36939. 67	37908. 02	59507. 73	48702. 05	26543. 70	29152. 92
密云区	14309. 79	16630. 03	23485. 55	19454. 82	22076. 18	24529. 74
延庆区	15272. 96	19040. 44	29481. 36	23151. 04	24812. 35	27552. 59
极差	26621. 79	25255. 69	36572. 86	32606. 30	20682. 68	31967. 02
不变价极差	26621. 79	23916. 37	33527. 00	28935. 90	18065. 44	27374. 74
极差率	3. 58	3. 00	2. 59	3. 03	2. 06	2. 43
平均值	15736. 29	19501. 60	32473. 85	23413. 16	26594. 57	31373. 33
不变价均值	15736. 29	18467. 42	29769. 36	20777. 61	23229. 22	26866. 33
变异系数	0. 38	0. 29	0. 35	0. 32	0. 22	0. 24

数据来源：根据北京市教育委员会统计报表原始数据整理。

2015 年，北京市 16 个区初中基于 2010 年不变价生均人员经费排序情况如图 5－8 所示，西城区的数值最高 46555. 60 元，比位于第二高的朝阳区仍高出 14364. 56 元，是最低值房山区的 2. 42 倍。朝阳区仅比房山区高 13010. 19 元。除西城区外，其他 15 个区的生均人员经费差异较低，10 个区的生均人员经费的绝对值集中在 2 万元和 3 万元的区间内，变异系数仅为 0. 16。

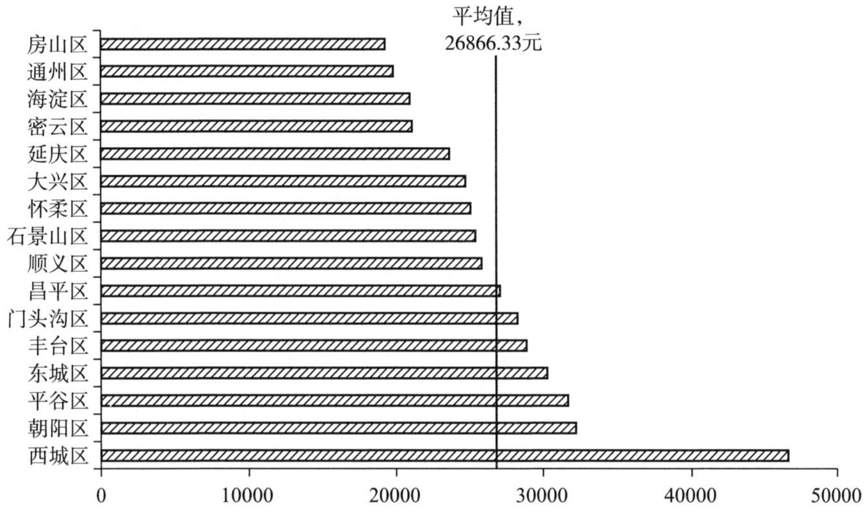

图 5－8 2015 年北京市各区初中基于 2010 年不变价生均人员经费排序

数据来源：根据北京市教育委员会统计报表原始数据整理。

5.5 生均学生补助费

学生补助费是人员经费中直接对于学生的经费支出之比，主要用于学生的助学金、奖学金、学生营养午餐和免费教科书。一般而言，偏远农村地区生均学生补助费应高于城市地区。目前，北京市在全部实现了“两免一补”基础上，对农村学生实行义务教育“三免两补”政策，即免杂费、免教科书费、免住宿费、给予生活补助、给予交通补助。对于农村户籍的学生每人每月发放 240 元伙食补助，每人每年提供 300 元助学补助。

5.5.1 小学生均补助费

2010～2015 年，北京 16 个区小学生均补助费具体数值和差异情况如表 5－9 所示。从绝对值水平上看，基于 2010 年不变价，五年间北京市小学生均补助费总体增长趋势明显，从 2010 年的 69.62 元增长至 2015 年的 194.32 元，增长率为 179.12%。各区中，平谷区、怀柔区、密云区、延庆区四个区小学生均补助费相对较高，东城区、西城区、朝阳区、丰台区、石景山区、海淀区六大城区在 2014 年之前小学生均补助费均低于 10 元，2014 年开始大幅度增长，上升至百元。顺义区和昌平区 2014 之前的小学生均补助费水平也较低。房山区的情况较为复杂，2010 年和 2014 年小学生均补助费的水平相对较高，但于 2011 年和 2015 年迅速降低。从差异水平上看，随着各区小学生均补助费的同步增长，区间的差异水平逐渐降低，五年间共降低 68.54%，直至 2015 年，区间的差异程度仍处于较高水平，当然，在生均补助费充足的情况下，适当增加偏远低于学校的生均补助费所形成的差异是可以接受的。

表 5－9　2010～2015 年北京各区小学生均补助费　单位：元

区＼年份	2010	2011	2012	2013	2014	2015
东城区	2.34	1.92	1.65	1.57	21.96	110.52
西城区	2.24	2.37	2.23	1.78	84.49	150.71
朝阳区	2.36	2.00	1.96	0.67	70.12	102.12
丰台区	0.00	1.78	0.06	0.03	0.00	124.52
石景山区	6.03	5.08	4.11	5.63	43.78	81.88
海淀区	0.76	0.83	1.07	0.99	135.32	88.74
门头沟区	0.00	0.00	19.45	37.66	190.44	335.19
房山区	75.00	8.04	0.00	0.00	94.14	20.80
通州区	1.41	1.57	124.05	118.05	156.25	261.67
顺义区	0.79	0.94	0.86	2.28	205.05	293.52
昌平区	0.00	0.05	0.00	0.00	74.93	227.01
大兴区	12.83	9.93	5.89	64.59	97.39	122.19
平谷区	112.68	98.53	654.94	672.13	346.52	160.96
怀柔区	441.12	471.93	0.00	1.67	95.68	318.80
密云区	288.31	267.17	260.90	0.00	255.82	398.00
延庆区	168.12	135.92	146.47	173.71	342.56	312.56
极差	441.12	471.93	654.94	672.13	346.52	377.20
不变价极差	441.12	446.90	600.39	596.47	302.67	323.01
平均值	69.62	63.00	76.48	67.55	138.40	194.32
不变价均值	69.62	59.66	70.11	59.94	120.89	166.41
变异系数	1.78	2.02	2.17	2.42	0.73	0.56

数据来源：根据北京市教育委员会统计报表原始数据整理。

2015 年，北京市 16 个区基于 2010 年不变价的小学生均补助费排序情况如图 5－9 所示。密云区、门头沟区、怀柔区、延庆区、顺义区、通州区、昌平区等 7 个区的小学生均补助费明显高于房山区、石景山区、海淀区、朝阳区、东城区、大兴区、丰台区、西城区、平谷区等9个区。房山区的小学生均补助费最低，为17.81元，密云区最高，为340.82元，是房山区的19倍。总体的排序情况与期待情况趋于一致，偏远生态涵养区的小学生均补助费的平均水平显著高于城区，生态涵养区中平谷区小学生均补助费较低，未达到平均水平。

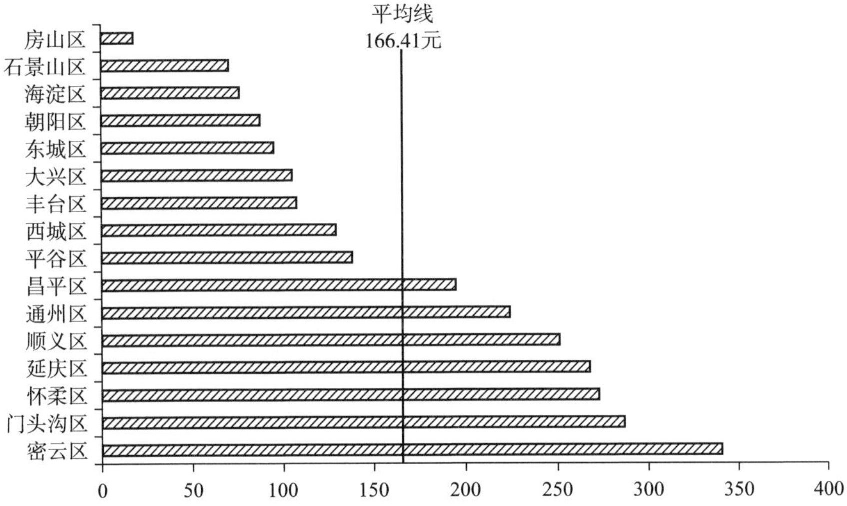

图5－9　2015年北京市各区基于2010年不变价小学生均补助费排序

数据来源：根据北京市教育委员会统计报表原始数据整理。

5.5.2　初中生均补助费

2010～2015年，北京市16个区初中生均补助费具体数值和差异情况如表5－10所示，其基本情况和趋势与小学大致一致。从绝对值水平上看，基于2010年不变价，北京初中生均补助费的总体水平呈现先降低后上升的趋势，2014年和2015年大幅度上升至232.62元和374.65元，分别是2010年的2倍和3倍。各区中，平谷区、怀柔区、密云区、延庆区四个区的初中生均补助费水平明显高于其他区，房山区、顺义区、大兴区的初中生均补助费水平次之。东城区、西城区、朝阳区、丰台区、石景山区、海淀区、门头沟区2014年之前初中生均补助费水平较低，但2014年和2015年普遍大幅度提升。在差异水平上，五年间，区间初中生均补助费的差异程度明显缩小，变异系数从2010年的1.67降低至2015年的0.53，总体降低68.26%。

表 5-10 2010~2015 年北京各区初中生均补助费 单位：元

区＼年份	2010	2011	2012	2013	2014	2015
东城区	16.66	12.77	14.86	18.72	65.84	259.68
西城区	14.12	2.96	3.30	3.56	373.65	281.73
朝阳区	8.10	3.68	8.07	6.61	146.28	247.13
丰台区	0.10	3.35	1.19	1.07	0.00	282.49
石景山区	11.94	6.46	5.93	5.18	100.50	332.63
海淀区	5.18	3.49	13.35	10.38	177.61	220.28
门头沟区	0.00	0.00	55.22	85.52	321.88	469.20
房山区	45.37	144.95	226.71	110.96	405.02	60.06
通州区	27.92	6.40	143.48	145.03	178.67	434.41
顺义区	5.88	2.31	19.79	37.04	268.57	922.88
昌平区	8.26	0.23	3.17	0.00	238.79	638.49
大兴区	97.89	79.98	101.18	61.02	344.74	215.51
平谷区	237.31	97.19	726.90	906.29	537.27	656.90
怀柔区	798.57	430.25	0.00	0.00	208.57	566.16
密云区	453.57	264.42	415.49	94.07	145.52	613.30
延庆区	385.84	214.85	327.68	420.16	748.19	799.18
极差	798.57	430.25	726.90	906.29	748.19	862.82
不变价极差	798.57	407.43	666.36	804.27	653.51	738.87
平均值	132.30	79.58	129.14	119.10	266.32	437.50
不变价均值	132.30	75.36	118.39	105.69	232.62	374.65
变异系数	1.67	1.53	1.53	1.91	0.69	0.53

数据来源：根据北京市教育委员会统计报表原始数据整理。

2015 年，北京市 16 个区基于 2010 年不变价初中生均补助费的排序情况如图 5-10 所示。房山区的初中生均补助费最低，为 51.43 元；顺义区的初中生均补助费最高，为 790.30 元，是房山区的 15.36 倍。16 个区中，有 7 个区初中生均补助费高于平均值 374.65 元，生态涵养区的 5 个区全部在内，总体排序情况与偏远农村低于高于城市地区的期望一致。与小学相比，初中生均补助水平更高，补助经费分配更合理。

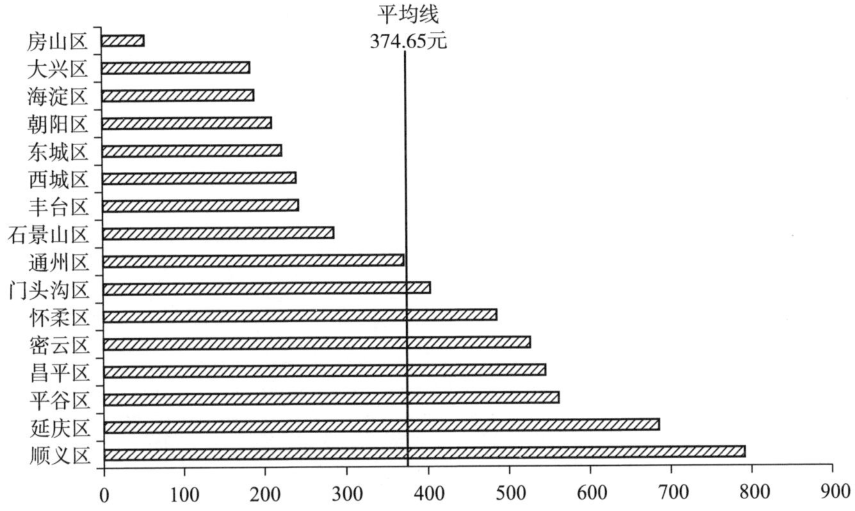

图 5－10 2015 年北京市各区基于 2010 年不变价初中生均补助费排序

数据来源：根据北京市教育委员会统计报表原始数据整理。

5.6 生均公用经费

公用经费是教育事业费另一重要组成部分，是维持学校日常运作的重要资金保障，一方面包括办公费、水费、电费、邮电费、取暖费、差旅费、维修（护）费、培训费、专用材料费、劳务费、福利费等商品服务费支出，另一方面与办公设备购置、专用设备购置、交通工具购置、信息网络购建相关的资本性支出也在公用经费的范畴之内。目前，我国义务教育生均公用经费的差异，尤其是城乡之间的差异普遍较大，直接导致学校之间的办学条件差异，是义务教育实现均衡发展的重要突破点。相对于其他教育经费支出，北京市各区间义务教育生均公用经费支出差异较为显著。

5.6.1 小学生均公用经费

2010～2015 年，北京 16 个区小学生均公用经费具体数值和差异情况如表 5－11 所示。从绝对值水平上看，北京小学生均公用经费总体呈直线增长态势，2014 年基于 2010 年不变价已突破万元，2015 年继续增长至 14502.21 元，五年间共增长 181.91%，年平均增长率超过 20%。所有区的小学生均公用经费均有较大幅度的提高，石景山区的增长最为显著，基于 2010 不变价五年间共增长 671.56%，门头沟的增长率也达到了 618%，东城区、海淀区小学生均公用经费五年间增长了 4 倍以上。房山区呈波动式增长，增长幅度最小，五年间增长 30.82%。从差异水平上看，北京 16 个区小学生均公用经费的差异水平有缩小趋势，2014 年变异系数最低，为 0.35，较前一年降低 32.69%，2015 年反向增大至 0.43，五年总体降低 27.12%，但变异系数 0.4 以上的差异水平仍属于较高水平。

表 5－11　　2010～2015 年北京各区小学生均公用经费　　单位：元

区 \ 年份	2010	2011	2012	2013	2014	2015
东城区	3141.77	3299.46	3684.13	4356.29	17015.42	18683.07
西城区	4817.39	4998.88	5640.31	7448.17	11988.43	13009.38
朝阳区	12996.36	14514.00	16567.51	26060.92	21708.48	29344.89
丰台区	1987.19	2140.67	2276.93	8392.46	5233.29	7639.82
石景山区	1926.40	2114.68	5127.98	5706.97	11814.55	17356.82
海淀区	4871.82	7000.74	10844.94	17609.46	16869.49	29352.67
门头沟区	2956.02	2389.20	2644.18	16684.80	12065.96	24784.82
房山区	5997.07	7810.58	5042.08	7484.98	9507.92	9301.31
通州区	4032.12	5562.84	6216.02	8260.14	7984.59	7922.08
顺义区	7433.79	8141.47	4347.98	7522.81	10428.45	13451.48
昌平区	3725.82	7087.28	5378.57	7580.33	15712.12	18630.73
大兴区	3762.94	3115.40	4081.60	6926.98	7046.33	8264.02
平谷区	5533.22	8481.80	12629.83	16556.04	10882.02	16582.54
怀柔区	11468.54	13187.04	11862.01	12305.69	18852.90	27851.56
密云区	3654.54	3926.62	5747.71	7537.04	9013.45	18168.49
延庆区	4009.21	7480.21	7650.15	12249.24	12603.94	10635.76
极差	11069.96	12399.32	14290.58	21704.63	16475.19	21712.85
不变价极差	11069.96	11741.78	13100.43	19261.40	14390.38	18593.65
极差率	6.75	6.86	7.28	5.98	4.15	3.84
平均值	5144.64	6328.18	6858.87	10792.65	12420.46	16936.21
不变价均值	5144.64	5992.59	6287.65	9577.75	10848.74	14503.21
变异系数	0.59	0.57	0.57	0.52	0.35	0.43

数据来源：根据北京市教育委员会统计报表原始数据整理。

2015 年，北京市 16 个区基于 2010 年不变价小学生均公用经费的排序情况如图 5－11 所示。丰台区的数值最低，为 6542.30 元，海淀区的数值最高，为

25135.96 元，是丰台区的 3.84 倍。海淀区、朝阳区、怀柔区、门头沟区 4 个区的小学生均公用经费超过 2 万元，丰台区、通州区、大兴区、房山区、延庆区、平谷区 6 个区未达到平均水平，两极差异较大。城六区和偏远生态涵养区小学生均公用经费的整体水平均高于城市发展新区的 5 个区。

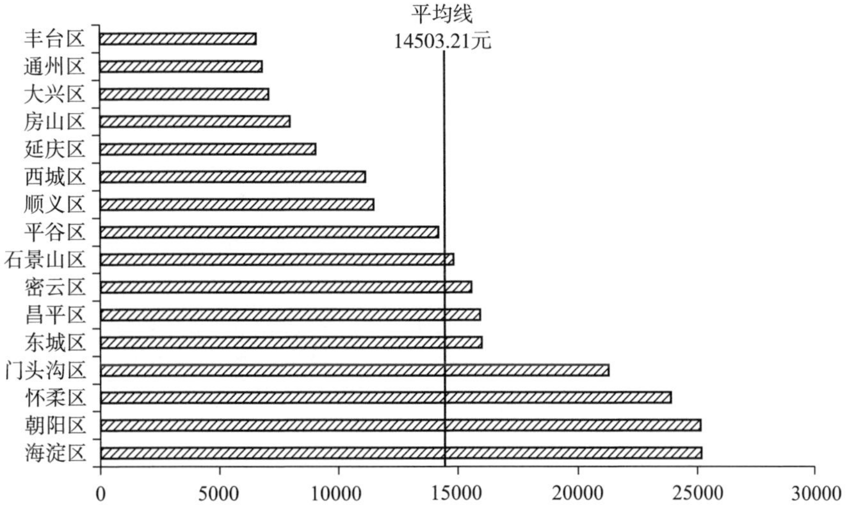

图 5－11　2015 年北京市各区基于 2010 年不变价小学生均公用经费排序

数据来源：根据北京市教育委员会统计报表原始数据整理。

5.6.2　初中生均公用经费

2010～2015 年，北京 16 个区初中生均公用经费的具体数值和差异情况如表 5－12 所示。从绝对值水平上看，北京初中生均教育经费总体水平于 2013 年之前保持 10% 左右的低水平增长，2013 年开始涨幅显著，突破万元，2014 年稍有降低，2015 年继续增长突破 2 万元。各区中石景山区、门头沟区、密云区初中生均公用经费增长幅度尤为显著，五年间的总体增长率分别为 835.95%、718.02%、744.91%，东城区、丰台区、海淀区、昌平区、延庆区的总体增长率也在 100% 以上。16 个区中仅有怀柔区的增长率为负，2015 怀柔区的初中生均公用经费为 21581.95 元，仍高于平均值。从差异水平上看，与小学相比，初中生均公用经费的差异水平更高，2013 年之前变异系数均在 0.6 以上，甚至达到 0.7。但差异缩小的趋势也更为明显，2015 年的变异系数与 2010 年相比降低 31.43%，其绝对值为接近 0.5，差异水平仍较高。

表 5－12　　2010～2015 年北京各区初中生均公用经费　　单位：元

区＼年份	2010	2011	2012	2013	2014	2015
东城区	6695. 24	6947. 16	7421. 62	7284. 80	8868. 34	17840. 00
西城区	5754. 06	7537. 78	7939. 67	8307. 80	11909. 93	12182. 41
朝阳区	17546. 88	19434. 45	22587. 06	32384. 47	17593. 17	34346. 89
丰台区	4601. 95	6816. 19	4375. 64	9894. 17	11165. 95	12724. 58
石景山区	2166. 96	2991. 33	5197. 76	10109. 64	9931. 46	23683. 96
海淀区	6670. 31	7696. 80	11288. 58	19035. 97	15644. 77	22471. 05
门头沟区	4904. 01	3926. 84	4450. 66	21322. 49	9179. 08	46845. 21
房山区	6186. 65	9912. 62	5824. 82	9794. 40	6347. 84	9185. 61
通州区	8557. 57	9714. 87	9425. 70	11186. 29	8584. 61	10729. 78
顺义区	8383. 91	9692. 54	5815. 36	8621. 22	7773. 81	14180. 22
昌平区	6964. 34	9532. 17	12273. 78	16273. 85	16678. 17	27454. 31
大兴区	7466. 91	4849. 03	5371. 79	9399. 02	9587. 23	12707. 26
平谷区	11263. 10	11284. 50	24044. 64	21728. 58	6908. 96	24482. 63
怀柔区	25394. 93	29033. 08	20567. 94	12585. 32	12509. 71	21581. 95
密云区	2970. 31	3179. 04	3842. 75	13617. 90	5636. 08	29306. 50
延庆区	4181. 00	6887. 94	5966. 38	19453. 23	12366. 33	11417. 56
极差	23227. 98	26041. 75	20201. 89	25099. 67	11957. 10	37659. 61
不变价极差	23227. 98	24660. 75	18519. 43	22274. 27	10444. 01	32249. 55
极差率	11. 72	9. 71	6. 26	4. 45	3. 12	5. 10
平均值	8106. 76	9339. 77	9774. 63	14437. 45	10667. 84	20696. 24
不变价均值	8106. 76	8844. 48	8960. 58	12812. 26	9317. 90	17723. 09
变异系数	0. 70	0. 68	0. 67	0. 46	0. 33	0. 48

数据来源：根据北京市教育委员会统计报表原始数据整理。

2015 年，北京市 16 个区基于 2010 年不变价初中生均公用经费的排序情况如图 5－12 所示。房山区的数值最低，为 7866. 03 元，门头沟区的数值最高，为 40115. 58 元，是房山区的 5. 10 倍，比朝阳区（仅次于门头沟区）高出 36. 39%。16 个区中，仅有门头沟区初中生均公用经费超高 4 万元，朝阳区、密云区、昌平区、平谷区、石景山区等 5 个区超过 2 万元，房山区、通州区、延庆区等 3 个区不足 1 万元。

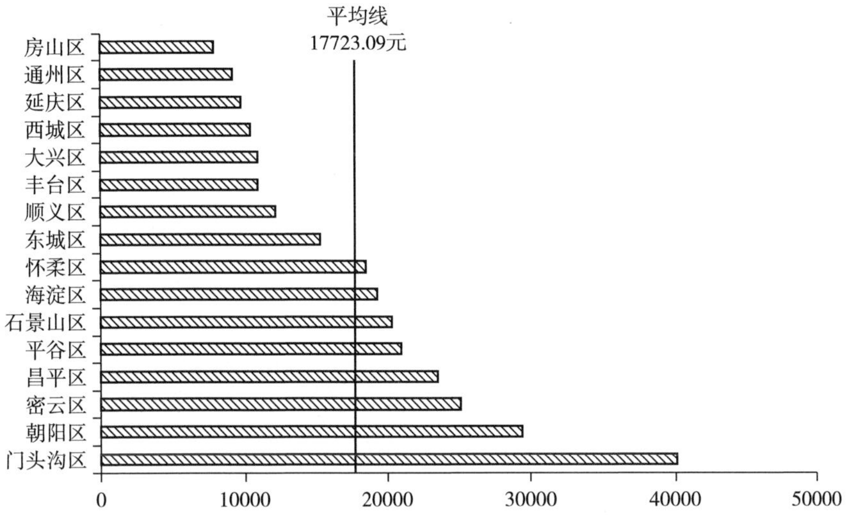

图 5－12 2015 年北京市各区基于 2010 年不变价初中生均公用经费排序

数据来源：根据北京市教育委员会统计报表原始数据整理。

5.7 生均基建费

基建费即基本建设经费，与教育事业经费共同构成总教育经费。教育事业经费是与日常教学活动相关的人员经费和公用经费等经常性经费支出，基建费是学校建筑校舍和购置大型教学设备时需要大量专项资金而投入的非经常性教育经费，具有一次性投入、长期有效的特点。学校建立之初或是大面积翻新时基建费也会随之增加，基建费投入较低或是零投入从一定程度上可以说明学校的基础建设已相对完备，日常运作趋于成熟、稳定。根据基建费的投入特点，在分析北京各区基建费的投入情况时用 2010～2015 年的累计值进行分析。

5.7.1 小学生均基建费

2010～2015 年，北京 16 个区小学生均基建费累计投入具体数值和排序情况如图 5－13 所示。五年间，城六区的小学生均基建费累计投入均低于 1000 元，其中石景山区和朝阳区为 0 投入；东城区于 2010 年生均投入 924.87 元，以后五年为 0 投入；西城区于 2011 年和 2012 年分别生均投入近 400 元，其他年份的投入均在 40 元以下；丰台区于 2014 年和 2015 年生均分别投入 9.17 元、2.13 元；海淀区于 2013 年生均投入 355.74 元，其他年份均为 0 投入。平谷区和大兴区五年内小学生均基建费累积投入总额超过万元，投入水平最高，其投入主要集中在

2010～2013年，2014～2015年投入水平大幅度降低至生均100元以下。延庆区、昌平区、密云区等其他区情况与大兴区和平谷区类似，90%以上的投入集中在2010～2013年，2014～2015年的生均投入量降低至100元以下。总体而言，2010～2013年，平谷区、大兴区、延庆区、昌平区、密云区等区小学基础建设投入量较大，一方面说明北京市对于偏远地区学校改造的努力和重视，另一方面也说明与城六区相比，其他区的校园建设质量较低。2014～2015年，所有区小学生均基建费投入均低于100元，经过三年的集中建设，从经费投入水平上看，北京各区小学校园基础建设已处于相对均衡的状态。

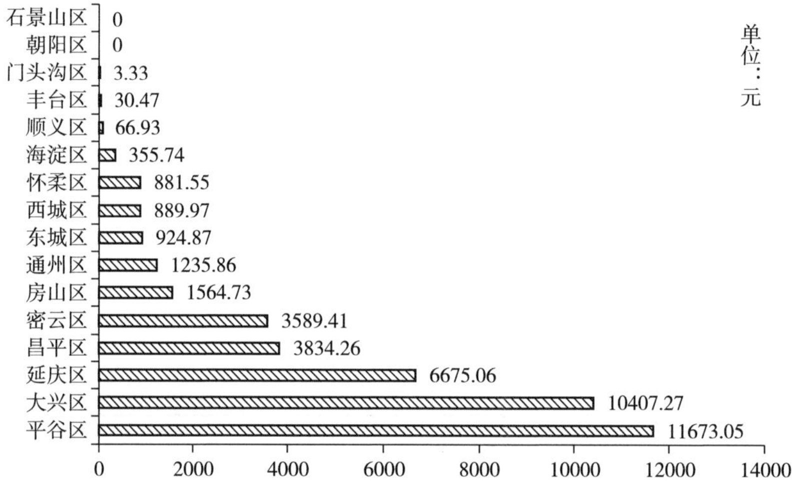

图5－13 2010～2015年北京各区小学生均基建费累计投入

数据来源：根据北京市教育委员会统计报表原始数据整理。

5.7.2 初中生均基建费

2010～2015年，北京16个区初中生均基建费累计具体数值和排序情况如图5－14所示。初中生均基建费投入并未体现明显城乡差异，生均累计投入水平最高的是西城区，为75643.9元。2010～2013年四年间，西城区初中生均基建费投入水平均高于万元，2014～2015年降低至生均投入500元以下。城六区的其他5个区中，石景山的5年内为0投入；东城区、朝阳区和丰台区初中生均基建费的投入主要集中在2010年；海淀区于2010～2013年为0投入，2015年生均投入水平为246.19元。平谷区、昌平区、大兴区初中生均基建费累计投入均高于万元，平谷区的投入集中在2010～2012年，随后三年为0投入，昌平区和大兴区90%以上投入集中在2010～2013年，随后两年投入水平低于生均20元。其他区情况大致类似，大规模的投入集中在2010～2013年，2014年和2015年投入规模较小，或为0投入。总体而言，北京各区初中生均基建费与小学相比，整体投入规模较大，且存在城区少、乡镇多的现象，但总体趋势一致，2014～2015年的投入水平均维持在较低水平。

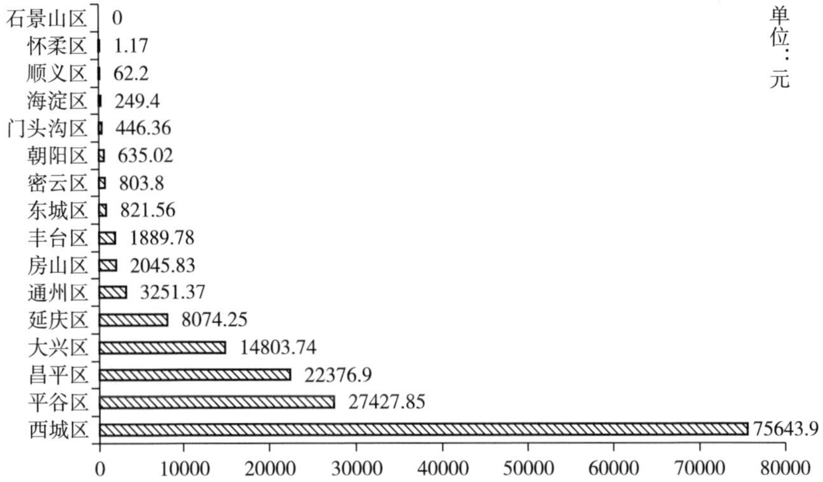

图5－14 2010～2015年北京各区初中生均基建费累计投入排序

数据来源：根据北京市教育委员会统计报表原始数据整理。

5.8 小 结

实证分析结果显示：北京市政府对于教育领域的经费投入水平较高，并向偏远落后地区倾斜。从生均教育经费指数和义务教育财政支出占三级教育支出的比例上可以看出，北京市各区义务教育支出水平目前处于比较合理的区间，生均预算内教育事业费、生均人员经费和生均公用经费五年间增长趋势明显，区间各类教育经费的差异程度都有不同程度的缩小。虽然不同区间生均学生补助费、偏远区县生均基建费有明显差异，甚至出现两极分化情况，不过，这是政府的有益作为，它有利于远郊区县学生获得可负担的教育机会，以及改变偏远地区校园建设条件差的境况。存在的问题主要是各区间小学、初中公用经费的两极差异仍较大，城乡的初中生均预算内教育事业费也存在较大差异。

6

分项绩效之二：各区义务教育办学条件均衡状况

2015 年，国家督导组评估北京市各区办学条件配置均衡状况，采用的指标有：生均教学仪器设备值、每百名学生拥有计算机台数、生均图书册数、生均教学及辅助用房面积、生均体育运动场馆面积等指标。但评估后详细的数据信息并未公开，课题组在教育部网站通过依申请公开仅获得 2014 年数据。因此，本部分研究内容仅是对获得数据进行分析。同时，班级规模与教学效果密切相关，班级规模的大小也是办学资源充足与否的体现。为全面反映北京市各区义务教育办学条件配置均衡状况，各区的班级规模情况也纳入其中。

6.1 生均教学及辅助用房面积均衡状况

教学及辅助用房主要包括教室，图书馆，实验室，计算机房以及美术、体育、音乐、形体等课程用教室等与学生教学相关的建筑面积，是学生接受课堂教育最基本的保障。

2014 年，北京市 16 个区小学生均教学及辅助用房面积具体情况及各区内校际差异情况如图 6-1 所示。绝对值水平上，北京市小学生均教学及辅助用房面积总体均值为 4.68 平方米，仅延庆区、房山区、平谷区、通州区、大兴区、门头沟区等 6 个区高于总体平均水平，城六区小学生均教学及辅助用房面积均低于平均水平，分别位于倒数第二至倒数第七位。顺义区的小学生均教学及辅助用房面积最低，为 3.36 平方米，延庆区的小学生均教学及辅助用房面积最高，为 7.75 平方米，是顺义区的 2.3 倍。差异水平上，区间的小学生均教学及辅助用房面积的变异系数为 0.24，区内校际的差异水平明显大于区间的差异水平。16 个区内，校际间总体变异系数均在 0.3 以上，均值为 0.55，其中丰台区、怀柔区、密云区内部校际差异水平较低，分别为 0.34、0.36 和 0.39，海淀区、大兴区、昌平区内部校际差异水平较高，分别为 0.86、0.85 和 0.82。

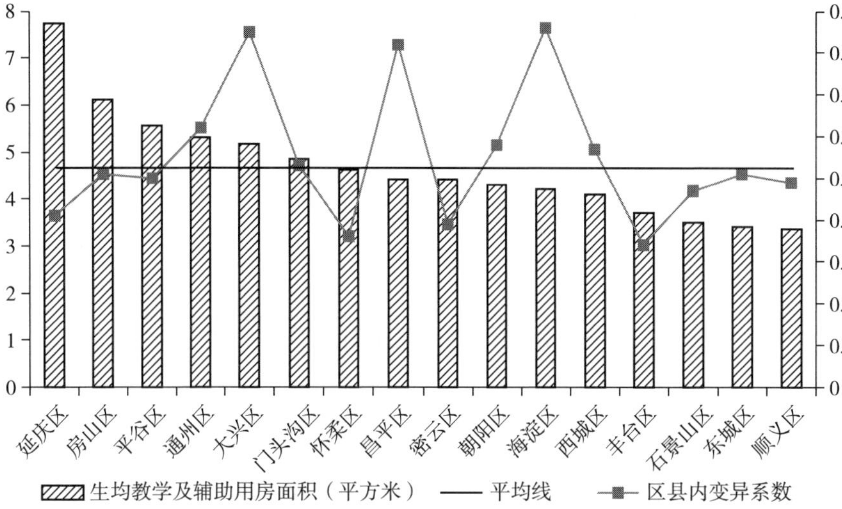

图 6－1　2014 年北京市各区小学生均教学及辅助用房面积均衡状况

资料来源：教育部根据课题组依法申请信息公开数据。

2014 年，北京市 16 个区初中生均教学及辅助用房面积具体情况及各区内校际差异情况如图 6－2 所示。绝对值水平上，北京市初中生均教学及辅助用房面积总体均值高于小学，为 7.26 平方米，房山区、延庆区、大兴区、昌平区、怀柔区、通州区、朝阳区、平谷区、门头沟区等 9 个区高于平均值，城六区中除朝阳区外，其他 5 个区分别为位于倒数第一、第二、第三、第五和第七位，无论是小学还是初中，城六区生均教学及辅助用房面积总体水平较低。16 个区中，东

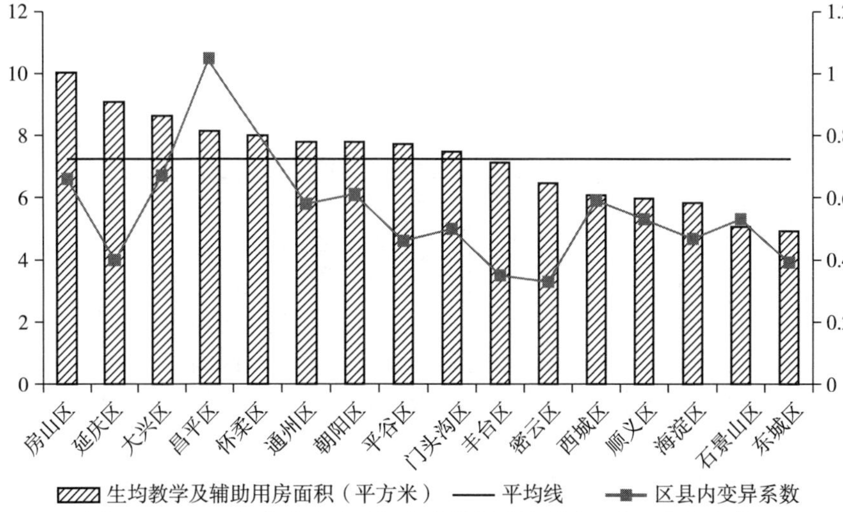

图 6－2　2014 年北京市各区初中生均教学及辅助用房面积均衡状况

数据来源：教育部根据课题组依法申请信息公开数据。

城区初中生均教学及辅助用房面积最低，为4.94平方米，房山区最高，为10.02平方米，是东城区的2.03倍。差异水平上，区间初中生均教学及辅助用房面积的差异程度与小学相比较低，变异系数为0.19，区内的差异程度总体也稍比小学低，平均变异系数为0.52。北京市16个区内校际初中生均教学及辅助用房面积变异系数一般在0.3～0.7，但两极差异较大，怀柔区内部差异程度最低，变异系数为0.21，昌平区内部差异程度最高，变异系数达到了1.05。

6.2 生均体育运动场馆面积均衡状况

2014年，北京市16个区小学生均体育运动场馆面积具体情况及各区内校际差异情况如图6－3所示。绝对值水平上，北京市小学生均体育场馆面积总体均值为10.2平方米，仅东城区、西城区、海淀区、丰台区、石景山区、朝阳区、门头沟区等7个区未达到平均水平，城六区小学生均体育运动场馆面积分别位于最后六位。16个区中，东城区小学生均体育运动场馆面积最低，为3.16平方米，延庆区最高，为16.48平方米，是东城区的5.21倍。差异水平上，北京市区间小学生均体育运动场馆面积总体差异水平较高，变异系数为0.41，区内校际间的差异水平更高，变异系数平均达到0.67。从图6－3中可见，北京市16个区内校际间小学生均体育运动场馆面积变异系数均在0.4以上，海淀区和昌平区差异水平最高，变异系数达到均在1以上，石景山区的差异水平最低，变异系数为0.44。

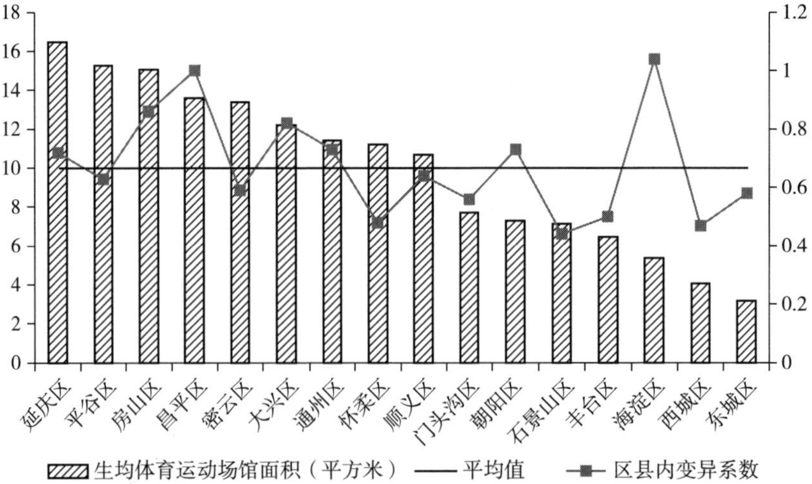

图6－3 2014年北京市各区小学生均体育运动场馆面积均衡状况

数据来源：教育部根据课题组依法申请信息公开数据。

2014 年，北京市 16 个区初中生均体育运动场馆面积具体情况及各区内校际差异情况如图 6 -4 所示。绝对值水平上，北京市初中生均体育运动场馆面积总体平均水平为 16.44 平方米，比小学高 6.42 平方米。城六区和门头沟区、怀柔区未达到平均水平，城六区分别位于倒数第一、第二、第三、第四、第五和第七位。东城区初中生均体育运动场馆面积最低，为 5.8 平方米，密云区最高，为 26.05 平方米，是东城区的 4.49 倍。差异水平上，16 个区间初中生均体育运动场馆面积的差异水平与小学相比略低，变异系数为 0.37，区内校际的平均差异水平也比小学略低，平均变异系数为 0.58，差异水平的绝对值仍较大。从图 6 -4 可见，16 个区内部校际变异系数大部分集中在 0.5 以上，石景山区和密云区差异水平最低，变异系数分别为 0.26 和 0.31。通州区、大兴区、朝阳区差异水平最高，变异系数均在 0.8 以上。

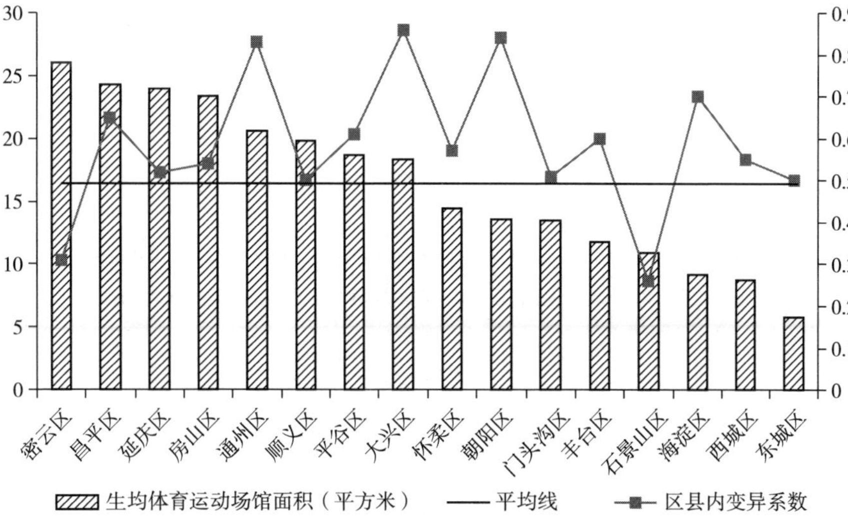

图 6 -4 2014 年北京市各区初中生均体育运动场馆面积均衡状况

数据来源：教育部根据课题组依法申请信息公开数据。

6.3 生均教学仪器设备值均衡状况

2014 年，北京市各区小学生均教学仪器设备值具体情况和区内校际差异情况如图 6 -5 所示。绝对值水平上，北京市小学生均教学仪器设备值总体平均值为 7262.12 元，顺义区、丰台区、房山区、通州区、怀柔区、大兴区、昌平区未达到平均水平，城六区小学生均教学仪器设备值均在平均水平之上。16 个区中，顺义区小学生均教学仪器设备值最低，为 4074.52 元，海淀区最高，为 11340.12

元，是顺义区的2.78倍。差异水平上，16个区间小学生均教学仪器设备值差异程度适中，变异系数为0.27，区内校际差异水平仍处于较高水平，平均变异系数为0.48。由图6-5可见，16个区内部校际变异系数集中在0.3至0.7之间，西城区和大兴区内部校际差异水平最低，变异系数均为0.29，门头沟区、延庆区、昌平区、怀柔区内部校际差异水平最高，变异系数均在0.6以上。

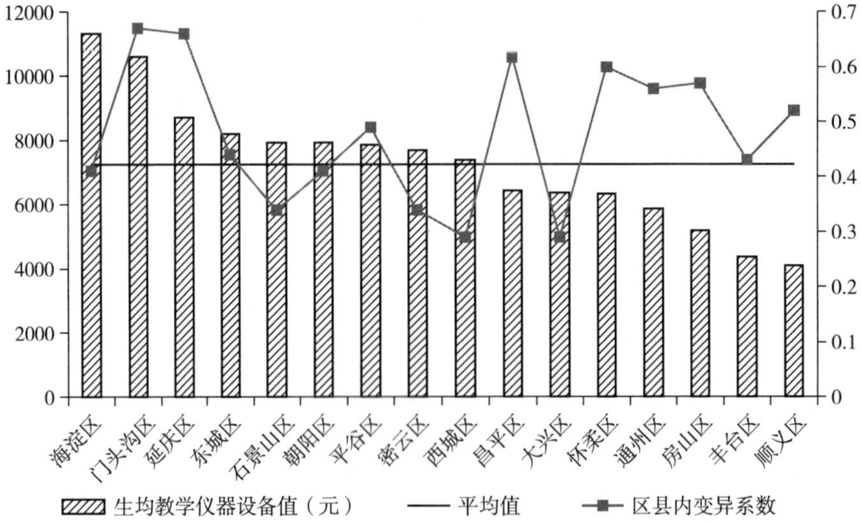

图6-5 2014年北京市各区小学生均教学仪器设备值均衡状况

数据来源：教育部根据课题组依法申请信息公开数据。

2014年，北京市各区初中生均教学仪器设备值具体情况和区内校际差异情况如图6-6所示。绝对值水平上，北京市初中生均教学仪器设备值总体平均值为10949.30元，比小学高3687.18元。海淀区、朝阳区、东城区、西城区、门头沟区、怀柔区、平谷区7个区分别第一至第七位，超过平均水平。城六区中石景山区和丰台区未达到平均水平。16个区中，丰台区的初中生均教学仪器设备值最低，为7826.52元，海淀区最高，为15395.25元，是丰台区的2.03倍。差异水平上，16个区间初中生均教学仪器设备值的差异程度和区内部校际总体差异程度与小学相比略低，区间的变异系数为0.19，各区内部校际平均变异系数为0.45。由图6-6可见，16个区内部校际初中生均教学仪器设备值变异系数值大部分集中在0.3至0.6之间，东城区和大兴区内部校际的差异水平最低，变异系数分别为0.26和0.25，昌平区内部校际的差异水平最高，变异系数为0.7。

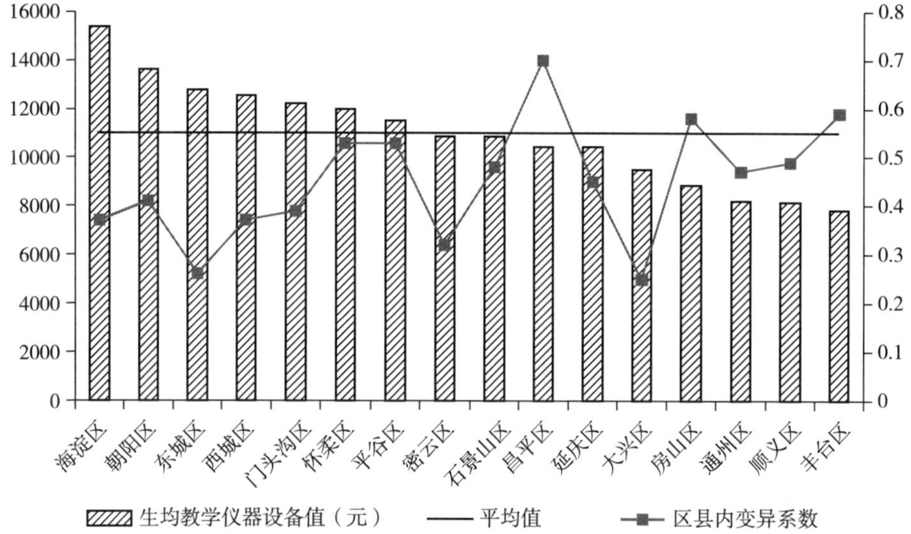

图 6－6　2014 年北京市各区初中生均教学仪器设备值均衡状况

数据来源：教育部根据课题组依法申请信息公开数据。

6.4　每百名学生拥有计算机台数均衡状况

2014 年，北京市各区小学每百名学生拥有计算机数具体情况和区内校际差异情况如图 6－7 所示。绝对值水平上，北京市小学每百名学生拥有计算机数总体平均值为 26.43 台，门头沟区、怀柔区、顺义区、延庆区、通州区、丰台区、朝阳区 7 个区分别位于倒数第一至第七位，未达到平均水平。16 个区中，门头沟区小学每百名学生拥有计算机数最低，为 17.4 台，海淀区最高，为 33.53 台，比门头沟区多 16.13 台。差异水平上，16 个区间小学每百名学生拥有计算机数差异水平在合理范围内，变异系数为 0.15，区内校际的差异水平略高，16 个区内部校际总体变异系数的平均值为 0.38。由图 6－7 可见，16 个区内部校际小学每百名学生拥有计算机数变异系数绝对值大部分集中在 0.3 至 0.5 之间，西城区和怀柔区内部校际差异水平最低，变异系数分别为 0.28 和 0.2，昌平区内部校际差异水平最高，变异系数为 0.56。

2014 年，北京市各区初中每百名学生拥有计算机数具体情况和区内校际差异情况如图 6－8 所示。绝对值水平上，北京初中每百名学生拥有计算机数总体平均值为 38.59 台，比小学多 12.16 台。西城区、海淀区、大兴区、朝阳区、密云区、昌平区、平谷区 7 个区分为位于第一至第七位，高于平均水平。16 个区中，门头沟区初中每百名学生拥有计算机数最低，为 21.18 台，西城区最高，为

49.6 台，比门头沟区多 28.42 台。差异水平上，16 个区间初中每百名学生拥有计算机数的差异水平比小学高，变异系数为0.21，差异仍在可接受范围内。区内初中校际差异水平比小学略低，各区内初中校际变异系数平均值为 0.35。由图 6-8 可见，16 个区内部校际初中每百名学生拥有计算机数变异系数绝对值大部分集中在 0.2 至 0.5 之间，怀柔区和门头沟区内部校际差异水平最低，变异系数分别为 0.15 和 0.17，顺义区内部校际差异水平最高，变异系数为 0.54。

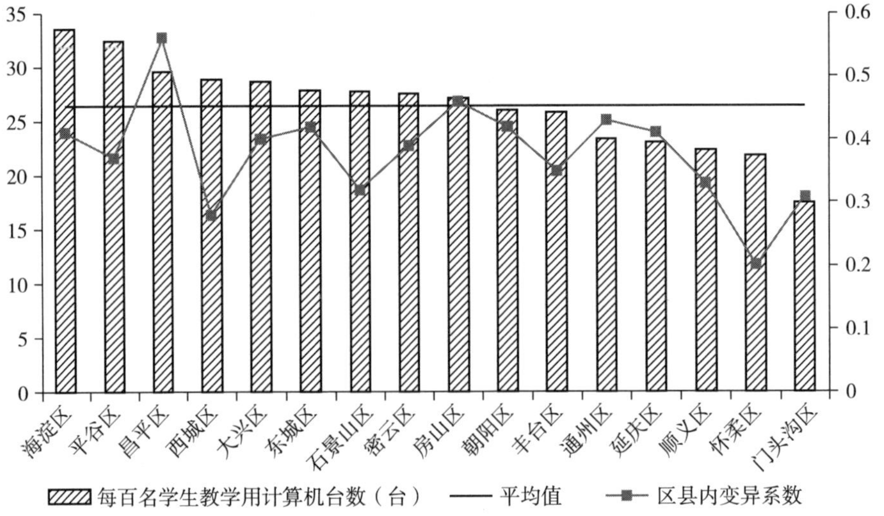

图 6-7　2014 年北京市各区小学每百名学生拥有计算机均衡状况

数据来源：教育部根据课题组依法申请信息公开数据。

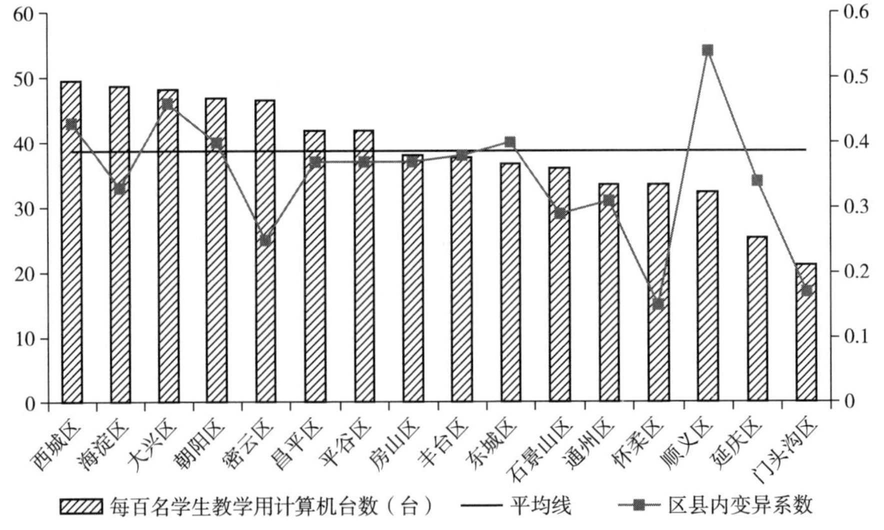

图 6-8　2014 年北京市各区初中每百名学生拥有计算机数均衡状况

数据来源：教育部根据课题组依法申请信息公开数据。

6.5 生均图书册数均衡状况

2014 年，北京市各区小学生均图书册数（不含电子图书）具体情况和区内校际差异情况如图 6－9 所示。绝对值水平上，北京市小学生均图书册数总体平均值 40.90 册，将各区小学生均图书册数由大到小排序，延庆区、门头沟区、密云区、房山区、石景山区、平谷区、东城区 7 个区分别位于第一至第七位，高于平均水平，城六区中仅东城区小学生均图书册数高于平均。16 个区中，顺义区小学生均图书册数最少，为 31 册，延庆区最高，为 57.35 册，比顺义区多 26.35 册。差异水平上，16 个区间小学生均图书册数未呈现明显差异，变异系数低于 0.2。各区内部校际的差异水平较为显著，16 个区内部校际总体变异系数的平均值为 0.47。由图 6－9 可见，16 个区内校际小学生均图书册数变异系数大部分集中在 0.4 至 0.6 之间，怀柔区内部校际间的差异水平最低，变异系数为 0.23，房山区内部校际间的差异水平最高，变异系数为 0.8。

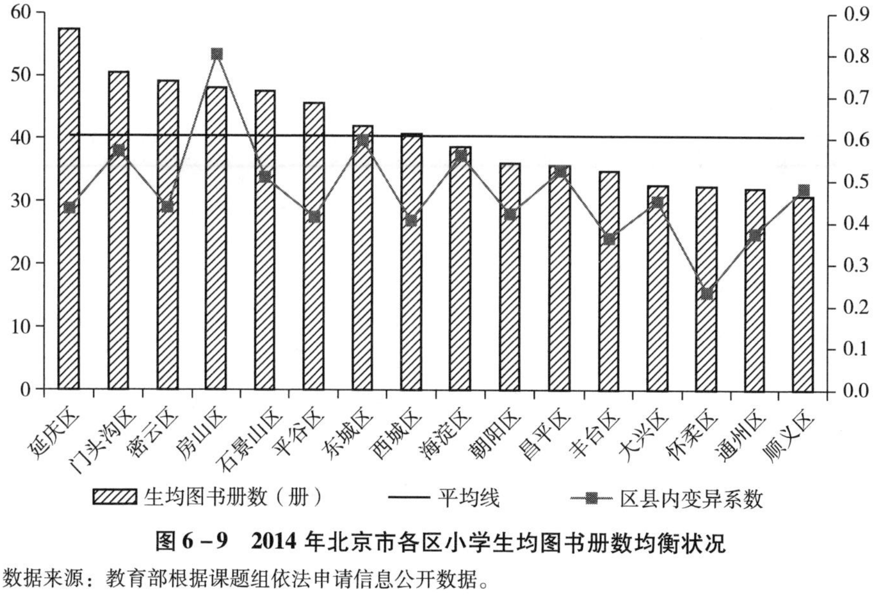

图 6－9　2014 年北京市各区小学生均图书册数均衡状况

数据来源：教育部根据课题组依法申请信息公开数据。

2014 年，北京市各区初中生均图书册数具体情况和区内校际差异情况如图 6－10 所示。绝对值水平上，北京市初中生均图书册数总体平均值 51.99 册，比小学多 11.09 册。将各区初中生均图书册数由大到小排序，西城区、门头沟区、密云区、朝阳区、延庆区、东城区、平谷区、房山区 8 个区分为位于第一至第八位，高于总体平均水平。16 个区中，怀柔区初中生均图书册数最低，为 38. 90 册，西城区最高，为 67. 39 册，比怀柔区多 28. 49 册。差异水平上，16 个区间初中生均图书册数的差异水平比小学更低，变异系数仅为 0. 16，各区内部校际间初中生均图书册数的差异水平与小学相比也较低，各区内校际变异系数的平均值为 0. 4。由图 6 – 10 可见，16 个区内部校际间的差异水平不一，两极分化严重，密云区、昌平区、怀柔区内部校际初中生均图书册数差异水平较低，变异系数皆低于 0. 2，分别为 0. 18、0. 17 和 0. 11。反之，西城区和房山区内部校际差异水平较高，变异系数分别为 0. 75 和 0. 66。

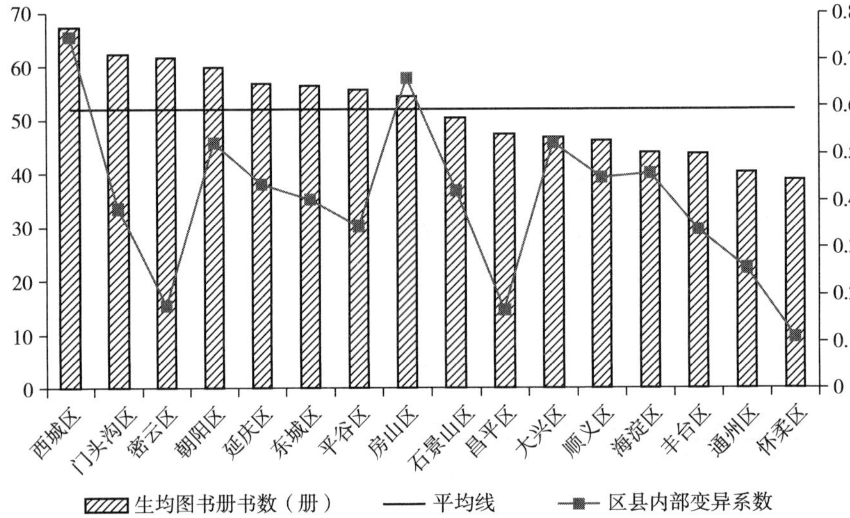

图 6 – 10　2014 年北京市各区初中生均图书册数均衡状况

数据来源：教育部根据课题组依法申请信息公开数据。

在互联网技术的发展下，信息化浪潮已经影响了人们生活的方方面面，包括教育领域。如今，伴随着电子设备的普及，尽管各学校或各区电子图书资源还未被完全统计，但已成为学校图书资源的重要组成部分。2014 年北京市依据《北京市基础教育资源元数据应用规范》要求完成了中小学数字图书馆 30 万册图书的目标，但各学校电子图书资源的差异非常显著。根据《北京教育年鉴 2015》中 2014 年北京市部分中小学对电子图书资源的统计，城六区各小学生均电子图书册数为 45. 93 册，其他各区仅为 0. 45 册；城六区各中学生均电子图书册数为 267. 27 册，其他各区仅为 87. 75 册。可见，综合而言，城区学生的可阅读图书资源远高于远郊学生。

6.6 班级规模均衡状况

班级规模对教育效果有重要的影响。国内外众多研究表明班级规模越大，教学效果越差，教育规模适中，教学效果越好。例如，1985 年，美国田纳西州的 STAR 实验（Student - Teacher Achievement Ratio）将学前班学生（共 6000 多人）和教师随机地分成三组，即小班组（13 ~ 17 人，一名教师，没有助教）、常规班Ⅰ组（22 ~ 25 人，一名教师，一名兼职助教）、常规班Ⅱ组（22 ~ 25 人，一名教师，一名全职助教），然后对这三种班级类型中的学生进行追踪直至小学三年级。结果表明，小规模班级的数学和阅读成绩都显著高于其他两类班级。我国中小学，落后地区由于教育资源有限，班级规模超过 60 人的“巨型班级”比比皆是，严重影响了义务教育教学质量。2009 年，北京市教育委员会印发的《北京市中小学校办学条件标准细则（修订）》中明确规定小学、初中班级规模不得超过 40 人。目前，北京小学、初中 40 人以上的大规模班级比例虽然有降低趋势但仍然存在。如图 6 - 11 所示，2010 ~ 2014 年，北京市小学大班额比例从 2010 年的 18.26% 上升至 2012 的年 21.37%，随后又降低至 2014 年的 17.97%，总体降低不足一个百分点；初中大班额比例从 2010 年的 23.91% 直线下降至 2014 年的 12.40%，总体降低 11 个百分点。2014 年，北京市小学共有 24207 个班级，初中共有 9566 个班级，换言之，2014 年，北京市共有 4350 个小学班级人数超过 40 人，共有 1186 个初中班级人数超过 40 人，至少有 20 余万中小学生的义务教育教学质量得不到保证。

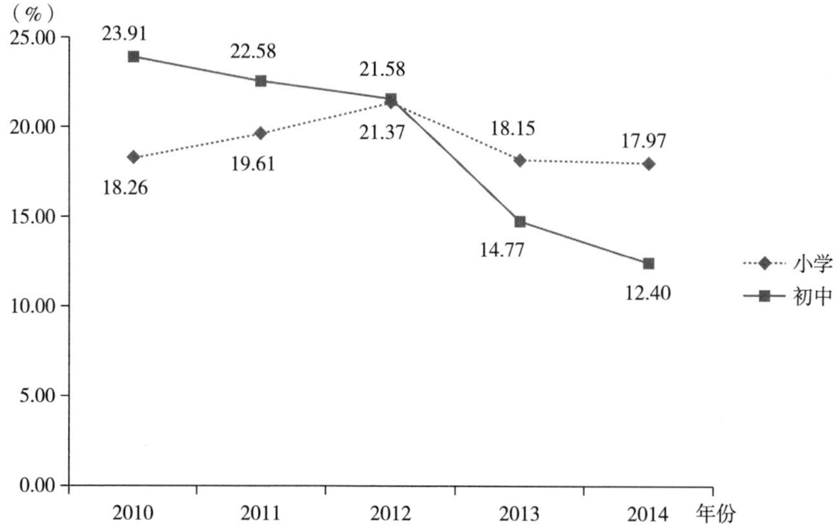

图 6 - 11 2010 ~ 2014 年北京市义务教育大班额（40 人以上班级）比例

数据来源：根据《北京市教育事业统计资料》（2010 ~ 2014 年）数据整理。

由于北京市各区大班额比例数据无法获得，因此对北京市各区小学和中学平均班级规模情况进行分析。2010～2015 北京市 16 个区小学平均班级规模具体数值和差异情况如表 6－1 所示。从整体水平上看，2010～2015 年北京市小学总体平均班级规模均在 40 人以下，总体完成《北京市中小学校办学条件标准细则(修订)》的标准。但从趋势上看，五年间，总体平均班级规模从 30.83 人/班扩大至 33.31 人/班，班级规模有扩大的趋势，各个区分别也有不同程度的扩大。16 个区中，海淀区和通州区小学平均班级规模最高，2010 年平均班级规模已达到 35 人以上。反之，延庆区的平均班级规模一直处于较小的水平，2015 年平均班级规模较 2010 年已扩大 10%，但仍然低于 30 人。从差异水平上看，2010～2015 年间，各区间小学平均班级规模的差异值一直处于较低的水平，且有不断降低的趋势，从 2012 年开始各区间小学班级规模的变异系数已达到 0.1 以下。

表 6－1　　2010～2015 年北京市各区小学平均班级规模　　单位：人

区＼年份	2010	2011	2012	2013	2014	2015
东城区	32.50	32.77	32.60	33.42	33.63	34.07
西城区	31.20	31.75	32.16	33.45	34.31	35.14
朝阳区	27.56	28.50	29.34	30.78	31.17	30.71
丰台区	33.96	34.26	33.67	34.40	34.66	34.08
石景山区	31.65	31.41	31.92	32.30	32.61	31.79
海淀区	35.08	35.39	35.62	36.27	36.71	36.94
门头沟区	27.65	28.05	28.77	28.91	29.85	30.83
房山区	28.79	29.21	30.62	31.65	32.02	31.87
通州区	35.39	36.42	36.51	37.20	36.98	36.79
顺义区	33.83	34.49	35.36	36.50	35.74	34.93
昌平区	28.40	29.00	32.90	33.34	32.98	31.77
大兴区	31.87	32.11	32.50	35.42	34.84	34.86
平谷区	26.12	26.22	29.60	29.48	30.28	30.40
怀柔区	31.65	32.23	33.81	34.72	35.64	36.13
密云区	32.81	33.18	33.17	33.89	34.89	35.26
延庆区	24.79	25.21	25.43	25.67	27.35	27.41

续表

年份 区	2010	2011	2012	2013	2014	2015
极差	10.59	11.20	11.08	11.54	9.62	9.54
极差率	1.43	1.44	1.44	1.45	1.35	1.35
平均值	30.83	31.26	32.13	32.96	33.35	33.31
变异系数	0.101	0.101	0.086	0.091	0.078	0.079

数据来源：北京市教育委员会．北京教育事业发展统计概况［EB/OL］. http：//www. bjedu. gov. cn/xxgk/ywdt/.

2015 年，北京市 16 个区小学班级规模排序情况如图 6 –12 所示，所有区小学平均规模均在 40 人以下，其中，延庆区的小学平均班级规模最低，为 27.41 人，海淀区的班级规模最高，为 36.94 人，比延庆区多 9.53 人。平均班级规模大于 35 人的区有 4 个，分别为海淀区、通州区、怀柔区和密云区，7 个区的小学平均班级规模低于总体平均水平，且明显低于平均水平以上区县的平均班级规模。

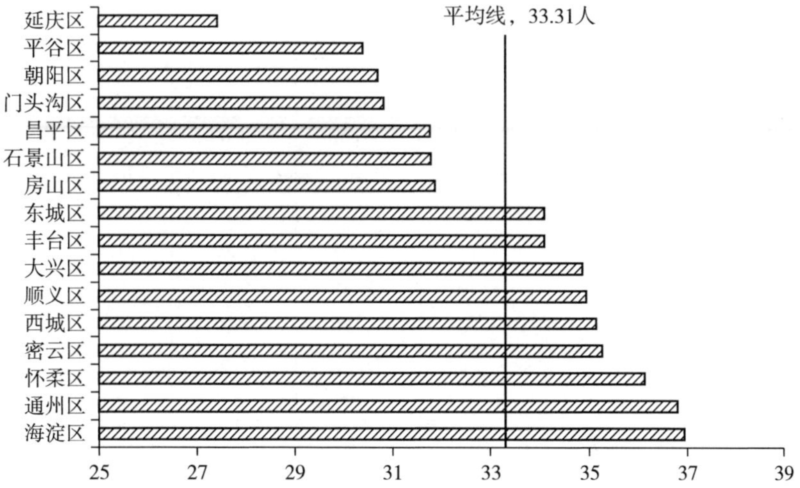

图 6 –12 2015 年北京市各区小学班级规模排序

数据来源：北京市教育委员会．北京教育事业发展统计概况［EB/OL］. http：//www. bjedu. gov. cn/xxgk/ywdt/.

2010 ~2015 年，北京市 16 个区初中平均班级规模具体数值和差异情况如表 6 –2 所示。从整体水平上看，2010 ~2015 年，各区初中平均班级规模均在 40 人以下，五年间北京市总体初中平均班级规模从 32.77 人缩小至 29.87 人，缩小率为 8.85%，各区初中平均班级规模均有不同程度的缩小。16 个区中，五年间，朝阳区、海淀区、顺义区相对于其他区初中平均班级规模一直较大，反之怀柔区初中平均班级规模一直较小，2015 年甚至不足 25 人。从差异水平上看，各区间初中班级规模的差异水平较低，2010 年变异系数已低于 0.1，此后一直至 2015 年，变异系数均保持在 0.1 以下。

表 6－2　2010～2015 年北京市各区初中平均班级规模　单位：人

区＼年份	2010	2011	2012	2013	2014	2015
东城区	36.79	36.02	35.89	35.64	34.44	32.65
西城区	33.56	33.41	33.87	34.07	33.82	33.07
朝阳区	29.95	29.83	29.91	29.48	26.87	25.92
丰台区	33.07	31.43	30.70	31.83	33.94	31.35
石景山区	32.36	31.59	31.33	31.11	31.22	28.78
海淀区	37.21	37.08	36.73	36.24	35.39	33.65
门头沟区	30.23	29.36	29.11	29.23	29.18	28.43
房山区	32.13	30.68	30.58	30.27	30.08	28.81
通州区	34.11	33.06	33.24	33.70	34.44	32.18
顺义区	34.53	35.55	35.11	35.67	35.86	34.19
昌平区	29.41	28.58	29.63	30.32	29.91	27.95
大兴区	33.64	33.74	30.45	31.79	32.00	31.10
平谷区	33.10	31.58	30.70	29.00	29.49	28.66
怀柔区	26.43	28.79	28.09	27.11	26.39	24.13
密云区	35.79	33.68	32.83	32.13	31.71	29.65
延庆区	31.95	31.71	33.00	33.05	31.58	27.46
极差	10.78	8.50	8.64	9.12	9.47	10.06
极差率	1.41	1.30	1.31	1.34	1.36	1.42
平均值	32.77	32.26	31.95	31.91	31.65	29.87
变异系数	0.083	0.077	0.077	0.081	0.088	0.093

数据来源：北京市教育委员会．北京教育事业发展统计概况［EB/OL］. http：//www.bjedu.gov.cn/xxgk/ywdt/.

2015 年，北京市 16 个区初中班级规模排序情况如图 6－13 所示，所有区初中平均班级规模均低于 35 人，其中，怀柔区最低，为 24.13 人，顺义区最高，为 34.19 人，比怀柔区多 10.06 人。16 个区中，有 7 个区初中平均班级规模高于总体平均水平，有 8 个区初中平均班级规模在 25～30 人区间内，仅怀柔区初中平均班级规模在 25 人以下。

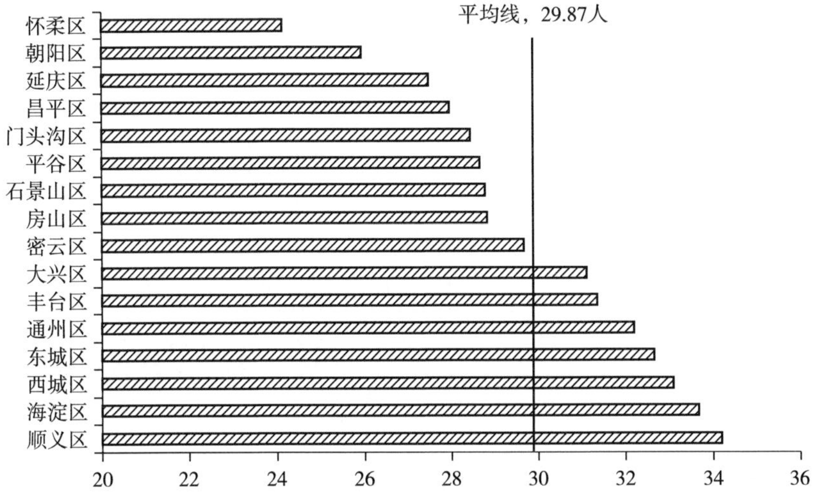

图 6－13　2015 年北京市各区初中班级规模排序

数据来源：北京市教育委员会．北京教育事业发展统计概况［EB/OL］. http：//www. bjedu. gov. cn/xxgk/ywdt/.

6.7 小　　结

综上对北京市 16 个区办学条件均衡情况的分析，各区间小学、初中生均教学及辅助用房、生均体育运动场馆面积、生均教学仪器设备值、每百名学生拥有计算机台数、生均图书册数和班级规模等指标未呈现明显的差异状况。但各指标区间小学的差异水平普遍高于初中的差异水平，区内部校际间的办学条件差异程度较高，小学、初中各项指标校际间的平均变异系数均在 0. 5 左右。对于生均教学及辅助用房、生均体育运动场馆面积两项指标，城六区的具体数值明显低于其他区，呈现“城乡”倒挂的现象。

7

分项绩效之三：各区义务教育教师资源均衡状况

办学条件是教育过程中物的资源，教师是教育过程中人的资源。相对于办学条件而言，优秀的老师可以在恶劣的环境中培养出优秀的学生，人的资源往往比物的资源更加重要。一定程度上，教师对教育服务的供给质量起决定性作用。评价北京市各区间教师资源配置的均衡情况可以分别从“数量”和“质量”上进行分析。

7.1 教师数量均衡状况

2010～2015 年，北京市 16 个区小学生师比具体数值和差异情况如表 7－1 所示。由于中小学教师数量受岗位编制限制，北京市小学生师比总体均值基本保持稳定，五年间有略微上升趋势，从 2010 年每 12 名学生拥有一名教师资源上升至 2015 年每 16 名学生一名教师资源，仍优于 2014 年教育部中小学教职工编制标准（小学教职工与学生比①为 1∶19②）。五年间，各区小学生师比均有不同程度的增大，丰台区的增大程度最低，小学生师比基本维持在 16 名或 17 名学生拥有 1 名教师资源的比例；怀柔区的增大程度最高，从 9 名学生拥有一名教师增大至 16 名学生拥有一名教师的比例，增长了为 66.99%。16 个区中，被公众认为教学质量较好的海淀区生师比一直在 16 个区中最高，每 20 名学生拥有一名教师，教师资源在数量上略显紧缺；反之，延庆区的教师数量相对充足，2015 年的生师比

① 注：本文中所指生师比为专任教师与学生数量之比，统计口径小于教职工与学生数量之比。

② 中央编办教育部财政部关于统一城乡中小学教职工编制标准的通知［EB/OL］. http：//www. moe. edu. cn/publicfiles/business/htmlfiles/moe/s8471/201412/181014. html. 2014－11－13.

为 11.36。差异水平上，2010～2015 年间各区间小学生师比情况差异并不显著，变异系数均低于 0.2，且有降低的趋势。

表 7－1　　2010～2015 年北京市各区小学生师比

区 \ 年份	2010	2011	2012	2013	2014	2015
东城区	12.86	13.79	13.52	13.90	13.43	13.99
西城区	12.74	14.39	14.55	14.79	13.75	14.77
朝阳区	12.81	14.75	15.04	15.69	18.84	19.56
丰台区	16.05	16.95	16.90	17.15	16.71	16.40
石景山区	12.83	14.98	15.43	17.03	17.35	17.58
海淀区	17.02	19.85	19.80	20.38	20.23	21.31
门头沟区	9.25	13.53	9.23	10.82	12.84	13.33
房山区	12.05	17.34	14.35	15.45	15.73	16.28
通州区	14.59	15.00	17.60	17.98	16.73	17.12
顺义区	13.35	14.82	15.85	16.71	15.68	16.36
昌平区	11.18	13.55	17.82	18.52	17.13	17.08
大兴区	13.02	9.39	14.08	16.46	16.00	16.88
平谷区	9.08	8.61	8.96	10.16	11.29	11.73
怀柔区	9.42	11.65	12.96	13.89	15.28	15.73
密云区	11.94	12.86	13.05	13.80	13.99	14.53
延庆区	8.92	9.33	9.52	9.96	11.04	11.36
极差	8.11	11.23	10.84	10.41	9.19	9.95
极差率	1.91	2.30	2.21	2.05	1.83	1.88
平均值	12.32	13.80	14.29	15.17	15.38	15.87
变异系数	0.19	0.21	0.21	0.19	0.16	0.16

数据来源：北京市教育委员会．北京教育事业发展统计概况资料整理（2010～2015 年）[EB/OL]. http：//www.bjedu.gov.cn/xxgk/ywdt/ywsj/.

2015 年，北京市 16 个区小学生师比排序情况如图 7－1 所示。16 个区中，小学教师数量相对最少的是海淀区，每 21 名学生一名老师，最充足的是延庆区，每 11 名学生一名教师。除海淀区外，所有区小学生师比均在 20 以下，其中 9 个区小学生师比在 15～20 区间内，6 个区小学生师比在 10～15 区间内。总体而言，生态涵养区内 5 个区的小学教师数量相对丰富。

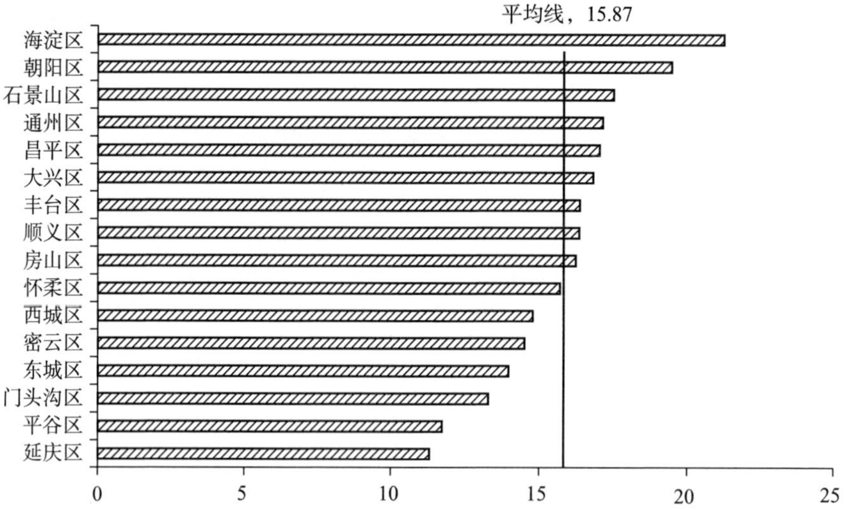

图 7－1　2015 年北京市各区小学生师比排序

数据来源：北京市教育委员会．北京教育事业发展统计概况资料整理（2010～2015 年）［EB/OL］. http：//www. bjedu. gov. cn/xxgk/ywdt/ywsj/.

2010～2015 年，北京市 16 个区初中生师比具体数值和差异情况如表 7－2 所示。从整体水平上看，五年间，北京市初中生师比总体水平明显低于“初中教职工与学生比为 1∶13. 5”的标准①，并有明显的降低趋势，总体生师比平均值从每 6 名学生一名教师降低至每 4 名学生一名教师，降低率为 27. 42%。各区初中生师比均有 10% 以上的降低，海淀区初中生师比如同小学，总体水平相对较高。从差异水平上看，2010～2015 年，各区间初中师生比变异系数虽有略微上升，但变异系数仍处于 0. 15 以下，区间差异水平较小。

表 7－2　　2010～2015 年北京市各区初中生师比

年份 区	2010	2011	2012	2013	2014	2015
东城区	5. 65	5. 42	5. 43	5. 28	5. 00	4. 54
西城区	5. 18	5. 01	4. 82	4. 80	4. 48	3. 99
朝阳区	6. 97	5. 32	5. 34	5. 28	4. 45	3. 69
丰台区	6. 92	5. 41	5. 36	5. 47	5. 50	4. 89
石景山区	6. 55	5. 52	5. 36	5. 22	4. 92	4. 10
海淀区	7. 35	6. 62	6. 65	6. 44	6. 24	5. 48

① 中央编办教育部财政部．关于统一城乡中小学教职工编制标准的通知［EB/OL］. http：//www. moe. edu. cn/publicfiles/business/htmlfiles/moe/s8471/201412/181014. html. 2014－11－13.

本文中所指生师比为专任教师与学生数量之比，统计口径小于教职工与学生数量之比。

续表

区 \ 年份	2010	2011	2012	2013	2014	2015
门头沟区	5. 68	5. 78	5. 31	5. 07	5. 45	5. 08
房山区	6. 61	4. 98	5. 67	5. 50	5. 42	5. 05
通州区	5. 95	5. 12	5. 07	4. 98	5. 31	4. 85
顺义区	5. 62	4. 17	5. 00	5. 09	4. 86	4. 37
昌平区	5. 68	4. 81	4. 62	4. 61	4. 27	4. 11
大兴区	5. 73	5. 32	4. 54	4. 82	4. 70	4. 40
平谷区	5. 53	4. 92	4. 37	4. 09	3. 98	3. 58
怀柔区	5. 61	4. 48	4. 24	4. 24	4. 19	3. 78
密云区	6. 30	5. 90	5. 55	5. 45	5. 39	4. 91
延庆区	6. 09	5. 50	4. 81	4. 81	4. 65	3. 96
极差	2. 17	2. 45	2. 41	2. 36	2. 26	1. 90
极差率	1. 42	1. 59	1. 57	1. 58	1. 57	1. 53
平均值	6. 09	5. 56	5. 13	5. 07	4. 93	4. 42
变异系数	0. 10	0. 15	0. 11	0. 11	0. 12	0. 12

数据来源：北京市教育委员会. 北京教育事业发展统计概况资料整理（2010～2015 年）[EB/OL]. http：//www. bjedu. gov. cn/xxgk/ywdt/ywsj/.

2015 年，北京市 16 个区初中生师比排序情况如图 7－2 所示。16 个区中，初中教师资源在数量上相对较少的是海淀区，生师比为5. 48，教师数量最充足的

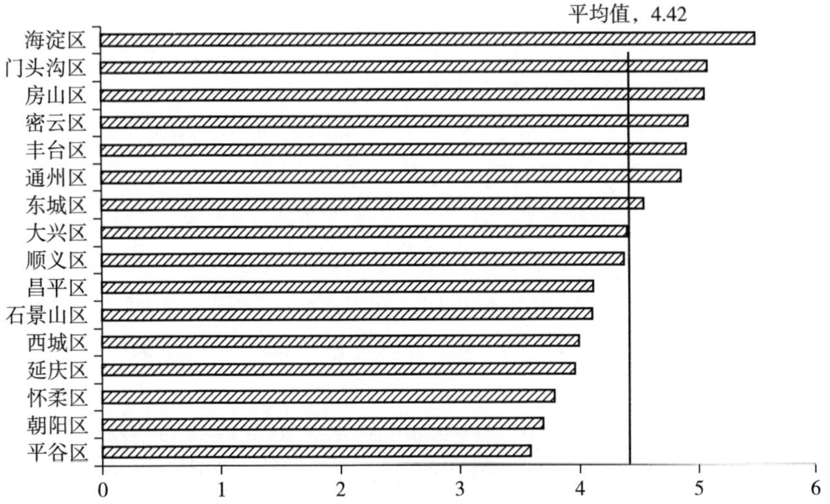

图 7－2 2015 年北京市各区初中生师比排序

数据来源：北京市教育委员会. 北京教育事业发展统计概况资料整理（2010～2015 年）[EB/OL]. http：//www. bjedu. gov. cn/xxgk/ywdt/ywsj/.

是平谷区，生师比为3.58。所有区的生师比均在6以下，其中海淀区、门头沟区、房山区3个区生师比在5～6的区间内，8个区生师比在4～5的区间内，5个区生师比在3～4的区间内。

7.2 教师质量均衡状况

教师质量由教师的教学经验、教师学历、教师职称等因素构成，教师质量可以从一定程度上体现教学质量。本部分用生均拥有高于规定学历教师数和生均拥有中级及以上专任教师数体现各区义务教育教师队伍质量的均衡配置情况。具体数据通过教育部网站依申请公开获得，仅获得2014年一年的数据。

7.2.1 生均拥有高于规定学历教师数

2014年，北京市16个区小学生均拥有高于规定学历教师数的排序情况和区内校际差异情况如图7－3所示。绝对值水平上，北京市总体生均拥有高于规定学历教师数的平均值为0.075，延庆区、平谷区、门头沟区、昌平区、怀柔区、东城区、石景山区7个区高于平均水平。16个区中，海淀区小学生均拥有高于规定学历教师数最低，为0.053，即每20名学生拥有1名高学历教师。延庆区小学生均拥有高于规定学历教师数最高，为0.103，即每10名学生拥有一名高学历教师。相对差异水平上，16个区间小学生均拥有高于规定学历教师数未呈现明显的差异，变异系数为0.15，差异水平较低。与区间相比，区内校际间小学生均拥有高于规定学历教师数的差异水平相对较高，各区内校际变异系数平均值为0.27。从校际差异层面上，变异系数为0.27的差异水平已相对较低。由图7－3可见，各区内校际小学生均拥有高于规定学历教师数差异水平层次不等，延庆区内校际差异水平最高，变异系数为0.53，丰台区内校际差异水平最低，变异系数为0.14。区内校际小学生均拥有高于规定学历教师数差异水平的不同层次可以按照城乡进行划分，城六区内部校际间小学生均拥有高于规定学历教师数的差异水平较低，变异系数均在0.2以下，而生态涵养区内部校际间的差异水平较高，变异系数均在0.3以上，甚至0.4和0.5。

2014年，北京市16个区初中生均高于规定学历教师数的排序情况和区内校际差异情况如图7－4所示。绝对值水平上，北京市初中生均高于规定学历教师数的总体平均值为0.115，是小学的近两倍。海淀区、东城区、西城区、通州区、顺义区、丰台区、石景山区7个区未达到平均水平。16个区中，海淀区初中生均高于规定学历教师数最低，为0.0079，平谷区最高，为0.156，是海淀区的两倍。差异水平上，各区间初中生均拥有高于规定学历教师数未呈现明显的差异水平，变异系数为0.15，差异水平较低。区内校际初中生均拥有高于规定学历教师数的差异水平与小学相比略高，各区校际变异系数的平均值为0.28。由图7－4可见，16个区内校际初中生均拥有高于规定学历教师数变异系数大部分集中在0.2～0.4的区间内，其中海淀区的差异水平最低，变异系数为0.17，昌平区、延庆区、西城区的差异水平最高，变异系数分别为0.41、0.38、0.38。

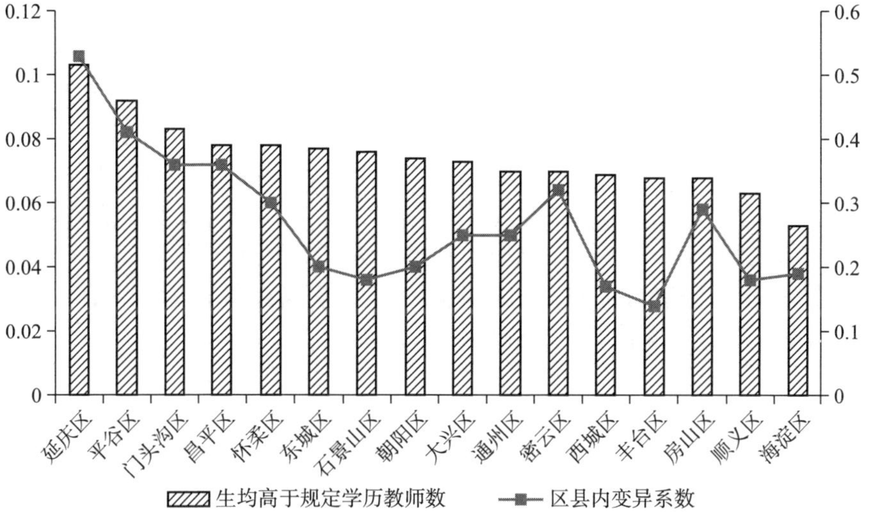

图7－3 2014年北京市各区小学生均高于规定学历教师数

数据来源：教育部根据课题组依法申请信息公开数据。

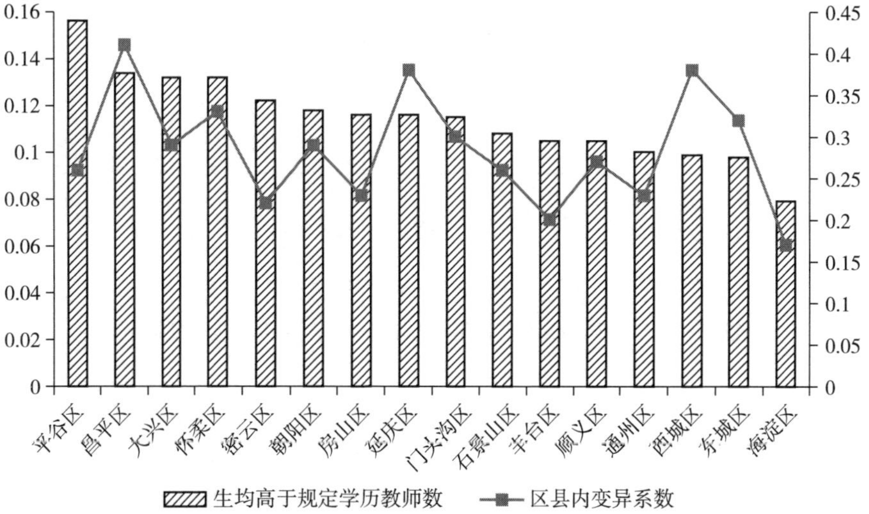

图7－4 2014年北京市各区初中生均高于规定学历教师数

数据来源：教育部根据课题组依法申请信息公开数据。

7.2.2 生均中级及以上专任教师数

2014 年，北京市 16 个区小学生均中级及以上专任教师数排序情况和区内校际差异情况如图 7－5 所示。绝对值水平上，北京市小学生均中级及以上专任教师数总体平均值为 0.043，即每 25 名小学生拥有 1 名中级及以上的专任教师，平谷区、延庆区、门头沟区、东城区、怀柔区、西城区 7 个区高于平均水平。16 个区中，通州区小学生均中级及以上专任教师数最低，为 0.029，平谷区最高，为 0.064，是通州区的 2.21 倍。差异水平上，各区间小学生均中级及以上专任教师数的差异水平适中，变异系数为 0.22，对比而言，区内校际间的差异水平较大，各区校际小学生均中级及以上专任教师数变异系数的平均值为 0.35。由图 7－5 可见，16 个区内校际小学生均中级及以上专任教师数变异系数大部分集中在 0.2～0.5 之间，丰台区、东城区、怀柔区内部校际差异水平较低，变异系数均在 0.25 以下，分别为 0.23、0.24 和 0.24，延庆区和昌平区内部校际差异水平较高，变异系数在 0.5 以上，分别为 0.56 和 0.50。

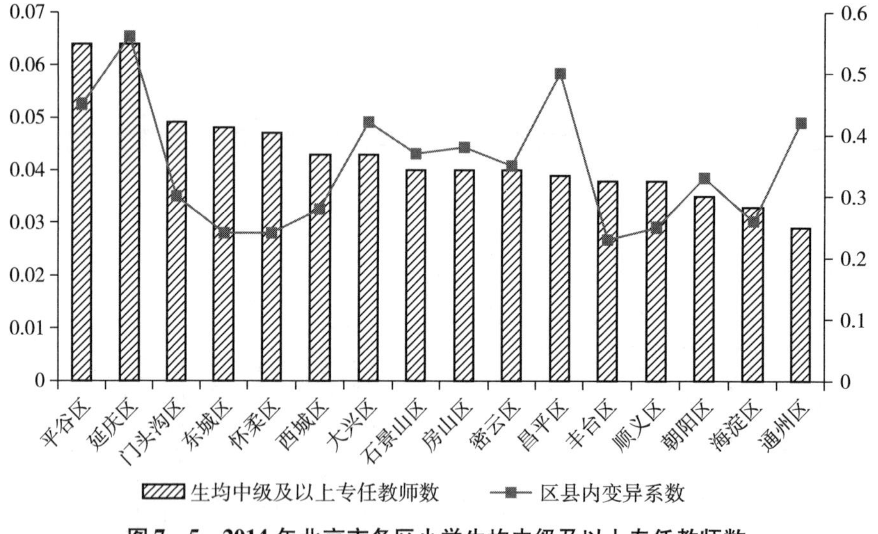

图 7－5 2014 年北京市各区小学生均中级及以上专任教师数

数据来源：教育部根据课题组依法申请信息公开数据。

2014 年，北京市 16 个区初中生均拥有中级及以上专任教师数排序情况和区内校际差异情况如图 7－6 所示。绝对值水平上，北京市初中生均拥有中级及以上专任教师数总体平均值为 0.070，平均每 14 名初中生拥有 1 名中级及以上专任教师。平谷区、大兴区、门头沟区、怀柔区、密云区、昌平区、房山区 7 个区初中生均拥有中级及以上专任教师数达到平均水平，城六区皆未达到平均水平，且排位靠后，分别位于倒数第二至第七位。16 个区中，通州区初中生均拥有中级及以上专任教师数最低，为 0.052，平谷最高，为 0.125，是初中生均拥有中级及以上专任教师数唯一超过 0.1 的区，比通州区高 1.4 倍。差异水平上，16 个区间初中生均拥有中级及以上专任教师数差异水平较小学略高，变异系数为 0.24。同样的，区内校际的差异水平相对较高，各区内校际初中生均拥有中级及以上专任教师数变异系数平均值为 0.34。由图 7－6 可见，16 个区内校际初中生均拥有中级及以上专任教师数变异系数为 0.25～0.45 之间，海淀区内部校际间差异水平最低，变异系数为 0.24，昌平区内部校际间的差异最高，变异系数为 0.45。

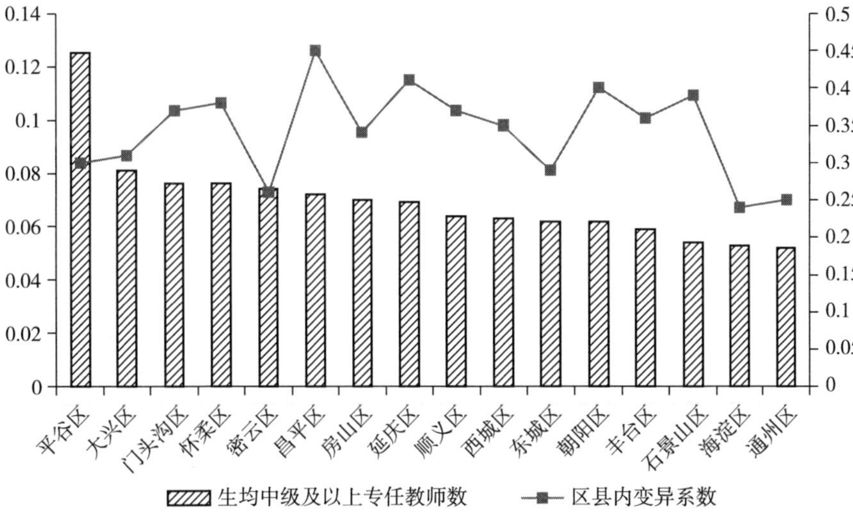

图 7－6　2014 年北京市各区初中生均中级及以上专任教师数

数据来源：教育部根据课题组依法申请信息公开数据。

7.3 小　　结

综上各区间义务教育教师队伍均衡情况的分析，数量上，各区小学、初中生师比均明显优于全国标准水平，且 2010～2015 年区间差异水平维持较低水平。质量上，各区 2014 年生均拥有高于规定学历教师数和生均拥有中级及以上专任教师数的差异水平，相对于生师比来说比较大，但变异系数仍在可接受范围内，均低于 0.3。但各区校际间教师质量的差异相对较大，平均变异系数均在 0.3 以上，个别区如延庆区、昌平区变异系数达到 0.5 以上。

海淀区作为北京市义务教育高质量区，从上述总体数据分析中，无论是教师数量或是教师质量均位于较低水平，不免让人疑惑该数据的真实性。对于此问题，本文通过进一步探访得知，海淀区 172 所中小学中，共有 42 所高校附属中小学①，这些中小学教师人事关系隶属于高校，因而在义务教育教师资源统计时未被计入，因而海淀区的教师数量和质量统计结果偏低，海淀区具体教师资源数据无法得知。

① 数据来源：北京市教育委员会网站查询所得。

8

分项绩效之四：各区教育及学业成就均衡状况

从义务教育均衡的层次看，包括教育机会均衡、教育资源过程均衡、教育结果均衡。前文三个分项绩效主要是对教育过程均衡的分析，教育及学生学业成就均衡属于教育结果均衡。它主要是指受教育者通过教育过程，在基础知识和基本技能掌握上，是否获得了大致相同的教育成就，比如基本或绝大多数学生通过了国家或区域规定课程和教育内容的测试，通常用阶段性的考试成绩或者一定规模和范围的统一测试来衡量。北京市各区入学机会是否均衡可以用入学率进行衡量，各区教学质量是否均衡可以用完成率、毕业率进行衡量。学生学业考试成绩是对教育结果最直接、最客观的呈现，因此，各区教育成果均衡情况可以用北京市统一考试成绩衡量。

8.1 入学率和完成率均衡状况

根据《北京教育年鉴》（2011～2015 年）的中对于北京市 16 个区基础教育入学率和完成率的统计结果，2010～2014 年北京市 16 个区小学和初中入学率均达到 100%，小学和初中完成率均在 99% 以上，100% 和 99% 以上的数值说明北京市整体在普及义务教育方面取得了出色成绩。另外，目前北京市义务教育均衡发展其一是要向优质均衡发展，即“不仅让学生有学上，还要上好学”；其二是面对大量的流动人口流入北京，需不断提高随迁子女在北京的义务教育入学率，保障随迁子女义务教育入学的公平性。目前，随迁子女义务教育入学情况无具体数据，可作为今后研究的分析点。

8.2 毕业率均衡状况

在课题研究过程中未搜集到北京市各区小学、初中毕业率官方数据，根据北京市九年义务教育实施情况监测统计表中毕业率的计算公式，毕业率 =（领取毕业证书学生数 ÷ 毕业年级学生数）×100%，对北京市各区小学、初中毕业率进行测算，测算公式为：

小学毕业率 =（前一年六年级学生人数 ÷ 当年小学毕业人数）×100%

初中毕业率 =（前一年初三学生人数 ÷ 当年初中毕业人数）×100%

由于测算公式中有一年的“空档期”，可能出现学生的转入、转出流动，因此测算的毕业率会有大于100%的现象。毕业率测算虽不精确，但能反映各区义务教育毕业率的大体情况。

2010～2015年，北京市16个区经测算的小学毕业率具体数值和差异情况如表8－1所示。从整体水平上看，北京市小学毕业率整体水平较高，2010～2015年的平均值均接近100%，各区小学毕业率也分别接近100%。相比而言，通州区五年来小学毕业率整体水平最低，在97%左右，东城区、石景山区、房山区五年来小学毕业率整理水平较高，均在100%以上，毕业率高于100%说明区小学流入率高。从差异水平上看，2010～2015年，16个区间小学毕业率的差异水平维持在较低水平，变异系数均低于0.1。

表8－1　　2010～2015年北京市各区小学毕业率　　单位：%

区 \ 年份	2010	2011	2012	2013	2014	2015
东城区	103.18	103.75	102.83	102.03	102.29	103.91
西城区	99.38	99.96	99.88	100.07	100.49	99.64
朝阳区	96.93	98.62	98.86	110.07	99.43	96.93
丰台区	95.73	101.53	99.54	100.80	98.30	96.81
石景山区	100.09	101.69	103.69	107.11	105.35	105.52
海淀区	99.85	100.24	100.11	101.54	99.65	99.94
门头沟区	98.08	96.67	98.93	97.67	98.13	99.18
房山区	109.52	110.88	116.68	110.59	108.03	109.12
通州区	97.48	94.82	97.25	97.88	96.05	97.15
顺义区	99.35	99.92	100.15	99.87	100.97	99.70
昌平区	98.98	99.85	100.09	98.85	99.78	99.09
大兴区	98.39	99.63	101.31	120.03	97.03	99.33

续表

区＼年份	2010	2011	2012	2013	2014	2015
平谷区	99.64	99.56	99.66	99.54	99.42	100.09
怀柔区	97.99	100.39	100.39	99.53	99.96	99.12
密云区	99.61	99.48	99.86	99.84	100.49	98.67
延庆区	99.65	99.80	98.97	101.51	96.95	99.76
极差	13.79	16.06	19.43	22.36	11.98	12.31
极差率	1.14	1.17	1.20	1.23	1.12	1.13
平均值	99.62	100.42	101.14	102.93	100.15	100.25
变异系数	0.03	0.03	0.04	0.06	0.03	0.03

数据来源：北京市教育委员会．北京教育事业发展统计概况资料（2010～2015 年）［EB/OL］．http：//www.bjedu.gov.cn/xxgk/ywdt/ywsj/.

2015 年，北京市 16 个区小学毕业率排序情况如图 8－1 所示。所有区小学毕业率均在 96% 以上，其中丰台区、朝阳区、通州区 3 个区小学毕业率相对较低，不足 98%，分别为 96.81%、96.93%、97.15%。仅房山区、石景山区、东城区 3 个区小学毕业率高于平均水平，且明显高于其他区，两极分化较大，最高值（房山区）是比最低值（丰台区）高 12.31%。

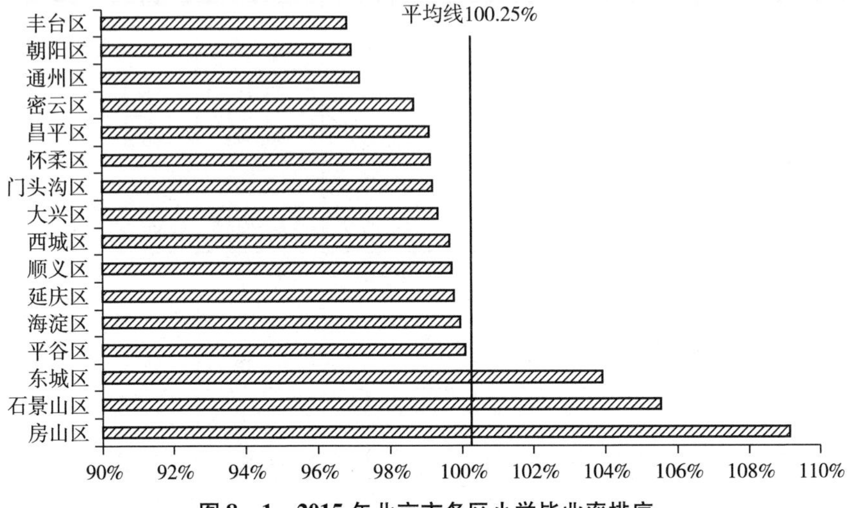

图 8－1　2015 年北京市各区小学毕业率排序

数据来源：北京市教育委员会．北京教育事业发展统计概况资料（2010～2015 年）［EB/OL］．http：//www.bjedu.gov.cn/xxgk/ywdt/ywsj/.

2010～2015 年，北京市 16 个区经测算的初中毕业率具体数值和差异情况如表 8－2 所示。从整体水平上看，北京市初中毕业率总体水平与小学相比明显较低，平均值低于 100% 且有明显降低趋势。2010～2015 年，北京市初中毕业率总体平均值从 98.92% 降低至 92.85%，共降低 6 个百分点。比较而言，16 个区中，房山区初中毕业率总体水平较低，2010～2015 年尽管初中毕业率实现 15.42% 的增长，但仍低于 90%，生态涵养区的 5 个区初中毕业率总体水平普遍较高，均在 95% 以上。从差异水平上看，16 个区间初中毕业率也未呈现明显的差异水平，与小学相比略大，但变异系数仍维持在较低水平，低于 0.1。

表 8－2　　2010～2015 年北京市各区初中毕业率　　单位：%

区 \ 年份	2010	2011	2012	2013	2014	2015
东城区	135.64	94.76	94.50	94.30	92.95	90.54
西城区	98.15	98.29	98.14	97.62	96.67	90.58
朝阳区	91.04	90.71	90.38	89.71	87.24	90.46
丰台区	90.61	95.01	93.91	95.88	92.65	82.30
石景山区	96.43	93.37	95.77	95.33	93.97	87.25
海淀区	95.76	97.63	97.63	96.34	95.09	92.78
门头沟区	98.42	97.79	99.12	99.48	91.53	97.52
房山区	75.40	85.99	89.00	89.37	89.15	87.03
通州区	103.19	94.13	92.44	95.16	92.29	88.14
顺义区	106.70	98.53	96.94	99.44	98.41	98.07
昌平区	123.53	97.64	93.87	96.94	96.95	97.99
大兴区	73.12	91.97	93.45	95.99	98.69	96.25
平谷区	100.35	98.78	98.84	98.04	99.38	98.92
怀柔区	96.37	98.62	98.01	97.44	96.93	93.50
密云区	99.13	99.43	98.59	99.02	97.81	97.33
延庆区	98.87	97.44	97.75	98.67	96.86	96.92
极差	62.52	13.44	10.12	10.11	12.14	16.62
极差率	1.86	1.16	1.11	1.11	1.14	1.20
平均值	98.92	95.63	95.52	96.17	94.79	92.85
变异系数	0.15	0.04	0.03	0.03	0.04	0.05

数据来源：北京市教育委员会．北京教育事业发展统计概况资料（2010～2015 年）[EB/OL]. http：//www.bjedu.gov.cn/xxgk/ywdt/ywsj/.

2015 年，北京市 16 个区初中毕业率排序情况如图 8－2 所示。所有区初中毕业率均在 80% 以上，其中丰台区初中毕业率最低，为 82.03%，平谷区最高，为 98.92%，比丰台区高 16.62%。生态涵养区的 5 个区初中毕业率均高于 2015 年总体平均水平（92.85%），而城六区各区的初中毕业率均没有达到平均水平。

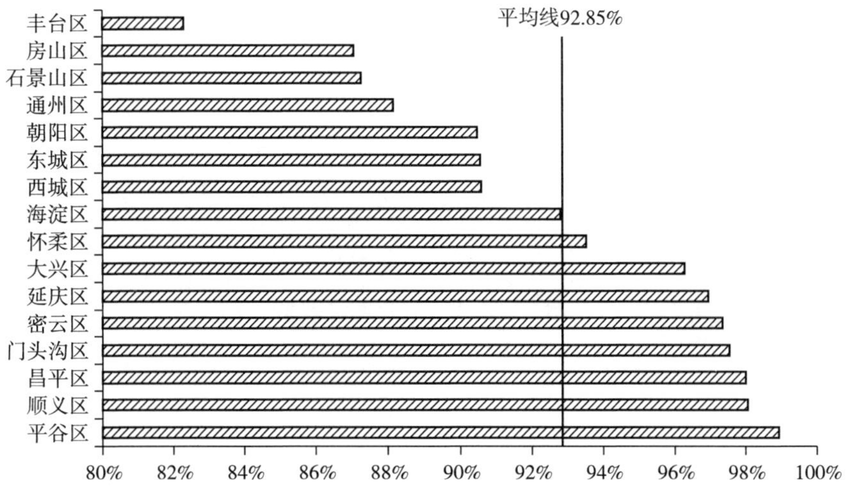

图 8－2 2015 年北京市各区初中毕业率排序

数据来源：北京市教育委员会．北京教育事业发展统计概况资料（2010～2015 年）［EB/OL］．http：//www.bjedu.gov.cn/xxgk/ywdt/ywsj/.

8.3 中考成绩均衡状况

目前，北京市各高中招生主要通过中考划线录取，优质高中录取线高，普通高中录取线低，这意味着中考对初中学生进入优质高中的重要影响，同时中考成绩也是义务教育阶段最为直接的检测指标。虽然北京市中考各区分开阅卷，但卷面由全市统一命题，各区中考成绩情况具有一定的可比性。

2015 年，北京市 72475 名初中生参加中考，全市平均分为 450 分，530 分以上即为优秀，有望进入“重点高中”，420 分为招生最低分数线，高于 420 分即可进入普通高中。全市共 20314 名学生中考成绩高于 530 分，总体优秀率为 28.03%，共 54883 名学生中考成绩高于平均分，均分以上学生比例为 75.73%，共 59923 名学生中考成绩高于 420 分，普通高中达线率为 82.68%。

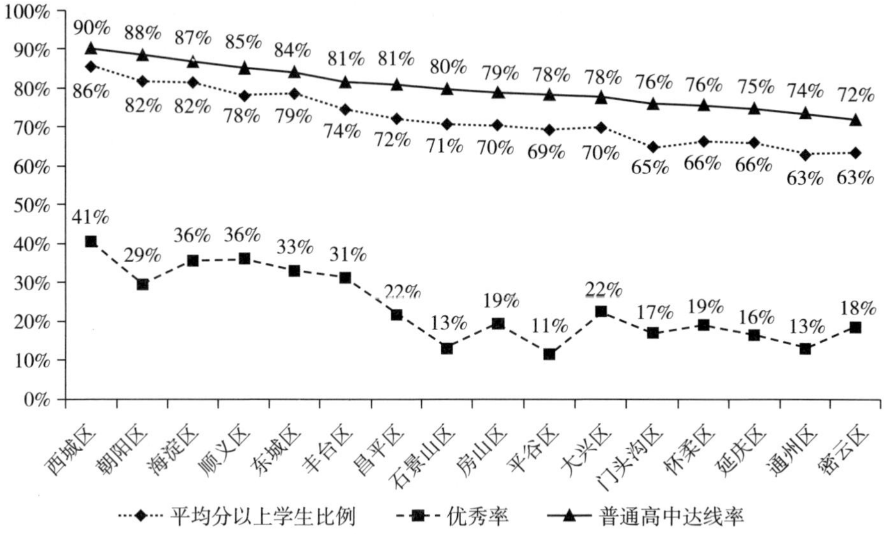

图 8－3　2015 年北京市各区中考情况

资料来源：北京教育考试院 . 2015 年北京市中考各区分数段人数统计 [EB/OL]. http：//www. bjeea. cn/html/zkzz/tzgg/2015/0702/58259. html. 2015－07－03.

分别计算北京市 16 个区的中考优秀率、均分以上学生比例和普通高中达线率，其结果如图 8－3 所示。绝对值水平上，平谷区的优秀率最低，为 11. 36%，西城区的优秀率最高，为 40. 55%，是平谷区的 3. 57 倍。仅西城区、朝阳区、海淀区、顺义区、东城区、丰台区 6 个区优秀率高于全市平均水平。密云区均分以上学生比例和普通高中达线率均最低，分别为 63. 32% 和 71. 97%，西城区均分以上学生比例和普通高中达线率均最高，分别为 85. 56% 和 90. 17%。总体而言，城六区中考成绩普遍高于生态涵养区，城六区中石景山区中考成绩相对最低，但仍高于生态涵养区。差异水平上，16 个区间均分以上学生比例和普通高中达线率差异水平较低，变异系数分别为 0. 095 和 0. 066，优秀率的差异水平相对较高，变异系数为 0. 385。

8. 4　高考成绩均衡状况

一般而言，义务教育质量决定中考成绩，中考成绩决定所就读高中质量，高中质量又影响高考成绩，从这个逻辑上说，各区高考成绩差异能够从一定程度上说明义务教育质量差异。通过网络资料搜集，2015 年北京市各区本科上线率和一本上线率不完全统计结果如表 8－3 所示。本科上线率情况中，东城区、西城区、朝阳区、昌平区高考本科上线率（海淀区高考本科上线率未搜集到准确资料）均超过90%，海淀区的考试成绩与往年一样硕果累累，文科650分以上考生人数占全市的43%，600分以上考生人数占全市的33%；理科700分以上考生人数占全市的54%，650分以上考生人数占全市的45%，600以上考生人数占全市的38%。[①] 门头沟区、房山区、顺义区、大兴区、平谷区5个区高考本科上线率较低，低于80%。可获得的15个区的数据中，顺义区本科上线率最低，为72.89%，西城区最高，为93.85%，比顺义区高20.96个百分点。与去年相比，门头沟区本科上线率增长21%，大兴区、怀柔区、延庆区均有10%以上的增长。一本上线率情况中，城五区（海淀区未知）的一本上线率明显高于其他区，均在40%以上，其中西城区最高，为64.38%。其他已知数据的区一本上线率均在40%以下，怀柔区仅为14.80%。

表8-3　　2015年北京市部分区高考成绩情况　　单位：%

	本科上线率	较去年增长	一本上线率
东城区	90.00	—	50.00
西城区	93.85	—	64.38
朝阳区	92.02	—	51.91
丰台区	87.80	5.67	42.90
石景山区	93.40	5.00	47.30
门头沟区	79.25	21.00	—
房山区	78.34	7.42	—
通州区	84.70	—	—
顺义区	72.89	9.98	34.97
昌平区	90.68	6.67	—
大兴区	76.46	10.36	23.87
平谷区	77.10	—	—
怀柔区	80.30	13.10	14.80
密云区	84.90	1.70	33.80
延庆区	87.23	14.96	22.77
极差	20.96	—	—
极差率	1.29	—	—
均值	84.59	—	—
变异系数	0.078	—	0.378

注：表中空白部分未搜集到相关数据。
数据来源：网络资料整理。

① 凤凰教育．北京超700分理科“学霸”超半数在海淀［EB/OL］．http：//edu.ifeng.com/a/20150630/41122708_0.shtml.2015-06-30.

8.5 小　　结

综上北京市各区教育和学业成就均衡情况的分析，在入学率和完成率上，北京市各区已实现100%的入学率和99%以上的完成率。毕业率上，各区初中毕业率明显低于小学毕业率，且各区间初中毕业率差异水平略高于小学，总体而言，各区小学、初中毕业率的差异水平均维持在较低水平。但在以中考和高考成绩来衡量学生享有的教育结果均衡方面，海淀区、东城区、西城区、朝阳区等城区明显优于延庆区、密云区等远郊地区的。

9

分项绩效之五：各区义务教育均衡公众满意度状况

办人民满意的教育是政府对公众的承诺，也是义务教育均衡发展的目标。评价义务教育均衡绩效不能忽视公众满意度指标。在一定程度上，公众满意度虽然是主观指标，但义务教育作为政府提供的公共产品必须符合公众需要，因为它是政府执政合法性的条件。本部分通过问卷调查测度了北京市各区义务教育均衡公众满意度状况，以期获得较为客观的结果。

9.1 设计问卷

测度北京市各区公众对义务教育的满意度水平，本研究是通过问卷星调查平台发布满意度调查问卷的，调查对象为北京市直接或间接参与北京市义务教育的利益相关者。调查内容主要包括对北京市义务教育均衡满意程度的打分、对北京市义务教育均衡发展的建议两部分内容。具体问卷内容见附录2。

本次问卷调查共回收有效问卷3493份，其中，东城区217份、西城区210份、朝阳区413份、丰台区119份、石景山区140份、海淀区560份、门头沟区189份、房山区175份、通州区147份、顺义区273份、昌平区105份、大兴区196份、平谷区224份、怀柔区98份、密云区126份、延庆区301份。通过SPSS19对问卷满意度调查结果进行可靠性分析，可靠性统计量α系数[①]最终结果

---

① α系数法是问卷信度检验的常用方法，通过计算α系数判断结果的一致性，α系数的计算原理可用下式表示：$\alpha = \frac{k}{k-1}\left[1 - \frac{\sum_{i=1}^{k} S_i^2}{S_T^2}\right]$ 上式中k为题目数，S_i^2 为第i题得分的方差，S_T^2 为总得分的方差。α系数取值在［0，1］之间，α系数越高，问卷调查结果有效性越强，α大于0.9时说明问卷结果具有较强的内在一致性，可信度较强。

为0.974，问卷调查所得的满意度得分具有可信度。

9.2 总体满意度得分情况

满意度问卷调查中，各区被调查者对于该区义务教育均衡发展满意度打分包括分别对总体满意度打分、入学政策满意度打分、教师均衡满意度打分、办学条件满意度打分以及教育结果满意度打分，各项得分的平均值（满分为100分）即为每项的满意度得分，得分情况如表9－1所示。北京作为中国的首都，人口构成复杂，对义务教育的需求也不尽相同，尽管如此，通过表9－1可以看出，北京市义务教育总体满意度平均分达到了60分以上，部分区甚至达到70分以上，已是相对较高的得分。这说明近年来北京市在义务教育均衡发展方面取得了不错的成绩。虽然，这一结果较政府公布的满意度达到80.5分有点低，但我们认为本研究是在没有任何干预的情况下由北京市公众自然填写的，这样获得的结果，我们确信应该是比较真实的。

具体来说，北京市各区总体满意度得分的平均分为63.5分，总体满意度得分最高的前三个区分别是延庆区、密云区、顺义区3个区，得分均超过70分，分别为76.3分、74.4分、72.3分。昌平区、东城区、丰台区、怀柔区、石景山区5个区满意度得分依次最低，分别为42.7分、46.5分、52.4分、58.6分、59.0分，未达到总体平均水平，且未达到60分。

表9－1　　北京市各区义务教育满意度得分

满意度得分 / 区	总体得分	入学政策	教师均衡	办学条件	教育结果
延庆区	76.3	78.6	74.4	74.0	72.3
密云区	74.4	76.7	74.4	76.7	75.6
顺义区	72.3	74.1	71.8	71.3	71.3
通州区	69.0	72.9	71.0	71.9	68.1
大兴区	68.9	69.6	66.4	71.1	65.0
西城区	67.0	68.7	72.0	73.7	71.0
朝阳区	66.8	64.4	64.9	71.5	63.2
海淀区	65.8	63.5	65.0	71.0	65.0
门头沟区	65.6	71.5	65.9	68.5	64.4
房山区	65.6	64.0	64.4	68.4	58.8
平谷区	65.0	64.1	58.1	62.2	56.3
石景山区	59.0	57.0	64.5	66.0	56.0

续表

满意度得分 区	总体得分	入学政策	教师均衡	办学条件	教育结果
怀柔区	58.6	65.7	56.4	59.3	55.0
丰台区	52.4	57.1	48.8	54.7	52.9
东城区	46.5	61.3	67.1	66.5	66.1
昌平区	42.7	45.3	40.7	48.7	42.0
极差	33.6	33.3	33.7	28.0	33.6
极差率	1.79	1.74	1.83	1.57	1.80
平均值	63.5	65.9	64.1	67.2	62.7
变异系数	0.27	0.24	0.27	0.26	0.25

数据来源：运用 SPSS19 对附录 2 问卷调查结果进行交叉分析所得。

9.3　分项满意度得分情况

根据表 9－1，从分项来看，在代表教育机会的入学政策方面得分最高的前三个区也是总体满意度高的三个区，即延庆区、密云区、顺义区 3 个区，得分分别为 78.6、76.4、74.1。在代表教育过程之一的教师均衡方面，得分排在前三个区分别是延庆区、密云区、西城区，得分分别是 74.4、74.4、72.0。在反映教育过程之一的办学条件方面，得分排在前三个区的分别是密云区、延庆区、西城区，得分分别为 76.7、74.0、73.7。教育结果满意度方面，得分排在前三个区的分别是密云区、延庆区、顺义区，得分分别为 75.6、72.3、71.3。在三个层次教育均衡满意度得分方面，公众对教育过程均衡，尤其是办学条件均衡的满意度最高，对教育机会均衡满意度次之，最不满意的是对教育结果均衡。从不同区域看，公众对义务教育均衡总体满意度评价高的并不是高考、中考分数最高学区的公众。但一个共同的判断是公众对教育结果均衡最不满意。这和北京市政府在义务教育均衡方面的行动基本一致。

9.4　公众对义务教育均衡发展的建议

问卷调查同时搜集了北京市公众对于义务教育均衡发展的建议，其中对义务教育机会均衡发展的建议如图 9－1 所示。机会均衡主要与入学问题相关，尤其是进入优质学校的机会是否均等。正是由于学校之间办学条件和办学质量不一，“择校”现象愈发严重，尽管北京已经实施“划片就近入学”政策，但仍有家长为了让孩子提高进入优质学校的几率不惜重金购买“学区房”，北京“择校”问题已经演化成严重的社会问题。对于义务教育入学政策，有 42.44% 的被调查者认为应该实现选择入学的方式，有 42.75% 的被调查者认为应该继续实施就近入学。在认为“选择入学”的被调查者中又有 28.68% 的被调查者认为应实现完全自由选择入学，13.81% 的被调查者认为应该比例随机排位选择入学。在认为“就近入学”的被调查者中，有 26.73% 的被调查者认为应实现完全划片就近入学，16.02% 的被调查者认为应该按比例随机排位就近入学。另外，有 12.11% 的被调查者提及应保障外来务工子女顺利入学。在其他建议中，有多位被调查者提及采用选择与随机派位相结合的方法促进入学均衡，也有被调查者建议效仿欧美申报入学申请，将选择权交给学校，并加强私立学校的合法程序和普及程度。

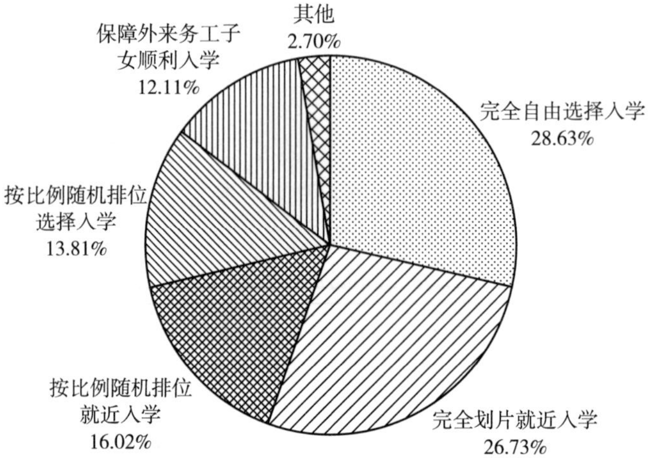

图 9-1 北京市公众对义务教育机会均衡发展建议

过程均衡即指学生在接受义务教育过程中能够获得相同质量的教学条件，主要是实现办学条件和教师资源的均衡配置。对义务教育过程均衡发展的建议如图 9-2 所示。对于过程均衡，公众最重视的是农村地区教学质量的提高，18.40% 的被调查者建议提高农村教师质量，16.10% 的被调查者建议提高农村地区的办学条件，13.90% 的被调查者建议提高薄弱地区的教育经费。其次，对于学校管理方式，有 18% 的被调查者建议通过“集团化”推动弱校发展，15.10% 的被调查者建议提高学校教学主动权。另有 16.80% 的被调查者建议促进民办学校发展。此外，其他建议中，众多被调查者建议教师资源的均衡配置，并建议公办学校校长和教师流动机制和教师区聘校用机制。

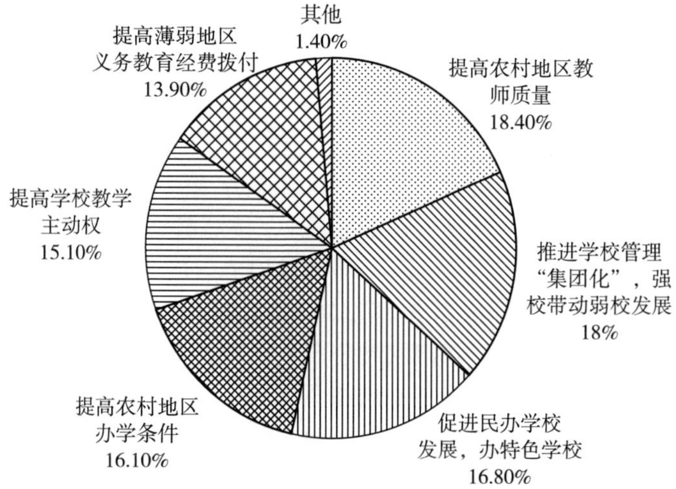

图9－2　北京市公众对义务教育过程均衡发展建议

义务教育阶段，结果均衡情况与学生能否公平的升入高一阶段教育的优质学校就读相关，成绩是评价结果和升学的关键。对义务教育结果均衡发展的建议如图9－3所示。公众呼声最高的是提高义务教育均衡信息公开程度，更有被调查者在其他建议中提及要提高入学政策的透明度。其次，有28.51%的被调查者建议将教育发展纳入政府官员政绩考核从而提高政府对教育发展的重视程度。21.33%的被调查者建议升学政策向薄弱地区倾斜，13.13%的被调查者建议保障外来务工子女在京顺利升学。其他建议中，有被调查者提出跨区的升学平等，也有被调查者提出推动考试评价制度的改革。

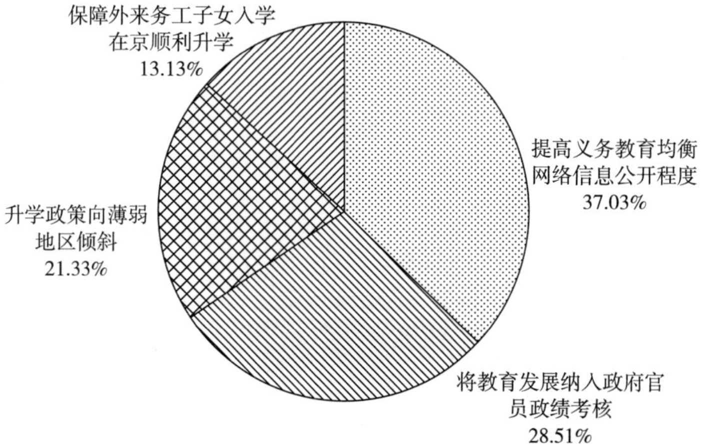

图9－3　北京市公众对义务教育结果均衡发展建议

9.5 小　结

近年来，国家教育督导检查组依据《义务教育法》《教育督导条例》和《国务院关于深入推进义务教育均衡发展的意见》，按照教育部《县域义务教育均衡发展督导评估暂行办法》以及教育部与各省政府签署的《义务教育均衡发展备忘录》要求，对全国各省申报义务教育发展基本均衡县（市、区，以下简称县）进行督导检查，检查结果在教育部网站公布。在对各省申报材料严格审核的基础上进行的评估认定义务教育发展基本均衡县（市、区），需要对公众满意度进行调查，就有关义务教育均衡发展的相关问题，征求当地人大代表、政协委员、校长、教师、家长、学生等不同群体的意见，凡通过检查的省公众满意度调查结果均在 85% 以上。

2015 年，北京市 16 个区均通过检查，但结果并未在教育部网站上公开，不过可以肯定的是，县域义务教育均衡公众满意度肯定也在 85% 以上。这与课题组问卷调查结论存在一定差异。本课题研究认为，虽然公众满意度是个主观指标，但它也许是公众的真实感觉。本调查中，公众对教育机会、教育过程、教育结果的满意度评判基本与政府的行动相一致，政府应当尊重公众的感受。政府官员如果一味按照自己的假想，希望通过人为抬高满意度数字来证明政府所为，或者用人为造出来的数据来证明政府作为，是不明智的，会失信于民，事实也常常证明，政绩膨胀往往会适得其反。如果能够对关乎百姓切身利益的教育结果、教育均衡绩效监督结果和数据信息，做到切合实际的、及时的、透明的公开，效果可能会更好。另外，“择校率”和择校热、屡屡出现的高价学区房其实也是反映公众对义务教育均衡绩效意向的影子指标，应当引起政府的重视。

10

综合绩效：平衡积分卡视角的义务教育均衡

北京市每年为义务教育均衡发展投入了大量的教育经费，那么这些财政投入是否真正的落到实处？在多大程度上促进了北京义务教育均衡发展呢？第 4 ~ 9 章主要运用差异分析方法以及简单指数方法对义务教育均衡的总体绩效和分项绩效进行了分析。本章将运用平衡积分卡方法对北京市义务教育均衡绩效作进一步分析，进而从各个维度综合反映北京各区间义务教育均衡情况。平衡积分卡是企业绩效评估的一种方法，它分为财务、客户、内部运营、学习与成长四个维度。将平衡计分卡运用到义务教育均衡绩效评价中，本研究把四个维度分别整合为教育经费、公众感受、学校内部运作、教育均衡发展四个维度。具体步骤是：第一步，基于四个维度确定评价框架；第二步，通过文本分析和信效度检验确定评价指标；第三步，通过层次分析法为各个指标确定权重；第四步，基于指标的原始数据用最大值最小值法将数据标准化；第五步，整合计算各区的义务教育均衡综合绩效；第六步，进行结果分析。

10.1 确定评价框架

确立组织的战略目标是运用平衡计分卡设计绩效评估体系的前提。对北京市各区义务教育均衡绩效进行评价的最终目的是为了诊断各区间义务教育均衡实际，进而发现问题，解决问题，以进一步提高均衡绩效。因此，提高各区义务教育均衡绩效或者实现义务教育优质均衡即是平衡积分卡所服务的战略目标。对应于义务教育优质均衡发展，平衡积分卡中的财务、客户、内部运营、学习与成长四个维度则分别对应教育经费的均衡和充足情况，社会公众对教育的满意情况、学校内部运作情况和教育均衡发展情况。据此建立义务教育均衡绩效基本框架如图 10 - 1 所示。

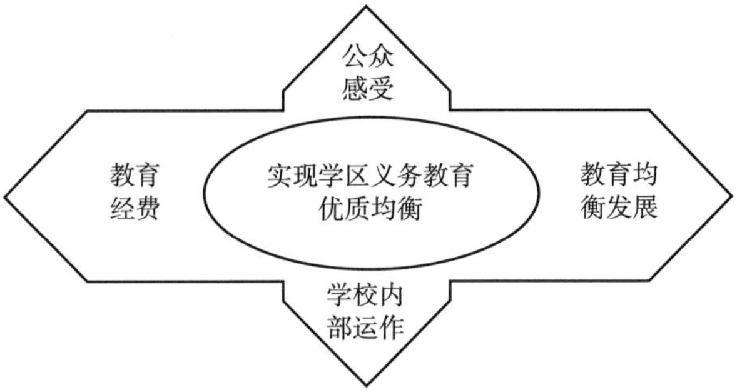

图 10-1 基于平衡计分卡的义务教育均衡绩效框架

10.2 确定评价指标和权重

在义务教育均衡绩效基本框架的基础上，还需要进一步为每个维度确定具体指标。在指标初始设计阶段，为评价北京市义务教育均衡绩效共设计了三级指标，具体如表 10-1 所示。一级指标（A）即为平衡计分卡的四个维度，分别对应教育经费、公众感受、学校内部运作和教育均衡发展；二级指标（B）为对四个维度不同方向的考察；三级指标（C）是考察衡量各个方向的具体指标；四级指标（D）又是对 C 级指标的具体反映。

表 10-1 北京义务教育均衡绩效初始指标体系设计

一级指标	二级指标	三级指标
A1-教育经费	B1-支出方向	C1-生均人员经费
		C2-生均公用经费
		C3-城区生均教育经费
		C4-农村生均教育经费
	B2-支出水平	C5-生均教育经费指数（生均教育经费÷人均 GDP）
		C6-义务教育财政支出占三级教育支出的比例
	B3-支出管理	C7-义务教育预算完成率（决算数÷预算数）
A2-公众感受	B4-满意度	C8-公众满意度调查得分
		C9-公众对教育均衡信息公开状况满意度得分
		C10-流动人口（农民工及其子女）的满意度得分
		C11-北京市户籍人口的满意度得分

续表

一级指标	二级指标	三级指标	
A3 - 学校内部运作	B5 - 办学条件	C12 - 生均教学及辅助用房面积	
		C13 - 生均体育运动场馆面积	C13. 1 - 拥有数量
			C13. 2 - 使用率
		C14 - 生均教学仪器设备	C14. 1 - 拥有数量
			C14. 2 - 使用率
		C15 - 每百名学生教学用计算机台数	C15. 1 - 拥有数量
			C15. 2 - 使用率
		C16 - 生均图书册数	C16. 1 - 拥有数量
			C16. 2 - 使用率
	B6 - 教师资源	C17 - 生师比	
		C18 - 生均高于规定学历教师数	
		C19 - 生均中级及以上专任教师数	
A4 - 教育均衡发展	B7 - 机会均衡	C20 - 入学率	
	B8 - 过程均衡	C21 - 班级规模缩小率	
		C22 - 完成率	
	B9 - 结果均衡	C23 - 升学率	
		C24 - 学生参加全市学业成绩测评达标率	
		C25 - 学生体育成绩达标率	

10. 2. 1 指标体系选择的依据

指标的初步选择是依据北京市义务教育均衡政策文本内容分析和已有研究文献、相关理论等进行选择的。在教育经费维度上，分别从经费支出方向、支出水平和支出管理三个方向进行考察。在支出方向方面，考察了人员经费和公用经费。在支出水平上，考察了教育经费指数（生均教育经费 ÷ 人均 GDP）和义务教育财政支出占三级教育支出的比例。在支出管理上，考虑了义务教育预算完成率（决算数 ÷ 预算数）①。

在公众维度上，义务教育是纯公共产品，教育服务直接面对的群体即是社会公众。社会公众的感受通常用公众满意度或者公众一些比较普遍的行为反映出来。如普遍的"择校"行为、屡屡出现的"天价学区房"、学区房价格居高不下等现象，既是公众"用脚投票""用钞票投票"的写照，也是北京公众对教育均衡的态度，以及对优质教育资源的渴望，对教育均衡满意度的侧面反映。因此，

① 事实上，反映支出管理方面的还应包括预算资金的到位情况、资金执行情况（如产生的成果和效益）、资金的使用情况（如资金的分配情况、拨付情况、监管情况等）。这里只是简化了的指标代表。

本文用社会公众对教育服务的满意度反映了公众对教育均衡的感受情况。另外，北京市拥有居多的外来务工人口及其流动人口子女，这是北京市城市化发展过程中出现的副产品，北京市政府必须将外来务工人口子女的教育问题纳入公共政策范围，为其子女提供基本的教育机会和保障。换句话说，这是北京市在享受外来务工人员为北京发展提供廉价劳务的同时必须付出的代价，这个问题如果被忽视、被轻视、草率处理，带来的问题就是公众感受不好或者满意度低。因而，北京市流动人口尤其是农民工及其子女中适龄儿童入学问题也是影响北京公众教育满意度的重要方面。因此，考察北京市公众教育满意度不仅需要看义务教育总体满意度情况，还要分别考察流动人口和北京市户籍人口对义务教育的满意度情况。此外，教育是政府通过纳税获得资金而生产提供的，政府有义务公开、公众有权力了解义务教育均衡发展情况。因此，考察北京市公众教育满意度还需考察公众对义务教育均衡信息公开状况的满意度。

在学校内部运作维度方面，由于学校内部管理制度和学校管理者才能等指标不易量化且难以获得，在这一维度上主要考察义务教育校内资源配置情况。教师资源和办学条件是学校教育质量最为重要的“软”“硬”资源，北京市义务教育阶段学校间均衡发展状况督导评估指标体系中，即分别从办学条件和教育资源两个方面对生均教学仪器设备值、每百名学生拥有计算机台数、生均图书册数、生均教学及辅助用房面积、生均体育运动场馆面积等指标进行了测量。其中教学仪器设备、学生拥有计算机台、图书、体育运动场馆分别从总量和使用效率上考察。

在教育均衡发展维度上，教育是否均衡发展体现为机会均衡、过程均衡和结果均衡三个方面。首先，机会均衡是教育均衡的前提，代表一个地区所有的适龄儿童是否具有同等机会入学，可以用入学率体现。其次，过程均衡代表入学后是否具有相同的受教育条件，可以用班级规模缩小率和义务教育完成率两项指标体现，这两项指标值越高，说明学校提供的教育服务越能满足基本要求。结果均衡即接受教育后所达到的教育成果相同，成绩是体现教育成果最直接的量化指标，不仅要看学科知识成绩，还要关注学生体育健康成绩。此外，在我国通过中考择优进入高中的模式下，还可以用升学率（不包括职业教育）来衡量结果均衡情况。

10.2.2 指标体系信效度检验

初始设计的指标带有一定的个人主观性，为保证指标体系的有效性，进而保证研究结果的可靠性，还需要对整个指标体系进行信效度分析。指标体系的信效度检验是基于专家问卷调查结果的统计分析结果（调查问卷见附录3），问卷主要针对有教育相关专业知识的专业人员，如教育相关工作从事者或教育相关专业学习者，从专业的角度为各项指标对于衡量北京市义务教育均衡效果的重要程度进行打分，共回收问卷41份，有效问卷30份。

信度检验是对问卷调查结果的内在一致性进行分析。内在一致性主要是衡量不同问卷被调查者对于问卷调查内容看法的一致性，一致性程度越高，说明问卷调查结果可靠性越强，即问卷调查结果是有效可取的。信度检验的常用方法是 α 系数法，通过计算 α 系数判断结果的一致性。本研究直接用 SPSS19 对问卷调查结果分维度进行可靠性分析，其结果如表 10－2 所示。教育经费、学校内部运作和教育均衡发展维度 α 系数都达到了 0.9 以上，公众感受维度的 α 系数较低，但也在高于 0.8，问卷整体的 α 较高，为 0.982，接近于 1。以上数值说明，问卷调查的整体结果是有效的，一致性较强，各个维度指标得分是可信的，可以准确反映指标的重要性程度。

表 10－2　　可靠性统计量 α 信度系数表

维度	样本总量	Cronbach's Alpha
教育经费	30	0.930
公众感受	30	0.887
学校内部运作	30	0.978
教育均衡发展	30	0.941
总体	30	0.982

数据来源：运用 SPSS19 对附录 2 问卷调查结果进行可靠性分析结果整理。

效度检验包括内容效度检验和结构效度检验两部分。内容效度检验是对具体指标是否能够有效衡量义务教育均衡绩效的检验，结构效度检验是对指标体系结构是否有效的检验。信度检验结果已经说明基于问卷调查的各指标得分可以有效说明指标的重要性程度，因此可以用各指标的重要性得分均值进行内容效度检验，得分越高，说明指标对于评价义务教育均衡绩效的重要性越强。结构效度检验主要运用因子分析法，对所有三级指标进行主成分提取，提取主成分个数即为所有三级指标所体现的维度个数，三级指标与各主成分之间的相关系数表明三级指标解释主成分的程度，相关系数越高，解释主成分的能力越强。本研究直接用 SPSS19 对问卷调查结果进行内容效度检验和因子分析，其结果如表 10－3 所示。

表 10 - 3　北京义务教育财政支出绩效指标体系内容信度和结构信度分析

指标	子指标	统计量特征：重要性得分均值	统计量特征：标准差	旋转成分矩阵：1	旋转成分矩阵：2	旋转成分矩阵：3	旋转成分矩阵：4
C1 - 生均人员经费		7.30	2.020	.819			
C2 - 生均公用经费		7.33	2.123	.848			
C3 - 城区生均教育经费		7.03	2.220	.798			
C4 - 农村生均教育经费		7.00	2.742	.676			
C5 - 生均教育经费指数（生均教育经费 ÷ 人均 GDP）		7.13	2.675	.675			
C6 - 义务教育财政支出占三级教育支出的比例		6.87	2.700	.760			
C7 - 义务教育预算完成率（决算数 ÷ 预算数）		7.07	2.753	.774			
C8 - 公众满意度调查得分		6.97	2.456		.726		
C9 - 公众对教育均衡信息公开状况满意度得分		6.77	2.431		.768		
C10 - 流动人口（农民工及其子女）的满意度得分		5.87	2.788		.643		
C11 - 北京市户籍人口的满意度得分		6.97	2.580		.624		
C12 - 生均教学及辅助用房面积		7.13	2.240			.575	
C13 - 生均体育运动场馆面积	C13.1 - 拥有数量	6.87	2.255			.560	
	C13.2 - 使用率	7.30	2.277			.588	
C14 - 生均教学仪器设备	C14.1 - 拥有数量	6.83	2.321			.563	
	C14.2 - 使用率	7.43	2.359			.645	
C15 - 每百名学生教学用计算机台数	C15.1 - 拥有数量	6.90	2.203			.795	
	C15.2 - 使用率	7.33	2.187			.851	
C16 - 生均图书册数	C16.1 - 拥有数量	6.93	2.067			.621	
	C16.2 - 使用率	7.63	2.251			.761	
C17 - 生师比		7.33	2.218			.477	
C18 - 生均高于规定学历教师数		7.27	2.067			.523	
C19 - 生均中级及以上专任教师数		7.23	2.176			.588	
C20 - 入学率		7.77	1.977				.684
C21 - 班级规模缩小率		6.90	2.123				.547
C22 - 完成率		7.80	2.469				.869
C23 - 升学率		7.77	1.716				.739
C24 - 学生参加全市学业成绩测评达标率		7.93	2.116				.643
C25 - 学生体育成绩达标率		7.90	1.936				.574

注：成分提取方法为主成分分法，旋转法为具有 Kaiser 标准化的正交旋转法，旋转在 7 次迭代后收敛。
数据来源：运用 SPSS19 对附录 2 问卷调查结果进行因子分析。

重要性的得分均值中，29 项三级指标中（因 C13、C14、C15、C16 各包括 2 个指标分别是拥有量和使用率），故 25 个三级指标就变成了 29 个（=25+4），

19 项指标的得分均值在 7 分以上（10 分制），9 项指标的得分均值在 6 分以上（10 分制），1 项指标的得分均值在 5 分以上（10 分制）。可见，参与调查的 30 位相关专家认为本研究所设计的 29 项指标能够有效衡量义务教育均衡绩效。

旋转矩阵成分分析是对 29 项指标进行主成分提取的过程，提取结果表明 29 项指标可以聚类为 4 类成分，第一维度的 7 项指标与成分 1 的相关性最为显著，相关系数在 0.6 以上；第二维度的 4 项指标与成分 2 的相关性最为显著，相关系数在 0.6 以上；第三维度的 12 项指标与成分 3 的相关性最为显著，相关系数 0.5 左右，相对较低；第四维度的 6 项指标与成分 4 的相关性最为显著，相关系数在 0.5 以上。可见，经过因子分析主成分提取的指标体系与初始设定的指标体系一致，各维度下的各项指标能够有效反映各维度的情况，初始设定的指标体系具有有效性。

指标体系通过信效度检验说明所设计指标的结构和内容是可取且有效的，可以用于实际绩效评价。但实际研究中由于部分指标数据获取渠道受限，无法获得相关数据，因此本文在实际计算时只能将部分有效指标删除，经过调整的指标体系如表 10 -4 所示。

表 10 -4 北京市义务教育均衡绩效调整后指标体系

一级指标	二级指标	三级指标
A1 - 教育经费	B1 - 支出方向	C1 - 生均人员经费
		C2 - 生均公用经费
	B2 - 支出水平	C3 - 生均教育经费指数
		C4 - 义务教育财政支出占三级教育支出的比例
A2 - 公众感受	B3 - 满意度	C5 - 公众满意度调查得分
A3 - 学校内部运作	B4 - 办学条件	C6 - 生均教学及辅助用房面积
		C7 - 生均体育运动场馆面积
		C8 - 生均教学仪器设备
		C9 - 每百名学生教学用计算机台数
		C10 - 生均图书册数
	B5 - 教师资源	C11 - 生师比
		C12 - 生均高于规定学历教师数
		C13 - 生均中级及以上专任教师数
A4 - 教育均衡发展	B6 - 机会均衡	C14 - 入学率
	B7 - 过程均衡	C15 - 班级规模缩小率
		C16 - 完成率
	B8 - 结果均衡	C17 - 升学率
		C18 - 学生参加全市学业成绩测评达标率

10.2.3 指标权重确定

各项指标对于义务教育均衡的重要性程度不同，因此要使指标指数化，还需根据指标的重要性对各项指标赋予相应的权重。确定权重的方法有很多，目前常用的方法有专家咨询权数法（又称德尔菲法，根据专家对指标的重要性打分来确定权重）、因子分析权数法（通过计算共性因子的累积贡献率确定权重，可通过SPSS中因了分析直接得出）、变异系数法（通过计算各指标的变异系数确定权重）和层次分析法（将评估目标分解成多级指标，对每一层级中的各因素进行两两比较，判断相对重要性，进而确定指标权重）。由于本研究建立的指标体系具有层次性，更适用层次分析法确定权重，并在使用层次分析法的同时结合德尔菲法咨询获得专家对指标相对重要性的意见。由于心理学研究表明“人区分信息登记的极限能力为7±2”,① 因此在对指标相对重要性进行评判时，引入如九分位的比例标度，如表10－5所示。

表10－5　　九分位比例标度表

标度（指标i重要性与指标j重要性之比）	含义
1	i指标与j指标同等重要
3	i指标比j指标稍微重要
5	i指标比j指标明显重要
7	i指标比j指标强烈重要
9	i指标比j指标绝对重要
2，4，6，8	表示上述判断的中间情况
倒数	a^{ij}表示i指标重要性与j指标重要性之比，a^{ji}则为a^{ij}的倒数，即$a^{ij}=1/a^{ji}$

在运用层次分析法确定权重时，首先设计调查问卷，获得教育领域相关专家对各层次指标的判断矩阵，问卷见附录4。研究共发放40份问卷，回收35份，其中有效问卷30份。利用SPSS对26份有效问卷进行可靠性分析，问卷总体α系数为0.715，问卷内在一致性较为显著，问卷具有可信度。获得专家意见后，分别对30位专家的所得出的各层次判断矩阵进行分析，具体步骤为：

（1）采用求和法对判断矩阵每一列元素进行归一化处理，处理公式为$b'_{ij}=\frac{b_{ij}}{\sum_{i=1}^{n}b_{ij}}$，其中$b_{ij}$表示判断矩阵中第i行、第j列的数值。

① 曹茂林．层次分析法确定评价指标权重及Excel计算［J］．江苏科技信息．2012.4：39－40.

（2）将每一列经归一化处理后的判断矩阵按行相加，得 $w_i = \sum_{j=1}^{n} b'_{ij}$，进而对向量 $w = (w_1, w_2, \cdots, w_n)^t$ 做归一化处理，处理公式为 $w'_i = \frac{w_i}{\sum_{j=1}^{n} w_j}$。所得 w'_i 即为指标权重。

（3）计算判断矩阵最大特征值根 λ_{max}，计算公式为 $\lambda_{max} = \sum_{i=1}^{n} \frac{\sum_{j=1}^{n} b_{ij} w_j}{n w_i}$。

（4）对判断矩阵进行一致性检验。当矩阵中 b_{ij} 满足 $b_{ii} = 1$，$b_{ji} = 1/b_{ij}$，$b_{ij} = b_{ik}/b_{jk}$ 时说明判断举证具有完全的一致性。当矩阵阶数小于 3 时，判断矩阵永远具有一致性。当矩阵阶数大于等于 3 是，需计算判断矩阵一致性指标 CI 值 $\left(CI = \frac{\lambda_{max} - n}{n - 1}\right)$，并引入判断矩阵的评价一致性指标 RI 值，当 $CR = CI/RI < 0.10$ 时，即认为判断矩阵具有满意的一致性（RI 值查表可得）。

（5）对 30 位专家样本中各级指标的判断矩阵进行权重计算和一致性检验后，剔除未通过一致性检验的样本，将最后通过一致性检验样本中所得的指标权重进行算术平均计算得最终指标权重。其结果如表 10－6 所示。

表 10－6　　北京义务教育均衡绩效指标体系权重

一级指标	一级指标权重	二级指标	二级指标权重	三级指标	三级指标权重
A1－教育经费	25.14%	B1－支出方向	67.18%	C1－生均人员经费	56.92%
				C2－生均公用经费	43.08%
		B2－支出水平	32.82%	C3－生均教育经费指数	54.46%
				C4－义务教育财政支出占三级教育支出的比例	45.54%
A2－公众感受	19.49%	B3－满意度	19.49%	C5－公众满意度调查得分	19.49%
A3－学校内部运作	17.21%	B4－办学条件	22.56%	C6－生均教学及辅助用房面积	30.01%
				C7－生均体育运动场馆面积	17.36%
				C8－生均教学仪器设备	13.80%
				C9－每百名学生教学用计算机台数	15.76%
				C10－生均图书册数	23.08%
		B5－教师资源	77.44%	C11－师生比	33.96%
				C12－生均高于规定学历教师数	28.57%
				C13－生均中级及以上专任教师数	37.47%

续表

一级指标	一级指标权重	二级指标	二级指标权重	三级指标	三级指标权重
A4 - 教育均衡发展	38.16%	B6 - 机会均衡	38.27%	C14 - 入学率	38.27%
		B7 - 过程均衡	28.25%	C15 - 班级规模缩小率	59.04%
				C16 - 完成率	40.96%
		B8 - 结果均衡	33.47%	C17 - 升学率	34.81%
				C18 - 学生参加全市学业成绩测评达标率	66.73%

在计算绩效指数时，根据权重的层次关系，应首先计算三级指标的绩效指数，即将三级指标统计的数据与指标权重相乘，其基本公式为 $C_i' = W_{Ci} \times C_i$（W_{Ci} 为各三级指标权重）；其次，将各二指标下的三级指标绩效指数相加，分别与二级指标权重相乘即可获得二级指标的绩效指数，其基本公式为 $B_i' = W_{Bi} \times B_i$（W_{Bi} 为各二级指标权重）；再次，将各一级指标下的二级指标绩效指数相加，分别与一级指标权重相乘即可获得一级指标的绩效指数，其基本公式为 $A_i' = W_{Ai} \times A_i$（W_{Ai} 为各一级指标权重）；最后，将各项一级指标绩效指数相加即可获得北京市义务教育均衡财政支出总体绩效指标。

10.3 绩效指标统计

确定指标和权重后，首先需对 16 个区的三级指标进行数值统计。数据统计主要来源于北京统计年鉴、北京区域统计年鉴、北京教育年鉴、北京市教育事业统计资料、北京市教委网站、教育部信息公开申请、北京市各区统计网站和各区统计年鉴等资料整理。以下对 18 个三级指标的数据具体统计情况进行详细说明。

C1 - 生均人员经费 = 义务教育人员经费 ÷ 义务教育学生人数，具体数值如前文表 5 - 7、表 5 - 8 所列。

C2 - 生均公用经费 = 义务教育公用经费 ÷ 义务教育学生人数，具体数值如前文表 5 - 11、表 5 - 12 所列。

C3 - 生均教育经费指数 =（义务教育总生均经费 ÷ 各区人均 GDP）× 100%，具体数值如前文表 5 - 1、表 5 - 2 所列。

C4 - 义务教育财政支出占三级教育支出的比例 =（义务教育财政支出 ÷ 三级教育财政总支出）× 100%，具体数值如前文表 5 - 3、表 5 - 4 所列。

C5 - 公众满意度调查得分通过附录 2 的满意度问卷调查获得。将各区参与问卷调查者对该区义务教育均衡总体满意度打分进行算术平均，最终获得各区公众满意度调查得分，具体数值如前文表 9－1 所列。

C6－生均教学及辅助用房面积、C7－生均体育运动场馆面积、C8－生均教学仪器设备、C9－每百名学生教学用计算机台数、C10－生均图书册数、C11－师生比、C12－生均高于规定学历教师数、C13－生均中级及以上专任教师数八项指标在 2015 年国家督导组北京市义务教育发展基本均衡情况进行督导检查时进行了统计调查，因此在教育部网站上向有关部门提出信息公开申请，最终获得 2014 年各区八项指标的平均值，具体数值如前文图 6－1 至图 6－10 所列。

C14－入学率＝(义务教育在校生数÷相应适龄人口总数)×100%，《北京教育年鉴》中对各区中小学入学率进行统计，可获得 2010～2014 年各区义务教育入学率，所有区已实现义务教育 100% 入学。

C15－班级规模缩小率＝[(当年平均班级规模－前一年平均班级规模)÷前一年平均班级规模]×100%，分别计算小学和初中的班级规模缩小率，用小学和初中班级规模缩小率的平均值作为总体班级规模缩小率。具体数值根据前文表 6－1、表 6－2 计算得出。

C16－完成率官方数据获得不完全且数据可信度较低，因此本文用义务教育毕业率衡量各区义务教育完成情况，其公式分别为：

小学毕业率＝(前一年六年级学生人数÷当年小学毕业人数)×100%

初中毕业率＝(前一年初三学生人数÷当年初中毕业人数)×100%

义务教育总体毕业率＝小学毕业率×初中毕业率

具体数值如前文表 8－1、表 8－2 所列。

C17－升学率的有关数据因未获得政府统计数据，则根据《北京市教育事业统计资料》测算各区普通高中升学率衡量义务教育完成后接受正规教育学生数量情况，普通高中升学率计算公式为：

普通初中升学率＝(前一年六年级学生人数÷当年初一学生人数)×100%

普通高中升学率＝(前一年初三学生人数÷当年高一学生人数)×100%

义务教育总体升学率＝普通初中升学率×普通高中升学率

C18－学生参加全市学业成绩测评达标率的具体数值无法获得，但可获得各区 2015 年中考成绩情况，以各区普通高中达线率代替学生参加全市学业成绩测评达标率。具体数值如前文图 8－3 所列。

数据统计时分别对小学、初中和义务教育总体情况进行统计，进而分别得出北京市小学、初中和义务教育总体绩效指标。但由于满意度调查得分仅能核算总体满意度，学生参加全市学业成绩测评达标率仅能用中考成绩表示，因此，在分别统计小学、初中和义务教育总体情况时这两项指标采用统一值。得到数据后，需进一步对所获得的原始数据进行处理、计算，进而得出各区义务教育均衡的具体指标。

首先，因各组数据统计尺度和性质不同，需对原始数据进行标准化，使数据趋同化和无量纲化。本文中使用 max - min 方法（最大值最小值法）对原始数据进行标准化，其基本原理将原始数据（X）进行线性变换，使结果落到［0，1］之间，消除不同单位的影响。其运算公式为：

$$x^* = \frac{x - \min}{\max - \min}$$

其次，数据经过标准化处理后，将16个区义务教育均衡指标逐级与各指标确定的权重相乘。

最后，由于本文中确定的各项指标皆是正向指标，即指标所对应数值越大，越有利于义务教育均衡的实现，因此，将赋予权重的各项数值直接相加即可最终得到各区的教育均衡绩效指数。

各区18个三级指标统计情况（三级指标的具体数值亦可见前文分项绩效的统计）及标准化处理结果见附录5。

10.4 综合绩效指数计算结果

对各项三级指标进行统计和标准化后，根据表10-6确定的三级指标权重计算而得的北京市各区小学、初中、义务教育整体二级指标具体数值如表10-7、表10-8、表10-9所示。

表10-7　小学二级指标计算结果

二级指标 区	B1-支出方向	B2-支出水平	B3-满意度	B4-办学条件	B5-教师资源	B6-机会均衡	B7-过程均衡	B8-结果均衡
东城区	26.32%	15.78%	11.26%	28.19%	49.73%	100.00%	37.87%	75.41%
西城区	32.44%	0.00%	72.39%	32.44%	35.23%	100.00%	13.16%	101.54%
朝阳区	57.69%	54.35%	71.74%	32.09%	32.79%	100.00%	36.93%	76.57%
丰台区	0.64%	51.52%	28.82%	18.91%	28.00%	100.00%	43.23%	34.30%
石景山区	20.96%	39.04%	48.59%	38.54%	40.59%	100.00%	78.99%	45.87%
海淀区	16.99%	35.08%	68.68%	45.14%	4.28%	100.00%	31.78%	85.50%
门头沟区	22.32%	73.01%	68.10%	46.20%	58.15%	100.00%	7.90%	39.04%
房山区	39.83%	46.18%	68.23%	61.29%	30.14%	100.00%	72.14%	47.67%
通州区	11.98%	36.90%	78.49%	34.38%	21.47%	100.00%	32.18%	12.33%
顺义区	28.71%	28.47%	88.18%	14.63%	22.53%	100.00%	57.07%	76.56%
昌平区	27.70%	73.66%	0.00%	41.45%	41.97%	100.00%	66.61%	36.26%
大兴区	12.77%	39.48%	78.13%	41.01%	40.13%	100.00%	32.95%	29.91%

续表

区＼二级指标	B1－支出方向	B2－支出水平	B3－满意度	B4－办学条件	B5－教师资源	B6－机会均衡	B7－过程均衡	B8－结果均衡
平谷区	56.78%	70.35%	66.44%	66.00%	86.53%	100.00%	34.40%	40.66%
怀柔区	95.39%	77.28%	47.32%	29.00%	50.54%	100.00%	19.99%	31.43%
密云区	30.14%	40.88%	94.54%	53.54%	32.59%	100.00%	22.10%	24.89%
延庆区	50.86%	69.78%	100.00%	85.47%	100.00%	100.00%	33.87%	36.46%

注：B6－机会均衡所有区县皆为100%，无统计意义。

表10－8　　初中二级指标计算结果

区＼二级指标	B1－支出方向	B2－支出水平	B3－满意度	B4－办学条件	B5－教师资源	B6－机会均衡	B7－过程均衡	B8－结果均衡
东城区	24.65%	12.14%	11.26%	32.25%	20.45%	100.00%	36.62%	74.95%
西城区	25.30%	9.24%	72.39%	57.43%	21.77%	100.00%	20.42%	101.54%
朝阳区	42.07%	19.41%	71.74%	65.80%	37.02%	100.00%	27.21%	64.92%
丰台区	18.05%	46.00%	28.82%	31.13%	24.12%	100.00%	29.71%	37.91%
石景山区	23.98%	37.51%	48.59%	28.37%	24.41%	100.00%	42.92%	38.20%
海淀区	7.78%	18.89%	68.68%	41.40%	0.51%	100.00%	40.56%	82.78%
门头沟区	17.90%	73.67%	68.10%	49.08%	42.22%	100.00%	39.53%	31.08%
房山区	17.84%	27.95%	68.23%	69.26%	38.64%	100.00%	22.76%	37.00%
通州区	17.74%	12.86%	78.49%	38.19%	17.37%	100.00%	38.08%	19.98%
顺义区	16.17%	1.82%	88.18%	30.94%	27.13%	100.00%	52.22%	81.78%
昌平区	18.44%	44.20%	0.00%	57.97%	55.93%	100.00%	62.42%	32.85%
大兴区	13.80%	63.34%	78.13%	57.07%	58.50%	100.00%	37.65%	27.53%
平谷区	41.17%	100.00%	66.44%	59.61%	100.00%	100.00%	44.23%	51.01%
怀柔区	100.00%	34.81%	47.32%	39.92%	55.49%	100.00%	62.30%	38.40%
密云区	9.28%	73.55%	94.54%	64.79%	45.53%	100.00%	60.49%	19.42%
延庆区	20.84%	64.42%	100.00%	62.12%	38.56%	100.00%	95.07%	26.97%

注：B6－机会均衡所有区县皆为100%，无统计意义。

表10－9　　义务教育总体二级指标计算结果

区＼二级指标	B1－支出方向	B2－支出水平	B3－满意度	B4－办学条件	B5－教师资源	B6－机会均衡	B7－过程均衡	B8－结果均衡
东城区	36.85%	15.21%	11.26%	31.02%	32.92%	100.00%	49.42%	74.08%
西城区	64.20%	0.00%	72.39%	43.17%	28.10%	100.00%	22.62%	101.54%
朝阳区	83.94%	50.38%	71.74%	40.67%	38.02%	100.00%	39.41%	66.31%
丰台区	22.63%	61.51%	28.82%	19.88%	27.06%	100.00%	44.45%	35.35%
石景山区	49.48%	44.54%	48.59%	35.74%	32.44%	100.00%	74.93%	38.17%

续表

二级指标 区	B1 - 支出方向	B2 - 支出水平	B3 - 满意度	B4 - 办学条件	B5 - 教师资源	B6 - 机会均衡	B7 - 过程均衡	B8 - 结果均衡
海淀区	53.23%	35.72%	68.68%	44.27%	1.73%	100.00%	48.81%	82.57%
门头沟区	79.65%	85.82%	68.10%	48.96%	50.93%	100.00%	36.11%	31.29%
房山区	25.35%	45.84%	68.23%	65.68%	37.42%	100.00%	55.48%	37.92%
通州区	14.27%	30.52%	78.49%	32.27%	20.77%	100.00%	46.00%	14.60%
顺义区	48.00%	17.80%	88.18%	19.01%	26.71%	100.00%	71.41%	78.91%
昌平区	58.19%	69.68%	0.00%	43.87%	54.08%	100.00%	84.34%	32.85%
大兴区	1.84%	57.96%	78.13%	43.50%	54.59%	100.00%	47.05%	26.06%
平谷区	77.41%	100.00%	66.44%	60.32%	100.00%	100.00%	53.73%	44.67%
怀柔区	69.67%	69.92%	47.32%	37.27%	56.61%	100.00%	60.64%	33.34%
密云区	51.36%	64.36%	94.54%	60.40%	43.06%	100.00%	60.28%	18.90%
延庆区	37.69%	78.73%	100.00%	82.06%	64.87%	100.00%	95.08%	27.70%

注：B6 - 机会均衡所有区县皆为100%，无统计意义。

得出各项二级指标具体数值后，根据表10-6确定的二级指标权重计算而得的北京市各区小学、初中、义务教育整体一级指标具体数值如表10-10、表10-11、表10-12所示。

表10-10　　小学一级指标计算结果

一级指标 区	A1 - 教育经费	A2 - 公众感受	A3 - 学校内部运作	A4 - 教育均衡发展	总指数
东城区	22.86%	11.26%	44.87%	74.21%	43.98%
西城区	21.79%	72.39%	34.60%	75.97%	54.53%
朝阳区	56.59%	71.74%	32.63%	74.33%	62.19%
丰台区	17.34%	28.82%	25.95%	61.96%	38.09%
石景山区	26.90%	48.59%	40.13%	75.94%	52.12%
海淀区	22.93%	68.68%	13.50%	75.87%	50.42%
门头沟区	38.96%	68.10%	55.45%	53.57%	53.05%
房山区	41.91%	68.23%	37.17%	74.60%	58.70%
通州区	20.16%	78.49%	24.38%	51.49%	44.21%
顺义区	28.63%	88.18%	20.75%	80.01%	58.49%
昌平区	42.78%	0.00%	41.85%	69.22%	44.37%
大兴区	21.54%	78.13%	40.33%	57.59%	49.56%
平谷区	61.23%	66.44%	81.90%	61.60%	65.94%
怀柔区	89.45%	47.32%	45.68%	54.44%	60.34%
密云区	33.67%	94.54%	37.32%	52.84%	53.48%
延庆区	57.07%	100.00%	96.72%	60.04%	73.40%

注：教育均衡发展一级指标下，机会均衡按比例均以满分算入。

表 10 - 11 初中一级指标计算结果

一级指标 区	A1 - 教育经费	A2 - 公众感受	A3 - 学校内部运作	A4 - 教育均衡发展	总指数
东城区	20.54%	11.26%	23.12%	73.70%	39.46%
西城区	20.03%	72.39%	29.82%	78.02%	54.05%
朝阳区	34.63%	71.74%	43.51%	67.69%	56.01%
丰台区	27.22%	28.82%	25.70%	59.35%	39.53%
石景山区	28.42%	48.59%	25.31%	63.18%	45.08%
海淀区	11.43%	68.68%	9.74%	77.43%	47.48%
门头沟区	36.21%	68.10%	43.77%	59.84%	52.74%
房山区	21.16%	68.23%	45.55%	57.08%	48.24%
通州区	16.14%	78.49%	22.07%	55.72%	44.41%
顺义区	11.46%	88.18%	27.99%	80.40%	55.56%
昌平区	26.89%	0.00%	56.39%	66.90%	41.99%
大兴区	30.06%	78.13%	58.17%	58.12%	54.98%
平谷区	60.48%	66.44%	90.89%	67.84%	69.68%
怀柔区	78.61%	47.32%	51.98%	68.72%	64.15%
密云区	30.37%	94.54%	49.88%	61.86%	58.25%
延庆区	35.14%	100.00%	43.88%	74.16%	64.17%

注：教育均衡发展一级指标下，机会均衡按比例均以满分算入。

表 10 - 12 义务教育总体一级指标计算

一级指标 区	A1 - 教育经费	A2 - 公众感受	A3 - 学校内部运作	A4 - 教育均衡发展	总指数
东城区	29.75%	11.26%	32.49%	77.02%	44.66%
西城区	43.13%	72.39%	31.50%	78.64%	60.38%
朝阳区	72.92%	71.74%	38.62%	71.60%	66.28%
丰台区	35.39%	28.82%	25.44%	62.66%	42.80%
石景山区	47.86%	48.59%	33.19%	72.21%	54.77%
海淀区	47.48%	68.68%	11.33%	79.69%	57.68%
门头沟区	81.67%	68.10%	50.48%	58.94%	64.99%
房山区	32.08%	68.23%	43.80%	66.63%	54.33%
通州区	19.60%	78.49%	23.37%	56.15%	45.67%
顺义区	38.09%	88.18%	24.97%	84.86%	63.44%
昌平区	61.96%	0.00%	51.78%	73.09%	52.38%
大兴区	20.26%	78.13%	52.09%	60.29%	52.29%
平谷区	84.82%	66.44%	91.05%	68.40%	76.05%
怀柔区	69.75%	47.32%	52.25%	66.56%	61.15%
密云区	55.63%	94.54%	46.98%	61.62%	64.01%
延庆区	51.16%	100.00%	68.75%	74.40%	72.58%

注：教育均衡发展一级指标下，机会均衡按比例均以满分算入。

10.5 综合绩效指数结果分析

经过绩效指标的数据统计和层层计算，小学、初中、义务教育总体最终综合指标计算结果如分别如图 10－2、图 10－3、图 10－4 所示。北京市各区小学教育均衡配置综合绩效指数中，延庆区、平谷区、朝阳区、怀柔区、房山区、顺义区、西城区 7 个区小学综合绩效指数依次最高，且高于平均水平（53.93%），丰台区、东城区、通州区、昌平区、大兴区、海淀区、石景山区、门头沟区、密云区等 9 个区依次最低，低于平均水平（53.93%）。延庆区小学综合绩效指数最高，为 73.40%，丰台区最低，为 38.09%，二者相差 35.31%。各区间小学教育均衡配置综合绩效指数的变异系数为 16.38%。

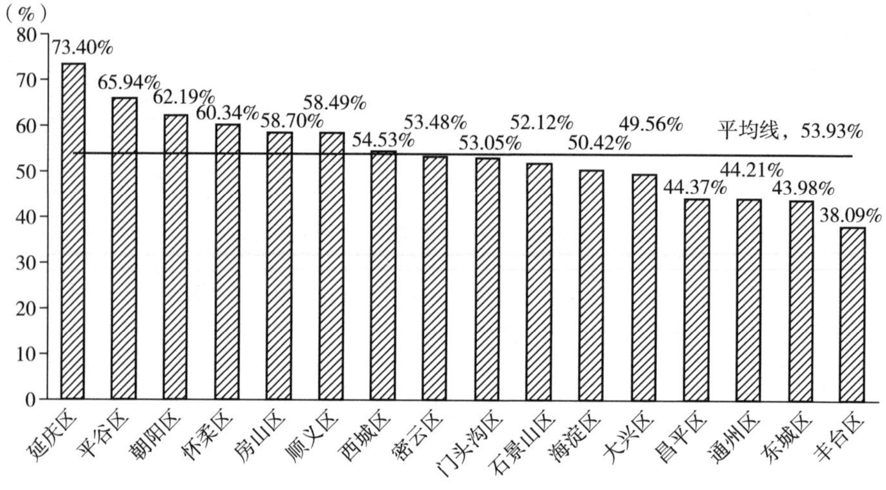

图 10－2 北京市各区小学教育均衡配置绩效指数排序

数据来源：作者计算所得。

北京市各区初中教育均衡配置综合绩效指数中，平谷区、延庆区、怀柔区、密云区、朝阳区、顺义区、大兴区、西城区、门头沟区 9 个区依次最高，高于平均水平（52.14%），东城区、丰台区、昌平区、通州区、石景山区、海淀区、房山区 7 个区依次最低，且低于平均水平（52.14%）。平谷区初中综合绩效指数最高，为 69.68%，东城区最低，为 39.46%，二者相差 30.22%。各区间初中教育均衡配置综合绩效指数的变异系数为 16.87%。

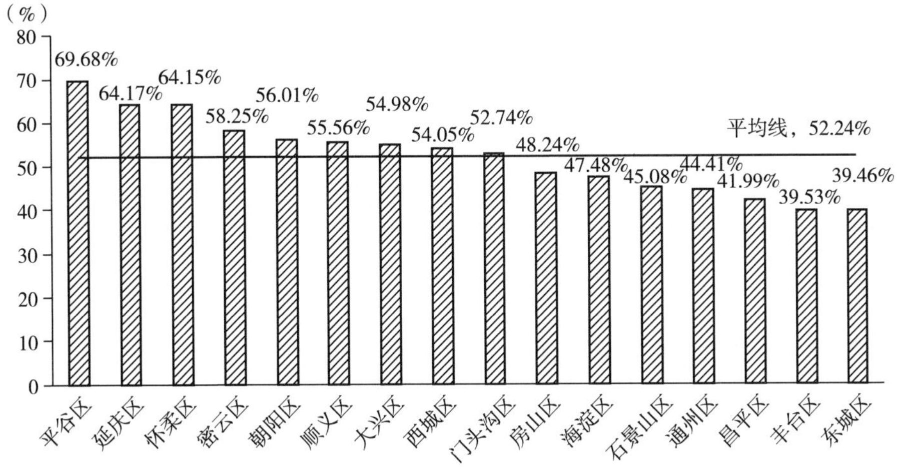

图 10－3　北京市各区初中教育均衡配置绩效指数排序

数据来源：作者计算所得。

北京市各区义务教育均衡配置总体综合绩效指数中平谷区、延庆区、朝阳区、门头沟区、密云区、顺义区、怀柔区、西城区 8 个区依次最高，高于平均水平（58.34%），丰台区、东城区、通州区、大兴区、昌平区、房山区、石景山区、海淀区 8 个区依次最低，低于平均水平（58.34%）。平谷区总体综合绩效指数最高，为 76.05%，大兴区总体综合绩效指数最低，为 42.80%，二者相差 33.24%。各区间义务教育均衡配置总体综合绩效指数的差异水平缩小，变异系数为 15.94%。

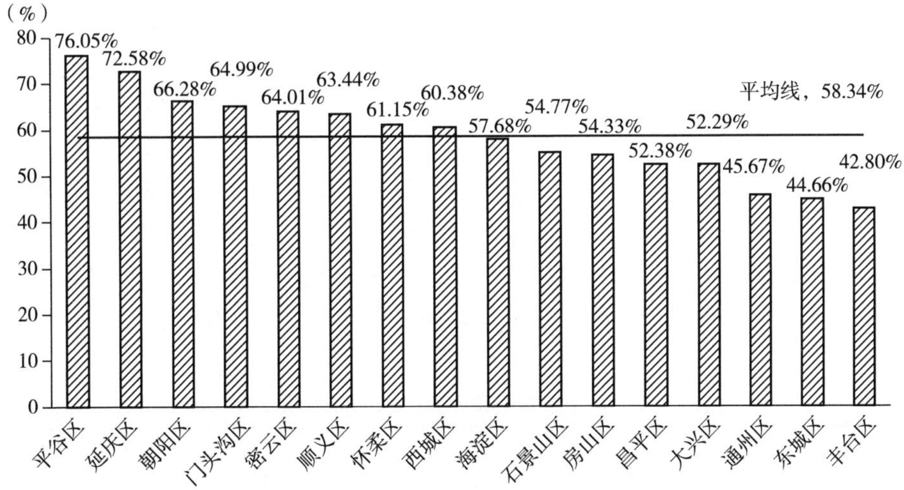

图 10－4　北京市各区义务教育总体均衡配置绩效指数排序

数据来源：作者计算所得。

10.6 各区义务教育均衡绩效指数分析

在北京市各区综合绩效分析的基础上，从平衡积分卡的四个维度分别分析各区义务教育均衡的绩效情况，找出各区在教育经费、公众感受、学校内部运作、教育均衡发展四个维度的优势和不足。

10.6.1 城六区的义务教育均衡绩效分析

1. 东城区

东城区小学教育经费、公众感受、学校内部运作、教育均衡发展四个维度的绩效指数分别为22.86%、11.26%、44.87%、74.21%，按照降序排列在16个区中分别排第13、14、6、8位。初中四个维度的绩效指数分别为20.54%、11.26%、23.12%、73.70%，按照降序排列在16个区中分别排第12、15、14、5位。可见东城区小学在教育经费和公众感受上仍需加强，内部运作和教育均衡发展上表现良好。初中教育经费、公众满意、学校内部运作三个维度均排名靠后，需进一步加强，教育均衡发展绩效情况良好。

将四个维度进一步拆分，其绩效情况如表10－13所示。小学教育经费支出方向和支出水平的绩效指数均低于平均水平，且排名靠后。初中教育经费支出方向绩效指数也低于平均水平，支出水平绩效指数与小学一致。满意度即为公众感受的衡量，东城区总体满意度水平较低。学校内部运作主要从办学条件和教师资源两方面衡量，东城区小学办学条件绩效指数低于平均水平，在16个区中排倒数第3位，而教师资源绩效水平较高，在平均水平之上，排第5位。初中的办学条件和教师资源绩效水平均在平均水平之下，且排名靠后。教育均衡发展从机会均衡、过程均衡和结果均衡三个维度衡量，但北京市各区机会均衡用义务教育入学率衡量已全部实现100%。东城区小学过程均衡和结果均衡的绩效水平较高，尤其是结果均衡的绩效指数超过平均水平，二者排名均在前8位。初中的过程均衡绩效水平偏低，而结果均衡的绩效指数超过平均水平，排在第4位。

表10－13　东城区义务教育均衡配置二级指标绩效分析

二级指标	B1 支出方向	B2 支出水平	B3 满意度	B4 办学条件	B5 教师资源	B7 过程均衡	B8 结果均衡
小学指数	26.32%	15.78%	11.26%	28.19%	49.73%	37.87%	75.41%
排名	10	15	15	14	5	6	5

续表

二级指标	B1 支出方向	B2 支出水平	B3 满意度	B4 办学条件	B5 教师资源	B7 过程均衡	B8 结果均衡
初中指数	24.65%	12.14%	11.26%	32.25%	20.45%	36.62%	74.95%
排名	5	14	15	13	14	12	4

注：机会均衡仅有入学率一个指标，且各区均为100%，不具有对比性，故不予统计，下同。
数据来源：作者计算所得。

2. 西城区

西城区小学教育经费、公众感受、学校内部运作、教育均衡发展四个维度的绩效指数分别为21.79%、72.39%、34.60%、75.97%，按照降序排列在16个区中分别排第13、6、11、2位。初中四个维度的绩效指数分别为20.03%、72.39%、29.82%、78.02%，按照降序排列在16个区中分别排第13、6、10、2位。西城区小学和初中四个维度的绩效水平基本一致，教育经费、公众感受和学校内部运作三个维度绩效水平均低于平均水平，总体排名靠后，而教育均衡发展的绩效水平相对较高，不仅高于平均水平，且小学、初中均排在前5位。

在四个维度下，西城区义务教育均衡配置二级指标绩效情况如表10-14所示。西城区小学和初中教育经费支出方向绩效指数略微低于平均水平，但相对而言排名均在前6位，教育经费支出水平绩效情况较差，小学、初中分别位于倒数第1、第2位。西城区公众满意度水平相对较高，绩效指标高于平均水平，排位第6。小学学校内部运作维度下的办学条件和教师资源绩效指标均低于平均水平，初中的办学条件绩效指标高于平均水平，排位略靠前，而教师资源绩效水平低，位于倒数第4位。16个区中，西城区小学和初中教育均衡发展维度下的过程均衡绩效水平最低，分别为倒数第2和第1位，而结果均衡绩效水平最高，均为第1位。西城区较低的资源投入和较高的满意度、教育结果体现了该区义务教育发展资源的使用效率。

表10-14 西城区义务教育均衡配置二级指标绩效分析

二级指标	B1 支出方向	B2 支出水平	B3 满意度	B4 办学条件	B5 教师资源	B7 过程均衡	B8 结果均衡
小学指数	32.44%	0.00%	72.39%	32.44%	35.23%	13.16%	101.54%
排名	6	16	6	11	9	15	1
初中指数	25.30%	9.24%	72.39%	57.43%	21.77%	20.42%	101.54%
排名	4	15	6	7	13	16	1

数据来源：作者计算所得。

3. 朝阳区

朝阳区小学教育经费、公众感受、学校内部运作、教育均衡发展四个维度的绩效指数分别为56.59%、71.74%、32.63%、74.33%，按照降序排列在16个区中分别排第4、7、12、6位。初中四个维度的绩效指数分别34.63%、71.74%、43.51%、67.69%，按照降序排列在16个区中分别排第5、7、9、8位。朝阳区小学和初中四个维度的绩效水平均在中等或中等以上水平，学校内部运作绩效水平略微偏低。

朝阳区四个维度下二级指标的绩效情况如表10-15所示。小学和初中教育经费支出方向绩效指数均高于平均水平，16个区中均排第2位。小学教育经费支出水平绩效指数也达到平均水平，排名第6位，而初中支出水平绩效水平较低，低于平均水平，排名第11位。义务教育总体满意度水平达到了平均水平，排位第7。小学学校内部运作下的办学条件和教师资源绩效水平均低于平均水平，排在后8位。初中的办学条件绩效水平较高，排第2位，教师资源绩效水平略低于平均水平，排第9位。小学教育均衡发展维度下的过程均衡绩效水平略低于平均水平，16个区中排位中等，结果均衡绩效水平较高，排第3位。初中过程均衡绩效指数较低，16个区中排倒数第3，结果均衡的绩效水平高于平均水平，排在第5位。

表10-15 朝阳区义务教育均衡配置二级指标绩效分析

二级指标	B1 支出方向	B2 支出水平	B3 满意度	B4 办学条件	B5 教师资源	B7 过程均衡	B8 结果均衡
小学指数	57.69%	54.35%	71.74%	32.09%	32.79%	36.93%	76.57%
排名	2	6	7	12	10	7	3
初中指数	42.07%	19.41%	71.74%	65.80%	37.02%	27.21%	64.92%
排名	2	11	7	2	9	14	5

数据来源：作者计算所得。

4. 丰台区

丰台区小学教育经费、公众感受、学校内部运作、教育均衡发展四个维度的绩效指数分别为17.34%、28.82%、25.95%、61.96%，按照降序排列在16个区中分别排第16、14、13、9位。初中四个维度的绩效指数分别为27.22%、28.82%、25.70%、59.35%，按照降序排列在16个区中分别排第9、14、12、13位。整体而言，丰台区小学和初中教育经费、公众感受、学校内部运作三个维度的绩效指数均较低，均低于平均水平。四个维度绩效指数在16各区排名中，均排在后8位。

丰台区四个维度下二级指标绩效情况如表10－16所示。小学和初中教育经费支出方向的绩效指标均低于平均水平，排名靠后，教育经费支出水平均高于平均水平，排在前8位。公众对丰台区的满意度水平较低，16个区中，排在第11位。小学和初中学校内部运作维度下的办学条件和教师资源绩效指标均低于平均水平，且排名靠后。小学和初中教育均衡发展维度下，仅小学过程均衡绩效指数高于平均水平，排第5位，其他绩效指数均未达到平均水平，排名中后位。

表10－16　丰台区义务教育均衡配置二级指标绩效分析

二级指标	B1 支出方向	B2 支出水平	B3 满意度	B4 办学条件	B5 教师资源	B7 过程均衡	B8 结果均衡
小学指数	0.64%	51.52%	28.82%	18.91%	28.00%	43.23%	34.30%
排名	16	7	14	15	13	5	12
初中指数	18.05%	46.00%	28.82%	31.13%	24.12%	29.71%	37.91%
排名	9	6	14	14	12	13	9

数据来源：作者计算所得。

5. 石景山区

石景山区小学教育经费、公众感受、学校内部运作、教育均衡发展四个维度的绩效指数分别为26.90%、48.59%、40.13%、75.94%，按照降序排列在16个区中分别排第10、12、8、3位。初中四个维度的绩效指数分别为28.42%、48.59%、25.31%、63.18%，按照降序排列在16个区中分别排第8、12、13、10位。整体而言，与其他区相比，石景山区小学教育均衡发展绩效水平较高，教育经费、公众满意度绩效水平偏低，学校内部运作绩效水平居中。初中教育经费水平居中，其他三个维度均不占优势。

石景山区四个维度下二级指标绩效情况如表10－17所示。小学教育经费支出方向和支出水平绩效指数均低于平均水平，16个区中排位靠后，初中教育经费支出方向和支出绩效水平略低于平均水平，排位居中。石景山区公众对教育均衡的满意度水平较低，16个区排第12位。小学和初中学校内部运作维度下的办学条件和教师资源绩效指标均低于平均水平，排位均在中后位，初中办学条件绩效水平在16个区中最低。小学教育均衡发展维度下的过程均衡绩效指数在16个区中最高，结果均衡绩效水平低于平均水平，排位居中。初中过程均衡绩效水平略高于平均水平，排位第7，结果均衡绩效水平低于平均水平，排位居中。

表 10－17　　石景山区义务教育均衡配置二级指标绩效分析

二级指标	B1 支出方向	B2 支出水平	B3 满意度	B4 办学条件	B5 教师资源	B7 过程均衡	B8 结果均衡
小学指数	20.96%	39.04%	48.59%	38.54%	40.59%	78.99%	45.87%
排名	12	11	12	9	7	1	7
初中指数	23.98%	37.51%	48.59%	28.37%	24.41%	42.92%	38.20%
排名	6	8	12	16	11	7	8

数据来源：作者计算所得。

6. 海淀区

海淀区小学教育经费、公众感受、学校内部运作、教育均衡发展四个维度的绩效指数分别为22.93%、68.68%、13.50%、75.87%，按照降序排列在16个区中分别排第11、8、16、4位。初中四个维度的绩效指数分别为11.43%、68.68%、9.74%、77.43%，按照降序排列在16个区中分别排第16、8、16、3位。海淀区小学、初中四个维度的绩效水平，除教育均衡发展外，均处于较低水平，初中教育经费绩效水平、小学和初中学校内部运作绩效水平在16个区中均最低。但是，海淀区小学和初中教育均衡发展绩效水平较高，分别排在第4、第3位。

海淀区四个维度下二级指标绩效指标情况如表10－18所示。海淀区小学和初中教育经费维度下的支出方向、支出水平绩效指数均低于平均水平，在16各区中排位10名往后。满意度指数达到平均水平，排位居中。小学学校内部运作维度下的办学条件绩效指数略高于平均水平，排位第6位，而初中办学条件绩效水平偏低，排位第10位。小学和初中学校内部运作维度下的教师资源绩效水平在16个区中最低，均排位第16位。教育均衡发展维度下，小学和初中过程均衡绩效水平低于平均水平，排位居中，分别为第12位、第8位。但是，海淀区小学和初中结果均衡绩效水平较高，排位靠前，均为第2位，可见教育资源的投入产出效率较高。

表 10－18　　海淀区义务教育均衡配置二级指标绩效分析

二级指标	B1 支出方向	B2 支出水平	B3 满意度	B4 办学条件	B5 教师资源	B7 过程均衡	B8 结果均衡
小学指数	16.99%	35.08%	68.68%	45.14%	4.28%	31.78%	85.50%
排名	13	13	8	6	16	12	2
初中指数	7.78%	18.89%	68.68%	41.40%	0.51%	40.56%	82.78%
排名	16	12	8	10	16	8	2

数据来源：作者计算所得。

10.6.2 十个远郊区的义务教育均衡配置绩效分析

1. 门头沟区

门头沟小学教育经费、公众感受、学校内部运作、教育均衡发展四个维度的绩效指数分别为 38.96%、68.10%、55.45%、53.57%，按照降序排列在 16 个区中分别排第 7、10、3、14 位。初中四个维度的绩效指数分别为 36.21%、68.10%、43.77%、59.84%，按照降序排列在 16 个区中分别排第 3、10、8、12 位。与海淀区相反，门头沟区小学和初中教育经费、学校内部运作的绩效水平均在前 8 位，而公众感受、教育均衡发展的绩效水平较低，排位靠后，义务教育资源的投入效率略显不足。

门头沟区四个维度下二级指标绩效指标情况如表 10－19 所示。小学和初中教育经费支出方向绩效水平较低，均低于平均水平，排位分别为第 11、第 10 位，而教育经费支出水平绩效水平较高，明显高于平均水平，排位均为第 3 位。门头沟区的公众满意度水平达到平均水平，16 个区排位第 10 位。学校内部运作维度下，小学、初中办学条件和教师资源绩效指数均高于平均水平，总体排名中等偏上。小学教师资源绩效指数较高，排位第 3 位。教育均衡发展维度下，小学、初中过程均衡和结果均衡绩效指数均未达到平均水平，排位均在后 8 位，其中，小学过程均衡绩效指数在 16 个区中最低。

表 10－19　　门头沟区义务教育均衡配置二级指标绩效分析

二级指标	B1 支出方向	B2 支出水平	B3 满意度	B4 办学条件	B5 教师资源	B7 过程均衡	B8 结果均衡
小学指数	22.32%	73.01%	68.10%	46.20%	58.15%	7.90%	39.04%
排名	11	3	10	5	3	16	9
初中指数	17.90%	73.67%	68.10%	49.08%	42.22%	39.53%	31.08%
排名	10	2	10	9	6	9	12

数据来源：作者计算所得。

2. 房山区

房山区小学教育经费、公众感受、学校内部运作、教育均衡发展四个维度的绩效指数分别为 41.91%、68.23%、37.17%、74.60%，按照降序排列在 16 个区中分别排第 6、9、10、5 位。初中四个维度的绩效指数分别为 21.16%、68.23%、45.55%、57.08%，按照降序排列在 16 个区中分别排第 11、9、6、15 位。可见，房山区小学学校内部运作维度和初中教育经费维度绩效水平较低，其他均为中等偏上水平。

房山区四个维度下二级指标绩效指标情况如表 10－20 所示。小学教育经费支出方向和指数水平绩效水平均高于平均水平，排位分别为第 5、第 8 位。初中教经费支出方向和支出水平均低于平均水平，且排位靠后。房山区公众对于义务教育的满意度水平略高于北京市总体满意水平，16 个区排第 9 位。学校内部运作维度下，小学和初中办学条件绩效指数较高，排位靠前，分别为第3、第1 位，而教师资源绩效指数较低，尤其是小学，绩效指数低于平均水平，排位第 12。过程均衡和结果均衡维度下，小学的绩效水平较高，排位靠前，而初中的绩效水平较低，排位靠后。

表 10－20　　房山区义务教育均衡配置二级指标绩效分析

二级指标	B1 支出方向	B2 支出水平	B3 满意度	B4 办学条件	B5 教师资源	B7 过程均衡	B8 结果均衡
小学指数	39.83%	46.18%	68.23%	61.29%	30.14%	72.14%	47.67%
排名	5	8	9	3	12	2	6
初中指数	17.84%	27.95%	68.23%	69.26%	38.64%	22.76%	37.00%
排名	11	10	9	1	7	15	10

数据来源：作者计算所得。

3. 通州区

通州区小学教育经费、公众感受、学校内部运作、教育均衡发展四个维度的绩效指数分别为 20.16%、78.49%、24.38%、51.49%，按照降序排列在 16 个区中分别排第 15、4、14、16 位。初中四个维度的绩效指数分别为 16.14%、78.49%、22.07%、55.72%，按照降序排列在 16 个区中分别排第 14、4、15、16 位。虽然通州区小学和初中教育经费、学校内部运作、教育均衡发展等维度的绩效水平均偏低，甚至在 16 个区中排倒数第 1、第 2，但是通州区公众感受的绩效水平较高，排位第 4。

通州区四个维度下二级指标绩效指标情况如表 10－21 所示。小学、初中教育经费支出方向和支出水平绩效指数均低于平均水平，且排名均在 10 位以后。通州区公众对于义务教育满意度的水平较高，绩效指数显著高于平均水平。学校内部运作维度下，小学、初中的办学条件和教师资源绩效水平均较低，排位均在 10 名以后。教育均衡发展维度下，小学、初中过程均衡和结果均衡的绩效指数水平偏低，排位在 10 名以后，其中，小学结果均衡绩效指数为在 16 个区中最低。

表 10－21 通州区义务教育均衡配置二级指标绩效分析

二级指标	B1 支出方向	B2 支出水平	B3 满意度	B4 办学条件	B5 教师资源	B7 过程均衡	B8 结果均衡
小学指数	11.98%	36.90%	78.49%	34.38%	21.47%	32.18%	12.33%
排名	15	12	4	10	15	11	16
初中指数	17.74%	12.86%	78.49%	38.19%	17.37%	38.08%	19.98%
排名	12	13	4	12	15	10	15

数据来源：作者计算所得。

4. 顺义区

通州区小学教育经费、公众感受、学校内部运作、教育均衡发展四个维度的绩效指数分别为 28.63%、88.18%、20.75%、80.01%，按照降序排列在 16 个区中分别排第 9、3、15、1 位。初中四个维度的绩效指数分别为 11.46%、88.18%、27.99%、80.40%，按照降序排列在 16 个区中分别排第 15、3、11、1 位。在 16 个区中，顺义区小学和初中教育均衡发展绩效水平最高，排名第 1 位，公众感受的绩效也处于较高水平，排位第 3 位，教育经费和学校内部运作的绩效水平较低。

顺义区四个维度下二级指标绩效指标情况如表 10－22 所示。小学、初中教育经费支出方向和支出水平绩效指数均低于平均水平，且排名靠后。初中教育经费支出水平在 16 个区中最低。顺义区公众对于教育满意度的水平较高，绩效指数显著高于平均水平。学校运作维度下的办学条件和教师资源的绩效指数均处于较低水平。小学办学条件绩效指数在 16 个区中最低，小学教师资源和初中办学条件绩效指数在 16 个区中均为倒数第 2。教育均衡发展维度下过程均衡和结果均衡的绩效指数均高于平均水平，排位也较靠前，义务教育资源的使用效率较高。

表 10－22 顺义区义务教育均衡配置二级指标绩效分析

二级指标	B1 支出方向	B2 支出水平	B3 满意度	B4 办学条件	B5 教师资源	B7 过程均衡	B8 结果均衡
小学指数	28.71%	28.47%	88.18%	14.63%	22.53%	57.07%	76.56%
排名	8	14	3	16	14	4	4
初中指数	16.17%	1.82%	88.18%	30.94%	27.13%	52.22%	81.78%
排名	13	16	3	15	10	5	3

数据来源：作者计算所得。

5. 昌平区

昌平区小学教育经费、公众感受、学校内部运作、教育均衡发展四个维度的绩效指数分别为42.78%、0.00%、41.85%、69.22%，按照降序排列在16个区中分别排第5、16、6、8位。初中四个维度的绩效指数分别为26.89%、0.00%、56.39%、66.90%，按照降序排列在16个区中分别排第10、16、3、9位。尽管昌平区小学、初中教育经费、学校内部运作、教育均衡发展三个维度绩效水平均在中等水平，但在16个区中，昌平区公众感受绩效水平却最低。

昌平区四个维度下二级指标绩效指标情况如表10-23所示。小学、初中教育经费支出方向绩效指数均低于平均水平，且排名较为靠后，但教育经费支出水平绩效指数较高，尤其是小学教育经费绩效水平明显高于平均水平。昌平区公众对于义务教育均衡满意度水平在16个区中最低。学校内部运作维度下，小学办学条件绩效指数略低于平均水平，教师资源绩效指数略高于平均水平，二者排位居中。初中办学条件和教师资源绩效指数排名较为靠前，尤其是教师资源绩效指数明显高于平均水平。教育均衡发展维度下，小学、初中过程均衡绩效指数明显高于平均水平，二者排位分别为第3位和第2位，而结果均衡绩效指数明显低于平均水平，排位均为第11位。

表10-23　昌平区义务教育均衡配置二级指标绩效分析

二级指标	B1 支出方向	B2 支出水平	B3 满意度	B4 办学条件	B5 教师资源	B7 过程均衡	B8 结果均衡
小学指数	27.70%	73.66%	0.00%	41.45%	41.97%	66.61%	36.26%
排名	9	2	16	7	6	3	11
初中指数	18.44%	44.20%	0.00%	57.97%	55.93%	62.42%	32.85%
排名	8	7	16	6	3	2	11

数据来源：作者计算所得。

6. 大兴区

大兴区小学教育经费、公众感受、学校内部运作、教育均衡发展四个维度的绩效指数分别为21.54%、78.13%、40.33%、57.59%，按照降序排列在16个区中分别排第14、5、7、12位。初中四个维度的绩效指数分别为30.06%、78.13%、58.17%、58.12%，按照降序排列在16个区中分别排第7、5、2、14位。大兴区小学教育中教育经费和教育均衡发展两个维度绩效水平较低，其他两个维度绩效水平居中；初中教育中，教育均衡发展维度绩效水平在16个区中排位倒数第3位，其他三个维度绩效水平较高。

大兴区四个维度下二级指标绩效指标情况如表10-24所示。小学、初中教育经费支出方向绩效指数明显低于平均水平，排位均为倒数第3位。小学教育经费支出水平绩效指数也低于平均水平，而初中支出水平绩效指数明显高于平均水平。大兴区公众对于义务教育均衡的满意度水平较高，16个区中排第5位。学校内部均衡维度下，小学办学条件和教师资源绩效指数略低于平均水平，排位居中。初中办学条件和教师资源绩效指数较高，尤其是教师资源绩效指数明显高于平均值，排位第2位。教育均衡发展维度下，小学、初中过程均衡和结果均衡绩效指数明显低于平均水平，且排位靠后。

表10-24　　大兴区义务教育均衡配置二级指标绩效分析

二级指标	B1 支出方向	B2 支出水平	B3 满意度	B4 办学条件	B5 教师资源	B7 过程均衡	B8 结果均衡
小学指数	12.77%	39.48%	78.13%	41.01%	40.13%	32.95%	29.91%
排名	14	10	5	8	8	10	14
初中指数	13.80%	63.34%	78.13%	57.07%	58.50%	37.65%	27.53%
排名	14	5	5	8	2	11	13

数据来源：作者计算所得。

7. 平谷区

平谷区小学教育经费、公众感受、学校内部运作、教育均衡发展四个维度的绩效指数分别为61.23%、66.44%、81.90%、61.60%，按照降序排列在16个区中分别排第2、11、2、10位。初中四个维度的绩效指数分别为60.48%、66.44%、90.89%、67.84%，按照降序排列在16个区中分别排第2、11、1、7位。总体而言，平谷区教育经费、学校内部运作两个维度的绩效指数均在中等偏上水平，但公众感受和教育均衡发展绩效指数却相对偏低，义务教育资源的使用效率有待提高。

平谷区四个维度下二级指标绩效指标情况如表10-25所示。小学、初中教育经费支出方向和支出水平绩效指数明显高于平均水平，且排位靠前，初中支出水平绩效指数在16个区中最高。平谷区公众对义务教育均衡满意度绩效水平略高于北京市平均水平，16个区排第11位。学校内部运作维度下，小学、初中办学条件和教师资源绩效指数也明显高于平均值，其中初中教师资源绩效指数在16个区中最高。教育均衡发展维度下，小学、初中过程均衡和结果均衡绩效水平均在中等水平，排位居中。

表10-25　　平谷区义务教育均衡配置二级指标绩效分析

二级指标	B1 支出方向	B2 支出水平	B3 满意度	B4 办学条件	B5 教师资源	B7 过程均衡	B8 结果均衡
小学指数	56.78%	70.35%	66.44%	66.00%	86.53%	34.40%	40.66%
排名	3	4	11	2	2	8	8

续表

二级指标	B1 支出方向	B2 支出水平	B3 满意度	B4 办学条件	B5 教师资源	B7 过程均衡	B8 结果均衡
初中指数	41.17%	100.00%	66.44%	59.61%	100.00%	44.23%	51.01%
排名	3	1	11	5	1	6	6

数据来源：作者计算所得。

8. 怀柔区

怀柔区小学教育经费、公众感受、学校内部运作、教育均衡发展四个维度的绩效指数分别为89.45%、47.32%、45.68%、54.44%，按照降序排列在16个区中分别排第1、13、4、13位。初中四个维度的绩效指数分别为78.61%、47.32%、51.98%、68.72%，按照降序排列在16个区中分别排第1、13、4、6位。怀柔区初中教育绩效水平整体上高于小学，小学教育均衡发展维度的绩效水平有待提高。

怀柔区四个维度下二级指标绩效指标情况如表10-26所示。小学教育经费支出方向和支出水平绩效指数明显高于平均水平，在16个区中均位列第1。初中支出方向绩效指数在16个区中也位列第1，支出水平绩效水平情况较差，低于平均水平。怀柔区公众对于义务教育均衡满意度水平略低于北京市平均水平，16个区中排第13位。学校内部运作维度下，小学、初中办学条件绩效指数均低于平均水平，且排位靠后，但教育资源绩效指数均高于平均水平，排位均为第4。教育均衡发展维度下，小学过程均衡、结果均衡以及初中结果均衡绩效指数均明显低于平均水平，初中过程均衡绩效指数却明显高于平均水平，位列第3。

表10-26　　怀柔区义务教育均衡配置二级指标绩效分析

二级指标	B1 支出方向	B2 支出水平	B3 满意度	B4 办学条件	B5 教师资源	B7 过程均衡	B8 结果均衡
小学指数	95.39%	77.28%	47.32%	29.00%	50.54%	19.99%	31.43%
排名	1	1	13	13	4	14	13
初中指数	100.00%	34.81%	47.32%	39.92%	55.49%	62.30%	38.40%
排名	1	9	13	11	4	3	7

数据来源：作者计算所得。

9. 密云区

密云区小学教育经费、公众感受、学校内部运作、教育均衡发展四个维度的绩效指数分别为33.67%、94.54%、37.32%、52.84%，按照降序排列在16个区中分别排第8、2、9、15位。初中四个维度的绩效指数分别为30.37%、

94.54%、49.88%、61.86%，按照降序排列在16个区中分别排第6、2、5、11位。从整体上看，密云区的义务教育均衡绩效水平偏低，其他三个维度的绩效水平优良，还需提高义务教育资源的投入效率，将资源投入更好转化为教育均衡发展。

密云区四个维度下二级指标绩效指标情况如表10-27所示。小学教育经费支出方向和支出水平以及初中支出方向的绩效指数均低于平均水平，初中支出水平绩效指数较高，明显高于平均水平，位列第3。密云区公众对于义务教育均衡的满意度水平明显高于北京市整体平均水平，16个区中排第2位。学校内部运作维度下，小学教师资源绩效指数较低，明显低于平均水平，小学办学条件以及初中办学条件和教师资源的绩效指数均高于平均水平，排位靠前。教育均衡发展维度下，除初中过程均衡绩效指数高于平均水平外，小学过程均衡和结果均衡以及初中结果均衡绩效指数明显低于平均水平，尤其是小学、初中结果均衡分别为倒数第2和第1位。

表10-27　　密云区义务教育均衡配置二级指标绩效分析

二级指标	B1 支出方向	B2 支出水平	B3 满意度	B4 办学条件	B5 教师资源	B7 过程均衡	B8 结果均衡
小学指数	30.14%	40.88%	94.54%	53.54%	32.59%	22.10%	24.89%
排名	7	9	2	4	11	13	15
初中指数	9.28%	73.55%	94.54%	64.79%	45.53%	60.49%	19.42%
排名	15	3	2	3	5	4	16

数据来源：作者计算所得。

10. 延庆区

延庆区小学教育经费、公众感受、学校内部运作、教育均衡发展四个维度的绩效指数分别为57.07%、100.00%、96.72%、60.04%，按照降序排列在16个区中分别排第3、1、1、11位。初中四个维度的绩效指数分别为35.14%、100.00%、43.88%、74.16%，按照降序排列在16个区中分别排第4、1、7、4位。延庆区义务教育整体绩效水平较高，但小学教育均衡发展维度绩效水平需进一步提高。

延庆区四个维度下二级指标绩效指标情况如表10-28所示，延庆区各项二级指标绩效指标中有多项位列16个区之首，其中包括满意度水平、小学办学条件和教师资源、初中过程均衡等。但教育均衡发展维度下，小学过程均衡和结果均衡以及初中结果均衡绩效指数均低于平均水平，需进一步提高。其他指标绩效指标均在中等偏上水平上。

表 10-28　　延庆区义务教育均衡配置二级指标绩效分析

二级指标	B1 支出方向	B2 支出水平	B3 满意度	B4 办学条件	B5 教师资源	B7 过程均衡	B8 结果均衡
小学指数	50.86%	69.78%	100.00%	85.47%	100.00%	33.87%	36.46%
排名	4	5	1	1	1	9	10
初中指数	20.84%	64.42%	100.00%	62.12%	38.56%	95.07%	26.97%
排名	7	4	1	4	8	1	14

数据来源：作者计算所得。

10.7 小　　结

综上对北京市各区义务教育均衡绩效水平计算结果的分析表明，无论是小学还是初中，远郊地区教育均衡绩效指数明显高于其他区。毋庸置疑，城六区（尤其是海淀区和西城区）的教育水平明显优于其他各区，但绩效指数却偏低。综合分析过程和外部条件，导致这一结果的主要因素如下：

（1）数据限制。对北京市各区进行义务教育均衡绩效水平研究的过程中，由于数据获取限制，仅对各区 2015 年（办学条件和教师资源各指标为 2014 年数据）的绩效水平进行计算，没有考虑各指标的存量影响。

（2）政府投入倾斜。近年来，北京市政府出台的各类推进义务教育均衡发展的政策文件中，无一不强调要在教育经费、办学条件和教师资源的投入上向农村地区和教育薄弱地区倾斜。近五年的数据表明，生态涵养区的远郊地区生均教育经费的增长幅度明显高于其他各区。目前，生态涵养区各区生均教育经费的绝对值也位于北京市各区前列。

（3）教育结果差异仍明显。城六区虽然在教育经费、公众满意、学校内部运作等维度绩效水平较低，但在反映教育结果的教育均衡发展绩效水平较高。而远郊低于正好相反，由于政府投入倾斜的影响，教育经费投入、公众满意度、办学条件和教师资源等学校内部运作绩效水平明显高于平均水平，但教育结果均衡发展绩效水平却远不如城六区。对于家长而言，择校的主要决定条件即是考试成绩和升学率，城六区（尤其是海淀区）仍旧是家长择校的主要地区。

（4）非学校指标难以量化。科尔曼报告以及后续的各项研究表明，非学校因素对教育的影响更显著，学校外部环境等因素直接或间接影响教育绩效水平。但是将非学校因素选作指标进行量化处理难以实现，本研究在绩效指数的计算中未将非学校因素纳入指标体系。

总体而言，城六区教育经费、满意度、学校内部运作等维度的绩效水平偏低，但教育结果均衡发展维度的绩效水平在各区中位于前列，反映出城六区义务教育投入的有效性。远郊地区由于政策倾斜，虽然整体绩效指数较高，但教育结果均衡发展绩效仍需加强，这也是提高远郊地区义务教育均衡绩效的着力点。

11

北京市与上海市义务教育均衡绩效比较

上海市与北京市义务教育财政投入一直居全国前两位，但两者义务教育均衡政策目标、教育资源投入方向和力度存在一定的差异，因而导致的均衡绩效也不相同。2014 年 3 月，上海市率先整体通过国家义务教育均衡发展督导认定，向义务教育均衡的更高阶段迈进。分析上海市推进义务教育均衡的政策及义务教育均衡状况，并与北京市进行比较，可以对北京市义务教育均衡绩效进行比较客观的定位，也可以借鉴上海市推进义务教育均衡的经验。

11.1 上海市推进义务教育均衡政策及其执行情况

与北京市相同，上海市政府也明确提出推进高质量义务教育均衡发展的目标。2010 年，根据《国家中长期教育改革和发展规划纲要（2010 ~ 2020 年）》，上海市制定了《上海市中长期教育改革和发展规划纲要（2010 ~ 2020 年）》。其总体目标为：到 2020 年，上海要率先实现教育现代化，率先基本建成学习型社会，努力使每一个人的发展潜能得到激发，教育发展和人力资源开发水平迈入世界先进行列。自 2011 年 3 月与教育部签署了《关于推进区域义务教育均衡发展的备忘录》，上海市政府在率先实现教育现代化的目标基础上，为实现义务教育均衡发展，在完善教育经费投入、改善办学条件、加强师资均衡配置、创新办学机制、促进学生全面健康发展等方面出台了相应的政策。

11.1.1 统筹教育经费投入

教育经费公平、充足、有效的投入是义务教育均衡发展的前提保障。上海市在完善教育经费投入的过程中，通过“三个统筹”和“四个统一”有效的保障了城乡经费投入的公平和充足。其中“三个统筹”，即统筹下达教育支出占财政支出的比重、统筹下达区县财政教育转移支付资金、统筹少数经济发达的中心城区部分财政教育资金，重点用于支持远郊区县和农村地区教育发展。2013 年，全市安排对区县财政教育转移支付资金 114 亿元，其中 88.2 亿元用于远郊区县和农村地区。“四个统一”即指区县内经费拨款标准、教师收入标准、办学条件配置标准、教师编制配置标准的统一，实行城乡均等和城乡统筹的经费定额与供给方式。2013 年，全市义务教育总投入已达 319 亿元，小学、初中生均教育总投入分别达到 2.57 万元、3.59 万元。2012 年，小学生均拨款标准达到 1400 元，初中达到 1600 元。2006 年起，上海市财政对低于全市义务教育生均拨款标准的区县，按照全市平均拨款标准给予补足。

11.1.2 精准改善办学条件

为应对城镇化进程加快、人口剧增的趋势，上海市进行了新一轮大规模的学校基本建设。通过教育公建配套、新（改）建、校舍修缮及抗震加固（校安工程）等措施，进一步提升学校办学条件。上海市办学条件的改善重点在于薄弱学校，其资源配置也主要向农村和郊区学校倾斜，“十一五”期间完成的 592 个教育基建项目中 80% 以上投向郊区。

精准预测、合理规划和严格执行是上海市有效改善办学条件的重要保证。首先，全市以区县为单位，以人口信息管理系统为工具，认真做好生源摸底预测，以常住人口为基数，确定入学范围；其次，在精准预测的基础上合理制定学校布局和建设项目；最后，严格以 2004 年修订的上海市普通中小学校建设标准和城市、农村执行统一建设标准和 2011 年出台的义务教育学校办学基本标准为底线进行学校建设，基本落实教育公建配套学校建设与住宅建设的规划、建设、交付使用“三同步”。办学条件的均衡为义务教育免试就近入学和公平的教育条件提供了保障。

11.1.3 柔性流动师资

2011 年，上海市教育委员会制定实施《促进义务教育阶段人才有序流动优化人力资源配置的实施意见》（下称《意见》）。《意见》鼓励优秀人才从中心城区学校向郊区学校、从城区学校向农村学校、从优质学校向薄弱学校流动；通过机制创新，引导、保障优秀人才有序合理地流动，保证人才流动的公正性和有效性；进而使义务教育阶段学校师资队伍结构趋于合理，人力资源配置趋于均衡，促进义务教育的均衡发展，逐步实现教育公平。

在鼓励教师流动上，通过考核、奖励或晋级提拔激励教师主动流动。在机制创新上，上海近年探索实施骨干教师、特级校长“柔性流动”机制，输出的教师在原校保留编制、待遇和岗位，主要任务是用各自的先进教学理念指导受助学校教学与教研，定期开设示范课。

11.1.4 集团化办学机制

“集团化”办学是上海市教育综合改革的重要项目。在学校文化、办学理念、管理模式充分共享的基础上，通过强弱联合、强校带动弱校的方式促进整体水平偏弱的学校快速发展，进而实现教学水平的均衡。杨浦区的小学集团、普陀区的“圈、链、点”模式、黄浦区的教育协作链、奉贤区的教育资源联盟、青浦区的城乡教育共同体、徐汇区的公民办学校跨体制联动、闵行区实施“智慧传递”项目等，因地制宜，各具特色，对实现“办好每一所家门口的学校”发挥了重要作用。

此外，在浦东区率先展开政府购买教育服务试点。其中，购买委托管理服务可以将农村薄弱学校委托给城区优质校或教育中介机构，通过缔结契约、转移责任、团队进驻的方式，向农村薄弱学校植入先进的教育理念和学校文化，使其快速提升办学水平和教学效率。

11.1.5 注重内涵发展教育

2009 年和 2012 年，上海市参加 PISA（国际学生评估项目）考试，学生成绩皆位列第一。2012 的 PISA 考试中，上海学生以数学 613 分、阅读 570 分和科学 580 分，在所有 65 个国家（或地区）中位居第一，86.8% 的学生达到或超过 OECD 平均成绩 494 分，呈现出上海义务教育校际差异小、均衡程度高的特点。上海义务教育发展注重学生的全面发展，义务教育推进均衡发展大概可分三阶段：第一阶段是教育机会均衡阶段，以保证儿童接受教育权益为重点；第二阶段是外延式条件均衡，主要任务是办学基本条件的标准化；第三阶段是内涵式发展的高级阶段，以注重教育过程、提高教育质量、关注学生差异促进学生个性发展为标志。目前上海市已基本完成第二阶段，正向第三阶段内涵式发展迈进。

在促进学生全面健康发展上，上海市部署实施了学生健康促进工程，全面加强学校体育、卫生、生命及学生心理健康教育。2012 年全市学生《国家学生体质健康标准》综合评价及格率、优良率比 2008 年分别上升了 6.3 和 18.8 个百分点；深化课程改革，在全面优化基础性课程的同时，不断丰富拓展性课程和探究性课程；2010 年启动了“提升校长课程领导力三年行动计划”，努力提高以校长为核心的学校课程团队的规划、执行、建设和评价的能力；建设校园文化，在全市开展校园文化环境建设示范学校活动。“十二五”期间，上海市创建了 100 所示范学校，努力打造校园文化品牌，提升学生文化素养和文明素质。

11.2　上海市义务教育均衡状况

2014 年 4 月 16 日，上海市教育督导室发布《国家对上海市义务教育均衡发展得到认定文件》（下称《认定文件》），其中公布了 2013 年上海市 17 个区县义务教育“八项指标”① 和区县政府推进义务教育均衡发展工作得分情况。

根据《认定文件》公布的结果，上海市 2013 年“八项指标”的综合变异系数如图 11－1 所示。上海市各区县小学和初中综合变异系数大部分集中在 0.3～0.4 之间，均低于 0.65 和 0.55 的标准值，小学整体差异水平略低于初中。宝山区小学综合差异水平较高，变异系数超过 0.5，杨浦区和静安区义务教育综合差异水平较低，小学和初中变异系数均低于 0.3。

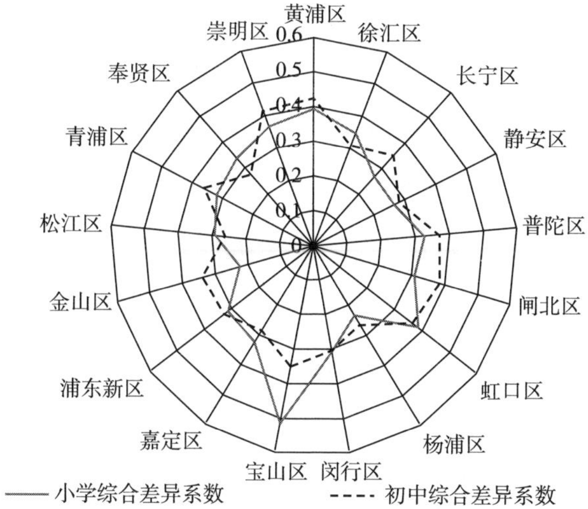

图 11－1　2013 年上海市各区县义务教育综合变异系数

11.2.1　教育经费投入情况

2006～2014 年，上海市公共财政教育支出情况如图 11－2 所示。总支出 9 年

① 八项指标包括生均教学及辅助用房面积、生均体育运动场馆面积、生均教学仪器设备、每百名学生拥有计算机台数、生均图书册数、师生比、生均高于规定学历专任教师数、生均中级及以上专任教师数等八项指标。

间有明显线性上升趋势，从 2006 年的 255.11 亿元上升至 2014 年 674.36 亿元，累计增长 164.34%。公共财政教育支出每年均有不同程度的增长，平均年增长率为 13.31%，2011 年增长最快，年增长率为 30.88%，2011 年后增长逐渐放缓，2014 年仅增长 0.99%。

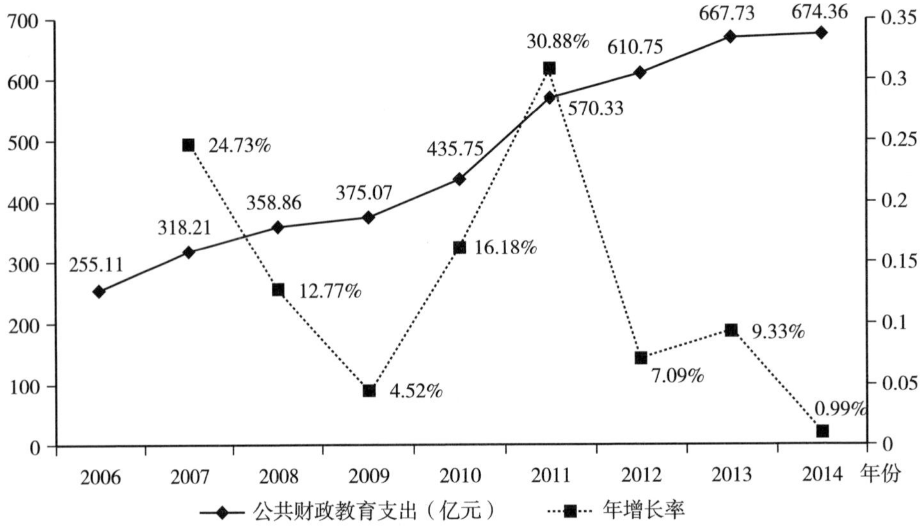

图 11-2 2006~2014 年上海市公共财政教育支出

数据来源：全国教育经费执行情况统计表（2006~2014 年）。

11.2.2 办学条件

2013 年，上海市接受义务教育均衡督导检验，在办学条件上针对各区县生均教学及辅助用房面积、生均体育运动场馆面积、生均教学仪器设备、每百名学生拥有计算机台数、生均图书册数等指标的差异情况进行监测。监测结果表明，各区县间小学生均体育运动场馆面积、生均教学仪器设备、每百名学生拥有计算机台数的差异较大，初中生均体育运动场馆面积、生均教学仪器设备的差异较大，区县内校际差异水平普遍高于区县间差异水平。

11.2.2.1 生均教学及辅助用房面积

上海市各区县小学生均教学及辅助用房面积排序和区县内校际差异情况如图 11-3 所示。全市总体平均值为 4.61 平方米，9 个区县达到平均水平，最高为 5.87 平方米，最低为 3.95 平方米。区县间变异系数为 0.12，区县内校际变异系数相对较高，17 个区县平均校际变异系数为 0.38，其中宝山区校际差异水平最高，变异系数为 0.57，金山区校际差异水平最低，变异系数为 0.19。

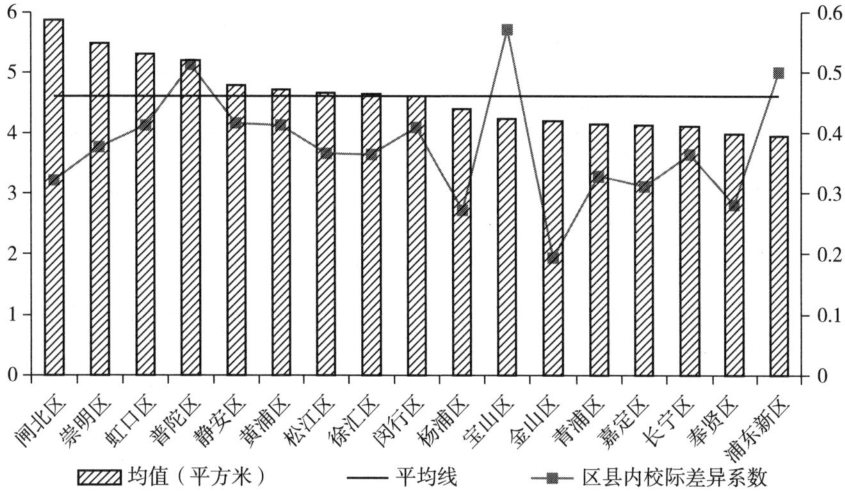

图 11－3　2013 年上海市各区县小学生均教学及辅助用房面积均衡状况

上海市各区县初中生均教学及辅助用房面积排序和区县内校际差异情况如图 11－4 所示。全市总体平均值为 6.61 平方米，仅有 4 个区县达到平均水平，最高为 10.66 平方米，最低为 4.74 平方米，两极差距较大。与小学相比，区县间初中的差异水平更高，变异系数为 0.20。17 个区县内平均校际变异系数为 0.41，其中闸北区、宝山区、浦东新区和静安区校际差异水平较高，变异系数均在 0.5 以上，金山区、青浦区和奉贤区校际差异水平较低，变异系数均在 0.3 以下。

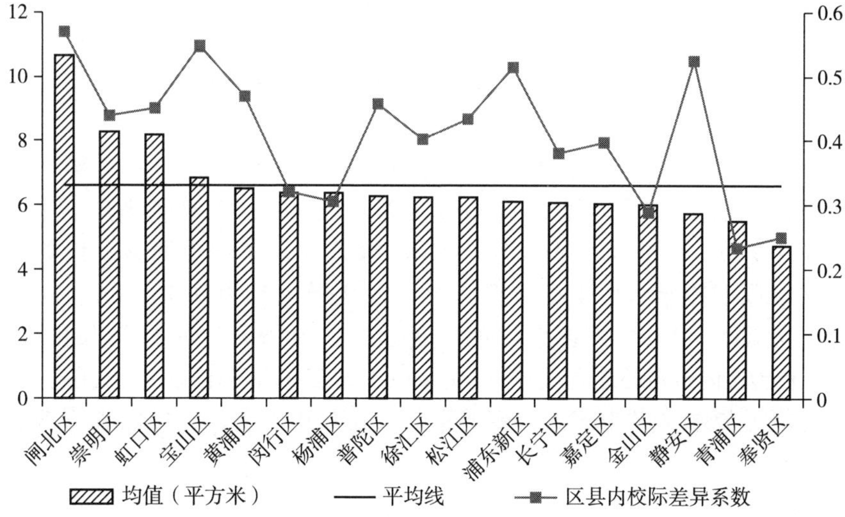

图 11－4　2013 年上海市各区县初中生均教学及辅助用房面积均衡状况

11.2.2.2 生均体育运动场面积

上海市各区县小学生均体育运动场面积排序和区县内校际差异情况如图11－5所示。全市总体平均值为5.43平方米，10个区县达到平均水平，最高为12.12平方米，最低为2.82平方米，极差率达到4.3，两极差异明显。区县间存在显著差异，变异系数为0.37，区县内校际差异水平更为显著，17个区县平均校际变异系数为0.55，除金山区外，其他16个区县内校际变异系数均在0.3以上，其中宝山区校际差异水平最高，变异系数为1.24，黄浦区其次，变异系数为0.79。

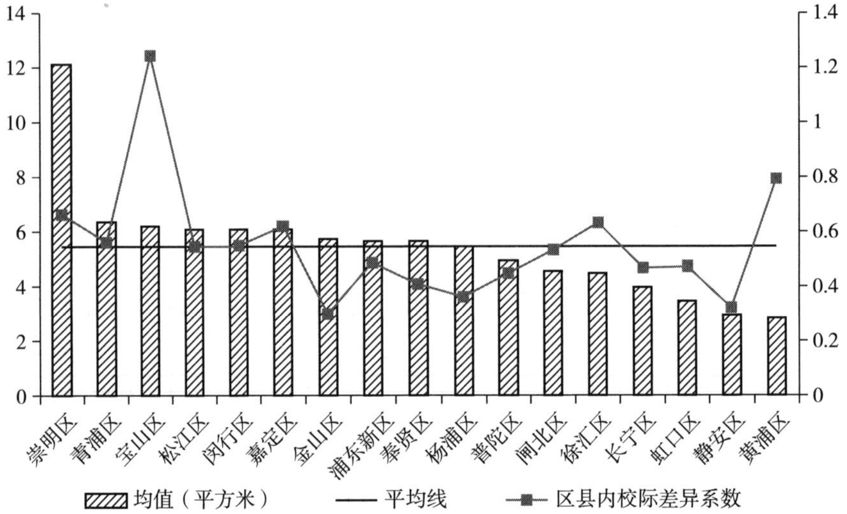

图11－5 2013年上海市各区县小学生均体育运动场面积均衡状况

上海市各区县初中生均体育运动场面积排序和区县内校际差异情况如图11－6所示。全市总体平均值为8.60平方米，仅5个区县达到平均水平，最高为22.27平方米，最低为4.16平方米，两极差异比小学更明显，极差率达到5.35。区县间的差异水平比小学更为显著，变异系数为0.45，区县内校际差异水平更为显著，17个区县平均校际变异系数为0.53，除闸北区和奉贤区，其他15个区县内校际变异系数均在0.4以上，其中崇明区、宝山区、青浦区、黄浦区校际差异水平尤为突出，变异系数均在0.7以上，宝山区和青浦区达到0.8以上。

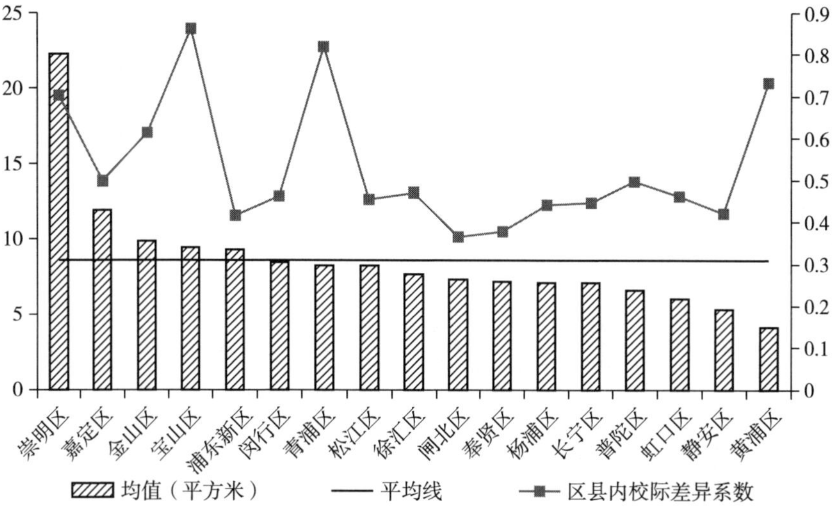

图 11－6　2013 年上海市各区县初中生均体育运动场面积均衡状况

11.2.2.3　生均教学仪器设备

上海市各区县小学生均教学仪器设备排序和区县内校际差异情况如图 11－7 所示。全市总体平均值为 4584.04 元，7 个区县达到平均水平，最高为 10679.83 元，最低为 1974.55 元，两极差异显著，极差率达到 5.41。区县间差异水平显著，变异系数为 0.47，高于 17 个区县平均校际变异系数 0.42。长宁区、杨浦区、闸北区内部校际差异水平较低，变异系数在 0.3 以下，其他 14 个区县内校际变异系数均在 0.3 以上，其中黄浦区、普陀区、嘉定区、徐汇区、宝山区校际变异系数均在 0.5 以上。

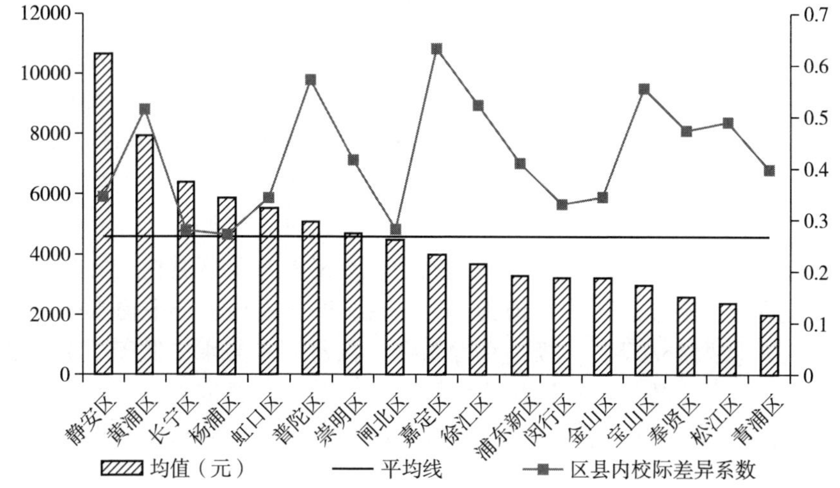

图 11－7　2013 年上海市各区县小学生均教学仪器设备均衡状况

上海市各区县初中生均教学仪器设备排序和区县内校际差异情况如图 11 –8 所示。全市总体平均值为6002. 22 元，6 个区县达到平均水平，最高为 11740. 88 元，最低为 2107. 31 元，两极差异显著，极差率达到 5. 57。区县间差异水平显著，变异系数为 0. 44，高于 17 个区县平均校际变异系数 0. 40。静安区和松江区内部校际差异水平较低，变异系数在 0. 3 以下，其他 16 个区县内校际变异系数均在 0. 3 至 0. 5 的区间内。

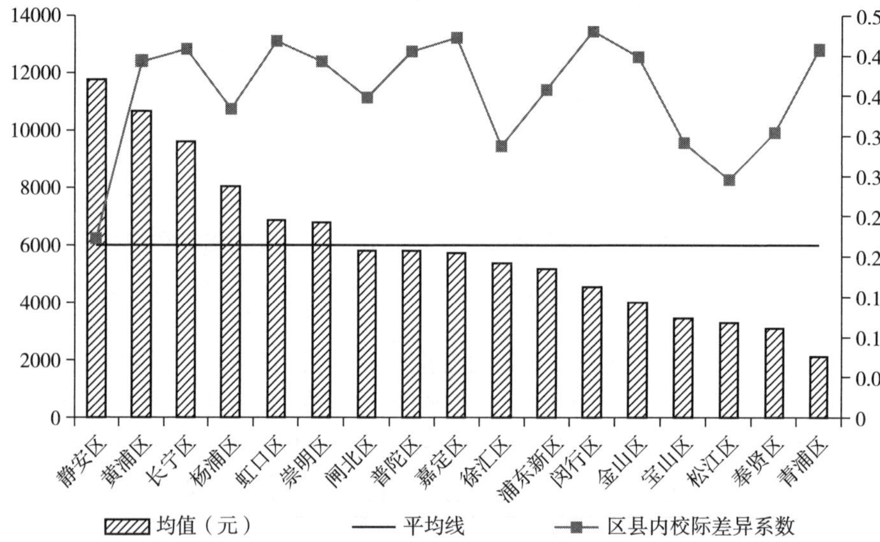

图 11 –8　2013 年上海市各区县初中生均教学仪器设备均衡状况

11. 2. 2. 4　每百名学生拥有计算机台数

上海市各区县小学每百名学生拥有计算机台数排序和区县内校际差异情况如图 11 –9 所示。全市总体平均值为 23. 54 台，8 个区县达到平均水平，最高为 38. 94 台，最低为13. 07 台，极差率为2. 98。区县间变异系数为0. 32，17 个区县平均校际变异系数0. 34，略高于区县间差异。除虹口区、黄浦区和宝山区内部校际变异系数高于0. 4，其他区县内部校际变异系数均低于0. 4。

上海市各区县小学每百名学生拥有计算机台数排序和区县内校际差异情况如图 11 –10 所示。全市总体平均值为 31. 48 台，9 个区县达到平均水平，最高为 45. 95 台，最低为 18. 67 台，极差率为 2. 46。区县间差异水平低于小学，变异系数为 0. 29，17 个区县平均校际变异系数 0. 36，高于区县间差异。除长宁区、金山区内部校际变异系数高于 0. 4，其他区县内部校际变异系数均低于 0. 4。

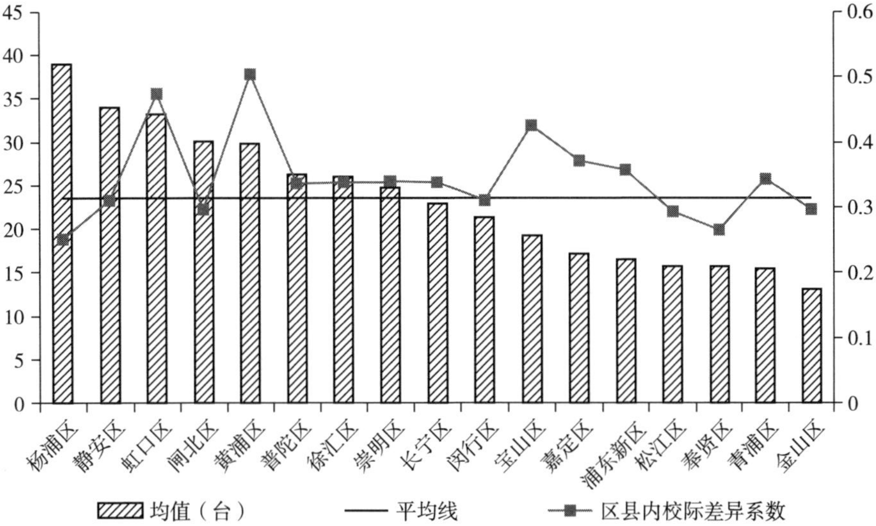

图 11－9　2013 年上海市各区县小学生均每百名学生拥有计算机台数均衡状况

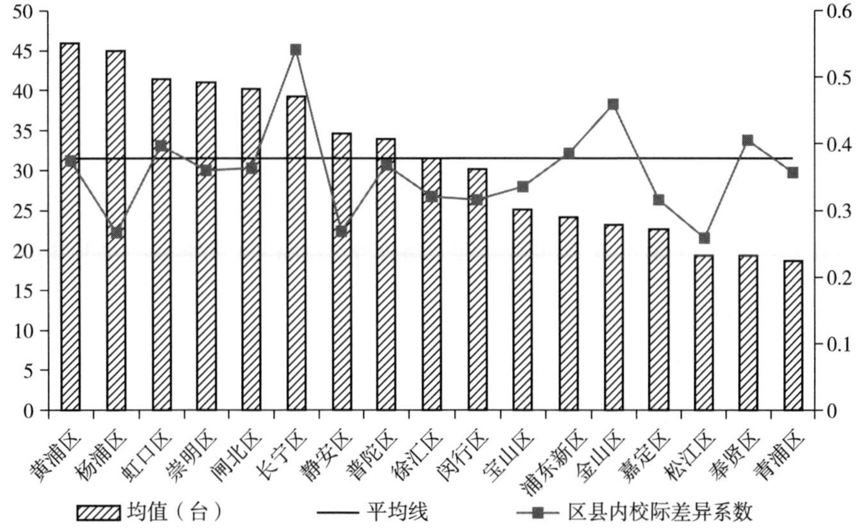

图 11－10　2013 年上海市各区县初中生均每百名学生拥有计算机台数均衡状况

11. 2. 2. 5　生均图书册数

上海市各区县小学生均图书册数排序和区县内校际差异情况如图 11－11 所示。全市总体平均值为 41. 23 册，8 个区县达到平均水平，最高为 55. 18 册，最低为 34. 06 册。区县间和区县内校际间差异水平均处于较低水平。区县间变异系数为 0. 14，17 个区县平均校际变异系数 0. 25，仅闸北区、虹口区、黄浦区、崇明区 4 个区内部校际变异系数高于 0. 3，其他 13 个区县内部校际变异系数均低于 0. 3。松江区、奉贤区、浦东新区和嘉定区内部校际变异系数低于 0. 2。

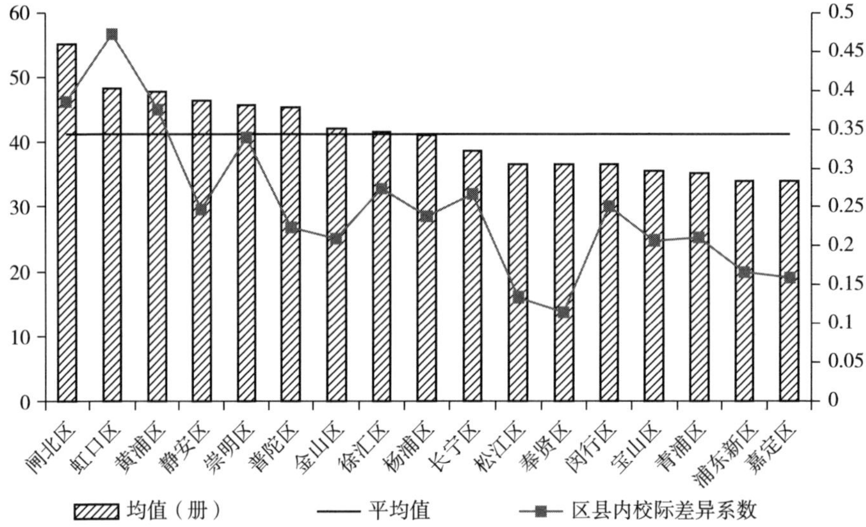

图 11－11　2013 年上海市各区县小学生均图书册数均衡状况

上海市各区县初中生均图书册数排序和区县内校际差异情况如图 11－12 所示。全市总体平均值为 55.96 册，8 个区县达到平均水平，最高为 83.61 册，最低为 43.5 册。初中区县间和区县内校际间差异水平略高于小学，但仍处于较低水平。区县间变异系数为 0.19，17 个区县平均校际变异系数 0.28。虹口区内部校际间差异水平最高，变异系数为 0.53，崇明区、黄浦区、闸北区内部校际间变异系数在 0.4 以上，奉贤区内部校际间差异水平最低，变异系数不足 0.1。

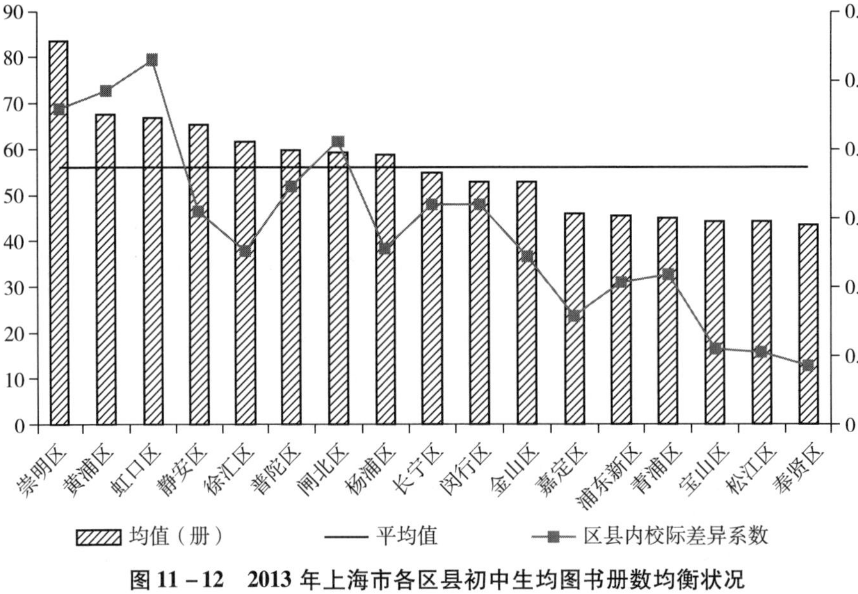

图 11－12　2013 年上海市各区县初中生均图书册数均衡状况

11.2.3 教师资源

教师资源监测的指标有师生比、生均高于规定学历专任教师数和生均中级及以上专任教师数，反映教师的数量和质量。监测结果表明，上海市各区县间和区县内校际间教师资源未呈现明显差异，区县间和校际间的差异水平基本一致。生均中级及以上专任教师数的差异水平相对较大。

11.2.3.1 师生比

上海市各区县小学师生比排序和区县内校际差异情况如图 11－13 所示。全市小学师生比的平均值为 0.072，即 100 名小学生拥有 7 位教师，仅 5 个区县达到平均水平，崇明区小学师生比最高，为 0.1，嘉定区最低，为 0.05。区县间和区县内校际间平均差异水平均处于较低水平，变异系数均为 0.18。宝山区内部校际间变异系数最高，为 0.43，崇明区、虹口区、青浦区、奉贤区校际变异系数高于 0.2，其他区县校际间变异系数均在 0.3 以下。

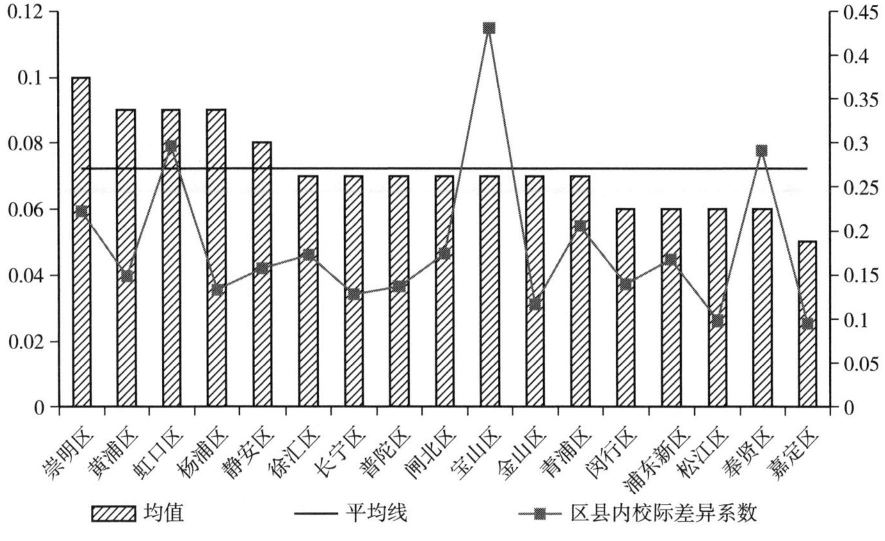

图 11－13 2013 年上海市各区县小学师生比均衡状况

上海市各区县初中师生比排序和区县内校际差异情况如图 11－14 所示。全市初中师生比的平均值为 0.092，即 100 名小学生拥有 9 位教师，仅 5 个区县达到平均水平，崇明区初中师生比最高，为 0.13，奉贤区最低，为 0.07。区县间变异系数为 0.18，区县内校际间平均变异系数为 0.21，略高于区县间差异水平。除宝山区内部校际间变异系数略高于 0.3 外，其他 16 个区县内校际变异系数均在 0.1 至 0.3 之间，整体差异水平较低。

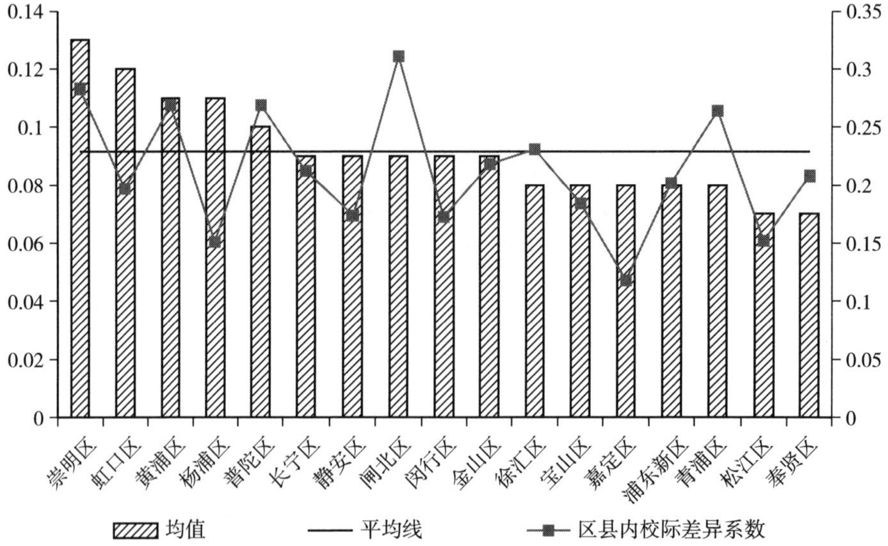

图 11－14　2013 年上海市各区县初中师生比均衡状况

11.2.3.2　生均高于规定学历专任教师数

上海市各区县小学生均高于规定学历专任教师数排序和区县内校际差异情况如图 11－15 所示。全市小学生均高于规定学历专任教师数的平均值与师生比相同，为 0.072，即 100 名小学生拥有 7 位高于规定学历专任教数，说明上海市小学教师均达到了规定学历。各区县小学生均高于规定学历专任教师数情况与差异情况也均与小学师生比情况一致。

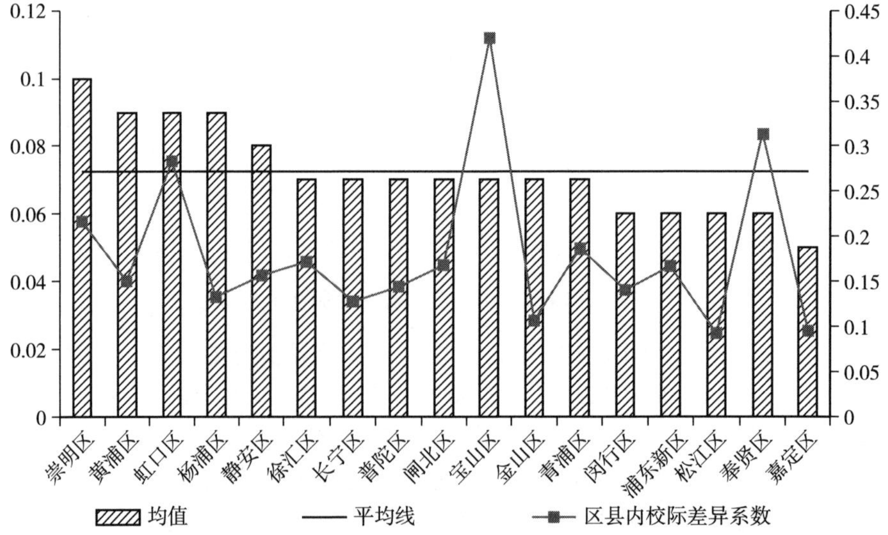

图 11－15　2013 上海市各区县小学生均高于规定学历专任教师均衡状况

上海市各区县初中生均高于规定学历专任教师数排序和区县内校际差异情况如图 11 -16 所示。全市初中生均高于规定学历专任教师数的平均值为 0.089，即 100 名小学生拥有 9 位高于规定学历专任教师，10 个区县达到平均水平，虹口区生均高于规定学历专任教师数比例最高，为 0.12，奉贤区最低，为 0.07。区县间变异系数为 0.16，区县内平均校际间变异系数为 0.21，略高于区县间差异水平。17 个区县内部校际间变异系数均低于 0.3。

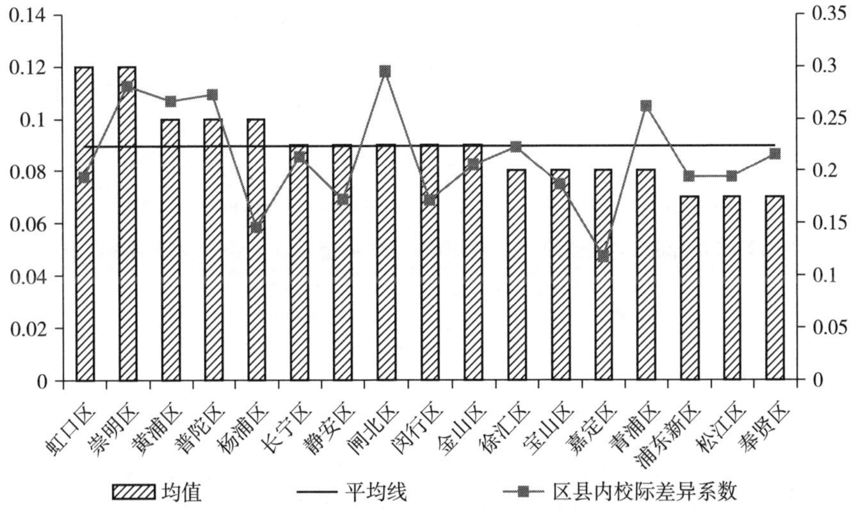

图 11 -16　2013 上海市各区县小学生均高于规定学历专任教师均衡状况

11.2.3.3　生均中级及以上专任教师数

上海市各区县小学生均中级及以上专任教师数排序和区县内校际差异情况如图 11 -17 所示。全市小学生均中级及以上专任教师数的平均值为 0.043，即 100 名小学生拥有 4 位中级及以上专任教师，有 7 个区县达到平均水平，虹口区小学生均中级及以上专任教师数最高，为 0.07，奉贤区最低，为 0.03。与师生比和生均高于规定学历专任教师数相比，生均中级及以上专任教师数区县间和区县内平均校际间差异水平相对较高，小学变异系数分别为 0.29 和 0.33。奉贤区内校际间变异系数最高，为 0.53，长宁区最低，为 0.17。

上海市各区县初中生均中级及以上专任教师数排序和区县内校际差异情况如图 11 -18 所示。全市初中生均中级及以上专任教师数的平均值为 0.062，即 100 名初中生拥有 6 位中级及以上专任教师，有 6 个区县达到平均水平，虹口区小学生均中级及以上专任教师数最高，为 0.09，奉贤区最低，为 0.04。区县内平均校际间差异水平高于区县间，变异系数分别为 0.33 和 0.23。闸北区内校际间变异系数最高，为 0.38，杨浦区最低，为 0.18。

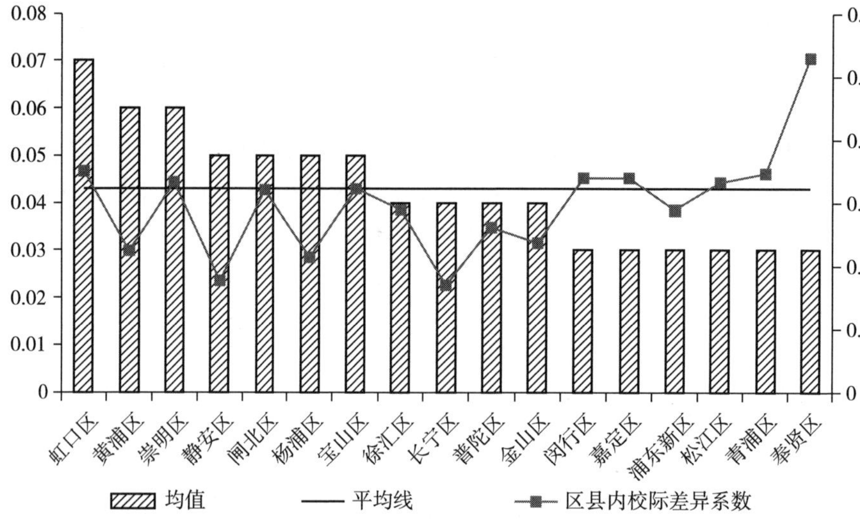

图 11－17　2013 年上海市各区县小学生均中级及以上专任教师均衡状况

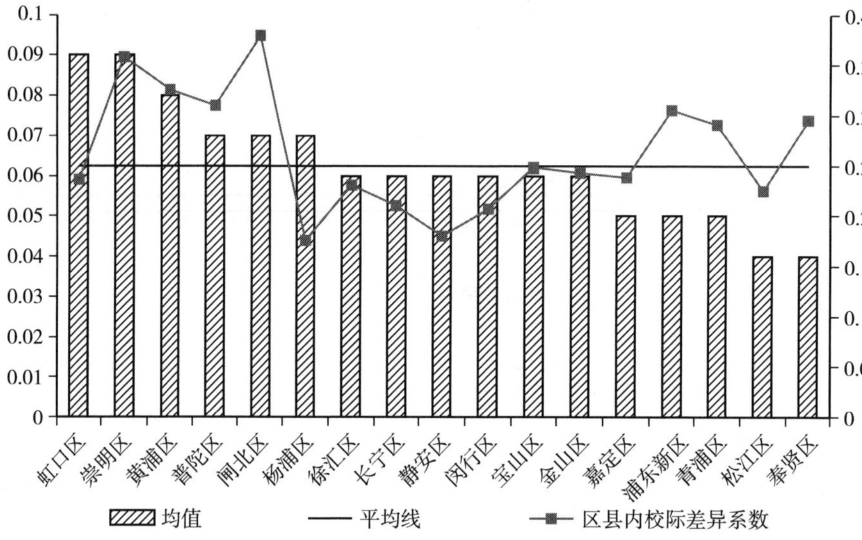

图 11－18　2013 年上海市各区县初中生均中级及以上专任教师均衡状况

11.2.4　区县政府推进义务教育均衡发展状况

区县政府推进义务教育均衡发展工作得分是对政府努力程度的评价，分数越高即说明该区县政府对于推动义务教育均衡发展的工作越有效。对县级人民政府推进义务教育均衡发展工作的评估，主要从入学机会、保障机制、教师队伍、质量与管理四个方面进行，上海市在评估过程中在原有 17 项评价指标中增加了 20

项指标，满分为100分，其评估结果如图11－19所示。17个区县政府推进义务教育均衡发展工作得分均在92至98分之间，均高于国家不得低于85分的评估标准。

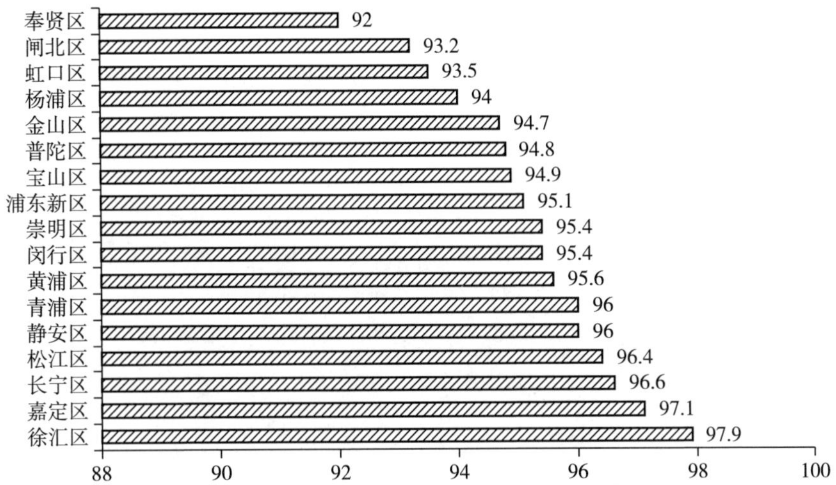

图11－19　2013年上海市区县政府推进义务教育均衡发展工作得分排序

11.3　北京市与上海市义务教育均衡绩效比较

2015年，北京市通过全国义务教育发展基本均衡县（区）进行督导检查，上海市2014年通过检查，虽然年份不一，但关于办学条件和教师资源的检查的内容和统计口径基本一致，按照检查结果对比二者义务教育均衡绩效状况具有一定可行性。

北京市与上海市对比结果显示，北京市生均教育经费高于上海市，办学条件和教师资源也不低于上海市，但与上海市相比，北京市办学条件和教师资源的校际差异水平更显著。

11.3.1　生均经费比较

生均经费的比较上，总体而言，北京市和上海市的生均教育经费均明显高于全国平均水平，二者9年间生均教育经费均有明显的增长趋势，但北京市的增长幅度更大。目前，无论小学或中学，北京市生均教育事业费和生均公用经费均高于上海市。

2006～2014年，北京市与上海市小学生均教育事业费和生均公用经费的变化和对比情况分别如图11－20、图11－21所示。9年间，北京市小学生均教育事业费从5401.01元增长至23441.78元，累计增长334.03%，生均公用经费从

1619.42 元增长至 9950.95 元，累计增长 514.48%。上海市小学生均教育事业费和生均公用经费分别累计增长 107.44% 和 219.80%，北京市小学生均经费的增长速度明显快于上海市，2011 年北京市小学生均教育事业费反超上海市，2007 年北京市小学生均公用经费反超上海市。2014 年，北京市小学生均教育事业费比上海市高 20%，生均公用经费比上海市高 35%。

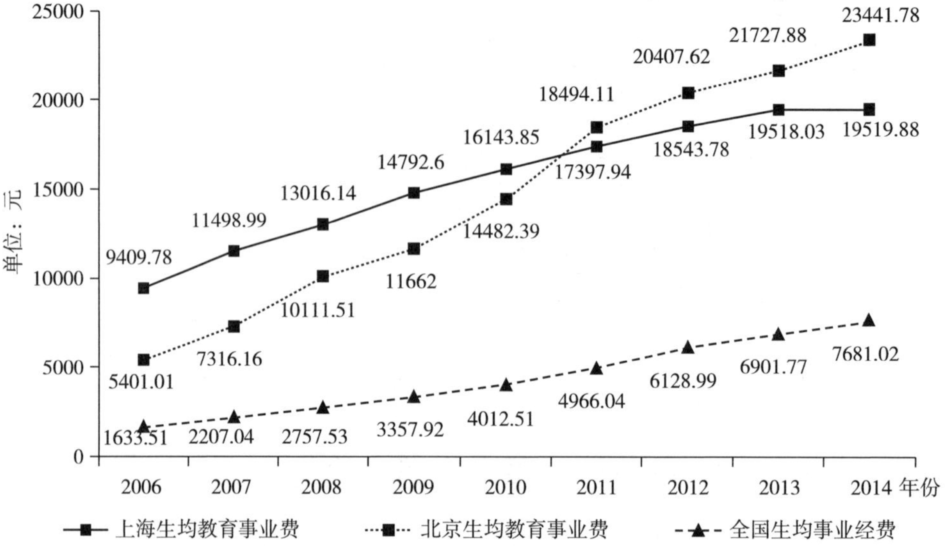

图 11－20　2006～2014 年北京市与上海市小学生均教育事业费比较

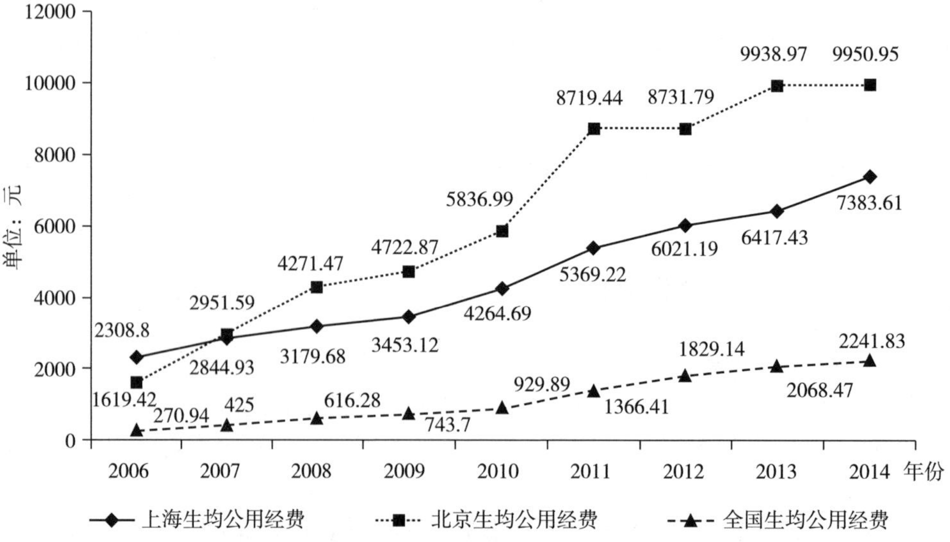

图 11－21　2006～2014 年北京市与上海市小学生均教育公用经费比较

2006～2014 年，北京市与上海市初中生均教育事业费和生均公用经费的变化和对比情况分别如图 11 - 22、图 11 - 23 所示。9 年间，北京市初中生均教育事业费从 7063. 76 元增长至 36507. 21 元，累计增长 416. 82%，生均公用经费从 2460. 8 元增长至 14127. 64 元，累计增长 474. 11%。上海市初中生均教育事业费和生均公用经费分别累计增长 146. 53% 和 254. 86%，北京市初中生均经费的增长速度也明显快于上海市，2010 年北京市初中生均教育事业费反超上海市，2007 年北京市初中生均公用经费反超上海市。2014 年，北京市初中生均教育事业费比上海市高 43%，生均公用经费比上海市高 52%。

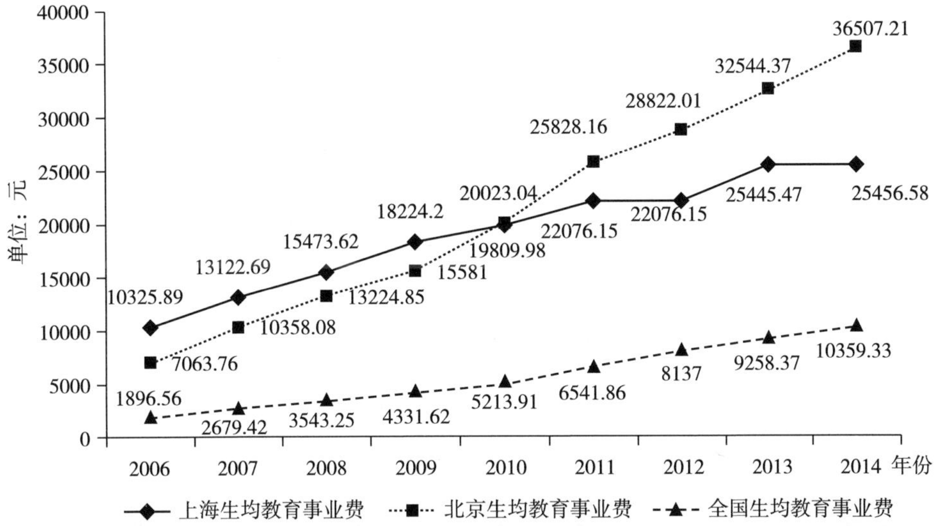

图 11 - 22　2006 ~ 2014 年北京市与上海市初中生均教育事业费比较

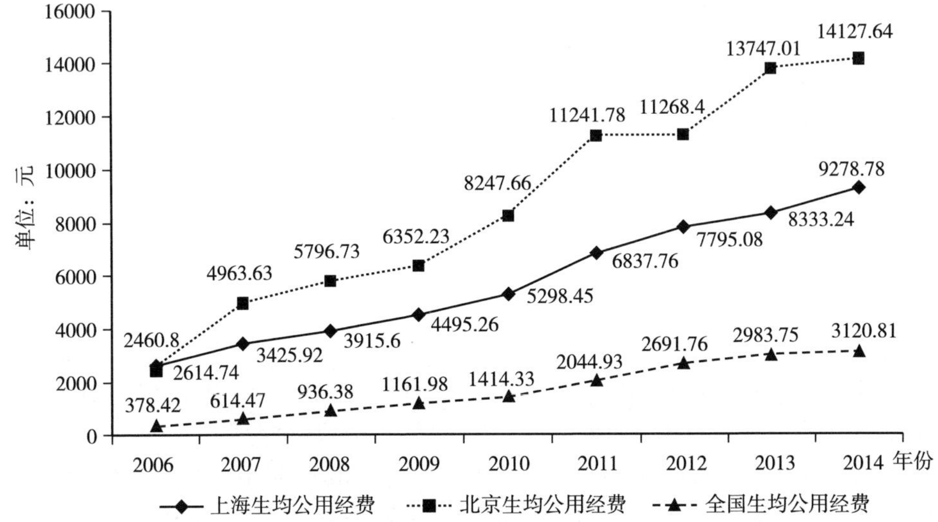

图 11 - 23　2006 ~ 2014 年北京市与上海市初中生均公用经费比较

11.3.2 办学条件比较

总体而言，不论小学、初中，北京市办学条件各指标的绝对值不低于上海市，各区间的差异水平不高于上海市，但各区内校际的差异水平更为显著，普遍高于上海市。

北京市与上海市小学办学条件各项指标绝对值和变异系数的对比情况如表11－1所示，绝对值水平上，北京市小学办学条件各项指标不低于上海市，尤其是生均体育运动场面积和生均教学仪器设备明显高于上海市，生均图书册数略低于上海市。北京市各区间小学办学条件的差异水平与上海市相比高低不均，生均教学及辅助用房面积、生均体育运动场馆面积、生均图书册数的差异水平高于上海市，生均教学仪器设备值、每百名学生拥有计算机台数的差异程度显著低于上海市。北京市各区内小学校际办学条件差异水平普遍较高，各指标校际变异系数均高于上海市。

表11－1　　北京市与上海市小学办学条件比较

对比项 对比指标	均值		区县间变异系数		区县内校际平均变异系数	
	北京	上海	北京	上海	北京	上海
生均教学及辅助用房面积（m^2）	4.68	4.61	0.24	0.12	0.55	0.38
生均体育运动场馆面积（m^2）	10.02	5.43	0.41	0.37	0.67	0.55
生均教学仪器设备值（元）	7262.12	4584.04	0.27	0.47	0.48	0.42
每百名学生拥有计算机台数（台）	26.43	23.54	0.15	0.32	0.38	0.34
生均图书册数（册）	40.90	41.23	0.19	0.14	0.47	0.25

北京市与上海市初中办学条件各项指标绝对值和变异系数的对比情况如表11－2所示。绝对值水平上，除生均图书册数略低于上海市，北京市初中办学条件各指标均高于上海市，与小学一致，生均体育运动场馆面积、生均教学仪器设备值两项指标明显高于上海市。差异水平上，北京市各区初中办学条件各指标变异系数均低于上海市，但各区内校际差异水平更为显著，除每百名学生拥有计算机台数的差异程度略低于上海市，其他各指标变异系数均明显高于上海市。

表 11-2 北京市与上海市初中办学条件比较

对比项 对比指标	均值		区县间变异系数		区县内校际平均变异系数	
	北京	上海	北京	上海	北京	上海
生均教学及辅助用房面积（m^2）	7.26	6.61	0.19	0.20	0.52	0.41
生均体育运动场馆面积（m^2）	16.44	8.60	0.37	0.45	0.58	0.53
生均教学仪器设备值（元）	10949.30	6002.22	0.19	0.44	0.45	0.40
每百名学生拥有计算机台数（台）	38.59	31.48	0.21	0.29	0.35	0.36
生均图书册数（册）	51.99	55.96	0.16	0.19	0.40	0.28

11.3.3 教师资源比较

总体而言，北京市小学教师资源各指标的绝对值不低于上海市，初中高于上海市，小学和初中各区间的差异水平不高于上海市，但各区内校际差异水平略高于上海市。

北京市与上海市小学教师资源各项指标绝对值和变异系数的对比情况如表 11-3 所示，绝对值水平上，北京市小学教师数量和质量各项指标与上海市基本持平。差异水平上，北京市各区间小学教师资源差异程度均低于上海市，但各区内校际间差异程度略高于上海市。

表 11-3 北京市与上海市小学教师资源比较

对比项 对比指标	均值		区县间变异系数		区县内校际平均变异系数	
	北京	上海	北京	上海	北京	上海
师生比	0.08	0.07	0.15	0.18	0.28	0.18
生均高于规定学历专任教师数	0.07	0.07	0.15	0.18	0.27	0.30
生均中级及以上专任教师数	0.04	0.04	0.22	0.29	0.35	0.33

北京市与上海市初中教师资源各项指标绝对值和变异系数的对比情况如表 11-4 所示。绝对值水平上，北京市初中教师数量和质量各项指标的绝对值均高

于上海市。差异水平上，北京市各区间变异系数与上海市基本相等，但各区内校际间变异系数略高于上海市。

表 11－4　　北京市与上海市初中教师资源比较

对比指标＼对比项	均值		区县间变异系数		区县内校际平均变异系数	
	北京	上海	北京	上海	北京	上海
师生比	0.12	0.09	0.16	0.18	0.29	0.21
生均高于规定学历专任教师数	0.11	0.09	0.15	0.16	0.28	0.26
生均中级及以上专任教师数	0.07	0.06	0.24	0.23	0.34	0.33

11.4 小　　结

北京市与上海市对比结果显示，北京市生均教育经费高于上海市，办学条件和教师资源也不低于上海市，但与上海市相比，北京市办学条件和教师资源的校际差异水平更显著。生均经费的比较方面，2006～2014 年，北京市和上海市的生均教育经费均明显高于全国平均水平，目前，无论小学或中学，北京市生均教育事业费和生均公用经费均高于上海市。办学条件的比较方面，不论小学、初中，北京市办学条件各指标的绝对值不低于上海市，各区间的差异水平不高于上海市，但各区内校际的差异水平更为显著，普遍高于上海市。教师资源的比较方面，北京市小学教师资源各指标的绝对值不低于上海市，初中高于上海市，小学和初中各区间的差异水平不高于上海市，但各区内校际差异水平略高于上海市。与上海市的对比可见，北京市义务教育均衡发展的重要问题是校际教学资源不均衡的问题。

第三部分
影响北京市义务教育均衡绩效因素

本部分包括第12、13章的内容。影响北京市义务教育均衡绩效的因素有很多，除了前述的政府行动与承诺的不一致，可能导致公众对义务教育均衡满意度不高的影响外，近年来，北京市城市快速扩张发展中带来的了一系列问题，如大量涌入的外来流动儿童会带来适龄儿童入学中的学位紧张、房地产行业发展带来对教育基础设施建设的大量需求、公共事业单位人事制度的改革带来师资队伍数量和质量上的变化、教育现代化、信息化、国际化带来办学条件的极大改善需求等，这些因素可能会直接影响着北京市政府在对义务教育资源均衡配置的优先性、方向性、层次性等。但从定量上研究影响因素必须基于相应的可获得的数据进行分析。本研究沿用上述教育均衡综合绩效分析框架，主要直接的影响因素即教育经费、公众满意度、学校内部运作、教育均衡发展四个维度进行实证，寻找影响北京市义务教育均衡绩效的因素。并沿着实现北京市优质义务教育均衡目标，对未来北京市各区之间、学校之间实现优质义务教育均衡财政资金需求缺口进行了预测。

12

北京市义务教育均衡绩效问题及影响因素

客观而论，近些年，在北京市、区两级政府努力下，义务教育非均衡状况有了较为明显的改善，也就是说，北京市义务教育均衡绩效相对较高。但是，由于北京市义务教育均衡政策目标的高追求及北京市居民义务教育需求的多元化，从未来完善和发展的要求来看，提高北京市义务教育均衡绩效不能无视存在的问题和影响因素。本章主要分析北京市义务教育均衡绩效问题及影响因素，为未来相应政策的制定提供现实的依据。

12.1 义务教育均衡绩效与主要问题

北京市义务教育均衡绩效主要问题的判断是建立在本研究第 4 ~ 11 章的实证分析基础之上的。

12.1.1 义务教育均衡绩效判断

近几年，北京市政府围绕着义务教育均衡的政府承诺和行动绩效还是比较明显的，前文的实证也说明了这一点。尤其是对远郊学区，北京市政府加大了各方面的投入力度，使得各区之间义务教育资源配置的总体差异情况并不显著，已达到基本均衡的状态，在未考虑义务教育存量的前提下，远郊区义务教育均衡绩效指数明显高于其他区。

从分项来说，北京市各区间各类教育经费的差异程度都有不同程度的缩小，办学条件配置 8 项指标未呈现明显的差异状况，义务教育教师队伍素质差异在逐步走向均衡，在教育产出和成果方面，北京市各区几乎为 100% 的适龄儿童提供了入学学位，实现了99%以上学生的学业完成率。

从公众的感受看，即公众对义务教育均衡财政支出效率的满意度达到了63.5%。说明大多数公众对政府的义务教育均衡的财政支出政策是比较满意的。

12.1.2 义务教育均衡绩效的存在的主要问题

问题1：学校间、不同人群处在境况迥异的均衡阶段。义务教育均衡分为机会均衡、资源均衡和结果均衡三个阶段。2015年4月，北京市16个区整体通过了义务教育均衡国家验收“达标”水平，几乎与此同时，北京市政府提出进一步推进北京市义务教育均衡向优质均衡发展，教育结果均衡再次成为北京市政府对公众在义务教育均衡方面的政策承诺。但本研究实证显示，北京市16个区间的不同学校、学区和人群间义务教育均衡所处阶段境况迥异。对于像西城、东城、海淀、朝阳等大多数城区来说，教育资源丰富，教育质量和成就突出，虽然学校间的资源配置差异还很大，但整体上这些区的义务教育均衡已经处于优质的过程均衡或正在向优质结果均衡阶段；对于远郊区来说，大多数教育资源趋于充足，但教育质量和成就有待提高，均衡基本处于教育资源均衡阶段；而对于不少随迁流动的在京适龄儿童群体来说，能否顺利获得一个北京市义务教育入学机会，可能就是一大关。事实上，不同群体、不同学区适龄儿童及其家庭对教育的需求是一样的，他们都希望顺利得到入学机会，得到大致相同的教育资源和教学条件，获得未来发展所需要的教育成就。但现实却是由于他们居住的地点不同、出生的家庭背景不同、致使他们同在北京的蓝天下，享受的义务教育均衡方面境况迥异。而且，这一问题似乎成为一个老大难的问题，常常被广大社会公众所诟病和批评，北京教育不公平几乎成为中外广泛关注的“北京特色问题”！“北京社会问题”！“全国关注问题”！

问题2：义务教育资源配置分布不均衡。首先，义务教育公用经费差异大。近年来，北京市各区生均预算内教育事业费、生均人员经费和生均公用经费五年间增长趋势明显，各区间各类教育经费的差异程度都有不同程度的缩小，但小学、初中公用经费的差异仍较大。公用经费是满足学校教育教学活动正常进行以及整个学校的正常运转而消耗的物力、人力所产生的费用。它包括经常性公用经费与资本性公用经费。公用经费具体支出范围涵盖教学业务与管理、教师培训、教学实验、文体活动、水电、取暖、交通差旅、邮电、仪器设备及图书资料购置、房屋及仪器设备的日常维修维护等。公用经费直接关系到学校的运转，对义务教育来说，好的学区有充足的公用经费，能够直接用于课程改革、教学研究、教师培训、教学实验等直接让学生受益的教育活动，而一般学区则在紧紧巴巴的公用经费供给情况下培养学生。长此以往，不同学区的学生会因公用经费的差距过大，而导致必要的学生活动、课程改革、图书资料等资源困乏，进而影响学生的教学参与和教育质量。

其次，各区间校际义务教育办学条件差别大。办学条件包括生均教学及辅助用房、生均体育运动场馆面积、生均教学仪器设备值、每百名学生拥有计算机台数、生均图书册数和班级规模等。研究显示，北京市各区内部校际间的办学条件差异程度较高，小学、初中各项指标校际间的平均变异系数均在0.5左右。小学教育阶段各区内学校间的办学条件差异大于初中的。这显然是不合适的。小学教育不仅是义务教育的基础，也是基础教育的基础，是最需要优先保障的教育。如果小学教育阶段办学条件差异过大，会直接影响小学的办学质量和水平，导致基础教育不基础，教育的地基不牢固。

最后，城乡在部分教育资源配置方面出现"城乡倒挂"。分析显示，在部分教育资源配置指标方面，如生均教学及辅助用房、生均体育运动场馆面积两项指标，城六区的具体数值明显低于其他各区，呈现"城乡"倒挂的现象。出现这一情况的主要原因是，城内各区受空间扩展的限制，在学生规模不断扩大，生师比不断提高的情况下，生均教学及辅助用房、生均体育馆面积不如远郊区的，导致城乡倒挂现象。但对于城内各区的学生而言，不能因为学区和学校地盘小、空间受限，就剥夺城市各区学生获得相应的教育，如体育活动、教育实验等，这对城内义务教育学生是不公平的。长此以往，会影响学生的身体发展和教育成绩，应当引起重视。

问题3：义务教育学校间教师水平差别大。尽管北京市各区间义务教育教师队伍均衡水平明显比高于全国标准水平，且2010～2015年区间差异水平维持较低水平。但在各区校际间教师质量方面差异相对较大，平均变异系数均在0.3以上，个别学区如延庆区、昌平区达到0.5以上，学校间教师质量水平呈现两极分化现象。比如，北京海淀区是全国著名的教育大区，由于教育体制的原因，海淀区学校间的差异非常之大，一方面，处在海淀区边缘的一些学校，教师质量和水平非常之低，另一方面，处在海淀区核心的一些学校，尤其是处在海淀的全国著名高校的附属学校，教师的学历堪比高校，如人大附中的教师，近90%是博士毕业，不少教师还是海外归来的海归。清华附中、北大附中等都是如此。这种情况的出现，不仅对于处于远郊区的学生来说是不公平的，即使对于同处于海淀学区的不同学校的学生来说，教师资源不均衡也是不合时宜的，因此导致的高价学区房也就不足为怪。

问题4：远郊学区教育成就亟待提高。为学生提供入学机会和学位，不仅是政府为其提供投入，让其在物理意义上走在学校，坐在教室，而是使其获得真正意义上的教育，使其获得生存、发展所需要的教育服务，并最终获得国家义务教育规定标准的教育成就。而实证分析显示，在学生学业成就方面，远郊学区学生的教育成就处于较低水平。这一现象的存在，不仅短期内影响着公众的教育感受，导致远郊区学生顶着压力，离开家乡选择到城里读书，这也就是择校现象屡禁不止的根源之一。

问题5：学区间、学校间教育存量差别大。义务教育均衡不是一蹴而就的，同样导致义务教育不均衡也不是一年两年的。长期的示范性学校建设、重点学校投入政策，导致学区间、学校间出现严重的“马太效应”。某些学区集中了占据全北京很大份额的重点学校、教育资源，集中了大量的优秀教师，而另一些学区则由于地理位置偏僻、官府无人而成为边缘学区和边缘学校，它们难以获得更多的教育资源，更难以吸引优秀教师，因此形成了学区间、学校间教育存量差距很大。本研究虽然只用一年的数据进行实证，但在我们访谈和问卷中发现，学区和学校间的教育存量是如此之大，以至于公众的择校、购买学区房与具有较多教育存量的重点学校、重点学区高度相关。

12.2 影响义务教育均衡绩效因素实证分析

虽然北京市政府的政策承诺与行动不完全一致，可能会导致义务教育均衡绩效受到影响，但限于政府义务教育均衡履职绩效检测数据，研究难以定量。另外，北京市城市扩张涌入外来流动儿童多带来的学位紧张、教育基础设施建设力度加大、师资队伍数量和质量要求提高、现代化、信息化、国际化要求提高办学条件等，可能都是导致影响义务教育均衡综合绩效的因素，但鉴于数据可获得性等问题的存在，下面主要从教育经费、公众感受、学校内部运作、教育均衡发展四个维度来分析影响义务教育均衡综合绩效有关因素。研究基于线性回归技术对2015年北京市各区四个均衡绩效维度的影响因素进行分析，希望从统计结果中找到这些影响因素。

12.2.1 影响教育经费均衡绩效的因素分析

在对教育经费影响因素进行分析时，分别将小学和初中的生均预算内教育事业费（Y1）和生均公用经费（Y2）作为因变量，假设生均教育财政支出（X1）、人均GDP（X2）、学生人数（X3）、教职工平均年工资福利费（X4）对Y1、Y2有显著影响，对X和Y进行最小二乘估计。首先，建立如下线性模型：

$$Y_i = \beta_0 + \beta_1 X1 + \beta_2 X2 + \beta_3 X3 + \beta_4 X4 + \mu_i$$

式中，i取值1和2，分别代表生均预算内教育事业费和生均公用经费，μ_i

为随机扰动项。假设 X1、X2、X3、X4 皆是教育经费的显著影响因素，对 β_0、β_1、β_2、β_3、β_4 进行参数估计，判断参数的显著性，进而确定影响因素。

小学预算内教育事业费的参数估计结果如表 12 - 1 所示，得方程：

$$\hat{Y}_1 = -27030.90 + 1.13X1 - 0.07X2 + 0.09X3 + 0.09X4$$

$$t: \quad (-1.93) \quad (4.18) \quad (-1.90) \quad (1.38) \quad (1.22)$$

$$R = 0.77 \quad \overline{R} = 0.69$$

表 12 - 1 北京市小学生均预算内教育事业费影响因素回归结果

Variable	Coefficient	Std. Error	t - Statistic	Prob.
C	-27030.90	14019.11	-1.928147	0.0800
X1	1.130379	0.270126	4.184638	0.0015
X2	-0.069295	0.036547	-1.896050	0.0845
X3	0.094864	0.068981	1.375219	0.1964
X4	0.094664	0.077715	1.218083	0.2487
R - squared	0.769987	Mean dependent var		38212.62
Adjusted R - squared	0.686345	S. D. dependent var		11537.69
S. E. of regression	6461.669	Akaike info criterion		20.63547
Sum squared resid	4.59E+08	Schwarz criterion		20.87690
Log likelihood	-160.0838	Hannan - Quinn criter.		20.64783
F - statistic	9.205828	Durbin - Watson stat		1.780588
Prob (F - statistic)	0.001616			

在5%的显著性水平下，修正的R值达到0.7左右，F值的P值小于0.05，说明方程的整体拟合程度较优，DW值在2左右，方程不存在一阶自相关。但是，β_2、β_3、β_4 的 t 值小于 $t_{0.025}(11) = 2.201$，不能通过参数显著性检验，即 X2（人均 GDP）、X3（学生人数）、X4（教职工平均年工资福利费）对 Y1（小学生均预算内教育事业费）的影响不显著。X1（生均教育财政支出）对 Y1 的影响最为显著，在其他因素不变情况下，小学生均教育财政支出平均每增加 1 元，小学生均预算内教育事业费平均增加 1.13 元，该影响系数理论上应该小于 1，但是模型中的解释变量不够多，还不足以完全解释预算内教育事业费的变化。其他未纳入的因素，间接反映到教育财政支出的系数上，导致系数大于 1。但至少说明相比而言，小学教育财政支出对小学预算内教育事业费均衡的重要性，可见北京政府对经济不发达地区教育投入的倾斜能起到重要的作用。

小学公用经费的参数估计结果如表 12－2 所示，得方程：

$$\hat{Y}_2 = -21119.41 + 0.81X1 - 0.03X2 + 0.14X3 + 0.01X4$$

$$t: \quad (-2.26) \ (4.50) \ (-1.30) \ (3.09) \ (0.27)$$

$$R = 0.76 \quad \bar{R} = 0.68$$

表 12－2　　北京市小学生均公用经费影响因素回归结果

Variable	Coefficient	Std. Error	t－Statistic	Prob.
C	－21119. 41	9330. 297	－2. 263530	0. 0448
X1	0. 809259	0. 179780	4. 501385	0. 0009
X2	－0. 031714	0. 024323	－1. 303863	0. 2189
X3	0. 141713	0. 045910	3. 086758	0. 0103
X4	0. 013937	0. 051723	0. 269456	0. 7926
R－squared	0. 764830	Mean dependent var		16936. 22
Adjusted R－squared	0. 679314	S. D. dependent var		7594. 155
S. E. of regression	4300. 508	Akaike info criterion		19. 82116
Sum squared resid	2. 03E＋08	Schwarz criterion		20. 06259
Log likelihood	－153. 5693	Hannan－Quinn criter.		19. 83352
F－statistic	8. 943664	Durbin－Watson stat		1. 627862
Prob（F－statistic）	0. 001816			

在5%的显著性水平下，修正的R值在0. 7左右，F值的P值小于0. 05，方程整体拟合程度较优，DW值接近2，一阶自相关不显著。式中，β_1 和 β_3 的t值显著，大于2. 201，通过参数显著性检验，即X1（小学生均教育财政支出）和X3（学生人数）对小学生均公用经费有显著影响。在其他因素不变情况下，小学生均教育财政支出平均每增加1元，小学生均公用经费平均增加0. 81元；小学学生人数平均每增加1人，小学生均公用经费平均增加0. 14元。可见，北京市目前对于小学学生人数较多的区加强了公用经费投入。

初中预算内教育事业费的参数估计结果如表 12－3 所示，得方程：

$$\hat{Y}_1' = -17718.75 + 1.22X1 + 0.07X2 - 0.09X3 + 0.03X4$$

$$t: \quad (-1.70) \ (8.21) \ (2.49) \ (-0.76) \ (0.38)$$

$$R = 0.89 \quad \bar{R} = 0.85$$

表 12-3 北京市初中生均预算内教育事业费影响因素回归结果

Variable	Coefficient	Std. Error	t-Statistic	Prob.
C	-17718.75	10396.94	-1.704228	0.1164
X1	1.215430	0.148015	8.211530	0.0000
X2	0.073293	0.029421	2.491223	0.0300
X3	-0.098686	0.129675	-0.761021	0.4626
X4	0.034286	0.090593	0.378467	0.7123
R-squared	0.891194	Mean dependent var		52069.57
Adjusted R-squared	0.851628	S. D. dependent var		13333.43
S. E. of regression	5135.925	Akaike info criterion		20.17621
Sum squared resid	2.90E+08	Schwarz criterion		20.41765
Log likelihood	-156.4097	Hannan-Quinn criter.		20.18858
F-statistic	22.52424	Durbin-Watson stat		1.982475
Prob (F-statistic)	0.000030			

在5%的显著性水平下，方程修正的R值高于0.8、F值的P值小于0.05，DW值等于2，拟合程度较好。β_1 和 β_2 的t值显著，通过参数显著性检验，即X1（初中生均教育财政支出）和X2（人均GDP）对初中生均预算内教育事业费有显著影响。在其他因素不变情况下，初中生均教育财政支出平均每增加1元，初中生均预算内教育事业费平均增加1.22元，该影响系数理论上应该小于1，但由于模型纳入的解释变量不足，导致该数值大于1。不过，这一结论至少说明初中生均教育财政支出对初中生均预算内教育事业费的影响是明显的。人均GDP平均每增加1元，初中生均预算内教育事业费平均增加0.07元。北京市各区的初中教育经费更受GDP水平的影响。

初中公用经费的参数估计结果如表12-4所示，得方程：

$$\hat{Y}_2' = -19664.83 + 0.80X1 - 0.02X2 + 0.04X3 + 0.006X4$$

$$t: \quad (-1.28) \quad (3.68) \quad (-0.50) \quad (0.22) \quad (0.05)$$

$$R = 0.60 \quad \overline{R} = 0.46$$

表 12-4 北京市初中生均公用经费影响因素回归结果

Variable	Coefficient	Std. Error	t-Statistic	Prob.
C	-19664.83	15323.62	-1.283302	0.2258
X1	0.803127	0.218153	3.681480	0.0036

续表

Variable	Coefficient	Std. Error	t - Statistic	Prob.
X2	-0.021747	0.043362	-0.501532	0.6259
X3	0.042818	0.191123	0.224032	0.8268
X4	0.006071	0.133521	0.045469	0.9645
R - squared	0.602467	Mean dependent var		20696.25
Adjusted R - squared	0.457909	S. D. dependent var		10281.07
S. E. of regression	7569.627	Akaike info criterion		20.95198
Sum squared resid	6.30E+08	Schwarz criterion		21.19342
Log likelihood	-162.6159	Hannan - Quinn criter.		20.96435
F - statistic	4.167658	Durbin - Watson stat		1.906853
Prob (F - statistic)	0.027002			

在5%的显著性水平下，R值和F值并不高，方程整体拟合程度较差。其中仅β_1的t值显著，通过参数显著性检验，即初中生均教育财政支出对初中生均公用经费有显著影响，在其他因素不变情况下，初中生均教育财政支出平均每增加1元，初中生均预算内教育事业费平均增加0.8元。方程的拟合程度较低说明还有其他重要影响因素未被纳入方程中，北京市初中生均公用经费影响因素还有待进一步拓展丰富。

12.2.2 影响公众满意度的因素分析

12.2.2.1 影响公众满意度绩效的因素

在对公众感受影响因素进行分析时，以将调查所得的北京市各区义务教育均衡满意度（Y）作为因变量，假设教育经费维度的绩效指数（X1）、学校内部运作维度的绩效指数（X2）、教育均衡发展维度的绩效指数（X3）、人均GDP（X4）、学生数量（X5）是Y的影响影响因素，对X和Y进行最小二乘估计。建立线性模型如下：

$$Y=\beta_0+\beta_1X1+\beta_2X2+\beta_3X3+\beta_4X4+\beta_5X5+\mu_i$$

式中，μ_i为随机扰动项。参数的估计结果如表12-5所示，得方程：

$$\hat{Y}=63.99626-0.01X1+0.02X2-0.01X3-3.05E-06X4+6.03E-06X5$$

t：(8.47)　(-0.24)(0.28)　(-0.12)　(-0.04)　(0.06)

$R=0.02$　$\bar{R}=0$

表 12 -5 北京市公众感受影响因素回归结果

Variable	Coefficient	Std. Error	t - Statistic	Prob.
C	63. 99626	7. 557153	8. 468303	0. 0000
X1	-0. 012754	0. 052943	-0. 240896	0. 8145
X2	0. 016354	0. 058156	0. 281203	0. 7843
X3	-0. 015823	0. 133427	-0. 118587	0. 9080
X4	-3. 05E -06	6. 85E -05	-0. 044592	0. 9653
X5	6. 03E -06	9. 72E -05	0. 062051	0. 9517
R - squared	0. 019674	Mean dependent var		63. 49375
Adjusted R - squared	-0. 470490	S. D. dependent var		9. 480188
S. E. of regression	11. 49603	Akaike info criterion		8. 001877
Sum squared resid	1321. 587	Schwarz criterion		8. 291598
Log likelihood	-58. 01502	Hannan - Quinn criter.		8. 016713
F - statistic	0. 040137	Durbin - Watson stat		2. 030638
Prob（F - statistic）	0. 998796			

在5%的显著性水平下，方程的 R 值和 F 值过低，整体拟合情况非常不理想，且所有变量的系数 t 值也均过低，无法通过显著性检验。因此基于可获得数据假设的影响因素 X1、X2、X3、X4、X5 均不是满意度的显著影响因素，满意度的影响因素需要进一步研究。

12. 2. 2. 2 进一步验证：义务教育均衡信息公开程度

我国信息透明度一直受到社会各界的关注和热议，也正是因为义务教育均衡信息获取困难，导致本文在研究过程中也是困难重重。另一方面，信息不公开导致家长接受信息不对称，进而加剧“择校问题”，这是公众用脚投票的方式，表达对义务教育不均衡的态度。因此，这里对 2011 ~2015 年北京市 16 个区义务教育均衡信息公开程度进行分析，并将其数量化，进一步验证影响公众满意度和教育财政支出绩效的因素。

1. 政策内容分析得权重。在分析过程中，首先对《中华人民共和国义务教育法》（中华人民共和国主席令 第五十二号）、《国务院关于深入推进义务教育均衡发展的意见》（国发〔2012〕48 号）等 7 份义务教育均衡相关政策文件进行内容分析，将政策文件中关于信息公开、督导、监督的相关内容进行筛选、编码、分类，其结果见附录 6。其内容共分为监督主体、监督机制/标准、监督内容、监督内容信息公开四类，其中监督主体即指监督机构，监督机制/标准包括督导机制和评估标准，监督内容包括办学水平、满意度、落实法律。

根据分类对编码内容进行分类统计，其结果如表 12 -6 所示。共有 8 个分析单元与督导主体相关，占总分析单元的 14. 29%；共有 16 个分析单元与督导机制有关，占总分析单元的28.57%，有2个分析单元与评估标准有关，占总分析单元的3.57%，因此监督机制/标准的有关分析单元共占总分析单元的32.14%；分别有7个、1个、4个分析单元与办学水平、满意度、落实法律有关，分别占总分析单元的12.50%、1.79%、7.14%，因此监督内容的有关分析单元共占总分析单元的21.43%；与监督内容信息公开相关的分析单元共有18条，占总分析单元的32.14%。

表12-6　　义务教育均衡信息公开政策文本内容统计表

	监督主体	监督机制/标准		监督内容			监督内容信息公开
	督导机构	督导机制	评估标准	办学水平	满意度	落实法律	
编码	1-1 3-10 3-16 3-19 5-2 5-5 6-4 6-11	3-6　3-7 3-9　3-15 3-18　4-3 4-4　5-4 6-1　6-6 6-8　7-1 7-3　7-4 7-5　7-6	2-3 6-9	2-1 3-11 4-2 5-1 6-2 6-7 7-2	2-2	3-12 3-14 6-3 6-5	1-2　1-3 3-1　3-2 3-3　3-4 3-5　3-8 3-13　3-17 4-1　5-2 5-6　5-7 6-10　6-12 6-13　6-14
编码数量	8	16	2	7	1	4	18
比例（总计56）	14.29%	28.57%	3.57%	12.50%	1.79%	7.14%	32.14%

数据来源：根据附录6编码表整理。

根据政策内容分析的分类和编码数量确定义务教育均衡信息公开的评价指标和对于权重，其结果如表12-7所示，一级指标分别为监督主体、监督机制/标准、监督内容和监督内容信息公开，其指标权重即为相关分析单元占总分析单元的比例。

表12-7　　义务教育均衡信息公开指标权重

一级指标	一级指标权重	二级指标	二级指标权重
监督主体	14.29%	督导主体	14.29%
监督机制/标准	32.14%	督导机制	28.57%
		评估标准	3.57%
监督内容	21.43%	办学水平	12.50%
		满意度	1.79%
		落实法律	7.14%
监督内容信息公开	32.14%	监督内容信息公开	32.14%

2. 确定指标评分规则。在指标和权重确定的基础上，需明确各指标的评分规则，本文设计的评分规则如表 12－8 所示。

表 12－8　　义务教育均衡信息公开指标计分规则

指标	评价内容	结果分列	计分
督导机构	是否存在专门的督导机构	是 否	10 分 0 分
	监督机构是否有明确的监督职责	是 否	10 分 0 分
	是否公开督导机构具体联系方式	是 否	10 分 0 分
监督机制/标准	与义务教育均衡监督相关的监督机制的文本数量	0 条 1 条 2 条 … 10 条及以上	0 分 1 分 2 分 … 10 分
	与义务教育均衡监督相关监督标准的文本数量	0 条 1 条 2 条 … 10 条及以上	0 分 1 分 2 分 … 10 分
监督内容	对义务教育办学水平进行监督或评价的次数	0 条 1 条 2 条 … 10 条及以上	0 分 1 分 2 分 … 10 分
	对义务教育满意度进行监督或评价的次数	0 条 1 条 2 条 … 10 条及以上	0 分 1 分 2 分 … 10 分
	义务教育领域是否落实相关法律政策进行监督或评价的次数	0 条 1 条 2 条 … 10 条及以上	0 分 1 分 2 分 … 10 分

续表

指标	评价内容	结果分列	计分
监督内容信息公开	对监督内容信息公开的百分比	0% (0%，10%] (10%，20%] … (90%，10%]	0分 1分 2分 … 10分

由于目前政府信息公开主要通过网络渠道，因此在评分过程中首先进入北京市各区教育委员会的官方网站，对于表12－8的评价内容逐条进行评价打分。其次，按照二级指标权重将对应评价内容得分乘以二级指标权重，得二级指标相应指数。再次，将各一级指标下的二级指标指数相加得到一级指标指数，再将一级指标指数按照一级指标权重相乘后加和得北京市各区义务教育均衡信息公开总指数。最后，将各区总指数百分化，即计算总指数占总分的百分比，以百分数作为各区县义务教育均衡信息公开最终指数。

3. 计算结果。在计算各区义务教育均衡信息公开百分比时，按照信息在各区教委发布的时间分别计算了2011～2015年五年的信息公开指数，最终分别按照10%、10%、20%、20%、30%的比例对2011年、2012年、2013年、2014年、2015年的指数进行加权，得到各区五年的综合信息公开指数，如图12－1所示。16个区义务教育均衡信息公开指数平均值不足40分（满分为100分），丰台区、平谷区、石景山区、昌平区、朝阳区、海淀区、怀柔区等7个区超过平均水平，丰台区信息公开指数最高为62.30分，门头沟区最低，仅26.99分，仅丰台区的信息公开指数超过60分，整体信息公开水平较低。

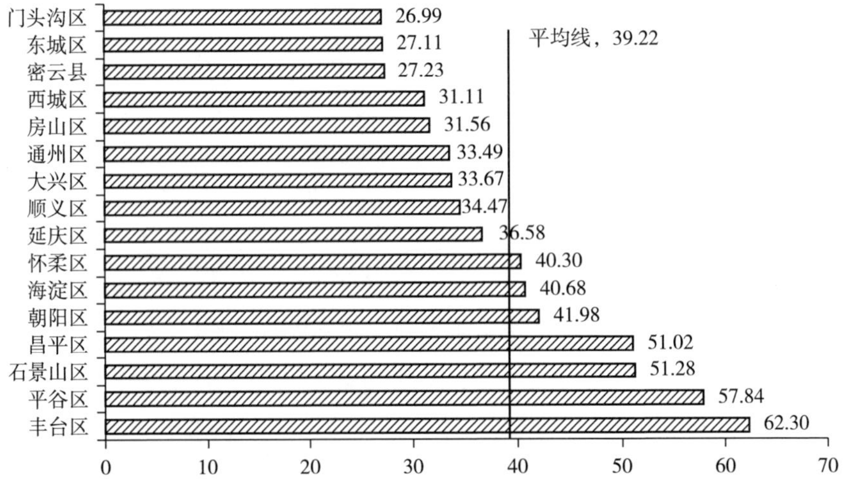

图12－1 北京市各区义务教育均衡信息公开2011～2015年综合指数

各区5年的综合信息公开指数较低，恰好与调研问卷得到的满意度不高形成呼应，而且信息公开指数较高的区也是各区综合支出绩效指数较高的区，这说明各区综合信息公开与监管情况是影响北京市义务教育均衡绩效的主要因素之一。当然，本文对北京市义务教育均衡信息公开指数的核算亦有不严谨之处，其结果仅供参考。

12.2.3 影响学校内部运作绩效的因素分析

学校内部运作主要包括办学条件和教师资源两部分，假设教职工平均年工资福利费（X1）影响教师资源，生均公用经费（X2）和2010~2015年累积生均基建费投入（X3）影响办学条件，将X1、X2、X3对学校内部运作维度的绩效指数进行线性回归，建立线性模型如下：

$$Y = \beta_0 + \beta_1 X1 + \beta_2 X2 + \beta_3 X3 + \mu_i$$

式中，μ_i 为随机扰动项，分小学和初中分别进行回归。

小学学校内部运作的参数估计结果如表12-9所示，得方程：

$$\hat{Y} = -96.66 + 1.72E-05X1 + 0.0024X2 + 0.019X3$$

$$t: \ (-0.82) \quad (0.03) \quad (1.13) \quad (4.58)$$

$$R = 0.66 \quad \bar{R} = 0.57$$

表12-9 北京市小学学校内部运作影响因素回归结果

Variable	Coefficient	Std. Error	t - Statistic	Prob.
X1	1.72E-05	0.000503	0.034234	0.9733
X2	0.002477	0.002200	1.125536	0.2824
X3	0.019173	0.004186	4.579942	0.0006
R - squared	0.655730	Mean dependent var		0.000625
Adjusted R - squared	0.569663	S. D. dependent var		84.36706
S. E. of regression	55.34487	Akaike info criterion		11.07736
Sum squared resid	36756.65	Schwarz criterion		11.27051
Log likelihood	-84.61890	Hannan - Quinn criter.		11.08725
F - statistic	7.618796	Durbin - Watson stat		2.501276
Prob（F - statistic）	0.004098			

在5%的显著性水平下，方程的R值和F值处于可接受水平，DW值为2.5，不存在显著的一阶自相关。仅 β_3 的t值通过显著性检验，β_1、β_2 的t值过低，无法通过显著性检验，即X3（小学2010-2015年累积生均基建费投入）对Y（小学学校内部运作）有显著影响，在其他因素不变的情况下，小学累积生均基

建费平均每增加 1 元，小学学校内部运作指教指标平均增加 0.02%。

初中学校内部运作的参数估计结果如表 12 - 10 所示，得方程：

$$\hat{Y} = 33.43 - 0.0009X1 + 0.003X2 + 0.001X3$$

$$t:\ (0.23)\quad(-0.70)(1.21)\quad(1.12)$$

$$R = 0.15\quad \overline{R} = 0$$

表 12 - 10　　北京市初中学校内部运作影响因素回归结果

Variable	Coefficient	Std. Error	t - Statistic	Prob.
C	33.43259	142.8761	0.233997	0.8189
X1	-0.000930	0.001333	-0.697248	0.4989
X2	0.002778	0.002286	1.214946	0.2478
X3	0.001390	0.001242	1.119433	0.2849
R - squared	0.151263	Mean dependent var		2.22E - 16
Adjusted R - squared	-0.060921	S. D. dependent var		82.99145
S. E. of regression	85.48203	Akaike info criterion		11.94681
Sum squared resid	87686.13	Schwarz criterion		12.13995
Log likelihood	-91.57446	Hannan - Quinn criter.		11.95670
F - statistic	0.712887	Durbin - Watson stat		0.997750
Prob（F - statistic）	0.562867			

在 5% 的显著性水平下，方程的 R 值、F 值均不理想，β_1、β_2、β_3 的 t 值均未通过显著性检验，单独将教职工平均年工资福利费（X1）与教师资源绩效指数进行回归，其系数 t 值也不能通过显著性检验；单独将生均公用经费（X2）和 2010 ~ 2015 年累积生均基建费投入（X3）与办学条件绩效指数进行回归也不能通过显著性检验。因此，回归结果表明，人员经费、公用经费、基建费的投入高低对初中办学条件和教师资源绩效水平无显著影响。

12.2.4　影响教育结果均衡绩效的因素分析

在对教育均衡发展影响因素进行分析时，分别将小学和初中的教育均衡发展维度的绩效指数（Y）作为因变量，假设教育经费维度的绩效指数（X1）、学校内部运作维度的绩效指数（X2）、人均 GDP（X3）是 Y 的影响因素，对 X 和 Y 进行最小二乘回归估计。建立如下线性模型：

$$Y = \beta_0 + \beta_1 X1 + \beta_2 X2 + \beta_3 X3 + \mu_i$$

式中，μ_i 为随机扰动项，分小学和初中分别进行回归。

小学教育均衡发展的参数估计结果如表 12 - 11 所示，得方程：

$$\hat{Y} = 12.41 + 0.06X1 + 0.01X2 + 0.0003X3$$

$$t: \quad (0.23)\ (-0.70)\ (1.21) \qquad (1.12)$$

$$R = 0.40 \quad \overline{R} = 0.25$$

表 12－11　　北京市小学教育均衡发展影响因素回归结果

Variable	Coefficient	Std. Error	t－Statistic	Prob.
C	12.41201	12.02553	1.032138	0.3224
X1	0.063724	0.112579	0.566044	0.5818
X2	0.012054	0.105420	0.114344	0.9109
X3	0.000304	0.000121	2.518711	0.0270
R－squared	0.397362	Mean dependent var		38.26938
Adjusted R－squared	0.246703	S. D. dependent var		28.86223
S. E. of regression	25.05031	Akaike info criterion		9.491967
Sum squared resid	7530.213	Schwarz criterion		9.685114
Log likelihood	－71.93574	Hannan－Quinn criter.		9.501858
F－statistic	2.637489	Durbin－Watson stat		2.239009
Prob（F－statistic）	0.097403			

在5%的显著性水平下，虽然方程的R值和F值并不理想，整体拟合程度较低，但是β_3的t值通过显著性检验，X3（人均GDP）是Y（小学教育均衡发展）的显著影响因素，而教育经费、办学条件和教师资源等因素对小学教育均衡发展无显著影响。当其他因素不变，人均GDP平均每增加10000元，小学教育均衡发展绩效指数平均增加3%，经济水平提高对小学教育均衡发展影响十分显著。

初中教育均衡发展的参数估计结果如表12－12所示，得方程：

$$\hat{Y} = 13.02 + 0.06X1 + 0.001X2 + 0.0003X3$$

$$t: \quad (0.16)\ (0.52) \quad (0.01) \quad (2.63)$$

$$R = 0.41 \quad \overline{R} = 0.26$$

表 12－12　　北京市初中教育均衡发展影响因素回归结果

Variable	Coefficient	Std. Error	t－Statistic	Prob.
C	13.01647	11.23124	1.158952	0.2690
X1	0.057107	0.110781	0.515492	0.6156
X2	0.001346	0.103837	0.012966	0.9899
X3	0.000296	0.000113	2.634335	0.0218

续表

Variable	Coefficient	Std. Error	t – Statistic	Prob.
R – squared	0.410781	Mean dependent var		38.27000
Adjusted R – squared	0.263476	S. D. dependent var		27.27439
S. E. of regression	23.40714	Akaike info criterion		9.356278
Sum squared resid	6574.733	Schwarz criterion		9.549425
Log likelihood	–70.85022	Hannan – Quinn criter.		9.366168
F – statistic	2.788645	Durbin – Watson stat		1.738615
Prob（F – statistic）	0.086120			

与小学情况类似，在5%的显著性水平下，方程整体的拟合程度不佳，仅 β_3 的t值通过显著性检验，人均GDP也是初中教育均衡发展的显著影响因素，而教育经费、办学条件和教师资源等因素对初中教育均衡发展无显著影响。当其他因素不变，人均GDP平均每增加10000元，初中教育均衡发展绩效指数平均增加3%，经济水平提高对初中教育均衡发展影响也十分显著。

12.3 小　　结

实证证明，所有设定的方程模型大部分拟合程度较好，且不存在一阶自相关，方程估计参数都要进行显著性检验。不通过参数检验的视为影响不显著因素，反之，则视为影响因素。实证结果表明，影响北京市义务教育均衡综合绩效的因素分别是：

1. 影响教育经费均衡绩效的因素有：生均教育财政支出、学生人数和人均GDP，教育财政支出不具有中立性。具体表现在：

在小学教育阶段，生均教育财政支出对生均预算内教育事业费有显著影响，生均教育财政支出平均每增加1元，生均预算内教育事业费平均增加1.13元。生均教育财政支出和学生人数两个因素对生均公用经费有显著影响，生均教育财政支出平均每增加1元，生均公用经费平均增加0.81元，学生人数平均每增加1人，生均公用经费平均增加0.14元。

在初中教育阶段，生均教育财政支出和人均GDP这两个因素对生均预算内教育事业费有显著影响，前者平均每增加1元，生均预算内事业费平均增加1.22元；后者平均每增加1元，生均预算内事业费平均增加0.07元。生均教育财政支出对生均公用经费有显著影响，生均教育财政支出平均每增加1元，公用经费平均增加0.8元。

2. 影响公众满意度绩效的直接因素没有找到，间接因素政府信息公开程度高低与公众满意度高低基本一致。影响公众满意度绩效的因素有待进一步研究。

3. 小学教育阶段，生均基建费用对学校内部运作绩效有显著影响，2010～2015年累积生均基建费用平均每增加1元，小学内部运作绩效平均增加0.02%。初中教育阶段现有指标没有通过显著性影响检验。

4. 无论是小学教育阶段还是初中教育阶段，以人均GDP衡量的主要经济发展水平对学业成就均衡绩效有显著影响。人均GDP平均每增加10000元，学生学业成就均衡绩效平均增加3%。

13

北京市优质义务教育均衡所需财政资金缺口测算

2016年北京市政府正式提出了实现优质义务教育均衡政策目标，这既是政府履行2011年以来在义务教育结果均衡方面的承诺，也是北京市义务教育均衡新的行动目标。它意味着未来北京市政府在义务教育均衡方面的政策重点将在实现义务教育结果均衡方面发力，同时兼顾围绕着教育机会均衡和教育过程均衡中的短板，如对特殊儿童、流动儿童、个别学校的政策调整，是将财政充足与财政公平理念相结合的实践。对此，作为均衡调节器的财政预算该如何调整呢？本研究基于2015年生均教育经费数据，从各区之间、学校间优质教育均衡两个层面预测财政资金缺口。其中，学校间优质教育均衡限于数据获得，以朝阳区为例来分析说明。

13.1 教育财政充足内涵的阐释

在我国教育财政发展历程中，教育财政充足与基本教育条件的财政满足度是等价的，它强调的是教育的基本均衡，以及基本教育条件的财政满足度，重点是财政投入量的满足度。而在国际视角下的教育财政充足是教育财政公平的高级阶段，是在基本教育条件基础上的财政满足度，它强调的是教育的优质均衡，以及教育成就公平的财政满足度，重点是财政投入质的满足度。本文采用国际视角的界定，即教育财政充足是个法律概念，它是指一个州的公立中小学财政拨款体系需要为州内普通公立学校提供充足的教育资源，使得每一个普通学生能够达到州规定的成绩标准；同时，为特殊需要的学生提供额外需要的教育资源，使之能够达到州规定的特殊学生学业成绩标准。①

① 李文利，曾满超. 美国基础教育“新”财政［J］. 教育研究. 2002（5）：84－89.

教育财政充足关注的焦点是学生获得教育的实际资源和学校提供的教育服务是否满足学生上学的实际需要，把教育公平的标准由花多少钱变成如何花钱，花钱的成果如何。Guthrie 和 Rothstein 恰当地描述了这一个转变："旧的教育财政观念根据教育经费来评价教育，新的教育财政观念强调充分性，根据教育本身来评价教育经费"。[①] 教育财政的基本均等衡量的是资金分配的公平性，教育财政的优质均衡衡量的是资金是否可以为学生获得特定的学习成果提供机会。Minorini（1999）认为教育财政充足性水平的制定并非关心学校或者学区之间所拥有的教育经费的多寡，而是关心学校或者学区是否获得足够的教育经费为每一名学生提供达到充足教育水平所必需的教学服务。[②]

Guthrie 认为实现教育公平的前提是教育的充足，充足的教育以学生教育产出达到足够的知识水平为底线。他认为定义基础教育财政充足性水平应为两部分，一是各州规定的每名学生必须达到的教育产出标准；二是各州为每所学校提供教育经费，确保学校能保证学生达到规定的学业产出标准，该经费水平被称为基础教育财政的充足性水平。[③] Odden 认为基础教育财政充足性即是保证学校拥有足够的资源去达到教育产出的标准，如州学业测验的最低分、最低通过率等；他认为充足教育产出水平除了随个体、种族、区域有所调整外，还应随教育水平以及社会发展需要的变化不断调整。[④] Verstergen 认为基础教育财政充足性是保证每名学生获得充足的教育经费，充足的教育经费并非相等的经费，而是由州政府在全州儿童都能获得高质量教育的前提下，为每个学生制定适当的学习计划，设计一个公式核算充足的教育成本，该公式应根据个人、种族以及地区差异（即为保证产出质量经科学考察后的，必须且可行的差异）进行加权调整，以该成本进行教育拨款即实现基础教育财政的充足性。[⑤]

Addonizio 认为充足性水平的定义包含两个步骤：第一步，从确保学生获得参与社会竞争能力、各州拥有足够的人力资源参与全球化竞争实力的视角出发，各州对学生读、写、算等基本能力以及经济、科学、科技等知识和技能的学校教育

---

① Guthrie, J. W. & Rothstein, R. （2001）. A New Millennium and aLikecy New Era of Edueation Finanee. Ins. Chaikind （Eds.） Education Finance in the New Millennium. P99.

② Minorini. Educational Adequacy and the Courts: The Promise and Problems of Moving to a New Paradigm [A]. Ladd H. F., R. Chalk& J. Hansen （Eds.）. Equity and Adequacy in Education Finance: Issues and Perspectives [C]. Washington: National Academy Press, 1999: 175 -208.

③ Guthrie W, Rothstein R. Enabling adequacy to achieve reality: Translating adequacy into State school finance distribution arrangements [A]. Ladd H. F., Chalk R. & Hansen J. S.. Equity and Adequacy in Education Finance [C]. Washington: National Academy Press, 1999: 209 -259.

④ Allan Odden. Moving From Good to Great in Wisconsin: Funding Schools Adequately And Doubling Student Performance [R]. Wisconsin School Finance Adequacy Initiative Final Report, 2007.

⑤ Verstegen, D. A. State Government Finances For Public Education: The Case of Virhinia [R]. Paper presented at the Annual Meeting of the American Educational ResearchAssociation, 2000.

产出进行规定，为每名学生制定包括学业成绩在内的一系列教育产出标准，这些产出标准即为充足教育产出水平。[①] 第二步，各州基于充足教育产出水平在整体上核算平均教育成本，根据学生个体的差异性与特殊性进行调整后得到微观层面（学生、学校及学区）的充足性教育成本，这一成本即为基础教育财政充足性水平。按照充足性水平进行财政拨款，即在实现基础教育的财政充足性，它不仅能确保学校获得足够的经费为普通学生提供达到充足教育产出水平所必需的教学服务，还能为有特殊需要的学生提供达到其特定的充足教育产出水平所必需的、额外的教学服务。[②]

学者们从不同视角对教育财政充足内涵的阐释主要包括两个层面：一是保证教育服务产出均衡需要的财政支出量；二是保证学生获得基本均衡学业成就需要的财政支出量。显然，教育财政充足已经超越教育机会均衡阶段的财政需要，由教育过程迈向教育结果均衡阶段，而这正好与北京市优质义务教育均衡的政策目标的内涵基本一致。

13.2 北京市当前义务教育财政投入的水平

北京市公共财政教育经费从 2010 年的 505.78 亿元增长为 2015 年的 850.07 亿元，与全国其他各省市相比位列首位，五年间同比增长率近 68%。其中，投入义务教育的公共财政经费由 2010 年的 197.77 亿元增长至 2015 年的 338.78 亿元，2013 年后增长趋势放缓，有略微下降趋势。义务教育公共财政教育经费五年间同比增长率为 71%，几乎与总体公共财政教育经费的增长趋势一致，五年平均占总体公共财政预算经费的比例为 43.87%，甚至于 2013 年超过半数，达到 50.22%。具体如图 13－1 所示。

与全国及其他城市对比而言，北京市义务教育生均经费目前处于较高水平。如图 13－2 普通小学生均公共财政教育经费比较、图 13－3 普通初中生均公共财政教育经费比较所示。2014 年，北京普通小学、初中生均公共财政预算教育事业费分别达到 23441.78 元和 36507.21 元，与全国平均水平相比分别高出 2.05 倍和 3.52 倍；生均公共财政预算公用经费分别达到 9950.95 元和 14127.6 元，与全国平均水平相比分别高出 3.44 倍和 4.53 倍。北京与上海是我国齐名的两大直辖市，经济发展规模大致相同，分别为“京津冀”和“长三角”的经济中心，

---

① Addonizio, M. F. . From Fiscal Equity to Educational Adequacy: Lessons from Michigan [J]. Journal of Education Finance, Spring 2003, 28: 457－484.

② Allan Odden, William H. C. School Finance System: Aging structures in Need of Renovation [J]. Educational Evaluation and Policy Analysis, 1998, 20 (3): 157－177.

二者具有较强的可比性。在生均教育经费上，北京普通小学和普通初中的生均公共财政教育事业费和公用经费比上海市仍高出 20% ~50% 个百分点，位居全国之首。

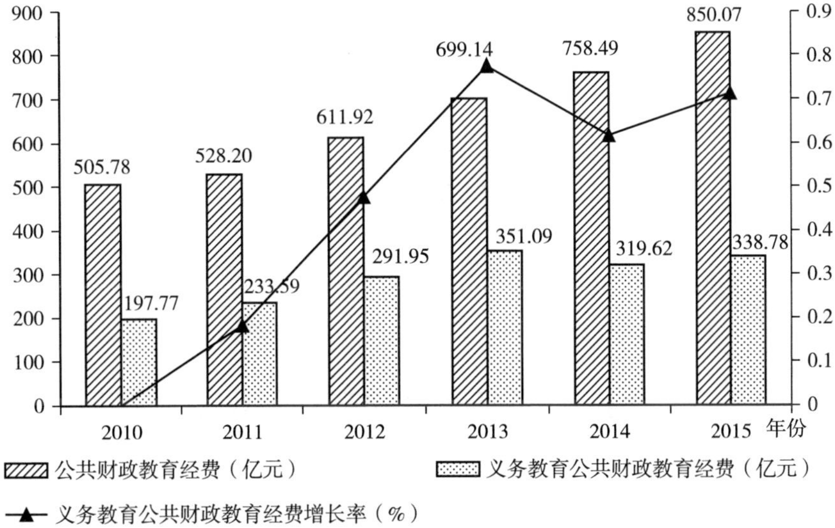

图 13 –1　2010 ~2015 年北京公共财政教育经费增长趋势

注：2015 年北京公共财政教育经费值由 2009 ~2014 年每年增长率推算得出。
资料来源：2010 ~2014 年全国教育经费执行情况统计公告和北京市教委统计资料整理。
http：//www. moe. gov. cn/jyb_sjzl/sjzl_jfzxgg/.

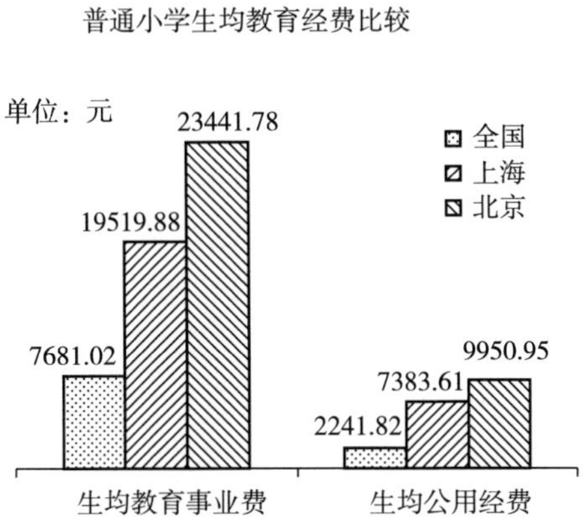

图 13 –2　普通小学生均公共财政教育经费比较

资料来源：2014 年全国教育经费执行情况统计表
http：//www. moe. gov. cn/jyb_sjzl/sjzl_jfzxgg/.

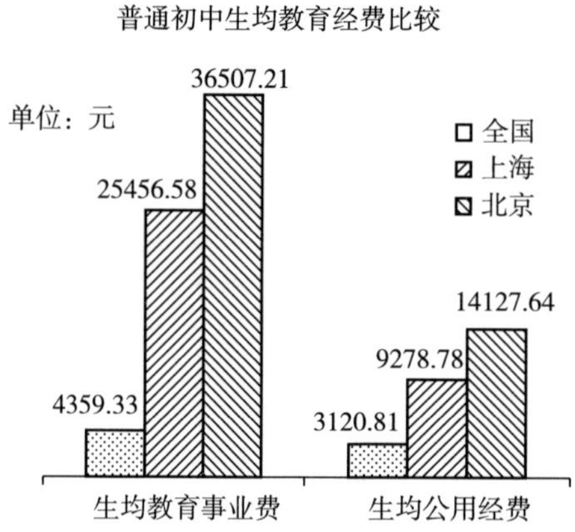

图 13 -3 普通初中生均公共财政教育经费比较

资料来源：同图 13 -2。

13.3 北京市义务教育财政充足性指数测算

从义务教育财政投入的增长趋势上，北京市义务教育财政充足性不断提高，相比于我国其他省市，北京市义务教育财政充足性位于全国前列。但北京义务教育均衡发展目标是实现优质均衡，在优质均衡的条件下北京市当前义务教育财政投入是否能够达到充足水平？北京市义务教育距离优质均衡还有多远？本节通过 Odden - Picus 充足性指数计算予以说明。

13.3.1 Odden - Picus 充足性指数（OPAI）计算方法

Odden - Picus 充足性指数（OPAI）是目前少数的教育财政充足性度量尺度，表示低于教育财政充足性水平的所有观察值的总数与充足性水平上所有观察值总数的比例，其取值范围在［0，1］的区间内，OPAI 等于 1 时，教育财政具有绝对的充分性。① OPAI 的计算过程与麦克劳恩指数极为相似，即用充足性水平代替中位数。其具体计算步骤为：

（1）确定充足性支出水平。

（2）用充分性水平代替中位数计算麦克劳恩指数，公式为 $\frac{\sum St_i x_i}{\sum St_i e}$，其中 St_i 为低于充足性水平学区或学校的学生数，x_i 为低于充足性水平学区或学校的

① 栗玉香．教育财政学［M］. 北京：经济科学出版社 . 2009. 126 - 127.

生均教育财政支出，e 为所设定充足性支出水平。

（3）将所得的比率与低于充分性水平的学生百分比相乘，再加上高于充分性水平的学生百分比，最终结果即为 OPAI。

通过 OPAI 可以进一步计算将低于充分性水平的学区或学校提高到充分性水平所需要的资金总量，其计算步骤为：（1）用 OPAI 与 1 的差值乘以充分性水平。（2）用第一步计算的结果乘以低于充分性水平的学生数。[①]

根据 OPAI 的计算原理从区层次和学校层次，分别计算 2015 年北京市财政性教育经费的充足性指数和绝对充足的财政资金缺口，学校充足性指数以朝阳区 48 所小学和 68 所初中为例进行计算，计算结果如表 13－1 所示。

表 13－1　　北京市、区、学校国家财政性教育经费充足性指标

层次 充足性计算	区		学校	
	小学	初中	小学	初中
①生均充足性支出水平（元）	40047.18	72269.06	16641.30	51421.09
②充分性水平代替中位数计算麦克劳恩指数	0.70	0.72	0.60	0.59
③高于充分性水平学生比例	6.86%	8.87%	34.24%	9.79%
④OPAI	0.72	0.74	0.74	0.63
⑤资金缺口总量（亿元）	89.76	48.37	1.63	6.12

注：区财政性教育经费统计口径为国家性财政性教育经费，学校财政性教育经费统计口径为财政拨款。

② $= \frac{\sum St_i x_i}{\sum St_i e}$，其中 St_i 为低于充足性水平学区或学校的学生数，x_i 为低于充足性水平学区或学校的生均教育财政支出，e 为所设定充足性支出水平①。

④＝②×（1－③）＋③

⑤＝（1－④）×①×财政性经费低于充分性水平的学生数量

数据来源：作者计算所得。

确定充足性支出水平时将 16 个区和学校的生均财政性经费分别进行降序排列，选择上四分之一位点作为充足性支出水平。区间小学和初中的充足性水平分别为 40047.18 元和 72269.06 元，朝阳区学校小学和初中的充足性水平分别为 16641.30 元和 51421.09 元。

各区间，怀柔区、门头沟区、平谷区、延庆区的小学财政性生均经费达到充足性水平，4 个区的学生人数占总学生数的 6.86%。低于充足性水平的财政性生

---

① ［美］理查德·金等著．曹淑江等译．教育财政——效率、公平与绩效［M］．北京：中国人民大学出版社．2009. 339－341.

均经费为充足性水平的70%，最终算得OPAI为0.72，需再将28%充足性水平分配至生均财政性经费低于充足性水平的学生即可达到绝对充足。北京市各区小学财政性教育经费要达到绝对充足还需再投入近90亿元。

各区初中财政性教育经费充足性水平略高于小学，平谷区、门头沟区、怀柔区、密云区的初中财政性生均经费达到充足性水平，4个区学生人数占总学生数仍低于10%，低于充足性水平的财政性生均经费为充足性水平的72%，最终算得OPAI为0.74。北京市各区初中财政性教育经费达到绝对充足还需投入近50亿元。

综合而言，北京市各区义务教育财政性经费实现完全充足，还有近140亿元的资金缺口。

13.3.2 北京市朝阳区义务教育财政充足性指数测算

朝阳区48所小学中，34.24%的学校财政性教育经费高于充足性水平，低于充足性水平的财政性生均经费为充足性水平的60%，最终算得OPAI为0.74。如果实现财政性教育经费绝对充足还需，将26%的充足性支出水平分配至低于生均财政性教育经费充足性水平的学生，其投入总额为1.63亿元。朝阳区68所初中财政性教育经费充足性水平明显低于小学，不足10%的初中生财政性教育经费高于充足性水平，最终算得OPAI为0.63。如果达到完全充足水平，资金缺口为6.12亿元，是小学的4倍。朝阳区义务教育财政性经费实现完全充足水平的总资金缺口为7.75亿元。

13.4 小　结

从北京市实现优质义务教育均衡政策目标的财政需要出发，基于2015年生均教育经费数据计算结果显示：北京市各区小学财政性教育经费要达到绝对充足还需再投入近90亿元；北京市各区初中财政性教育经费达到绝对充足还需投入近50亿元，有近140亿元资金缺口。

以朝阳为例，朝阳区义务教育财政性经费实现完全充足水平的总资金缺口为7.75亿元。需要说明的是，本研究的预测没有考虑各区间、学校间义务教育资源存量及未来通货膨胀率，这主要是受数据的可获得性限制。如果考虑这些，资金缺口可能会更大。同时，达到这一充足性需要的财政支出量，就成为北京市义务教育财政支出的刚性需求，政府必须在考虑通货膨胀率的前提下，保持义务教育财政支出总量的持续增长。

第四部分

提高北京市义务教育均衡绩效的预算精细化改革

本部分包括第 14 ~ 15 章的内容。北京市政府要实现优质义务教育均衡的承诺，提高义务教育均衡的绩效，最终都将以科学合理的教育经费预算管理作保障。教育经费预算是国家的教育财政收支计划，是政府集中分配教育资金的主要机制，也是教育领域重要的合法性法文件。北京市每年需要在义务教育方面花多少钱、怎么花，都要按照预算实施。可以说，预算管理水平直接关系到优质义务教育均衡目标能否实现。因此，研究北京市义务教育均衡绩效，最终必须深入研究北京市义务教育预算精细化管理的状况，并在此基础上提出提高北京市义务教育均衡绩效的预算精细化改革建议。这便是本部分的主要议题。本部分的第 14 章，通过问卷调查，实证分析了北京市义务教育预算管理的现状；第 15 章，围绕着提高北京市义务教育均衡绩效，提出了预算精细化改革的建议。

14

北京市义务教育预算管理的状况

本章主要通过调研，研究北京市义务教育的预算管理现状。

14.1 问卷设计及调查过程

为了解北京市义务教育均衡教育预算管理水平，课题组设计了三份调查问卷，分别从学校管理者、教师和学生家长的角度，调查目前教育部门及学校经费预算管理现状，及其对教育预算的感受和需求，问卷具体内容见附录7。学校管理者版问卷主要针对中小学校长和财务管理人员，教师版问卷主要针对学校从事义务教育教学工作的老师，家长版问卷主要针对义务教育在学阶段的学生家长。

学校管理者版和教师版问卷通过在校内发放纸质版问卷进行调查。其中，学校管理者版问卷随机抽取31所中小学进行调查，共回收94份有效问卷；教师版问卷随机抽取7所中小学进行调查，共回收171份有效问卷。家长版问卷通过问卷星发布网页问卷进行调查，共回收462份有效问卷。问卷主要从三类主体对学校教育预算管理的了解和态度、参与预算编制情况、对教育预算管理现状的认识、对教育经费管理的建议四个维度，对北京市义务教育经费预算管理情况进行了调查分析。问卷的统计、整理运用SPSS19实现。

14.2 问卷统计结果分析

14.2.1 对学校教育预算管理的了解和态度

1. 近一半的家长未曾关注过学校的教育经费预算管理。对教育经费预算管理的了解程度上，学校管理者关注程度最高，教师次之，学生家长最低。如图14－1所示，学校管理者中，有66.7%完全了解教育经费预算管理的政策、程序及相关问题，其余33.3%为部分了解。从事教学工作的教师中有23%完全了解教育经费预算管理相关问题，43%部分了解，20%听说过，还有15%的教师完全不了解预算相信息。教师主要被动的通过学校相关会议和学校相关本文材料了解教育经费预算管理的相关问题，18.7%的教师会主动通过政府及学校官方网站了解信息，也有3%的教师仅通过道听途说获得信息。家长对于教育预算的相关问题的了解程度和关注程度均较低，有48.6%表示未曾关注教育经费预算情况，仅有5.7%的家长完全了解教育经费预算相关问题，37.1%部分了解，18.6%听说过，还有32.9%完全不了解。家长的职业和学历与教育预算的了解和关注呈明显相关性，从事管理工作和教师工作对预算管理的了解程度最高，从事行政和后勤工作次之。同时，学生的父母学历越高，对于教育经费预算的了解程度也越高。

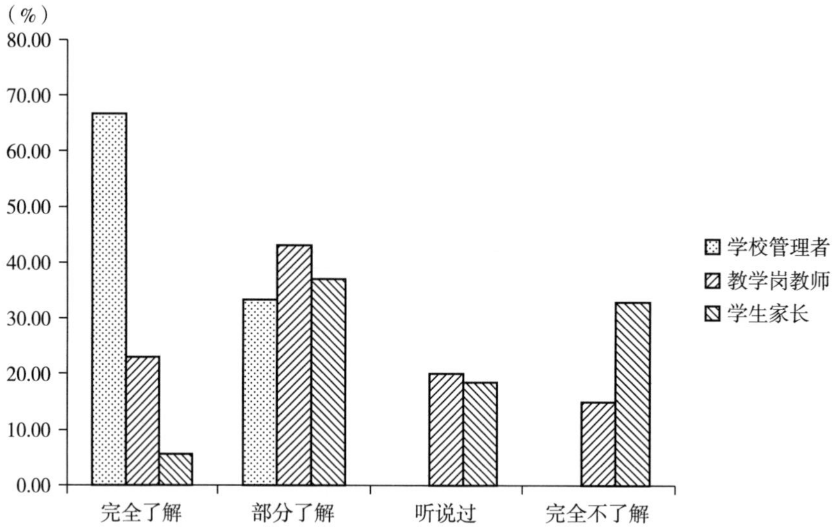

图14－1 不同群体对教育经费预算管理情况了解程度

数据来源：作者通过SPSS19对附录6问卷调查结果整理。

2. 多数人认为学校教育经费预算编制非常重要。在对学校教育经费预算编制重要性的认识上，学校管理者、教师和学生家长的意见具有一致性。97.9%的学校管理者、79.3%的教师和71.4%的学生家长认为学校的教育经费预算编制工作非常重要。教师和学生家长对于参与学校教育经费预算编制的积极性有待提高，51.5%的教师认为普通教师参与教育经费预算编制工作非常重要，32.5%认为一般重要，还有8.3%认为不重要，7.7%认为普通教师没有必要参与预算编制；42.9%学生家长认为家长参与学校教育经费预算编制工作非常重要，42.9%

一般重要，也有7.1%的家长认为不重要，1.4%的家长认为没有参与的必要。

14.2.2 教师和公众参与预算编制的情况

1. 1/3的教职工参与了学校的预算编制工作。对于学校普通教师参与预算编制程度，31.9%学校管理者认为学校预算编制过程为全员参与，64.9%认为部分参与，3.2%认为教师没有参与。在对教师的调查过程中，35.56%涉及学校管理（不涉及预算管理，下同）的教师全员参与预算编制，55.56%部分参与，4.44%很少参与，4.44%没有参与。从事教学工作的教师参与预算编制的程度相对较低，28%的教学岗教师全员参与预算编制，36%部分参与，28%很少参与，8%没有参与。教师是教学工作的一线人员，不仅自身利益与学校预算编制息息相关，而且了解日常教学过程的需求和不足，提高预算编制中教师的参与程度对提高预算编制的科学性有重要意义。

2. 大部分的学校管理者参与了预算相关知识的培训。预算是专业性较强的财务计划活动，对编制人员的相关知识要求较高，同时对预算的监督也需要一定的预算专业知识。在预算相关知识的培训过程中，学校预算管理人员的培训频率最高，82%的预算管理人员经常接受培训，其余18%偶尔接受培训。教学管理人员次之，66.67%的教学管理人员经常接受培训，26.67%偶尔接受培训，6.67%从未接受培训。教师接受的预算培训频率最低，25.33%的教学岗教师经常接受预算培训，53.33%偶尔接受培训，还有21.33%的教学岗教师从未接受培训。学校教育预算编制实现全员参与的前提是做到预算相关知识全员培训，就目前各学校人员预算培训的现状来看，教学岗教师的培训力度需进一步提高。

14.2.3 对教育预算管理现状的看法

在计划经济体制下，我国预算管理体制高度集中，实行“统收统支”制，为了增加财政资金的灵活性允许预算外资金的存在，但随着市场经济的发展预算外资金迅速膨胀给预算精细化管理带来阻碍。取消预算外资金或纳入预算内，倡导“全口径预算”是我国预算体制改革的方向。根据调查，98.9%的学校管理者表示该学校教育经费收支已全部纳入预算，还有1.1%的学校管理者表示该学校教育经费收入部分纳入预算。

1. 教育经费支出应优先满足教师工资、教师培训和学生创新和素质教育需要。教育经费的投入情况上，对学校教师的调查结果如图14-2所示。对于需增加的教育经费支出，31.5%的教师认为教师工资的经费投入偏低，需提高教师工资经费支出，19.8%的教师认为计算机、图书、实验设备等教学设施经费支出应进一步提高。对于需减少的教育经费，37.5%的教师认为学校基建的经费投入过高，应减少学校基建的经费支出，24.40%的教师认为教师培训的经费支出也应该降低。对于教育经费的支出效率，认为教师工资、教师培训、学生创新能力和素质的经费支出效率需进一步提高的教师比率均在20%以上。

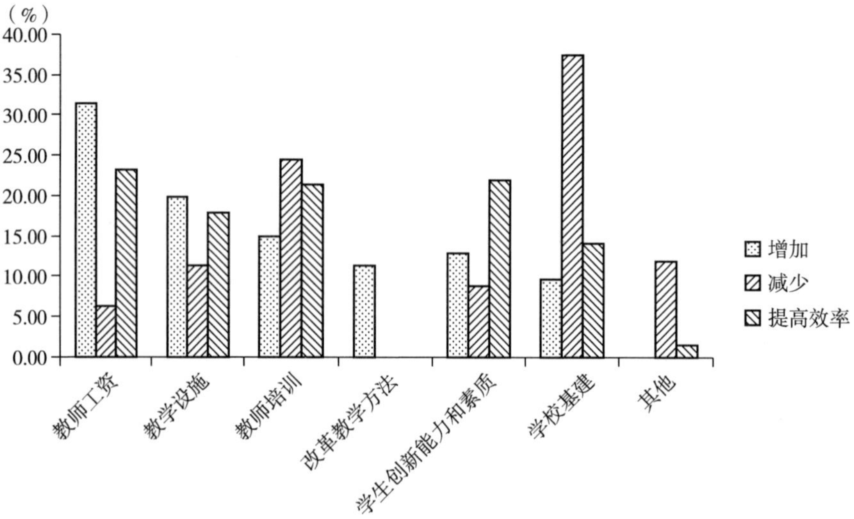

图14-2 教师对学校教育经费支出情况的描述

数据来源：作者通过SPSS19对附录6问卷调查结果整理。

家长对于教育经费支出情况的描述中，29.9%的家长认为学校最应该节约的教育经费支出为学校基建，18.6%的家长认为教学设施的经费投入也需要节约，仅有9.3%的家长认为应节约教师工资的经费投入。综合教师和家长的意见，在目前学校教育经费支出的基础上，教师工资支出用进一步提高，学校基建的支出需适量降低。

2. 57.40%的被调查者认为专项教育经费支出应优先满足学生创新项目。教育经费包括日常教育经费和专项教育经费，其中专项教育经费是用于解决学校特定项目建设的经费，是学校日常基本经费支出的重要补充。对于专项教育经费的投入拨付时间，27.7%的学校管理者表示专项经费能够及时拨付，45.7%的学校管理者表示专项经费的拨付比较及时，24.5%的学校管理者表示专项经费的拨付时间滞后1至3个月，1.1%的学校管理者表示专项经费的拨付时间滞后3至6个月，还剩1.1%的学校管理者不能确定专项经费的拨付时间。

对于学校专项经费的使用方向，调研结果如图14-3所示。绝大多数专项经费用于提高学生创新能力和素质，而对教师和家长的调查中，22%的教师认为提高学生创新能力和素质的教育经费需提高使用效率，16.5%的学生家长表示要节约使用提高学生创新能力和素质的教育经费。教师和家长认为最应该降低和节约的学校基建支出是学校专项经费支出的第二大部分。因此整体而言，学校专项经费的支出比例分配需进行适当调整。

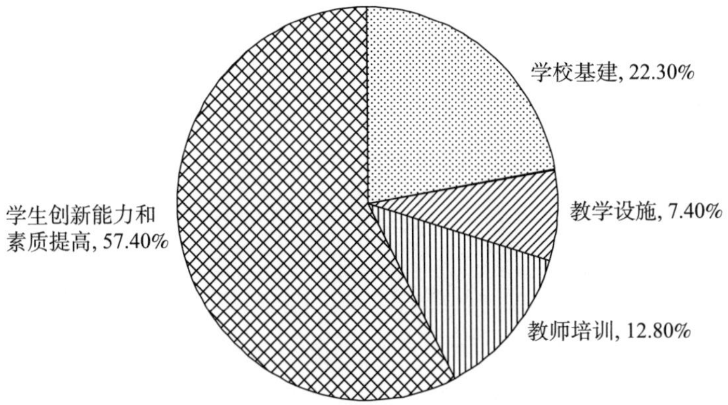

图 14－3　学校专项经费支出方向

数据来源：作者通过 SPSS19 对附录 6 问卷调查结果整理。

对于专项经费的使用，46.2% 的学校领导者表示专项经费可以根据学校实施进行部分调整，10.8% 的学校领导者认为专项经费可以完全由学校决定使用方向。36.6% 的学校管理者表示专项经费的使用不能做任何调整，另有 6.5% 的学校管理者认为学校没有调整的必要性。

对于专项经费考核，91.5% 的学校领导表示上级对学校专项经费使用绩效有严格考核，6.4% 认为一般考核，2.1% 表示没有考核。在考核的基础上，75.5% 的学校领导者认为上级部门教育经费考核对专项经费预算有很大影响，17% 认为有一般影响。

综合调查结果，专项经费的拨付时间存在滞后现象，支出效率有待提高，各学校专项经费的使用灵活性不一，大部分学校专项经费使用最终都要经历严格绩效考核。

3. 多数家长认为预算信息公开度不高，渠道不畅。对于预算信息公开情况，学校领导者、教师和学生家长的看法存在明显不一致性，如图 14－4 所示。学校领导者所认为的公开程度最高，教师次之，学生家长最低。83% 的学校领导者认为学校预算经费相关信息完全公开，17% 认为部分公开；70.4% 的教师认为学校教育经费相关信息完全公开，20.1% 认为部分公开，另有 9.5% 的教师未曾关注预算信息公开情况；与学校领导者和教师相比，学生家长对于预算信息的关注度较低，有 40% 的家长未曾关注预算信息公开情况，仅有 30% 的家长认为学校预算信息完全公开，另有 6% 的家长认为学校预算信息完全不公开。认为预算信息公开程度与获取信息的途径有关，87.5%通过政府及学校官方网站获得预算相关信息的被调查者认为学校预算信息完全公开，80%通过学校相关文本材料获得预算相关信息的被调查者认为学校预算信息完全公开。因此，学校应选择适当的途径公开预算信息。

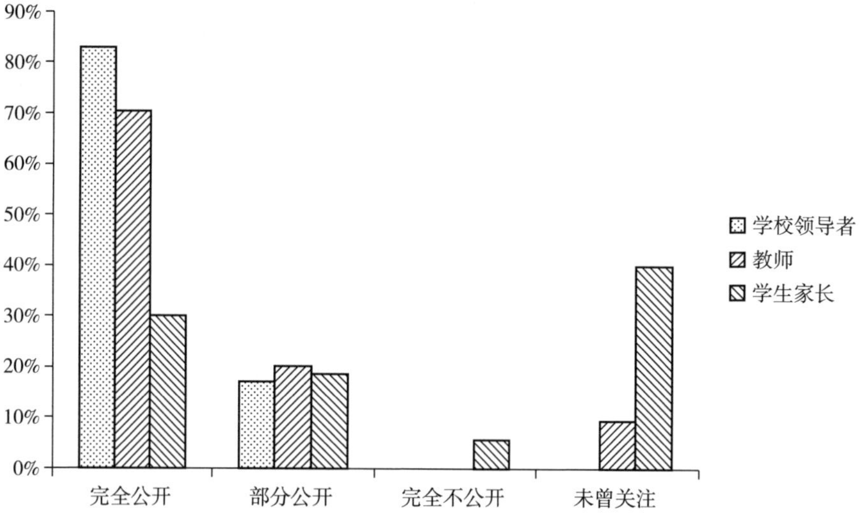

图 14－4　预算信息公开情况

数据来源：作者通过 SPSS19 对附录 6 问卷调查结果整理。

预算信息的公开是保障公众知情权和监督权的前提，而目前47.1%的学生家长表示对学校教育经费管理有监督意愿但缺少监督渠道，仅有8.6%的学生家长表示有监督意愿且有监督渠道，另有38.6%的家长对学校教育经费管理无监督意愿。

14.2.4　教师对教育预算管理的满意度情况

在目前教育经费预算管理水平下，教师对学校教学条件的满意度水平均较高，43.5%的教师对其所在学校的教学条件非常满意，46.5%比较满意，8.8%一般满意，仅0.6%不满意。相对而言，学生家长的满意度水平略低，28.6%的学生家长对其孩子所在学校的教学条件非常满意，45.7%比较满意，14.3%一般满意，5.7%不满意。教师对其所在学校教育经费预算管理的科学化、精细化程度的评价也处于较高水平，49.4%的教师认为其所在学校经费预算管理的科学化、精细化程度非常高，40.6%认为比较高，10%认为一般化。

14.2.5 对教育预算管理存在的问题及建议

1. 存在问题。教职员工认为，预算编制时间不足，学校缺乏预算执行自主性。家长认为，用于提高学生创新能力、学习能力、国际化能力不够。学校管理者和教师对其学校内教育经费预算管理存在的主要问题的看法如图 14－5 所示。首先，认为预算编制过程时间不足的学校领导者和教师所占比例最多，学校管理者为 33.6%，教师为 24.8%。其次，学校预算执行缺乏自主权、政府预算支出目标与学校实际需要匹配、预算项目编制不够科学精细、预算编制民主参与不够等均是众多学校管理者和教师所认为的主要问题。

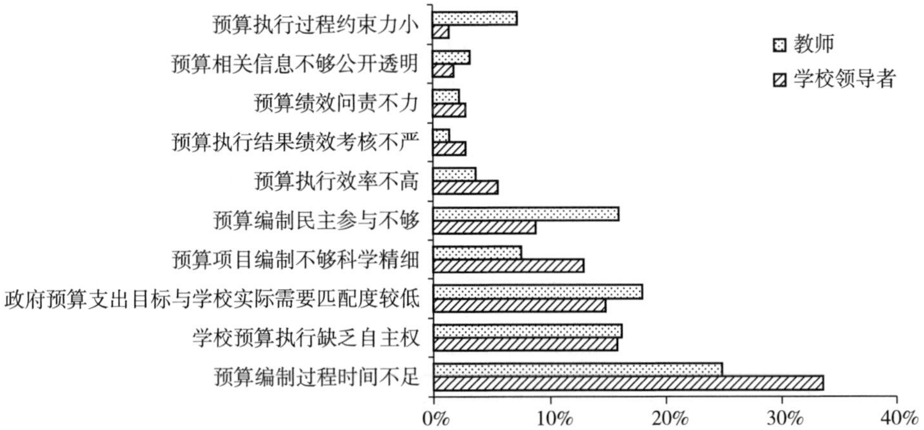

图 14－5 学校管理者和教师对学校预算管理存在问题的看法

数据来源：作者通过 SPSS19 对附录 6 问卷调查结果整理。

对学生家长而言，31% 的家长认为提高学生的创新能力和综合素质是学校教育经费预算最迫切需要解决的问题，其次分别有超过 10% 的家长提出要开阔教师的国际化视野、提高学生考试科目的学习能力、提高教师的教学水平、改善教学设施、加强学校基建。

2. 建议。对于预算经费管理如何实现科学化、精细化的关键，学校领导者、教师和学生家长的建议如图 14－6 所示。学校领导者作为预算的主要编制者，主要从预算编制、决策和执行全方位的对教育经费管理的科学化、精细化提出建议。其中 16.7% 的学校领导者建议将教育经费收入和支出全部纳入预算，15.2% 建议预算编制过程有充分的时间，13.5% 建议学校在实现绩效目标前提下有一定的预算执行自主权，10.8% 认为预算决策过程严格遵循程序。教师作为预算内容的利益相关者，主要从预算编制人员专业性和民主参与等方面提出建议。22% 的教师建议要提高预算编制人员的专业知识，13. 1% 建议预算编制过程有广泛的民主参与。学生家长从大众非专业的角度主要从预算的监督方面提出建议，有 14. 8% 的家长建议预算相关信息应该公开透明化，13% 建议预算决策过程严格遵循程序，分别有 12% 和 11. 1% 的家长建议预算的编制文本和财务信息应当细化。

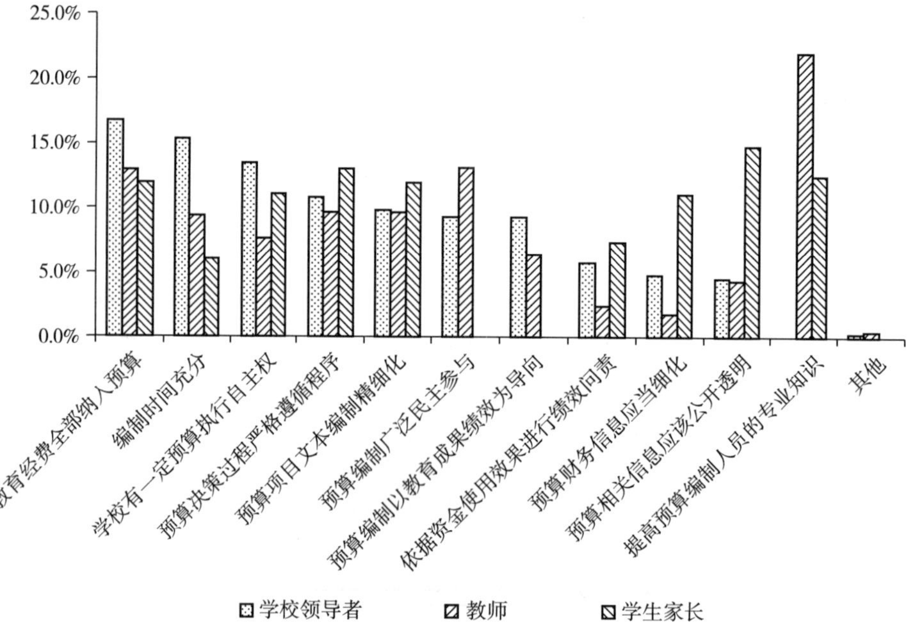

图 14－6 教育经费预算管理科学化、精细化的建议

数据来源：作者通过 SPSS19 对附录 6 问卷调查结果整理。

在对进一步完善教育经费预算管理的建议中，“自主权、预算申报流程简化、申报灵活性、编制时间充分、预算编写培训”是学校领导者建议的高频关键词，“加强预算编制培训、提高预算人员技能、印制预算编制参考文件”是教师建议的高频关键词，“预算信息公开透明、加强监督”是学生家长建议的高频关键词。

14. 2. 6 学校对上级部门教育预算管理的评价

教育预算的编制具有层次性，低一层次的预算编制单位所编制的预算在经过审批后将成为上一层次预算编制的一部分，通过层层递进最终将所有教育预算编制单位的预算内容汇总成整体教育预算。学校上级政府部门的教育预算管理情况将直接影响学校的教育预算所得。对于学校上级政府部门教育预算管理水平，26. 6% 的学校管理者非常满意，64. 9% 比较满意，7. 4% 一般满意，另有 1. 1% 的学校管理者对上级政府部门的教育预算管理情况非常不满意。总体而言满意度水平较高。学校管理者对于上级部门教育经费预算科学化、精细化程度和公开透明程度的评价也较高，21.3% 认为科学化、精细化程度非常高，64.9% 认为比较高；38.3% 认为公开透明程度非常高，45.7% 认为比较高。90% 以上学校领导者认为上级部门教育经费分配对缩小学校之间的差距有影响，其中 44.7% 的学校领导者认为影响明显，37.2% 认为影响一般，13.8% 认为有作用。然而，学校领导者参与上级政府部门教育经费预算决策的程度有待加强，50.5% 的学校领导者经常参与，16.1% 偶尔参与，但仍有 32.3% 的学校领导者没有参与上级政府部门教育经费预算决策。

对于上级部门教育经费预算管理改进意见，如图 14－7 所示。40.40% 的学校领导者认为上级部门教育经费预算编制应保证时间充足，30.90% 的学校领导者认为上级部门在进行教育经费预算管理时应有预算项目文本指导，12.80% 的学校领导者认为上级部门应多给予学校预算自主权，7.4% 的学校领导者认为上级部门教育经费预算编制应以绩效为导向，还有部分学校领导者认为上级部门在预算管理时要提高预算编制过程民主性、根据预算结果实施预算问责、遵循程序进行预算决策、促进预算财务信息透明公开。

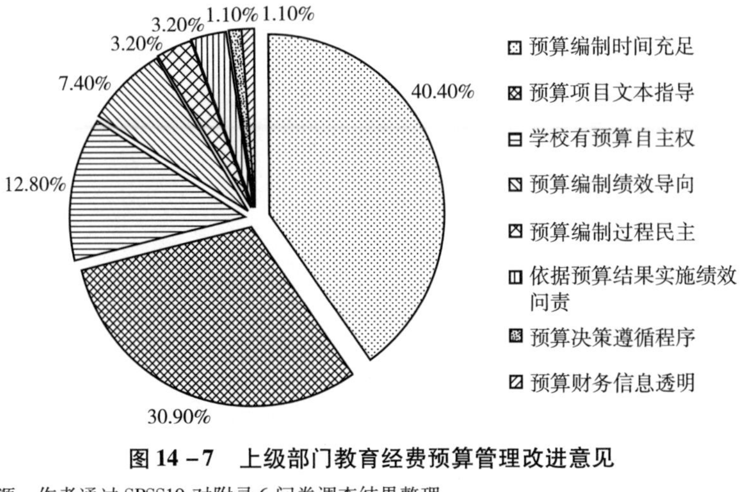

图 14－7　上级部门教育经费预算管理改进意见

数据来源：作者通过 SPSS19 对附录 6 问卷调查结果整理。

14.3　小　　结

综上对北京市义务教育均衡预算管理的调查结果分析，学校领导者、教师和学生家长分别从不同角度对教育预算的情况进行选择。在对学校教育预算管理的了解和关注程度方面，学校管理者最高，教学岗教师次之，但有近一半的家长未曾关注过学校的教育经费预算管理情况；在预算编制参与情况方面，无论是学校管理者、教师，还是家长，其中的多数人都认为学校教育经费预算编制工作非常重要；在参与学校预算编制方面，1/3 教职工参与了学校的预算编制，但其中的教学岗教师参与程度偏低，学生家长参与预算编制的积极性不高；在对教育预算管理现状的看法方面，教师和学生家长皆认为目标学校基建经费投入已充足，教育经费支出应优先满足教师工资、教师培训和学生创新、素质教育；专项教育经费支出应优先满足学生创新项目；在预算信息公开方面，多数家长认为预算信息公开度不高、渠道不畅；在对教育经费管理存在的问题方面，教职工认为，预算编制时间不足，学校缺乏预算执行自主性。家长认为，学校用于学生创新能力、学习能力和国际化能力培养的预算不足；在对上级部门教育预算管理的评价方面，绝大部分校长比较满意，而且认为上级部门的预算对均衡学校之间的差距作用明显；在相关建议方面，学校领导者主要建议应提高学校预算编制的自主权，对学校预算提供精细化的项目文本指导。教师主要建议通过培训提高预算编制人员的技能并提高教师的参与程度；学生家长则希望预算能够公开透明并能精细化，方便公众监督。

15

提高北京市义务教育均衡绩效的预算精细化改革

本章主要围绕提高北京市义务教育均衡绩效而进行的精细化预算改革进行阐述。

15.1 精心筹划义务教育均衡所需的预算总量

保持义务教育财政支出的预算总量维持在一个合理的区间，是实现义务教育均衡的基本保障，因为对于纯公共产品的义务教育来说，它既不可能营利，政府也不允许其以营利为目的进行经营。那么如何精心筹划，才能保证义务教育财政支出的预算总量在一个合理的区间呢？本研究认为，基于北京市义务教育均衡发展的实际需求，进行精心筹划是正道。这些需求包括政府承诺实现的“优质教育均衡需求”、北京市参与“国际竞争需求”，以及北京市经济社会发展隐含的“潜在需求”。

15.1.1 基于北京市“优质教育均衡需求”的筹划

2016 年北京市政府正式提出了实现优质义务教育均衡政策目标（我们称之为“优质教育均衡需求”），这既是政府履行 2011 年以来在义务教育结果均衡方面的承诺，也是北京市义务教育均衡新的行动目标。它意味着未来北京市政府在义务教育均衡方面的政策重点将在实现义务教育结果均衡方面发力，同时兼顾围绕着教育机会均衡和教育过程均衡中的短板，如对特殊儿童、流动儿童、个别学校的政策调整。对此，作为均衡调节器的财政预算该如何调整呢？本研究基于 2015 年生均教育经费数据进行了初步测算。测算结果显示：北京市全区实现优质义务教育均衡，每年财政支出还需投入近140亿元的财政资金。其中，各区小学财政性教育经费要达到绝对充足还需再投入近90亿元，北京市初中财政性教育经费达到绝对充足还需投入近50亿元。如果再考虑到通货膨胀率，资金缺口可能远远不止于140亿元。这是政府承诺的现实，当然需要政府行动来证明，否则，政府将会失信于民。随着而来的“择校热”“乱收费”“高价学区房”等社会乱象会再次抬头，从而加剧社会公众的不满意感。

满足优质教育均衡需求的预算总量包括各级政府用于义务教育的非偿还性经常项目支出和资本项目支出，用于直接拨给教育机构的经费和提供给家庭的补贴（如奖学金和助学贷款），以及提供给其他私人教育实体的各种补贴。具体的总量预算筹划，包括两部分，一部分是满足目前北京市义务教育“达标”均衡所需要的预算，主要是机会均衡和过程均衡所需要的预算，测算办法可以继续沿用政府相关部门现有的总量测算方法。另一部分是满足“优质教育均衡需求”所需要的预算，主要是加强教育产出，满足公众义务教育结果均衡（如学生创新教育专项预算）的预算，测算办法本文第13章已有论述，在此不再赘述。

15.1.2 基于北京市“国际竞争需求”的筹划

北京市已经或正在成为国际化大都市，因而各种公共服务必须按照国际化的规格进行建设。义务教育均衡作为一个国际化大都市最为基础的公共服务已经成为城市建设的标配，因为无论是从为城市输送高质量的劳动者方面，还是从吸引国际优秀人才安居乐业方面，均衡的义务教育都必不可少，甚至关乎着该都市的国际竞争力。实现义务教育均衡，为财政支出总量预算提出了相应的要求。如果北京市义务教育均衡财政支出连国内平均比重水平都达不到，若干年后，北京的义务教育非但不能成为促进北京市经济社会发展的动力，还将拖北京市经济社会发展的后腿，这会与未来国际化大都市的北京称谓或者地位极不相称。

15.1.2.1 北京市的国际化程度

1. 北京拥有全球500强企业总部数超过东京。2009～2014年，北京拥有全球500强企业总部数量不断增加（见表15－1，图15－1），2013年首次超过东京，成为世界500强企业“总部之都”。除了北京独特的政治、文化、信息优势，人才优势也是吸引全球500强来京设立总部的重要因素。北京高校林立，聚集中国最尖端的人才，从业人口众多，能够为企业发展提供充足的人力资源。北京在向国际化大都市的发展过程中，必须不断发挥、发展其人才优势。

表 15－1　　2009～2014 年北京拥有全球 500 强企业总部数

年份	总部数量（个）
2009 年	26
2010 年	30
2011 年	41
2012 年	44
2013 年	48
2014 年	52

注：年份皆为美国《财富》杂志公布数据的年份，一般在每年 7 月公布。

资料来源：《北京世界城市建设人才指标体系及人才发展路径研究》，《北京离世界城市有多远》，北京成为第二大世界 500 强总部之都. http：//www. iceo. com. cn/renwu/34/2012/0719/253222. shtml. 2012－07－19.

北京成世界 500 强“总部之都”企业总数 52 家 . http：//finance. ifeng. com/a/20140714/12713648_0. shtml2014－07－14.

2. 北京市入境旅游人数不断增加。2005～2015 年北京市入境旅游者人数在不断增加，2012 年达到了 500. 9 万人，在 2015 年在入境旅游人口下降的情况下，还达到了 427. 5 万人。如果按照北京市常住人口 2150 万人计算，其人口数占全国人口只有 1. 5%，但北京接待入境旅游人数占全国数量的比例 2012 年却达到了 3. 84%，2014 年还维持在 3. 33%，见表 15－2。

表 15－2　　2005～2014 年北京入境旅游者人数和比例

年份	北京入境旅游者人数（万人次）	全国入境旅游者人数（万人次）	占全国比例（%）
2005 年	362. 9	12029. 23	3. 02%
2006 年	390. 3	12494. 21	3. 12%
2007 年	435. 5	13187. 33	3. 30%
2008 年	379. 0	13002. 74	2. 91%
2009 年	412. 5	12647. 59	3. 26%
2010 年	490. 1	13376. 22	3. 66%
2011 年	520. 4	13542. 35	3. 84%
2012 年	500. 9	13240. 53	3. 78%
2013 年	450. 1	12907. 78	3. 49%
2014 年	427. 5	12849. 83	3. 33%

资料来源：《2015 北京统计年鉴》《2015 中国统计年鉴》《2009 中国统计年鉴》。

3. 北京市年举办国际会议次数位居中国城市首位。国际大会及会议协会（ICCA）是全球国际会议最主要的机构组织之一。在其 50 多年的发展中该协会建立了完善的数据库及独立的国际会议统计评估体系，其评估标准非常严格，只将国际专业协会组织的、在三个以上国家定期轮流举办的、规模在 50 人以上的会议纳入评选范围。2009～2014 年的统计评估结果表明，北京举办国际会议数量（ICCA 标准）位居中国城市首位；在亚太地区排名第二，仅次于新加坡；在全球范围内排名皆在前 20 名之内。毋庸置疑，北京已跻身国际会议之都的行列，见表 15－3。

表 15－3　　2009～2014 年北京年举办国际会议次数和国际排名

年份	举办国际会议数量（场）	全球会议城市排名
2009 年	96	10
2010 年	98	12
2011 年	111	10
2012 年	109	13
2013 年	105	18
2014 年	104	14

资料来源：ICCA（国际会议协会）发布 2009 国家和城市排行榜
http：//www. meetingschina. com/news4342. html2010－09－19.
北京举办国际会议数量首次跻身全球前十
http：//news. xinhuanet. com/local/2012－05/20/c_111993741. htm2012－05－20.
北京年举办国际会议数蝉联中国第一
http：//money. 163. com/13/1103/16/9CP6ILB900254TI5. html2013－11－03.
中国入围全球十佳会议国 2014 年接待 340 场国际会议
http：//news. xinhuanet. com/fortune/2014－05/13/c_126493907. htm2014－05－13.
ICCA：2014 年北京举办国际会议排名全球第 14 位
http：//www. 199it. com/archives/354945. html2015－06－10.

4. 北京市留学生数量与留学出国热的趋势在增加。近年来，外来留学生和北京学生出国热兼而有之，验证了北京国际化教育需求的现实以及未来的趋势。2008 年，在北京高校和中小学学习的外国留学生约 5. 5 万人次，到 2014 年已增至 11 万人次，其中高校 92097 人次、中小学 17756 人次。另外，根据北京教育考试院的统计数据显示，2012 年北京高考统考生人数为 70857 人，而高考语文等学科评阅的试卷总量为 6. 8 万人，近 2000 名高考生选择放弃高考，弃考的主要原因之一是出国留学。2015 年，搜狐教育年度消费者的一项调查显示的结果也验证了这一现象，即出国留学已成为北京适龄学生教育的必然选择。根据搜狐教育的该项调查，在“您（或孩子）会选择在什么阶段出国留学?”选项中，42. 16% 的消费者选择研究生阶段，38. 56% 的消费者选择大学阶段，10. 50% 的消费者选择高中阶段，1. 44% 的消费者选择小学阶段，1. 30% 的消费者选择初中阶段①。可以说，未来的北京义务教育将会顺应国际趋势，为培养国际化人才，会将国际化能力纳入中小学生教育质量考核标准，并且北京中小学生将采用 PISA 这一世界通用的教育考试测量标准来评定学生的学习能力。经济的国际化、

① 搜狐教育，《2015 年中国教育行业白皮书》，2015. 11. 25.

教育的国际化、文化的国家化将成为北京的新名片。

15.1.2.2 北京经济已经达到世界高收入地区的水平

2015 年，北京市人均 GDP 超过 1.7 万美元，已经达到高收入国家或者发达国家和地区的水平。达到国际高收入地区收入水平的北京，再也不能用世界发展中地区教育经费支出占比作参照，否则，北京市的教育发展水平就会落后于北京经济发展水平，严重时，教育发展水平会拖经济发展的后腿，影响北京市整体经济实力和竞争力的形成。因而，应当明确按照北京市经济发展的国际水平来测算北京市教育发展所需的公共教育预算规模。

15.1.2.3 北京市投入公共教育经费的规模远远不够

北京市公共教育经费投入既没有达到世界中等发展地区水平（占 GDP 的 4.8%），也没有达到 20 世纪 80 年代发展中国家平均水平（占 GDP 的 4%）。甚至还未达到中国的平均水平（占 GDP 的 4.15 ~4.28%）。

表 15 -4 显示，根据 2010 ~2015 年北京市国民生产总值 GDP 的总量、政府花在公共教育上的经费总量、投入在公共义务教育方面的经费数额，分别计算的当年公共教育经费占 GDP 的比例、公共义务教育经费占公共教育经费的比例，可以看出，从 2010 ~2015 年 6 年间，北京市公共教育经费支出占 GDP 都低于 4%，2015 年占比最高为 3.7%。义务教育公共支出占公共教育经费的比例为 39.10%，经历了 2011 ~2014 年的突击性提高，2013 年甚至达到 50.22%，之后的 2015 年又回落到 39.85%。

表 15 -4　2010 ~2015 年北京市公共教育支出占 GDP 的比重　单位：亿元，%

年份（1）	GDP 总量（2）	公共教育经费总量（3）	公共义务教育经费总量（4）	公共教育经费占 GDP 比例（5）	公共义务教育经费占公共教育经费的比例（6）
2010	14110	505.78	197.77	3.58	39.10
2011	16252	528.2	233.59	3.25	44.22
2012	17879	611.92	291.95	3.42	47.71
2013	19801	699.14	351.09	3.53	50.22
2014	21331	758.49	319.62	3.56	42.14
2015	22969	850.07	338.78	3.70	39.85

注释：列（2）、（3）、（4）数据来源于北京市统计年鉴和教育经费统计年鉴。
列（5）=列(3)÷列（2）；
列（6）=列(4)÷列（3）。

15.1.2.4 基于“国际竞争需求”的预算总量筹划

1. 按照国际一般水平测算并筹划

（1）依据近年来相关年份中国和国际上公共教育经费占 GDP 的比例，计算出北京市公共教育经费应当有的数额；（2）依据 2015 年北京市实际义务教育公共经费占公共教育经费的比例（39.85%），计算出北京市义务教育经费应达到的数额；（3）计算 2015 年实际义务教育公共经费总量与应达到总量的差额。见表 15－5。

从表 15－5 可以看出，北京市政府基于国际竞争需求的预算筹划可以有多种选择：（1）如果按照 2012 年 OECD 的标准，北京市义务教育均衡所需财政资金缺口为 147 亿，接近本文第 13 章测算的 140 亿元的优质教育均衡所需资金缺口；（2）如果按照 2011 年世界平均水平和中等发展中国家水平测算，北京市义务教育均衡所需财政资金缺口在 100 亿～109 亿元之间。（3）如果按照 20 世纪 80 年代世界发展中国家平均水平测算，北京市义务教育均衡所需财政资金缺口在 27.3 亿元。

表 15－5 北京市基于国际水平测算义务教育预算总额 单位：亿元，%

近年来中国和国际平均（1）	公共教育经费占 GDP 比例（2）	北京公共教育经费应达（3）	义务教育公共经费数应达（4）	2015 年实际义务教育公共经费总量（5）	2015 年实际义务教育公共经费总量与应有总量的差额（6）
世界平均（2011）	4.9	1125	448.5	338.8	109.7
OECD（2012）	5.3	1217	485	338.8	147
中等发展中国家（2011）	4.8	1102.5	439.4	338.8	100.6
中国平均	4.28（2012）	983.1	391.8	338.8	53
	4.3（2013）	987.7	393.6	338.8	54.8
	4.15（2014）	953.2	379.9	338.8	41.1
20 世纪 80 年代世界发展中国家平均	4.0	918.8	366.1	338.8	27.3

注释：列（2）、（5）数据来源：OECD 和中国统计年鉴数据、北京市相关数据计算；
列（3）=2015 年北京市的 GDP×（2）；
列（4）=（3）＊39.85%；
列（6）=（4）－（5）。
另外，表中括号内的数字为年份。

不过，无论选择哪一种，北京市政府都需加大对义务教育均衡的投入力度，这是一个巨大的挑战。当然，新的民办教育促进法颁布后，政府完全也可以尝试采取积极的引导性政策，鼓励社会资本进入教育领域，以及政府采购和 PPP 模式，以缓解政府的预算压力。

2. 参照 G20 国家生均教育经费指数进行筹划

中国已经是 G20 国的主要成员了，北京作为中国的龙头，教育不能落后。因而，可以参照 G20 指标如义务教育阶段生均教育经费指数，即生均支出占人均 GDP 的比例，作为参考标准进行测算。G20 中的金砖国家、发达国家和新兴国家义务教育生均教育经费指数略有不同，但总体而言，发达国家义务教育生均教育经费指数高于金砖国家和新兴国家。在小学和中学阶段相比，中学阶段的生均教育经费指数高于小学阶段的。究竟采取什么标准，取决于北京市政府对北京市经济社会发展的目标定位和对公众义务教育需求的认知。G20 国家的生均教育经费指数标准见表 15－6。

表 15－6　　2011～2013 年 G20 部分国家义务教育生均支出占人均 GDP 的比例

G20 国家分类	国家	小学生人均支出占人均 GDP 的百分比（%）	中学生人均支出占人均 GDP 的百分比（%）
金砖国家	巴西	22.6（12）	24.3（11）
	南非	18.8（12）	20.9（12）
欧美日发达国家	美国	20.6（12）	22.8（12）
	日本	23.8（12）	25.8（12）
	英国	25.1（11）	30（11）
	法国	18.4（12）	26.8（12）
	德国	17.4（11）	23.3（11）
	意大利	21.5（11）	22.6（12）
其他新兴国家	阿根廷	13.8（12）	19.6（12）
	墨西哥	14.6（11）	15.9（11）

注：

1. 公共支出（经常和资本）包括政府在教育机构（公立和私立）、教育行政管理以及私人实体（学生/家庭及其他私人实体）补贴方面的开支。

2. 小学生人均公共支出是用当前公共教育支出除以小学各年级学生总数得出。初中生人均公共支出是用当前公共教育支出除以初中各年级学生总数得出。

3. 表中括号内的数字为年份，如（12）即 2012 年数据。

4. 数据来源：http：//data. worldbank. org. cn/indicator/SE. PRE. ENRR.

15.1.3 基于北京市“潜在教育均衡需求”的筹划

北京市经济发展已经进入了一个新的阶段，北京市人均 GDP 已达到世界发达国家的水平，北京市产业结构中第三产业占比达到了78%，居民的消费水平偏好和教育程度已经相当高的水平，这些都为提高北京市公共教育财政支出比例以及相机调整义务教育均衡财政支出总量预算提出了更高的需求，政府相关部门应当智慧筹划。进一步细化，我们用GDP总量变化、人均GDP和产业结构指标来衡量总体经济状况对北京教育需求的影响；用消费能力、消费结构来衡量常住居民消费状况对北京教育需求的影响；用年龄结构、受教育程度、家庭规模、三次产业从业人员构成来衡量常驻居民人口状况对北京教育需求的影响。

15.1.3.1 北京市总体经济水平居于全国最前列

以北京市GDP总量和人均GDP水平为例。2005～2014年10年间，北京GDP总量稳定线性上升，代表北京良好的经济发展态势（见图15－1）。

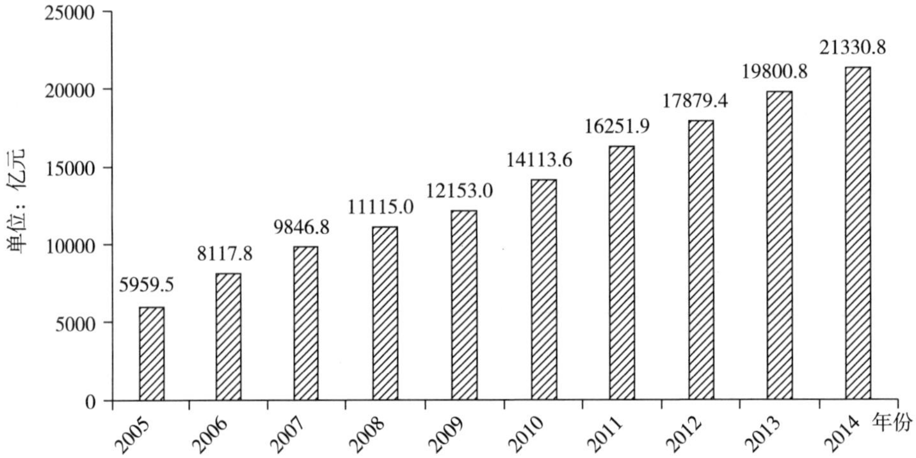

图15－1 2005～2014年北京国内生产总值变化情况

资料来源：《2015年北京统计年鉴》。

2005～2014年10年间，北京市人均GDP约是全国的两倍（见表15－7）。按照教育与经济发展相互促进的一般规律，北京领先的经济发展需要更优质的教育支撑。

表15－7 2005～2014年北京市与全国人均GDP比较 单位：元

年份	2005	2006	2007	2008	2009	2010	2011	2012	2013	2014
北京	45993	51722	60096	64491	66940	73856	81658	87475	94648	99995
全国	14259	16602	20337	23912	25963	30567	36018	39544	43320	46629

资料来源：《2015年北京统计年鉴》《2015年中国统计年鉴》。

15.1.3.2 第三产业已成为北京市的主导产业

2014年，北京78%的GDP由第三产业贡献，第三产业已是北京经济发展的主导产业。与全国相比，北京的第三产业发展主要依靠金融业、信息服务业、科学研究和技术服务业的发展，占GDP总量的40%，见表15-8。北京由于其独特的政治地位已经成为各类高端服务业的聚集地，而这些行业对人才的受教育程度和能力具有硬性要求。适应北京经济结构的转型升级，必须首先满足这些高端服务业对专业人才的需求，进而对北京的教育水平和质量提出更高的要求。

表15-8　　2014年北京三次产业生产总值分布情况

产业/行业	生产总值（亿元）
第一产业	159
第二产业	4544.8
第三产业	
金融业	3357.7
批发和零售业	2411.1
信息传输、软件和信息技术服务业	2081.9
租赁和商务服务业	1700.2
科学研究和技术服务业	1662.7
房地产业	1329.2
交通运输、仓储和邮政业	948.1
教育	859
公共管理、社会保障和社会组织	576.8
文化、体育和娱乐业	470.4
卫生和社会工作	468.1
住宿和餐饮业	363.8
居民服务、修理和其他服务业	155
水利、环境和公共设施管理业	136

资料来源：《2015年北京统计年鉴》。

15.1.3.3 北京市77.3%的就业人口进入第三产业

与北京市产业结构相对应，北京77.3%的就业人口进入第三产业（见表15-9）。从另一个角度来看，北京市第三产业的发展需要金融、科技、教育等专业人才的支撑，这对北京高校培养相关人才提出了要求。

表 15－9 2014 年北京三次产业从业人员构成

产业	第一产业	第二产业	第三产业	合计
从业人数（万人）	52.4	209.9	894.4	1156.7
百分比（%）	4.5	18.2	77.3	100

资料来源：《2015 年北京统计年鉴》。

15.1.3.4 北京市常驻居民的消费水平

1. 北京市常驻居民的消费水平。北京城镇和农村居民人均收入均呈现上升趋势，城镇居民人均收入增长速度远超过农村居民（见表 15－10），城镇居民恩格尔系数逐年下降。可见，近十年来北京农村居民的经济发展情况一般，除食品外的消费能力有限，而城镇居民对教育的潜在需求较大。

表 15－10 2005～2014 年北京人均家庭总收入和恩格尔系数 单位：元，%

年份	2005	2006	2007	2008	2009	2010	2011	2012	2013	2014
城镇人均家庭总收入	19533	22417	24576	27678	30674	33360	37124	41103	45274	49730
农村人均纯收入	7860	8620	9559	10747	11986	13262	14736	16476	18337	20226
城镇居民家庭恩格尔系数	31.8	30.8	32.2	33.8	33.2	32.1	31.4	31.3	31.1	30.8
农村居民家庭恩格尔系数	32.8	32.0	32.1	34.3	32.4	30.9	32.4	33.2	34.6	34.7

资料来源：《2015 年北京统计年鉴》。

2. 北京市常驻居民的消费结构。从消费总量上看，10 年间北京城镇居民各项消费支出增长一倍，其中教育娱乐服务从 2005 年人均 2187 元提高至 2014 年人均 4170 元。从结构上看，城镇居民 2005 年和 2014 年对各类消费支出的比例保持一致，教育娱乐服务支出占总消费支出的 15% 左右。2014 年，北京总体消费结构（包括农村消费结构）与全国的总体消费结构也基本保持一致，教育文化娱乐支出占总消费支出的 10% 左右。北京城镇居民教育娱乐服务支出与北京总体比较高出 5%，说明城镇居民相比农村居民对教育娱乐消费的需求更高。见表 15－11、表 15－12。如果义务教育均衡财政支出不足，或者在不同学校间不平衡，那么，将很容易导致强烈的择校动机，导致择校热高烧不下、天价学区房屡屡出现的现象。

表 15-11 **10 年间北京城镇居民消费支出变化** 单位：元

支出项	2005 年	2014 年
食品	4216	8632
衣着	1184	2903
居住	1040	2202
家庭设备用品及服务	852	2143
医疗保健	1296	1862
交通和通信	1943	4407
教育文化娱乐服务	2187	4170
其他商品和服务	527	1690

资料来源：《2006 年北京统计年鉴》《2015 年北京统计年鉴》。

表 15-12 **2014 年全国与北京消费支出结构比较** 单位：元

支出项	全国	北京
食品烟酒	4493.9	7467.8
居住	3200.5	9497.7
交通和通信	1869.3	3578.6
教育文化娱乐	1535.9	3268.3
衣着	1099.3	2359.8
医疗保健	1044.8	1914.2
生活用品及服务	889.7	2041.4
其他用品及服务	358.0	975.2
消费性支出总计	14491.4	31102.9

资料来源：《2015 年全国统计年鉴》。

3. 北京市常驻居民教育消费水平。在日益国际化的北京市，家长送孩子出国留学、游学的趋势日益明显。家长送孩子出国教育的主要动因是海外院校的教育资源（占比 18.10%）、海外教育机构的品牌知名度（占比 16.56%），在“愿意在留学中介服务的花费”选择中，有 76.99% 的消费者愿意承担 5 万元以内的费用，其中，花费 1 万 ~5 万元人民币的占大多数，达到 40.16%，能承受 5 万元以上的消费者为 23.01%，其中有 4.6% 的消费者愿意花费 20 万元以上①。另外根据凤凰卫视报道，越来越多的家长利用假期让孩子参加 2 ~4 周的海外短期游学、兴趣体验、素质培养、亲子体验等活动，2014 年有 35 万人次、90 亿元花费，2015 年增加到 50 万人次、100 亿元花费，家长们用于孩子的海外游学花费每人大约在 3 万 ~5 万元支出。从年龄看，这些孩子 60% 是初中生，16 ~18 岁的

① 搜狐教育，《2015 年中国教育行业白皮书》，2015. 11. 25.

学生和9~12岁的学生分别占15%。从地域分布看，62%的学生为上海孩子，18%为北京地区的孩子，8%为广东地区的孩子①。未来不仅是高中生、大学生会出国留学，孩子会扩展到各年龄段，调查显示会有47%的初中生有游学的打算。相信在不远的将来，北京孩子参加海外游学活动的人次以及花费将会越来越多。

15.1.3.5 北京市常驻居民人口及受教育状况

1. 北京市常驻居民的年龄结构。从表15-13可以看出，一方面，北京市人口老龄化现象比较明显，60岁以上人口占15%。另一方面，2014年北京0~9岁孩童占总人口7.5%，随着人口政策的放开，在“全面二孩”政策的效应下，经济条件较好的家庭更倾向于生二胎，因而，儿童的比例还将不断上升。可以预测，未来三至五年内，北京市学前教育需求的压力将不断增大。经济条件的改善和二胎政策的放开，对义务教育均衡财政支出不仅有量的需求，更有质的需求。老龄化的社会现实，更要求加快教育发展和社会人力资本的积累。否则，家庭的教育需求难以满足，社会劳动力的需求难以及时补充，这些将会严重制约北京未来经济社会的发展。

表15-13　　2014年北京常住人口年龄构成

2014年北京常住人口年龄构成		
年龄组	常住人口（万人）	比重（%）
0~4	90.6	4.2
5~9	71.4	3.3
10~14	51.0	2.4
15~19	84.6	3.9
20~24	223.7	10.4
25~29	243.6	11.3
30~34	229.7	10.7
35~39	168.2	7.8
40~44	183.6	8.5
45~49	170.8	7.9
50~54	161.5	7.5
55~59	151.3	7.0
60~64	109.3	5.1
65~69	71.5	3.3
70~74	49.5	2.3

① 凤凰卫视，中国深度财经栏目，“海外参营热催生巨大游学市场”，2016.8.

续表

2014 年北京常住人口年龄构成		
年龄组	常住人口（万人）	比重（%）
75 ~ 79	45.6	2.1
80 ~ 84	29.3	1.4
85 岁及以上	16.4	0.8

资料来源：《2014 年北京统计年鉴》。

2. 北京市常驻居民的受教育程度。2014 年，北京常住人口中，接受大学及以上教育的人口占 6 岁以上人口的 37%，其中女性接受大学及以上教育的人口比例为 39%，男性为 36%。北京市居民受教育水平普遍较高，具有高等学历的女性多于男性（见表 15 – 14）。研究表明，家庭中母亲的受教育水平越高，对子女的教育状况越重视，希望子女的学习成就越高。因此，这些也都为增加和及时调整北京市义务教育优质均衡财政支出提出了很高的要求。政府若能及时满足，这些家长渴望选择优质学校的择校动机将会减弱，否则，即使政府强行叫停择校，也难免会出现天价学区房现象，更有甚者，家长送孩子出国接受优质教育。目前，北京孩子出国学习低龄化就是这一问题的折射。

表 15 – 14　　　　2014 年北京常住人口受教育程度

项目	人数		
	男	女	合计
6 岁及以上人口	271649	269745	541394
小学	26640	31321	57961
初中	83358	71035	154393
普通高中	43418	39766	83184
中职	18277	17180	35457
大学专科	34476	35840	70316
大学本科	48244	54992	103236
研究生	14215	11341	25556

资料来源：《2015 年北京统计年鉴》。

15.1.3.6　北京市非常驻人口——流动儿童教育需求

过去的 10 多年间，中国流动儿童数量持续、快速增长。2000 年，中国 0 ~ 17 岁的流动儿童规模为 1982 万，而截止到 2010 年 11 月 1 日，这个规模已达 3581 万，10 年间，0 ~ 17 岁流动儿童规模增长了超过 80%。在流动儿童中，其中，城镇流动儿童人口数量占比最大。截止到 2010 年 11 月 1 日，城镇流动儿童规模为3106万，超过全部流动儿童人口的86%。据推算，每4个城镇儿童中就有1个流动儿童。从地域分布上来看，流动儿童聚集效应比较明显，其中北京是最为集聚的城市之一。尽管近几年北京市政府加大了力度，为流动儿童在北京市接受义务教育提供了不少的学位，但是，繁杂的手续，焦灼的家长，使得许多流动儿童还在为享受义务教育机会挣扎着，也还有不少儿童仍在打工子弟学校接受着低质量的教育。据相关《报告》显示，截止到2014年6月，北京共有130个打工子弟学校校区，在校生总数约9.5万人①。

与此同时，近年来，北京市学龄前流动儿童的数量规模日益增长，但由于社会经济、制度等各方面条件的限制，他们的受教育现状也处于非常匮乏与艰难之中。无论从义务教育法对儿童权利的保障，还是从解决维持北京市民基本生活所需要的必要劳动者的代际文化传递，北京市政府需要对这些非常住人口子女——流动儿童教育需求的财政支出考虑在预算中。

15.1.3.7 筹划方法

根据潜在需求测算预算总量，并作出预算决策，考验的是政府的智慧和战略思维。对于社会收益远远高于私人收益的纯公共产品义务教育来说，因为短期内获得经济收益的效果比较慢，但义务教育又是每一个家庭、每一个孩子都必须消费的公共服务，换句话说，满足公众接受义务教育均衡，不是价格战术，而是价值思维。为公众提供优质义务教育均衡是个民生工程，是最快获得公众的政治信任和民心的工程。因而，一个具有大智慧和战略思维的政府，在为不同领域分配财政资源的决策中，必定将义务教育均衡财政支出预算列在优先领域。这也就是目前北京市政府承诺发展优质义务教育均衡政策的理由吧。

根据潜在需求测算预算总量方法有三种：一是基数调整法、中期规划法、法定支出与自有裁量支出结合的方法。

1. 基数调整法。基数调整法是预算总量的动态调整最简单、也是最传统的做法，即根据当年财政增收，义务教育预算支出总量按照一定的百分比（一般高于财政支出增长的比例）增加，或者按照义务教育预算支出占财政支出的一定比例（通常是15%～20%）。通俗地讲是根据当年的财政收支“水涨船高”。但这种方法的缺陷在于支出数额固化，而且一旦经济发展状况不佳，义务教育财政支出预算总额会受到不利的影响，导致教育难以维持基本的办学条件和顺畅运行。

2. 中期规划法。预算总量的动态调整方法之二是中期规划法，即根据义务教育均衡目标实现的周期（比如，3年或者5年时间），计算每年需要的经常性支出额数，再加上上文测算出来的实现优质均衡充足指数所需金额，有计划的分

① 石睿：《中国流动儿童数据报告——2014》，财新网，2014年09月23日.

摊在不同年份，作为中期规划的年度所需金额数，形成当年的义务教育财政支出预算总量。这一方法，在美国等发达国家已经普遍采用，北京市政府可以借鉴试用。

3. 法定支出和自由裁量相结合法。法定支出是指相关法律规定的义务教育财政支出，如教育法、义务教育法、北京市关于实施义务教育均衡的各项规定中，对义务教育经费保障目标、支出原则、支出总额的相关规定，包括“两个提高”“三个增长”① 等法定支出规定。根据中国的实际，法定支出的确定本身就是一个底线，并不是一个高标准。如 1983 年国务院颁布的《中国教育改革和发展纲要》（简称《纲要》）提出的一个比例（4%）和三个增长只是发展中国家 20 世纪 80 年代的平均水平。对于改革开放不久的中国来说，《纲要》提出的标准只是个底线，比起美国经济腾飞时财政性教育经费占 GDP8% 的总量相差很远。法定支出是实现义务教育均衡的基本保障，而且只要法律没有修订，这个法定支出就不能由某个部门、某所谓权威个人随意更改。如果人治大于法治，随意更改所导致的后果，任何部门和个人所都担当不起其中的责任的！

自由裁量支出是指北京市每年根据义务教育均衡发展的需要，以及经济社会发展所能提供的财政资源，经过合法的预算程序，为义务教育均衡发展提供资金支持。这些自由裁量资金一般属于发展性支出，主要是为解决当年义务教育均衡所面临的公众最为关注的热点、难点问题而进行的项目支出，如目前北京市实施的对义务教育拨款的专用公用经费支出。

当然，国际上有些国家还采取了一些特定的方法或者采取“丰年”提取一定量的存款准备金，用于反周期教育财政预算支出调整，以保证经济发展或财政收入低迷时的教育财政支出总量。根据 OECD《教育概览》显示，2008 ~2010 年欧美经济危机期间，在 30 个可获得数据的 OECD 国家中，有 14 个国家的教育公共支出的增长快于所有其他服务的公共支出增长。美国更甚，2009 年美国为挽救经济危机困局、刺激经济发展，通过《美国恢复与再投资法案》，把 7872 亿美元经济刺激计划金额中的 1059 亿美元用于投资教育。同时，与高等教育相比，大多数 OECD 国家优先投资义务教育，用于初等、中等教育的公共支出为高等教育的 2 倍多。②

---

① “两个提高”“三个增长”由《中华人民共和国教育法》规定。“两个提高”：一是财政教育经费占国民生产总值的比例有所提高；二是教育经费的支出占财政总支出的比例有所增长。“三个增长”：一是财政经常性收入增长，财政教育拨款有所增长，且高于财政经常性收入的增长；二是生均教育经费有所增长；三是教师工资和生均公用经费有所增长。

② OECD：教育概览 2013［N］. 教育科学出版社，2014，212.

15.2 优化北京市义务教育均衡的预算结构

义务教育财政支出的预算结构是否优化，管理是否科学，直接关系到义务教育均衡的绩效。从上述北京市义务教育财政均衡绩效现状看，不同区的儿童享受着非常不同的义务教育服务水平，义务教育均衡呈现出非常复杂的结构状况：有获得基本教育机会均等与获得高水准教育结果均等的矛盾；也有获得教育过程均衡与教育结果均衡的差别；有学区内学校间享受教育资源和成就的明显不均衡，也有不同学生个体之间在教育资源和教育机会方面的巨大不均衡。难怪有些北京的学生家长叹息“同在北京蓝天下，差别咋那么大呢”！那么，从优化预算结构角度，如何促进义务教育均衡从过程均衡向结果均衡转变，实现优质义务教育均衡，便是本章要讨论的主要内容。

15.2.1 优化北京市义务教育均衡预算结构的原则

15.2.1.1 尊重广大公民的公平诉求

义务教育是人人享有的获得公平公共服务的权利。在财政上，“公平”的内涵界定为向每一名学生提供相同的最低限额的基本经费。公民不仅有接受教育的机会，获得最低要求教育服务的权利，还有接受公平有质量的教育服务权利。这是我国《义务教育法》以及《关于推进义务教育优质均衡发展的意见》等法律法规赋予的权利。政府应该尊重广大公民的公平诉求，为之提供公平的公共教育服务，尽最大努力促进区域内义务教育优质均衡。当今社会出现的公民为孩子的择校热、学区房高烧不退，如同法治时代公众教育公平法律诉求一样，它是公众公平诉求的具体体现，需要政府关注、尊重，一味地打压、遮盖，将无济于事。

15.2.1.2 承认教育差距的客观存在

实证结果显示，全国不同区域适龄儿童享受的义务教育服务存在着明显的差距，这与百姓的感受是完全一致的，是政府相关部门必须正视的客观存在，是由多种原因导致的，比如各区的经济发展不平衡，教育经费收入的不均衡，教育资源存量的不均衡，教育经费支出途径的差异①。不均衡是客观存在的，但超出公众承受范围的不均衡又是不可忽略的，直面现实采取措施才是解决问题的姿态，

① 比如，优秀教师资源向城市单向流动，教师专业提高意识不够或者支出经费不足等。

无视、回避或者抱怨都于事无补。

15.2.1.3 重点扶持弱势群体

不同的地区，不仅存在着经济发展水平、地理环境、文化传统不同，还存在着学生规模、学区面积、农村学生数、生活开支、入学率、巩固率、残障率、低收入家庭学生数、资优学生数、统考成绩、单项竞赛成绩、基本建设需求、教育经费使用和管理情况等多种内外界因素制约，从而导致不同学区、甚至同一学区内部不同学校间义务教育服务质量差距很大。对于政府而言，如何考虑学区和地方经济发展情况，对经济欠发达的低收入学区、低绩效学校、低学业学生、弱势群体学生给予倾斜，做到既扶持弱者又激励优者，不削峰填谷还能雪中送炭的智慧管理。

15.2.1.4 正面引导教育均衡财政支出的预算方向

当前我国义务教育均衡，不仅是传统意义上的人人都有学上，更是人人都上好学，人人都能成功，人人都能有很好的教育获得感，尤其是在日益走向现代化、国际化、信息化的今天，孩子接受义务教育，不仅要获得基本的知识、技能，还要有开阔的国际视野和国际素养，有享受世界提供多元文化的同时，具有热爱并且创造美好世界热情与能力，如何引导学生和学校、学区走向创新、创业、国际化、现代化，不仅是政府的教育理念，也应纳入政府的行动，更应是政府引导各区义务教育均衡财政支出预算的方向。这一点，可以借鉴美国奥巴马政府实施的《力争上游》（Race to the Top）计划。2009 年为了调动美国各州改革教育的热情，提高教育改革成效，美国联邦教育部预留了 43.5 亿美元经费，用于该计划的竞争预算项目，用来鼓励和激励各州创造教育改革与创新的良好环境，以极大地改进学生的学业成就。这些引导性项目主要包括州是否招募和保持高质量的教师队伍，是否建立数据体系以评价学生表现，州是否告示教师如何改善教学和改变薄弱学校等。在联邦政府的引导下，各州（如加利福尼亚州）相继采取了建立学生学习和教师教学的数据检测体系，以及围绕着数据检测管理的教师培训提高制度等，收到了良好的效果。

15.2.2 优化义务教育均衡预算结构的重点

15.2.2.1 分类优化不同学区的预算结构

根据上述现状分析，由于北京不同学区经济发展水平不同，加之的文化积淀厚重、教育资源的存量不同，对义务教育均衡发展的影响差别很大，进而导致不同学区义务教育均衡绩效有较大差异。在低绩效地区中，无论是小学、初中阶段，还是总体均衡绩效、综合绩效，无论是教育经费配置、公众满意度，还是学校内部运作、教育均衡发展各个一级指标，实证的绩效都比较低。相反，在高绩效地区，无论是分小学、初中，还是总体均衡绩效、综合绩效、分项绩效都比较高，而且在高绩效区，即使某分项绩效略低，但由于高绩效区教育成果比较突出，因而公众的满意度也比较高。针对这一情况，无论是中央政府对北京市、还是北京市政府对其所属不同地区的义务教育均衡支出的预算应该注意结构优化，将各区按照均衡支出的总体绩效高低所暴露出来的优劣势进行区分，在预算总量一定下，可以按比例、分项目对各区所需财政资金进行预算额度分配与管理，对那些绩效高的学区进行奖励，对那些绩效低的学区在某些方面重点资助。避免一刀切地对所有学区使用同一个拨款模式进行预算分配和管理。

15.2.2.2 统筹优化对特殊群体的预算

教育特殊群体包括特殊教育儿童（残疾、聋哑、失聪等）、流动人口子女、贫困家庭儿童，他们在北京市义务教育中处于不利地位，但他们作为一个生命体、作为一个公民有权享受同样水平的教育服务。而且，由于他们先天的缺陷，导致他们接受教育、获得同等水平的义务教育服务水平时，需要更多的教育资源和教育支出预算资金。按照教育财政纵向公平原则，不同的人应该获得不同的教育资金或教育服务，体现在预算支出上，他们需要倍数于普通学生的教育预算支持。这是政府在对全国统筹分配财政预算资金时必须特别关注的问题。

15.2.2.3 重点优化学区内校际的预算结构

学校作为办学主体，承担着学生教学、管理以及教师评聘、培养使用、留用清退等任务，教师工资的高低、分配合理与否，学生学习所需计算机、图书、实验设备等设施条件充足与否，直接影响着学生的学业水平，并最终影响学校的绩效。但根据调研结果，目前中小学教师工资偏低，教师培训经费支出效率、学生创新能力和素质培养支出效率有待提高。这就要求政府义务教育支出财政预算不仅要重视物质投入，更要“目中有人”，加大教师经费预算和教学激励。并且，政府用于义务教育均衡的财政支出预算资金拨款，要充分尊重学校办学主体的真实需求，掌控预算的高一级政府切莫越俎代庖。

15.2.2.4 优化预算管理方法

学校教育经费包括基本经费和专项教育经费，其中专项教育费是用于解决学校教学专项建设的经费，是学校日常基本经费支出的重要补充。近几年，北京市政府加大了专项预算资金的投入力度，希望各区在短时间内实现办学条件均等化和学生享受大体相当的教育设施服务目标。但在实际中普遍存在着专项预算支出效率低下的现象。比如，对于专项教育经费的投入拨付时间，有近三分之一的学校管理者表示专项经费的拨付时间滞后 1 至 6 个月，甚至不能确定专项经费的拨付时间。这样就会导致资金很难支出，甚至在社会上造成“给教育的钱太多了，多得花不完”的误读误解现象。对于专项经费的使用，36.6% 的学校管理者表示专项经费的使用不能做任何调整。对于专项经费考核，近 10% 的学校管理者认为考核一般或没有考核（实际中，在考核的基础上，90% 的学校领导者认为上级部门教育经费考核对专项经费预算有很大影响和有一般影响）。因此，政府部门在给学校拨付专项资金时，要尽量缩短教育经费拨付的滞后期，提高各学校专项经费的使用灵活性，加强学校专项经费使用最终的绩效考核力度。

15.2.3 完善义务教育均衡预算的管理体制

根据上述的现状分析，低绩效学区大部分是经济并不发达的地区，在以县为主提供均衡化的公共义务教育法律框架下，这些学区大部分难以承担实现义务教育均衡的政策目标。北京市整体要如期实现优质义务教育均衡目标，一方面，需要市级政府加大对经济发展水平较为落后地区的义务教育经费投入倾斜。但另一方面，中央政府应当在如何充分调动和发挥地方的办学积极性上下功夫，给北京市政府更多自主权，允许地方的教育实验，使地方的教育经费投入更能贴近当地公众的实际需求，让当地百姓从义务教育均衡中受益，从而支持当地的义务教育。特许学校制度、教育捐赠制度是世界发达国家首都城市（如美国的纽约、英国的伦敦）证明行之有效的体制改革保障。

对特殊群体享受义务教育财政支出均衡服务的预算，涉及市级政府的统筹和学区政府之间的协调，美国联邦政府的“Title I”政策、英国政府的“教育行动区”政策和首都伦敦的“教育优先区”政策也是可以借鉴的经验。

优化学区、学校内部财政支出预算结构优化，涉及学区和学校之间的关系处理。北京市政府应鼓励学区政府加强教育和社会的联系，加强社会各界，包括家长、社区、学校管理者、社会团体、公益组织等联系和参与，促进义务教育均衡结果外溢性发挥。学校间可以尝试教育券改革，允许学生包括外来流动儿童在本学区内有序选择学校，一方面回归教育选择自由的理念，另一方面也有助于保持学校间有一定程度的竞争张力。

15.2.4 优化义务教育均衡预算的责任结构

优化义务教育均衡预算结构，还要明确政府间和政府与学校间的责任构架、管理权限。根据现有的《教育法》和《义务教育法》，义务教育财政支出的责任主体是县级政府，当政府力所不能或者没有强烈的动机去满足所在义务教育均衡绩效时，省级政府必须做好领导、引导、统筹、资助等责任，保证县级政府能够积极承担起义务，达到义务教育均衡目标的实现。当县级政府有能力而不作为时，上级政府有权力和责任监督县级政府以及官员认真履职，对玩忽职守者应严加处理。

15.3 细化义务教育均衡预算的实施规则

对于某个学区或者某所学校来说，有了充足的义务教育预算资金和合理的支出预算结构还不够，还要细化义务教育均衡预算的实施规则，以便使用这些预算资金的人们（如学区的行政管理者、学区财务管理者、学校的校长、专业学科组成员、专业教师等）更加清晰地把它转变为自己的实际行动，从而打开了困惑人们已久、甚至常被诟病的政府对义务教育均衡预算黑箱，也使得政府官员和广大的教育工作者更清晰地知晓自己应该做什么？自己在做什么？这不仅会强化他们工作的社会责任感，也使他们的工作更具有实践性和操作性，更好的回应社会公众、学生家长、广大纳税人、相关利益群体对教育均衡财政支出的关切问题。同时，也使政府在义务教育均衡财政支出方面的履职更接地气，更能获得社会公众的认知和理解，更能将诸如“哪些学校的学生享受了或应该享受更好的优秀教师资源？哪些教学设备、图书提供给了哪些学生？学业不佳需要给予特别资助的学生是否得到关注？激发学生学习兴趣和创造力的教育改革理念是否在预算中体现？学校用于提高学生学业成就的开支和预算关键点在哪里?”……如此等许多公众关心的问题化解在阳光之下。政府细化义务教育均衡预算实施规则，可以在以下几个方面着力。

15.3.1 细化均衡预算支出的教育功能

义务教育均衡预算要实现的教育功能，包括均衡中小学（主要是小学和初中）教育、义务教育阶段的特殊教育、学前教育。在不同时期，政府为每一阶段教育提供财政预算要实现的功能是不同的，它是随着不同时期教育自身发展面临的客观需要，以及经济社会为教育提出的客观要求而不断变化的。政府管理部门在进行义务教育财政支出预算时应当细化这些功能，让公众一目了然的知晓政府的财政支出方向。这一点可以从 2014 ~ 2015 年美国联邦教育部的教育财政支出预算中得以借鉴（见表 15 - 15）。

表 15 – 15　　细化义务教育均衡预算的教育功能

教育层次	一级教育功能	二级教育功能	预算金额
一、学前教育（目标：高质量）	1. 所有儿童的学前教育		
	2. 学前发展基金		
二、中小学教育（目标：让每一个孩子都成功）	1. 力争上游：机会公平		
	2. 投资创新基金		
	3. 学生的大学和职业准备		
	4. 学校转制基金		
	5. 科学技术与数学、工程创新	5.1 创新网络	
		5.2 教师基础	
		5.3 有效教学	
	6. 高中再设计		
	7. 成就评估		
	8. 卓越教学团队	8.1 有效教师和领导州基金	
		8.2 联络教育者	
		8.3 教师和领导创新基金	
		8.4 学校领导	
	9. 有效教学：阅读能力		
	10. 全面有效的教学		
	11. 扩大教育选择机会	11.1 支持有效地特许学校	
		11.2 促进公立学校选择	
	12. 承诺社区		
	13. 21 世纪社区学习中心		
	14. 学生成功、安全和健康项目	“现在就是时候了”	
	15. 大学之路和教学促进项目		
	16. 磁石学校补助项目		
	17. 教育促进基金		
	18. 英语学习教育		
	19. TitleI 州机构项目	19.1 流动学生教育	
		19.2 高危青少年教育	
	20. 无家可归青少年教育		
	21. 农村教育		
	22. 美国土著学生教育		
	23. 夏威夷土著学生教育		
	24. 阿拉斯加土著学生教育		
	25. 综合中心		
	26. 联邦影响补助		
	27. 训练和劝告服务项		
	28. 教育补助拨款		

续表

教育层次	一级教育功能	二级教育功能	预算金额
三、特殊教育和康复服务（目标：不让一个孩子掉队）	1. 特殊教育	1.1 对州的资助	
		1.2 学前资助	
		1.3 婴儿及其家庭资助	
		1.4 对州人员发展资助	
		1.5 技术补助和传播	
		1.6 人员准备	
		1.7 家长信息中心	
		1.8 教育技术、媒体和物资	
		1.9 特殊奥林匹克教育项目	
	2. 康复服务和残障教育研究	2.1 对州的职业康复基金	
		2.2 对州的客户服务补助基金	
		2.3 培训	
		2.4 民主与培训	
		2.5 独立生活教育	
		2.6 个人权利保护与倡导项目	
		2.7 对聋哑青年和成年教育的海伦凯勒国家中心资助	
		2.8 教育技术补助	
		2.9 为残障人员提供教育的特殊机构	

15.3.2 细化义务教育均衡预算的经济功能

即细化义务教育均衡预算所需人、财、物支持的预算，反映出实现义务教育均衡财政支出预算都花到哪去了，如花在人员工资、办公费、会议费、装备购置费等。

近几年，北京市、区政府都在强调并确实增加了义务教育均衡财政支出，但究竟增加的钱花哪儿了？是用于教职工的工资福利了？还是用于学生的奖助学金和离退休费支出？还是用于购买维持教育事业正常运营的商品和服务支出，如水电费、物业费、差旅费、维护费、培训费、劳务费？用于专项基本公用支出和专项项目支出有多少？用于新建教学用房、房屋改造等基本建设支出有多少？目前，在均衡财政支出的经济功能预算中，公众并不能看到这些，这些细化的资金支出究竟有多少，百姓只有在决算公告时才能看到些微。新的《预算法》第七十五条规定“一般公共预算支出应当按其经济性质分类编列到款。”各地各行业可以根据实际需要编制教育支出功能预算。这就要求改革过程中的义务教育均衡财政预算必须向细化经济功能预算方向发展。细化的实现义务教育均衡的财政预算，包括事业性支出预算、基本建设支出，其中事业性经费支出又包括用于个人的部分和公用的部分。具体来说，反映细化财政支出经济功能的预算，如表15－16，并附加各级教育（含义务教育阶段的特殊教育）的学生数、教师数、生均教育经费数等教育基本信息。这个预算表将与年底的决算表相互呼应，说明政府为实现义务教育均衡的财政支出执行情况，即向公众说明用于义务教育均衡的财政支出花在哪些地方了、谁受益、谁受损等情况。

表15－16　细化义务教育均衡预算的经济功能

<table>
<tr><th>一般公共支出－经济功能预算</th><th>一级经济功能</th><th>二级经济功能</th></tr>
<tr><td rowspan="14">事业性经费支出</td><td rowspan="4">工资福利</td><td>基本工资</td></tr>
<tr><td>津贴补贴</td></tr>
<tr><td>奖金与绩效工资</td></tr>
<tr><td>社会保险缴费</td></tr>
<tr><td rowspan="2">对个人和家庭补助</td><td>离退休费</td></tr>
<tr><td>奖助学金</td></tr>
<tr><td rowspan="6">商品和服务支出</td><td>水电费支出</td></tr>
<tr><td>物业管理费支出</td></tr>
<tr><td>差旅费</td></tr>
<tr><td>维修（护）费</td></tr>
<tr><td>培训费</td></tr>
<tr><td>劳务费</td></tr>
<tr><td rowspan="2">其他资本性支出</td><td>专项公用支出</td></tr>
<tr><td>专项项目支出</td></tr>
<tr><td>基本建设支出</td><td></td><td></td></tr>
</table>

15.3.3 细化义务教育均衡预算项目清单

每个财政预算年度，围绕着义务教育均衡，相关部门应该提供一个清晰的、细化的预算项目清单，以便公众对财政支出活动有一个清晰的了解，使执行者也明白相应的责任。这一点可以借鉴美国联邦教育部和各州的做法。

15.3.3.1 为所有学生增加教育公平和机会的预算项目

以联邦政府教育部为例。2015年美国联邦教育部预算围绕着优先教育投入，保证为每一个儿童创造教育机会，提高教师素质几大优先战略，总统联邦教育预算建议提出包括了为所有学生增加教育公平和机会的预算项目和加强对教师和学校领导支持的预算项目。为所有学生增加教育公平和机会的预算项目，主要目的是通过新的和已有项目组合加强解决教育资源的不公平配置问题。具体项目与预算安排如下。

1. 用于新的“力争上游 - 机会公平”（Race to the Top - Equity and Opportunity）项目：竞争拨款3亿美元，以提高最贫困学校学生的学生成就。这一提议主要是为州和学区实施综合改革，缩小学生在机会和成就方面的差距。建立在以往改革和现存的联邦投资项目如 Title I 和全州范围纵向数据系统基础上的这一新的项目，将资助：1）发展和实施校本水平的财政、人力资源和学术成就方面的综合数据系统建设；2）在高贫困学校发展、吸引和留住有效地教师和领导；3）资助高贫困学校数据管理实践，比如围绕着学校环境、文化建设而进行严格的教学练习和各种活动数据库建设实践。数据应当用于鉴别学生在机会和成就方面的差别，以及加强学生为大学和职业准备中的有效策略方面。

2. 用于 Title I 学生的大学和就业准备（Title I College-and Career - Ready）：144 亿美元，用于州的特殊教育资助 116 亿美元，以保持对高贫困学校的低收入家庭学生和残障学生学业的支持。2015 年预算请求还继续保留其他针对高需求人群的项目，包括 7.23 亿美元的英语非母语学习者英语教育项目，3.75 亿美元移民学生教育项目，4800 万美元用于疏于管理和过失青少年教育，6500 万美元用于无家可归的青少年教育，1.24 亿美元用于印第安学生教育，3200 万美元用于夏威夷土著学生教育，3100 万美元用于阿拉斯加土著学生教育，1.7 亿美元用于农村教育项目。

3. 授权的 21 世纪社区学习中心（21st Century Community Learning Centers）建设项目：11 亿美元，属于竞争性拨款，以支持州、地方教育机构、非营利性组织或者地方政府机构为提高学生成就，而为学生提供常规的学校学习之外的各种学习支持、业余活动。

4. 用于学校转制资助（School Turnaround Grants，STG）：5.058 亿美元，以保持州和地方实施对低绩效学校严格的、地方选择干预的政策的强力支持。干预管理是为改变学校环境、文化以及成果而设计的制度，它是通过领导者水平提高、教师工作更有效、更好地利用教学时间、更严格的课程管理和数据驱动等改革而实现的。2015 年总统教育预算请求资金将支持大约 170 所学校改制。

5. 1 亿美元用于“社区承诺”项目（Promise Neighborhoods）①：增加4300 万

① 这个项目是资助学业成就好的学区和学校采取措施帮助成就差的学校提高其学生的学业成就，如洛杉矶承诺社区团队——青年政策所（Los Angeles Promise Neighborhood），Youth Policy Institute（YPI），华盛顿特区学区承诺社区团队——DC Promise Neighborhood Institute（DCPNI），www.ed.gov/equity.

美元。该项目用于奖励那些高品质学校或学区设计出儿童和家庭需要的、从摇篮到就业的教育计划，并通过有效的、综合改革方案实施，帮助那些学业不佳的社区和学校提高学生学业成就的项目。

6. 7000 万美元全州范围纵向数据系统（Statewide Longitudinal Data Systems）建设项目：增加 3500 万美元。该项目用于支持学校加强对校级水平的财政、教师和领导的有效性、学生成就等综合数据库建设，并能够运用这些数据分析教育资源分配和学生成就的联系，从而实现教育系统的有效发展的目标。

15. 3. 3. 2 加强对教师和学校领导支持的预算项目

2015 财年总统预算请求对照每天努力工作实施新的大学和职业准备（College and Career Readiness，CCR）标准，对照评估、对低绩效学校实施转制、实践新的评价和支持系统提高他们的教育实践水平的广大教师和领导们给以强力的支持。尤其是，联邦正在寻求新的资助方式加强对教育工作者的能力建设，使其能够运用新的技术进行合乎新标准的教学实践，进一步实现教师专业化和卓越化、合作化。在这方面，2015 财年的预算要求包括：

1. 用于新的"联系教育者"（ConnectEDucators）创新项目：2 亿美元，它是一个帮助教育者转向应用技术和数据实现个性化教学，提高 CCR 标准教学和评估水平的创新项目。该项目的目标是确保教师和学校领导者能够通过获得高速网络和设施资源途径，促进班级教学和学生学习。资金将支持教育工作者在 CCR 标准中：1）创建和使用高品质的公开学习资源与数字化内容；2）使用移动设施和数据工具进行个性化的学习与实施新的评估；3）分析当下数据了解学生学习的成果；4）使用技术对学生实行个性化学习辅导，提高学生的参与度；5）为有效率的教师能够帮助落后学校和科目教学提供远程教育的途径。

2. 用于新的"卓越教学团队"（Excellent Instructional Teams）项目：23 亿美元。这个项目通过公式拨款和竞争性拨款两种方式提供资金，以帮助州和地方教育机构提高教师和校长工作的有效性。

——20 亿美元用于拨付给州的有效教师和领导资金，提高州和地方教育机构的教师和校长的评价水平，确保低收入和少数族裔学生有公平获得有效教师和校长资源以提高其学业成就的途径。20 亿美元资金中有 10% 是联邦教育部用于建立全国教育者在招募、准备活动评估中的数据库，以支持有效教师和领导者提高教学和专业性水平；

——3. 2 亿美元用于教师和领导创新基金（Teacher and Leader Innovation Fund），以帮助州和地方教育机构为有高需求的地方提供教师和领导者，补偿教师和学校领导为个性化的教学策略而进行的创新。

3. 用于"转变学校领导项目"（Transformed School Leadership Program）：

3500 万美元。该项目聚焦于扩大教育部基于数据促进学校领导进行专业化的发展，以提高学校领导必要技能，如给教师提供评估和反馈、分析学生的数据、发展学校领导团队、营造积极的学校气氛、支持 CCR 标准教学等方面的能力。

4. 用于“认知成功、专业卓越和合作教学”（Recognizing Educational Success，Professional Excellence，and Collaborative Teaching，简称 RESPECT）：一次性法定支出拨款 5 亿美元，为教师和领导者提供有针对性的支持，支持其提高早期职业准备和帮助的能力，为教师和领导者提供机会，发展他们为基于大学和职业准备标准而进行教学转变的领导能力，保证教师在共享合作的环境下积极工作。该请求资金将分为 1000 个拨款项目对需要教育专业发展的州和学区进行投资，资助教师将达到 160 万人次。

15.3.3.3 推广应用现代教育技术支出的预算项目

早在 21 世纪初的 2000 ~ 2001 年度，美国加州教育部就实施了细化的预算支出项目管理，不仅考虑人均支出、学生注册人数、平均每日在校人数、年初预算数、年中调整数等，还将诸如州政府为推广应用现代教育技术预算支出进行细化，以提高义务教育财政支出绩效。

1. 为继续实施教育技术改进计划，由联邦预算和州财政一般预算支出 2.33 亿美元。该计划包括以下五个项目。（1）高中数码化项目 1.64 亿美元，使每一所高中都能加入联网。（2）加州技术援助项目 1240 万美元，通过 11 个区域组织为各个学区提供技术援助，包括技术人员培训、管理和维修基础设施、硬件、学习资源和电信。（3）联邦提高文化技能补助项目 4520 万美元，帮助缺乏文化和技能的贫穷青少年提高其阅读能力和电脑操作技能。（4）全州教育技术服务项目 880 万美元，用于学区教育行政管理人员和技术援助工作人员的专业培训及其他有关技术服务工作。（5）小学 4 ~ 8 年级教育技术人员培训项目 210 万美元，补助学校用于培训教师在教室里能使用现代信息技术改进教学工作。

2. 为支持高中实施“在线大学预科课程”，计划并购置电脑提供一次性补助款 1.75 亿美元。项目包括：（1）在尚未开设预科课程的高中，为学生开设“在线大学预科课程”提供开办费。（2）教室内增置电脑。（3）由加州大学负责开发并开设“在线大学预科课程”，即 AP 课程，它是为高中生提供可以获得大学本科学分的不同学科领域的本科水平课程，如生物、微积分、计算机、经济学、英文、音乐史、心理学、美国历史等。

为了配合网上教学并便于学生远程学习，不仅联邦教育部和州教育部在一般支出中细列预算项目支持义务教育均衡发展，加州公共事业管理委员会还设立加州电信联网基金（California Teleconnect Fund），每年为该州学校图书馆、医院和社区服务组织提供 5000 万美元的上网费用折扣补贴。凡符合条件的学校都可享受上网费用50%的折扣优惠。与此同时，联邦通信委员会（FCC）设立“联邦电子收费计划”（Federal E – Rate Program），为所有公私立学校及图书馆的电信服务提供折扣优惠，折扣优惠最低为20%，最高可达90%，其折扣大小取决于该校享受免费或低价午餐的学生占全校学生人数的百分比大小而定，折扣优惠范围包括上网、联网和网上信息传送。

3. 为推行网上教学计划提供技术人员培训补助款2500万美元。由加州教育部和加州州立大学签订合同，由该校负责为各校需要利用现代新兴技术进行教学工作的教师开设技术培训课程，即将技术培训与英文、数学及其他学科领域的专业培训有机地结合起来。

15.3.3.4 改进中小学教学质量的预算项目

主要预算项目①：（1）为解决教学质量较差的学校②严重短缺合格教师的问题预算1.33亿美元。（2）为改善公立学校的师资力量预算4880万美元。（3）为提高在职教师和学校行政管理人员素质预算2.69亿美元。（4）为提高学生学习成绩提供预算。（5）支持高中开设大学预科课程提供预算1650万美元。

15.3.4 列明义务教育均衡财政支出预算责任部门和法律

除了上述方面细化外，对参与义务教育均衡财政支出预算的责任部门和法律依据也应该细化。就预算参与部门而言，通常参与部门主要是教育委员会，但实际上财政局、发改委、人力资源和开发委员会、社保局等厅局也会参与，它们的主要职责和承担的预算项目有哪些？它们与教育委员会的体制关系又是如何协调的？

另外，执行预算功能的部门分别都是依据哪些相关法律、法规、条例、通知、政策等法律法规进行预算的，应尽量详细的细化列出，使得预算名正言顺，有据可查，以免导致预算随意性过大。

15.4 透明化管理义务教育均衡预算支出的财务信息

“如果人类都是天使就不需要任何政府了，如果是天使统治就不需要对政府有任何外来的或内在的控制了。”这是从人性的弱点出发论证了政府存在的合理

① 张双照编著．美国加州州政府财政预算问题研究［M］．湖南大学出版社．2015. 10. P64.

② 指该校学生参加“加州统一标准化考试”中的平均成绩低于全州40%以下的学校。

性与局限性。为矫正政府行为的局限性，透明化管理纳税人的钱，公开预算支出财务信息被证明是有效的方法，正如被称为“人民的律师”的路易斯·布兰代斯的一句名言，即“阳光是最好的消毒剂，灯光是最好的警察”。这也适合中国的义务教育财政预算支出的财务管理，政府预算支出信息的公开透明是保障公众知情权和监督权的前提，是促进学校改进预算支出绩效的有效途径。

课题组对北京的问卷调查结果显示，目前有47.1%的学生家长表示对学校教育经费管理有监督意愿但缺少监督渠道，有38.6%的家长对学校教育经费管理并无监督意愿。这一现象的存在非常不利于提升政府义务教育财政预算支出绩效，必须予以纠正。否则，一旦出现“塔西佗陷阱”，政府再想获得公众的信任就非常困难，政府要想获得理想的执政效果就更难。透明化管理教育财政预算支出的财务信息，可以反映政府用于义务教育均衡的财政支出预算的具体信息，包括：“所花的钱从哪儿来?”“花钱的项目是什么?”“花钱实现了什么功能?”“花钱的目标是什么?”“拨款的计划是什么?”“支出的标准和水平是什么?”“钱花在哪一个运营单位了?”“钱花在什么主题上了?”“支出的工作分类是什么?”等信息。具体而言，至少应该在以下方面内容进行公开透明化管理。

15.4.1 透明化义务教育均衡预算支出的财务报告

15.4.1.1 财务报告的基本模式

财务报告是关于政府机构账务活动的沟通信息，它包括政府每年的财政报表与拨款分配，是呈报给联邦、州和拨款单位的财政信息，是预算与实际决算的比较、管理报告，以及其他用于内外部控制的财政报告。根据一般会计准则准备和呈现政府年度财政报告要求，报告模式至少要求包括以下信息：

1. 管理讨论和分析信息（Management’s Discussion and Analysis，MD&A），它是要求报告信息的重要部分；

2. 财政基本情况陈述：（1）一般的财政情况陈述（2）财政资助情况陈述（3）财政情况说明；

3. 除管理和分析信息之外的要求提供的补充信息（Required Supplementary Information，RSI）。

财务报表中涵盖不同的信息主要服务于不用的使用者。RSI（包括MD&A）主要服务于公民、立法者和审计部门、财政社区；财政报告主要服务于公民和立法者；财政拨款信息主要服务于审计机构、立法者和财政社区。

15.4.1.2 财务报表的主要因素

财务报告的主要内容是财务报表。财务报表的主要因素包括资产负债表、财务收入表、财务费用或支出表、财务报表指南。

1. 资产负债表。资产负债表是反映学区或学校在某一特定日期全部资产、负债和所有者权益情况的会计报表，是学区和学校经济活动的静态体现，是根据“资产＝负债＋所有者权益”这一平衡公式，依照一定的分类标准和一定的次序，将某一特定日期的资产、负债、所有者权益的具体项目予以适当的排列编制而成。它表明权益在某一特定日期所拥有或控制的经济资源、所承担的现有义务和所有者对净资产的要求权。它是一张揭示学区或学校在一定时点财务状况的静态报表。资产负债表利用会计平衡原则，将合乎会计原则的资产、负债、股东权益的交易科目分为“资产”和“负债及股东权益”两大块，资产和负债分别又分流动资产和非流动资产、流动资产负债和非流动资产负债。资产负债表的功用除了学区或学校内部除错、经营方向、防止弊端外，也可让所有读者在最短时间内了解学区或学校经济状况。资产负债表主要科目见表 15－17。

表 15－17　　教育资产负债表科目

资产	负债	资产平衡
（1）现金和投资的报告与披露 （2）所得 A. 财产税 B. 州和联邦拨款 C. 政府间收入转移 D. 利息收入 （3）预付款（prepaid items 来自于州的待收款＋来自于联邦机构的待收款＋来自于其他政府或机构的待收款＋权责发生利息收入） （4）库存（如学区的消费性产品：办公用纸、计算机辅助设备、建筑和维修辅助设备、实验室辅助设备；书本、计算器、体育教育器材；还有考虑其使用周期性问题，另外还有货物、负债、退休金） （5）资本性资产 A. 有形或无形资产 B. 1 年以上的长期资产 C. 相当期限的可获得价值 D. 通过去库存管理获得的合理资产	（1）延期付款 （2）工资和福利付款 （3）其他到期付款 （4）延期补助 （5）债务	（1）可支付但未支付的资金平衡（库存、预付资产、长期资产、长期账户资金） （2）限制性资金平衡（完全由债权人、资助人、捐献人、法律规定、债务契约） （3）专项资金平衡（正式的由政府决策授权可以行动的限制） （4）指定用途资金平衡（意向决定） （5）未指定用途资金平衡（上述未报告的） 对内部的债权人和债务人来说，净资产报表包括三个方面：资本性资产净投资、限制性部分、非限制性部分

注释：资本性资产具体包括：A. 土地和土地增值；B. 地权；C. 建筑物及其增值；D. 移动交通；E. 技术性资产（如计算机和网络设备，计量的计算技术性资产支出要考虑：技术和多媒体支出相关支出；支持技术的服务性购买；租赁计算机和其他技术设备支出；声响、数据、视频交流等交流性支出；软件及服务支出；辅助性技术支出；技术资产设备的购买；折旧率）；F. 初次购得的图书品；G. 艺术品和历史珍宝；H. 基础设施：道路、桥梁、排水系统、供水系统、照明系统；I. 无形资产

2. 财务收入表。见表 15－18。

表 15-18　　财务收入表

收入分类	细化的收入
外汇交易与非外汇交易	1. 税收收入。如由个人所得税和营业税收入等形成的一般预算内财政收入 2. 非政府机构间的评估性收入，如教育基金、罚款收入等 3. 政府间规定的非外汇交易。如中央政府、市政府对地方学区的食物和营养项目资助 4. 自愿性的非外汇交易。如一些合法的委托拨款和捐助
政府资助性的专项收入	1. 地方和中介资源。主要来源于学区服务的学区居民，以及学区内外的政府和非政府机构的资源。包括财产税、学费和利息收入 2. 市政府资源。如北京市政府的拨款和教育基金资助，不包括中央政府的资助 3. 中央政府资源。来源于中央政府和机构的资助，或直接拨付或者通过市拨付。主要是来自中央项目的收入
项目和活动报表涉及的一般收入	1. 项目收入。为实现某一特殊功能的活动收入。它又包括三个方面：（1）为此项目活动开展收取的服务费。比如校车和设施的租金、运动员参与和教练费、暑期学校学费、图书馆罚款。（2）特定项目的法定运营拨款和自愿赞助费。（3）特定项目的资本性拨款和自愿赞助费。如采购、基建、创新性资本资产。典型的例子如购买校车资金 2. 一般性收入。除项目收入以外的其他所有收入。一般性收入报表需要在实现某项功能的项目收入之后进行广泛的政府财政活动报表中报告

3. 支出或费用财务。见表 15-19。

（1）支出。支出是净财政资源的减少，是一切耗费资产的流出、付出。在政府资助领域，支出的认定是与权责发生制一致。费用是以权责发生制为基础的所有者权益的变化，是为了获得一定的收入或收益而发生的资产耗费。在财务上，任何经济活动支付都是支出，但并不是所有的支出在一发生时就计入费用的。成本是对象化的费用，是一定会计期内政府收到服务和产品以及债权关系随即产生的过程。但现行计算的政府拥有的教育财政资源并没有减去债权人拥有的支出，也没有被财务记录的支出，典型的是债权人在后续的时间内一定发生的养老保险和疾病、休假支出费用。（如当前在许多学区和学校，教师的教学活动，付出了劳动，政府获得了教学、服务，以及培养了学生产品，但政府并没有立即支付教师的养老金、医疗保险，以及其他如休假等费用，这是当前的教育成本，只不过并没有在当前政府的教育支出中、也没有在当前的教育成本中计算。目前的政府教育财政资源只计算了付给教师的工资，并没有计算教师工作的全部教育成本。这实际上是政府负债！）。支出主要类型有：运营支出、资本性支出、债务服务（利息支出）、政府间转移。

（2）费用。费用是为获得商品、服务或实现某一活动而产生的资产流出或失效。如卖商品和服务与其活动管理者的工资是同时产生的。费用与因果有关，如卖出东西的成本。一些费用如贬值和保险，是自动产生的。政府的主要支出类型是各种不同的债权人基金费用。

表 15－19 公开的支出和费用报表

支出	费用
A. 运营支出：主要是教师工资和福利。权责发生制下，运营支出应当将教师的各种福利，如休假支出、健康保险、医疗和失业保险等在运营支出账户中列出，并尽可能在来年的预算中体现。否则，长此以往，学校和政府将堆积欠债，导致社会风险 B. 资本支出：它与资本性资产获得有关。这些支出可能记录为一般基金、特别收入基金、资本项目基金等，它取决于基金的来源。用于人员的资产购置，如设备和家具，通常记录为一般基金。资本支出的主要部分是学校的基建，通常记录为特别项目基金。为获得资本性资产而付出的成本，记录为预付性资本支出，因为该支出形成的资产可以在多年内使用，多次产生价值 C. 债务性服务支出。如贷款利息	政府机构应当基于权责发生制，广泛的以报告的形式公开财政信息，反映政府活动的费用情况。所以，政府机构应当将活动和项目以及费用一并报告（即功能性支出），除非是非直接的费用。直接费用既包括运营费用，也包括非运营费用，贬值和分期偿还或资产的分摊费用也包括在内。其中的贬值费用包括：为实现某一功能可以分割的资本性资产的贬值费用、分摊的资本性资产贬值费用、为所有功能服务的资产如学校大楼的贬值费用、一般基础设施贬值费用、长期债务产生的利息费用

4. 财务报表指南

公开的财务报表指南，包括财务报表基本介绍、财政部分、财政报表说明、数据信息四部分，每一部分都有详细的要求和说明。一方面，可以使得学区和学校有一个操作性很强的、统一的格式进行财务记录、分析、公开；另一方面，便于学区和学校之间的比较与管理。财务报表指南具体内容见表 15－20。

表 15－20 公开的财务报表指南主要内容

指南框架	细化的指南主要内容	
介绍部分	1. 目录 3. 政府财政办公专业资格 5. 主要官员	2. 提交函 4. 组织图 6. 其他重要的拨款管理问题
财政部分	1. 审计报告 3. 基本财政报表 5. 净资产报表 7. 财政资助报表 9. 平衡表 11. 一般政府报表调节情况 13. 收入、支出和净资产变化情况 15. 信托基金 17. 信托基金净值变化情况 19. 必要的补充信息以支撑财政资助报表	2. 管理讨论和分析 4. 一般政府财政报表 6. 活动报表 8. 政府基金 10. 收入、支出以及基金平衡的变化 12. 债权基金 14. 现金流情况 16. 信托基金净值 18. 自由裁量支出

续表

指南框架	细化的指南主要内容
财政报表说明	1. 一般说明 （1）现金和投资　（2）资本性资产 （3）其他收益　（4）法定限制性的净收益要素 2. 关于会计政策方面的说明 （1）定义运营和非运营性收入　（2）定义交易类型 （3）基金平衡政策 3. 关于会计政策方面说明摘要 （1）基金活动　（2）可获得的收入的时间长度 4. 要求的补充性信息 （1）预算比较 （2）综合和个别基金声明
数据部分	1. 数据分类信息 （1）财政趋势信息　（2）收入能力信息 （3）债务能力信息　（4）运营信息 2. 数据表 （1）财政趋势信息：净值、变化、政府基金 （2）收入能力信息：收入基础、收入税率、主要收入负担者（当年＋前9年）、财产税征收 （3）债务能力信息 （4）人口和经济信息：人口和经济指数、主要雇员（当年＋前9年） （5）运营信息：政府雇员信息、运行指数、资本性资产

15.4.1.3　综合年度财政报告

见表15－21。

表15－21　“综合年度财政报告内容”中展示对管理层讨论与分析等要求的补充资料

管理层讨论与分析（MD&A）是必需的补充信息的一部分；但是，它先于财务报表。它应该根据目前一定时期内审计报告揭示的已知事实。 （1）提供一个简洁的、公正的，而且容易阅读的政府财务活动说明 （2）帮助用户了解政府范围内财务报表上报告的政府活动结果和财务报表上显示的政府性基金（通常集中在主力资金）结果之间的关系 MD&A讨论和分析的重点应放在基层政府。但是，各个分散的单位也应该展示相关信息组分单元信息。政府运营的财务信息与上一年比较，无论是积极的，还是消极的，是好的还是坏的，都应该提交，通知读者了解。当然，重点应显示重大项目的相关信息。以下MD&A主题限制展示，尽管没有具体的数量规定： （1）关于基本的财务报表及其相互之间的关系，以及他们提供信息的显著差异的讨论。这些讨论还包括政府整体和基金财务报表中所使用的不同方法

续表

（2）不应将当年和前一年财务资料进行简明的比较分析。但这些分析应该包括影响变化的特定经济因素。图表和图形可以被用于补充浓缩的声明信息，但它不应代替补充信息

（3）目标分析不应将政府机构的财务状况作为一个客观整体来进行。应将政府的整体财务状况与其商务运营活动分开来分析

（4）少对影响交易平衡的原因进行分析。但可以对限制条件、承诺或其他显著影响未来基金资源的获得性性信息进行分析

（5）关于机构的原始预算、实际预算、最终预算之间的变化、机构未来的流动性变化少作评论

（6）对活动年内与政府的固定资产和长期债务相关的活动少有描述。这部分应当在资本支出、改变信用评级、债务限制等影响计划设施和服务时予以声明

（7）关于报告方法的修改，以及应用在一些基础设施部分

对信息不符合上述要求的，不应该被包括在 MD&A；否则，它可能成为被报告为补充资料或传送信息中。

MD&A 信息和传送信不能重复，二者的差别在下表中列出。

MD&A 与转送函的差别

MD&A	转送函
综合年度财务报告的一部分	综合年度财务报告的一部分
标题只能按照政府会计准则委员会第 34 号准则要求	并不限定于 GASB 标准中描述的主题
提供政府整体的财务状况和经营总结和分析	不适用
高度结构化的，并且只需要对目前已知的事实、条件或决策信息进行报告的信息	提供一个讨论未来计划的机会

基本财务报告需要每年一次，而 RSI 两年一次，年度报告应将 RSI 的内容简要介绍，且联结二者的关系。

相关的子公司或子单位也要报告。子公司的限定、年度报告也有具体要求规定。

15.4.2 公开财务账户分类描述

这个报告是政府对学区和学校的要求，这是一个统一的报告，它将各政府机构（含学区）的收入和支出财政活动，通过必要的编码结构和组织账户，并辅以极大地灵活性，具体地将义务教育均衡财政支出“所花的钱从哪儿来?”“花钱的项目是什么?”“花钱实现了什么功能?”“花钱的目标是什么?”“拨款的计划是什么?”“支出的标准和水平是什么?”“钱花在哪一个运营单位了?”“钱花在什么主题上了?”“支出的工作分类是什么?”等信息给以报告，形成许多有用的信息，从而提高了支出机构财务报告的精确性和有效性，同时，也提供了学区之间可比较的财政报告。公开财务账户分类描述包括基金账户描述、项目账户描述、资产平衡表账户、收入账户描述、支出账户描述。

15.4.2.1 基金账户分类

基金账户分为政府基金、权益性基金、信托基金。它说明用于义务教育均衡的支出都来源于哪里，政府负担了多少，社会负担了多少。

1. 政府基金类型：(1) 一般基金。学区的主要账户，用于学区的所有资源账户。除非有需要特别报告的其他账户，否则，这是学区仅有的一般账户。(2) 特殊收入基金。特殊通过特殊程序获得的资本项目以外的、有合法限制的，或者为特殊目的指定的支出基金。比如下列基金：有限制的州或联邦拨款资助基金；支出政府机构的信托基金；有限制的税务征收基金。(3) 资本项目基金。包括基建等资本性基金账户，发债销售和其他的资本性财政资金是普遍的资本项目基金。但财产基金和信托基金不属于此类基金。(4) 债务服务基金。如长期利息和债务形成的支出，应列在此账户。(5) 永久性基金。法律限定的只要所得、用于支持学区项目发展的基金。

2. 权益性基金类型：(1) 公司基金。主要用于外部使用者购买商品和服务。(2) 内部服务基金。主要用于内部提供服务和商品的基金、学区、子单位或者其他政府部门的成本补偿。

3. 信托基金类型：(1) 信托基金。这是外部投资池。包括养老信托基金、投资信托基金、私人信托基金。(2) 机构基金。如税收托管基金、学生活动收入托管基金。

15.4.2.2 项目账户分类

项目是为实现事前设定的目标或一系列目标，由一系列活动和程序组成计划。这个指南涉及九个领域的项目，而且主要考虑教学成本，实现教学功能的需要。项目编码如下：

1. 正规的义务教育项目（Regular Elementary/Secondary Education Programs）：包括幼儿园、学前至 12 年教育，培养他们成为公民、家庭成员和工作者。它必须与特殊教育区别开来。

2. 特殊教育项目（Special Programs）：包括各个年级段的有特殊需求的学生教育。如智力落后、脑骨头受损、情感疾病、发展滞后、听力障碍、多动症、听力受损、其他健康受损、视力障碍（包括盲人）、孤独症、聋哑、大脑外受损、语言或说话受损。

3. 职业和技术教育项目：满足学生准备面对挑战学术标准、工业技术标准、准备广泛的职业和进一步介绍高一级教育的能力。项目包括农业和自然资源、建筑和建设、艺术交流技术、商业管理、教育培训、公共管理、健康服务、医院和旅游、人力服务、信息技术、法律和公共安全、制造、批发和零售服务、科学研究和工程、交通。

4. 其他教学项目——义务教育：比如 A. 双语教育（Bilingual）；B. 风险教育（Alternative（and At Risk）Education Programs）不适合传统班级教学教育的。风险教育中心、课堂、学校，提高学生的学习经验；C. 超常教育（Gifted and Talented）有三个标准：特殊能力在一般水平之上；完成任务高水平；创新水平高。

5. 非公立学校项目：这是由州、州下属和联邦政府机构之外的机构支持的、但使用的非公共资金，为非公立学校的学生提供教学服务、入学和社会工作服务、健康服务、交通服务。

6. 成人教育项目：为应对成人即可和长期教育目标、实现完成正规教育、接受成人角色和责任。准备高中后职业教育、提升职业竞争力、准备新的或不同的职业、发展技术和特殊兴趣、丰富生活情趣质量。

7. 社区或大学低年级教育项目（Community/Junior College Education Programs）。

8. 社区服务项目（Community Services Programs）：教育均衡也不仅仅在学校校园内进行。政府应当发挥动员和引导作用，PPP 就是可以利用的机制。教育也可以与当地的社区、文化活动结合起来进行。为什么美国创新教育能够在正规学校进行，因为学生成才的途径很多（正规、职业、社区、成年），学生可以在任何时间选择接受正规或相当正规的教育，没有必要只是在学校这一条道上。因此，学生在学校也没有那么功利和焦头烂额，学校也可以静心的进行启智和开发学生潜能。社区服务项目主要包括：A. 社区娱乐：社区运动场、游泳池等；B. 公民服务：家教协会、公共论坛、演讲、公民安全计划；C. 儿童托管和照顾服务：居民白天儿童托管服务、儿童托管中心；D. 福利活动：由相应的政府机构为学校或学区个别有特殊需要的学生提供衣物、食品和其他个性化需要。E. 其他社区服务。

9. 辅助课程和业余课程活动：这是为了增加学生的教育经历但不是教育活动。典型的包括传统班级活动之外的各种活动，如学生活动、审美、乐器、俱乐部、诚信社区。

15.4.2.3 资产平衡表账户

资产：资产账户包括现金、投资、投资的非摊销保险、投资的非摊销折旧、投资的利息收入等；延期资产；负债；延期债；资产负债平衡表。

15.4.2.4 收入和其他财政资源账户

收入账户包括来自地方学区的资源、报告如此详细，以至于学校和学区的任何因资源不均衡而导致的境遇不均等是显而易见的，完全是可控的。要均衡各学区和学校的学生因享受各种教育资源的不均，可以通过各学校主要活动及其资源的流向进行调控。

1. 来自地方的资源：来自于地方的资源，都是学区征收或学区评估的资源。它包括：(1) 学区税。(2) 来自于学区之外的地方政府机构的收入。学区只有有限的法律收税权，而且有些税收并没有标记只是用于学区，因此，学区来自地方的其他收入，需要通过地方的其他政府机构进行征收。如通过县、大城市政府。(3) 学费。学区通过提供教育，可以从个人、福利机构、私人资源、其他学区和政府资源获得学费。(4) 交通费。为运输学生到学校、从事学校和学生活动中，从个人、福利机构、私人资源或其他学区和政府资源中获得的交通费用。(5) 投资性个人所得收入（从短期和长期投资中获得收入）。包括：投资利息（银行、机构、商业合同、储蓄账户、储蓄时间资格、抵押、其他应交利息）、投资股息分红、公允价投资净增值、不动产投资等。(6) 食物服务。从向学生和成人发放食物回扣中获得收入。包括日常销售——农业部补偿项目。从向学生提供早中餐和牛奶中获得补偿和回扣；从国家学习午餐项目中为学生提供午餐销售获得的收入；学校早餐项目；特殊牛奶项目。从学生牛奶项目中获得收入；放学后项目销售补助项目；非补偿项目。从对学生和成年人销售早餐、午餐和牛奶中获得收入。包括对成年人的所有销售、额外午餐、和牛奶销售收入、按菜单点菜销售收入；夏日食物项目。从对学生提供夏日食物项目中获得的销售成本补偿中获得收入；特殊功能收入——从对学生和成年人销售食物产品和服务获得收入。如家庭式聚餐、教师家长协会组织的赞助会、运动员宴会收入。(7) 学区活动。学区控制、管理的学生辅助性和课外课程活动收入。包括入场券收入，即学区赞助学校组织钢琴和足球比赛的门票中获得收入；在学区内对学生的销售书籍书商营销中获得的收入；学校组织或俱乐部的会员费；收费，即从学生收取的用锁、毛巾、设备费用；公司活动收入。从设在学校内公司的售卖机、学校商店、软饮机中获得收入；其他从学校和学区活动中获得收入。(8) 从社区服务活动中获得收入。如学区为社区提供滑雪设施获得收入。(9) 其他从地方获得收入。包括学区财产租金、私人资源中获得的捐助和支援、资本性资产收入（如贬值处理收入）、教材销售和租金、从其他学区获得的综合收入（比如数据处理、买卖、维修、清洁、咨询和指导）、从其他地方政府单位包括州获得综合收入（如非学生交通、数据处理、买卖、维修、清洁、现金管理、咨询）、从其他机构部门中获得收入（如提供给其他机构部门的打印、数据处理获得收入）、上年支出的退款、地方综合收入（如食物回扣、优惠券回扣、物质销售等）。

2. 来自中介机构的收入：包括非限制的拨款资助、非限制的专项资助、收入抵扣、学区管辖权收入（如学区内中介机构使用学区设施和供给条件，而给予学区职工的补偿）。

3. 来自市级的收入：来自市级的收入，包括无限制性补助拨款，即无任何使用限制，类似一般基金拨款；限制性补助拨款，即专项或特别目的的拨款；市级通过中介资源拨款；抵扣收入，如财产税抵扣；市级对学区设备、教工的津贴和补助。

4. 来自中央的收入：从联邦获得的收入，包括直接从联邦获得的非限制性拨款资助、通过州从联邦政府获得非限制性拨款资助（非限制但法定权力属于州政府）、直接从联邦获得的限制性拨款资助（专项和特殊目的）、通过州从联邦政府获得限制性拨款资助（非限制但法定权力属于州政府）、通过其他中介机构从联邦政府获得拨款资助、税收抵扣（财产税或其他税基抵扣）、对学区的设备和供应的补助。

5. 来自其他财政资源：其他财政资源，包括保险债券、资金转移（从别的基金转移而来）、从承销不动产中获得收入、从贷款授权中获得收入、资本发行收入、其他长期债券授权。

6. 其他收入条目：其他收入条目，包括资本贡献、债券发行利益分摊、特别条目、其他额外收入（如飓风、火灾、水灾、龙卷风、雹暴、环境灾害带来的保险损失补助、遗产收入）。

15.4.3 公开功能支出分类账户

功能描述的是为获得服务或者物质目标而实施的活动。学区功能分为五个广泛的领域：教学、支持性服务、非教学服务运行、设施购买和基建、债务服务。功能又可分为子功能。每一种分类都有相应的编码描述。其中，“教学支出”是与学生直接互动的教师和学生的活动中包括在不同地方、不同方式、各种形式的接触产生的支出。“支持性服务”如管理、技术、指导、保健、设施维护、交流服务等。限于篇幅，这里以支持性服务为例，分析公开的细化了的功能性支出分类账户的主要内容。

1. 支持性服务：学生：围绕学生的支持性服务指的是评估活动和促进学生状况的补充性教学过程，具体内容见表 15 - 22。

表 15 - 22　学区和学校支持性服务之学生账户与功能

序号	细分账户	主要功能
1	学生参加和社会工作服务	促进学生解决问题和家庭、社会、社区的认知能力。咨询性服务也包括在这里
2	指导性服务	咨询学生和家长、咨询其他教职员工关于学习问题、评估学生的学习能力、帮助学生个人和社会发展、提供学生支持、同其他教职工共同规划和指导学生项目

续表

序号	细分账户	主要功能
3	健康服务	
4	心理服务	
5	语言服务	为听说和语言损伤儿童进行确认和辅导
6	职业相关指导服务	
7	身体治疗相关服务	
8	视力损伤服务	
9	其他对学生的支持性服务	

2. 支持性服务：教学：在教学内容和过程方面，为促进教师提高教学经验而提供的教学员工支出服务。细化账户与功能见表 15 – 23。

表 15 – 23　　学区和学校支持性服务之教学账户与功能

序号	细分账户	主要功能
1	提高教学	教学评估、课程发展、教学技术、儿童发展和理解、职工训练
2	教学和课程发展	帮助教师发展课程、使用特殊的课程资料、理解和领会各州技术去刺激和激励学生
3	教学员工训练	主要是教师专业发展和训练服务。包括训练教师服务、工作论文、会议研讨、展示、大学预科课程、教学技术训练
4	其他教学发展服务	
5	图书馆和多媒体服务	筛选、获得、准备、分类、循环用书、参考资料和指导、分类资料、特别搜索、打印资料、为学生、教师和其他教学人员规划使用图书馆，如何使用图书资料和设施
6	教学技术相关服务	内外部的网络支持、系统运行、硬件维护和支持、学生计算机中心服务、咨询和管理技术服务、系统分析和计划、系统运行升级、系统运行、网络支持、硬件维护和支持、教学技术人员的专业发展
7	学生学业评估	非教师层面，而是学区或省级机构层面对学生的学业评估，如统考、统评
8	其他支持性服务	教学职工

3. 支持性服务——一般管理：主要包括为学区运行建立和管理政策。细化的公开账户与功能见表 15 – 24。

表 15－24　　支持性服务之一般管理账户与功能

序号	细分账户	主要功能
	教育委员会	1. 教育委员会咨询服务。包括直接和管理教育委员会运行事宜。活动包括教育委员会成员活动、学区运行成员会议、法律和规定以及债权人法律问题解释，以及外部审计 2. 委员会秘书和职员服务 3. 委员会银行事宜服务 4. 选举服务。包括官员和债券选举 5. 税收评估和收集 6. 职工关系和协商 7. 法律服务 8. 其他教育委员会服务
	实施管理	1. 学监办公室，包括副学监、监助学监助理在人员和物质上的活动 2. 社区关系 3. 州和联邦关系 4. 其他关系

4. 支持性服务——学校管理：这是支持一个学校所有管理工作的活动支出。账户和主要职能见表 15－25。

表 15－25　　公开的学区和学校支持性服务之学校管理账户与功能

序号	细分账户	主要功能
1	校长办公室	指导和管理一个具体的学校事宜。活动报告校长、助理校长和其他助手，他们监管学校的所有运行、评估学校职工成员、对职工分配任务、监管和保持学校纪律、协调学校和学区的有关学校的教学活动。以及支持学校建设方面的技术和管理职员方面的工作
2	其他学校管理支持	如毕业支出和费用、全时当量的部门领导

5. 支持性服务——中心服务：中心服务活动包括财政服务、人力资源、计划和信息技术管理工作等管理和教学职能。见表 15－26。

表 15－26　　学区和学校中心服务账户及功能

序号	账户名称	主要功能
1	财务服务	活动主要是学区财务运营。包括预算、接受和分配、财务和财产报告，工资和库存控制、内部审计、投资和基金管理。财务服务包括在财务服务的咨询、预算服务、付酬、内部审计、一般账户功能
2	购买、仓储、分配服务	活动包括购买、接收、储存、供应分配、家具、设备和在学校或学区系统运行的物质

续表

序号	账户名称	主要功能
3	打印、出版和复印服务	包括打印和出版管理出版物，如年度报告、学校工作和指导手册、集中复印学校材料、时事通讯、宣传册
4	计划、研究、发展和评估服务	1. 计划服务。选择和鉴别总体、长期目标和组织或项目优先问题，形成各种达成目标的成本、收益行动方案 2. 研究服务。关于教育各方面的研究和调研，建立事实和规则 3. 发展服务。涉及发展教育项目的精细化、发展演进程序 4. 评估服务。确认或评价行动或产出的数量和价值
5	公共信息服务	包括撰写、编辑和其他的必要的宣传教育和管理信息，向学生、职工、管理者和公众通过直接发送邮件、各种新媒体、邮件、互联网、网址和个人沟通等进行宣传。还包括监督、内外部公共信息服务
6	个人服务	包括招聘、入职、非教学培训、职工交流、服务训练、健康服务、职工账户服务

15.4.4 公开成本会计和教育项目报告

15.4.4.1 不断增长的成本数据信息公开要求

政府财务报告是会计结构基于基金、功能、目标的支出分类。这些要素是记录和报告学区财政数据的基础。尽管这些报告可以用于学区和州信息的比较，但是，利益相关者对数据的要求远不止这些项目和学校报告。数据还要求能够说明对学校和项目的公平和充足拨款情况；州对与学生成就相关的支出的问责和评估情况；财务报告的法律要求，尤其是学区更要对学生成就相关的教育成本进行报告。每一个项目有其成本，每一个学校有其管理成本，学区还有分配成本，他们到底与多高，与学生取得的成就相比值得吗?

15.4.4.2 项目成本报告结构

包括全日制小学、初中、高中、特殊教育、矫正型教育、职业教育（6 – 12 年级）等。

15.4.4.3 项目成本的要素

①使用与现实数据相联结的成本软件。

②直接成本：面向全日制学生教学的费用。主要是教师工资和补贴。尤其是全日当量教师的工资和补贴。

③间接成本：主要是学生支持服务、校园维护和运营等支出。

15.4.4.4 年度项目成本报告的程序

第一个阶段：从学区数据库中获得相关信息，识别教师项目成本。(1) 作为教师编制支付的人员数、年补偿数量、年工作时间；(2) 每一个教师参与的每一个为一定数量学生提供教学项目的课程表。凡是不能匹配的需要放入其他教师课程表中或进行纠正；(3) 附加教师数据的教室信息，这些信息从联结在学区设施数据库中获得。第一个阶段的最终成果是一个关于教师薪水表的文件包。该表包含着每一所学校、每一个项目、每一个与学生有关的教师、教学空间。

第二个阶段：识别学校的分类项目和特别拨款。报告准备者必须进入相关数据库，形成关于学校项目和拨款的子报告表。

第三阶段：识别除教师工资外的其他投入成本。报告投入成本软件的格式包括关键的记录附表、资金、学校、控制数据，以保证学区支出数据包可以通过电子版数据直接进入。数据是投入和计算的各种附加直接成本的融合。所形成的公共报告是一般资金和特别收入资金的加总。

15.4.4.5 成本分析报告

学校和学区应当提供成本分析报告。主要包括每所学校每一个项目的生均成本或者每一个报告元素的生均成本。假设一个项目成本包括直接成本目标，加上学校级别和间接成本、学区级别的间接成本，那么一个好的数据应当是能够呈现出生均成本或成本结构。分析可以分两种类型：生均成本和生师比计算的成本。

总之，在我们面对的信息时代社会，每一个方面的数据要求已被广泛认可。公共教育必须面对同许多的其他项目支持的竞争，必须面对它是消费者花费每一分钱时考虑的许多目的之一的现实。虽然有项目成本报告加上学区人员的工作量，但技术和电子数据库的优势使得项目成本数据的提供变为学区可组织的任务。

15.4.5 公开细化的活动资金报告指南

过去，很少注意到这一块。但活动资金的特性使得对它们的管理变得尤其脆弱——出错、无用、滥用。另外，活动资金通常是一次性的一大笔的资金，直接流入学校基金董事会、学生自设基金、接收者个人们，有时候是学区赞助的学生运动会、课外辅导、课外活动的垫付款。对学区在学生活动资金方面的财务记录政策和程序进行指导，以促进对这些资金的控制和管理，这是最低限度的要求。各学区和学校还可以根据实际进行拓宽和严格管理。

15.4.5.1 活动资金类型及其合理分类

活动资金分两类：一类是属于学生，目的是支持学生组织和俱乐部，一类是属于学区，目的是为了支持学区项目。二者的区别在于目的不同，隶属不同。

1. 学生活动资金。学生活动资金是基于学生组织的活动支持。学生不仅参与组织的活动，还参与管理和指导组织的活动。分配给学生活动的这些资金可以留着学生组织及其赞助者的账户上，而不是教育委员会那儿。授权使用学生活动资金的活动列举：艺术俱乐部；汽车俱乐部；啦啦队俱乐部；合唱队俱乐部；古典乐俱乐部；辩论俱乐部；戏剧俱乐部；外国语俱乐部；期刊俱乐部；军乐队俱乐部；国庆社团；佩鹏俱乐部；摄影俱乐部；学生理事会。

2. 学区活动资金。学区决定这笔资金如何花。例如：运动会；乐队；售书；演讲；音乐钢琴；学校表演；特殊领域的旅游；在财务报告时，学生活动资金被归入机构基金，学区活动资金被归为特别收入。学生活动资金仍在校长的管理下，账户为学校账户。学区活动资金包括在所有的其他学区资金中并且存在学区的账户上。尽管学生活动资金和学区活动资金有很大区别，但在财务报告时，都属于学区财务报告范畴，接受对学区的审计。

15.4.5.2 活动资金的控制和报告的指南

除了公开区分了的活动资金类型，还应对建立和维护活动资金的管制，提供活动资金的财务管理和报告的指南。篇幅有限，不多论述。

15.5 确立绩效问责的义务教育均衡财政政策导向①

从教育预算精细化实施的过程来看，绩效问责是不可或缺的关键环节。

绩效问责的教育财政政策源于20世纪80年代新公共管理运动推动的“政府再造运动”，其核心是强调建立“结果导向的政府”。1993年3月，克林顿成立了“政府绩效评估委员会”，强调“任何联邦政府机构均应设计其自身的绩效管理与报酬系统”以确立提高个人及组织绩效目标，并提出了384项有关政府改革的建议。同年，国会通过了《政府绩效与结果法案》，要求联邦政府机构建立明确的绩效目标，在绩效目标与所计量的结果之间建立起清晰的联系，并在新的预算拨款之前向国会报告是否达成了绩效目标。这标志着结果导向的预算成为美国

---

① 冯国有、栗玉香：绩效问责：美国教育财政政策的取向及启示［J］. 教育理论与实践，2014：(19) 34-37.

政府预算改革的主流模式，采用这一模式的州和地方政府越来越多，许多机构将用于计量成果的消费者满意度指标引入预算过程。[①] 政府部门结果导向的绩效预算改革直接波及和影响到以财政拨款为主的教育领域，绩效问责逐步成为教育财政政策的导向。

从借鉴和创新的视角看，美国是实施绩效预算和绩效问责范围最广，力度最大的国家，联邦政府教育财政政策执行过程中的绩效问责策略提供了有益的启示。

15.5.1 从资源供给者到绩效问责的倡导者角色的转变

在20世纪60年代至80年代中期，联邦政府主要是作为教育财政资金供给者的角色。政策的重心在于提高全国学校中贫困、低成就学生受教育机会和促进教育机会公平。联邦政府以大量的教育专项转移支付的形式资助州与地方政府缩小学区间学校间教育资源的差异和扶持社会弱势群体教育。80年代中期以后，如何更有效促进教育公平，学校改革及学生学业成就测量和评价成为政策重点。因为，联邦教育经费从1960年到1980年增加了6倍，但取得的成绩却不断下降。[②] 1988年的《初等与中等教育法》的重新授权，要求学区重新评估“Title I”项目的有效性，用标准化考试成绩来评估学校。1993年的《2000目标：美国教育法》联邦开始为各州自行开发的教学内容和学业标准提供资金，关注教育的结果和绩效。1994年《美国学校促进法》进一步明确对该法规定的学生评估进行调整，要求“Title I”项目学生的评估标准必须与其他学生的评估标准相同，把平衡基础教育中占7%份额的联邦教育投资变成了引发全国“基于标准”的教育改革。[③] 各州和学区在获得联邦拨款的同时，执行联邦政策的机构和能力也都随之扩大和加强，联邦教育财政政策的重心开始由注重财政投入转向注重绩效。布什总统认为：“问责”是联邦更加有效的教育角色，尽管教育在根本上属于州和地方的责任，但容忍那些糟糕的教育结果也部分属于联邦的过失。[④] 2002年《不让一个孩子掉队法案》中“结果问责”成为法案独有的新特征。法案在美国历史上第一次将资金与学业成绩联系在一起，体现出要用最小的投入获取最大回报的教育理念，强调根据学校完成目标的情况以及接受绩效问责的结果进行财政分

---

① Katherine G. Willoughby. Performance Measurement and Budget Balancing: State Government Perspective. Public Budgeting and Finance, Summer 2004.

② 梅孜：美国总统国情咨文选编［C］. 北京：时事出版社，1994. 359—360、374、706。

③ Sadovnik, A. R. et. (Ed.) No Child Left Behind and the Reduction Of the Achievement Gap: Sociological Perspectives on Federal Educational Policy. New York: Routledge Taylor &Francis Group, 2008. 1.

④ http://www.whitehouse.gov/reports/no-child-left-behind.html, 2007-12-02.

配。[①] 各州开始普遍设立绩效责任制，并拟定一套奖惩制度来要求学区和学校为改善学业成就承担起责任。[②]

15.5.2 教育财政资助赋予地方政府支出自主权

根据美国财政联邦制和教育分权的原则，基础教育是地方政府的事务，学区是基层教育管理机构，具有很强的自主独立性。在联邦宪法设计中，教育是地方政府绝对的职责，也是州政府最重要的职责之一，对于联邦而言，教育只是其许多重要的职责中的一个。[③] 联邦政府教育经费资助对州和学区而言是补偿而不是替代。联邦对教育的财政拨款着眼于国家在教育上各方面的利益，教育财政政策将财政补助的目标定位在哪些州和地方政府不能或者不愿意服务的目标人群。一般转移支付、专项拨款和综合性拨款是联邦政府教育资助的基本形式，在不同时期采取的教育资助方式反映了立法者对教育干预的偏好。20 世纪 60、70 年代，联邦更多的使用专项拨款的方式资助教育，实施了许多联邦专项拨款教育项目。但这种分离实施的“活页式”的教育项目使哪些有资格的学生处于孤立状态。80 年代以后，专项拨款相对减少，综合性拨款项目逐渐增加，在联邦总体规划的范围内，赋予地方一些资金使用优先次序的自由裁量权。比如 1981 年的《教育巩固与促进法案》第二章规定，采用综合性拨款方式巩固了以前 43 项专项拨款，在决定使用联邦资金时给予学区相机处理的决策权。1993 年的《2000 目标：美国教育法》规定，州、学区、学校可以灵活使用联邦提供的资金，目的在于帮助参与项目的州、学区和学校准备教育改善计划。2001 年的《州和地方资金转移法案》增加了对联邦资金使用灵活性的条款，允许州和地方无须批准便可以转移不超过 50% 的联邦资金在提高教师质量、改善教育技术、创新性项目及建立安全无毒学校等项目上选择使用。2002 年《州和地方灵活性示范法案》资助项目达到 150 个，参与的学区 5 年内可以自主使用联邦资金提高学生成绩，并以成绩协议作为交换。

15.5.3 财政诱导是绩效问责的基本策略

联邦和州要实现教育政策目标，财政诱导是基本的策略，有点类似“谁点菜、谁买单”。因为美国地方自治的传统，地方政府再接受联邦和州教育财政资

---

① 郑宏宇、司林波：美国教育问责模式述评［J］. 上海教育科研，2010（11）.

② 白华：差异化绩效责任制：美国中小学均衡发展的新举措［J］. 比较教育研究，2010（5）.

③ ［美］小弗恩. 布里姆莱，鲁龙. R. 贾弗尔德. 教育财政学——因应变革时代（第 9 版）［M］. 北京：中国人民大学出版社，2007，187.

助时，时刻警惕他们对地方教育控制权的“侵蚀”。联邦和州、尤其是联邦政府的教育财政资助项目大多是采取州和学区自愿参加的形式，并不是强制推行。

从绩效问责教育财政政策实施过程来看，高额的教育项目拨款是州和学区参与联邦绩效问责的重要诱因由于教育控制权在州和地方政府，是否参加全国绩效问责计划并不完全取决于联邦政府，而获得联邦高额的教育拨款又对州和学区具有极大的诱惑力。2002 年《不让一个孩子掉队法案》是所有的州均参与；2008 年的《差异化绩效责任试点计划》有 17 个州提交参与计划的申请；2009 年，联邦提供 43.5 亿美元的“竞争卓越”基金供各州申请；“更智能平衡评价联盟”计划有 31 个州参与；2010 年，45 个州、美属维尔京群岛、马里亚纳群岛以及哥伦比亚特区正式承诺采纳《共同核心州立标准》。《共同核心州立标准》之所以能够获得绝大多数州的支持，联邦财政诱导是功不可没的。2007 年美国金融危机导致经济危机，州与地方政府财政能力不同程度下降。2009 年，奥巴马政府签署了《美国复兴与再投资法案》投资 8380 亿美元刺激经济，其中 1150 亿美元直接补助教育系统。奥巴马政府延续了绩效问责的政策，提出“公平责任制”，不仅要为高中学生设置高标准，奖励那些成功提高学生学业水平的学校，还要支持那些在弥合教育鸿沟方面取得成绩的各州，奖励那些取得较大进步的贫困学区和学校，并对其他学校也施予适当的支持。[①] 联邦希望各州和地区采纳统一的课程标准及高质量的评估体系；各州也希望有恰当的途径申请到联邦的教育经费，而《共同核心州立标准》的出台恰好成为两者之间的桥梁。[②]

15.5.4　北京市完善绩效问责导向的教育财政政策选择

借鉴美国经验，北京市政府应当围绕着实现优质义务教育均衡，确立绩效问责的教育财政政策导向，发挥教育政策目标实现过程中的财政诱导效用，进一步推进信息公开，拓展社会专业机构和公众参与绩效问责，让优质义务教育均衡真正成为政府绩效考量的重要内容，让公众对优质义务教育均衡有更强的获得感，真正提高公众对义务教育均衡的满意度，以及对优质义务教育学业成就均衡的认可度。

---

① 王晨：美国基础教育优质均衡发展改革措施述评［J］. 学术界，2011（8）.

② 廖青：美国《共同核心州立标准》政策的形成及其初步实施［J］. 比较教育研究，2012（12）.

参考文献

[1] 丁维莉、陆铭：教育的公平与效率是鱼和熊掌吗［J］. 中国社会科学，2005（6）.

[2] 中央教育科学研究所教育督导评估研究中心：义务教育均衡发展报告. 2010［M］. 教育科学出版社，2010.

[3] 国务院教育督导委员会办公室：国家教育督导报告（2014 年第 1 号）. 2013 年义务教育均衡发展督导评估［N］. 中国教育报，2014 年 2 月 22 日第 003 版.

[4] 翟博，孙百才：中国基础教育均衡发展实证研究报告［J］. 教育研究，2012（5）.

[5] 张旺，郭喜永省域义务教育均衡发展研究——基于吉林省 40 个县（市）义务教育发展的比较分析［J］. 东北师范大学学报，2011（6）.

[6] 李慧勤，刘虹：县域间义务教育均衡发展的影响因素及对策思考—以云南省为例［J］. 教育研究，2012（6）.

[7] 杨令平，司晓宏：西部县域义务教育均衡发展现状调研报告［J］. 教育研究，2012（4）.

[8] 周金玲. 义务教育及其财政制度研究［D］. 浙江大学博士学位论文，2005.

[9] 杜育红. 论农村基础教育财政体制创新［J］. 教育发展研究，2001（11）.

[10] 金戈. 义务教育财政制度变迁中的政府间互动——以中央与浙江为例［J］. 社会科学线，2011（11）.

[11] 王善迈等著. 公共财政框架下公共教育财政制度研究［N］. 教育科学出版社，2012.

[12] 赵力涛. 中国义务教育经费体制改革：变化与效果［J］. 中国社会科学，2009（4）.

[13] 周宏. 关于当前我国农村义务教育管理体制改革的新思考［J］. 教育发展研究，2001（1）.

[14] 潘天舒. 我国县级义务教育投资的地区差异及其影响因素分析［J］.

教育与经济，2000（4）.

［15］袁桂林．农村义务教育“以县为主”管理体制现状及多元化发展模式初探［J］．东北师大学报（哲学社会科学版），2004（1）.

［16］闫建璋，黄育云．税费改革后农村义务教育经费保障途径探析［J］．中国农村教育，2002（8）.

［17］王善迈等．重构我国公共财政体制下的义务教育财政体制［J］．北京大学教育评论，2005（4）.

［18］范先佐．构建“国家办学、分类承担”的农村义务教育财政体［J］．制教育发展研究，2004（4）.

［19］周金玲．农村义务教育经费筹措主体分析［J］．山东社会科学，2003（6）.

［20］王善迈，袁连生．建立规范的义务教育财政转移支付制度［J］．教育研究，2002（6）.

［21］杜育红．中国义务教育转移支付制度研究［J］．北京师范大学学报（人文社会科学版），2000（1）.

［22］马国贤．中国义务教育资金转移支付制度研究［J］．上海财经大学学报，2002（6）.

［23］李祥云．论义务教育财政转移支付类型与不同政策目标组合［J］．教育与经济，2002（4）.

［24］赵海利．教育专项转移支付的公平性分析—以浙江省为例［J］．经济社会体制比较（双月刊），2011（6）.

［25］钟晓敏，赵海利．义务教育因素法转移支付模型——以浙江省为例［J］．浙江社会科学，2009（2）.

［26］胡德仁，任康，刘亮．地区间农村小学教育均等化的财政转移支付模型——基于财政能力和财政需求的视角［J］．地方财政研究，2009（8）.

［27］常万新，黄育云．公平和效益：义务教育财政转移支付的依据［J］．教育与经济，2002（4）.

［28］曾明，张光．农村教育支出的财政转移支付效应研究——以浙江、江西为例［J］．教育与经济，2009（3）.

［29］刘亮，胡德仁．教育专项转移支付挤出效应的实证研究［J］．经济与管理研究，2009（10）.

［30］李阳，杨东平．流动儿童义务教育经费的政府间转移支付模型［J］．北京理工大学学报，2012（2）.

［31］栗玉香．结果均衡：义务教育财政政策新视角［J］．中国教育学刊，2011（3）.

［32］黄斌，钟宇平．教育财政充足性的探讨及其在中国的适用性［J］．北京大学教育评论，2008（1）．

［33］李文利，曾满超．美国基础教育“新”财政［J］．教育研究，2002（5）．

［34］王善迈．构建促进教育公平的教育财政制度［N］中国教育报，2007年2月10日第003版．

［35］林涛，成刚．我国义务教育财政公平的经验研究——基于浙江省普通小学数据的分析［J］．北京师范大学学报（社会科学版），2008（3）．

［36］栗玉香．区域内义务教育财政均衡配置状况及政策选择——基于北京市数据的实证分析［J］．华中师范大学学报（人文社会科学版），2010（1）．

［37］王蓉．我国义务教育经费的地区性差异研究．http：//www. moe. edu. cn/edoas/website18/info5963. htm，2002.

［38］曾满超，丁延庆．中国义务教育资源利用及配置不均衡研究［J］．教育与经济，2005（2）．

［39］曾满超，丁延庆．中国义务教育财政面临的挑战与教育转移支付［J］．北京大学教育评论，2003（1）．

［40］黄国平．义务教育财政支出均等化水平的实证考察——基于双变量泰尔指数的综合分析［J］．统计与信息论坛，2012（11）．

［41］卜紫洲，侯一麟，王有强．中国县级教育财政充足度考察——基于Evidence-based方法的实证研究［J］．北清华大学教育研究，2011（5）．

［42］杜育红，梁文艳，杜屏．我国农村中小学公用经费充足性研究［J］．北京师范大学学报（社会科学版），2008（6）．

［43］龙文佳，薛海平，王颖．“新机制”政策对城乡义务教育财政资源均衡配置影响的实证研究［J］．首都师范大学学报（社会科学版），2011（5）．

［44］邢祖礼，邓朝春．财政分权与农村义务教育研究——基于财政自给度视角［J］．中国经济问题，2012（4）．

［45］陈昕，史建民，闻德美．我国财政分权与义务教育均衡关系的实证分析［J］．统计与决策，2013（3）．

［46］乔宝云，范剑勇，冯兴元．中国的财政分权与小学义务教育［J］．中国社会科学，2005（6）．

［47］李祥云，陈建伟．财政分权视角下中国县级义务教育财政支出不足的原因分析［J］．教育与经济，2010（2）．

［48］卢洪友，李凌．财政分权视角下中国农村义务教育落后的原因分析［J］．财贸经济，2006（12）．

［49］田志磊，袁连生，张雪．地区间城乡义务教育公平差异研究［J］．教

育与经济，2011（2）.

［50］林江，孙辉，黄亮雄．财政分权、晋升激励和地方政府义务教育供给［J］．财贸经济，2011（1）.

［51］翁文艳．教育公平的多元分析，教育发展研究，2001（3）.

［52］石中英．教育公平的主要内涵与社会意义［J］．中国教育学刊，2008（3）.

［53］吴文俊．从罗尔斯的正义原则看教育公平问题［A］．2003年高等教育国际论坛论文集，2003，10.

［54］［美］约翰·罗尔斯．正义论［M］．何怀宏等译．中国社会科学出版社，2001.

［55］朱永坤、曲铁华．“公平”的分类对我国义务教育公平问题解决的路径指引［J］．教育科学研究，2008（6）.

［56］杨小微．从义务教育免费走向教育过程公平［A］．“公平、均衡、效率—多元社会背景下的教育政策”国家研讨会论文集，2008，10.

［57］翟博．基础教育均衡发展理论与实践——中国基础教育均衡发展研究报告［M］．教育科学出版社，2013.

［58］戴亦明．论教育法制与区域义务教育的均衡发展［J］．教育评论，2003，（6）.

［59］周序，杜菲菲，杨振梅．从“均等”到“适合”——义务教育均衡发展研究的现状与趋势［J］．教育学术月刊，2014（1）.

［60］鲜万标．对北京市义务教育均衡问题的分析与思考发展［J］．北京市教育学院学报，2004（6）.

［61］鲍传友．义务教育均衡发展：内涵和原则［J］．国家教育行政学院学报，2007（1）.

［62］联合国教科文组织国际教育发展委员会．学会生存—教育世界的今天和明天．华东师范大学比较教育研究所，北京：教育科学出版社，1996.

［63］［美］小弗恩．布里姆莱，鲁龙．R．贾弗尔德．教育财政学——因应变革时代（第9版）［M］．北京：中国人民大学出版社，2007.

［64］王雍君．从投入预算到产出预算［J］．河北经贸大学学报，2005（3）.

［65］［美］亨利·尼古拉斯．公共行政与公共事务第8版［M］．张昕译，北京：中国人民大学出版社，2002.

［66］阿马蒂亚·森．以自由看待发展［M］．北京：中国人民大学出版社，2002.

［67］查尔斯·赫梅尔．今日的教育为了明日的世界［M］．北京：中国对外翻译出版公司，1983.

［68］杨东平．教育公平是一个独立发展的目标—辨析教育的公平与效率，教育研究，2004（7）．

［69］李涛．公共预算精细化：国际经验与启示［J］．地方财政研究，2009（11）．

［70］［美］理查德·金等著．曹淑江等译．教育财政——效率、公平与绩效［M］．北京：中国人民大学出版社，2009．

［71］栗玉香．教育财政学［M］．经济科学出版社，2009．

［72］黄斌，钟宇平．教育财政充足性的探讨及其在中国的适用性［J］．北京大学教育评论，2008（1）．

［73］李文利，曾满超．美国基础教育“新”财政［J］．教育研究，2002（5）．

［74］王善迈．构建促进教育公平的教育财政制度［N］中国教育报，2007年2月10日第003版．

［75］张钰等．中国义务教育公平推进实证分析［M］．北京：教育科学出版社，2011．

［76］傅禄建等．义务教育均衡发展程度测评［M］．上海：华东师范大学出版社，2013．

［77］中央教育科学研究所教育督导评估研究中心．义务教育均衡发展报告2010［M］．北京：教育科学出版社，2010．

［78］栗玉香．教育指数化监测与财政投入机制改革——以北京市义务教育为例［M］．北京：经济科学出版社，2010．

［79］栗玉香．义务教育财政均衡：政策与效果——基于北京市的实证分析［M］．北京：经济科学出版社，2009．

［80］白洁．北京市义务教育教师均衡配置制度现状及优化研究［D］．首都师范大学，2014．

［81］李政．北京市义务教育均衡发展的政策研究［J］．教育科学研究，2007（6）．

［82］郑童，吕斌，张纯．北京流动儿童义务教育设施的空间不均衡研究——以丰台区为例［J］．城市发展研究，2011（10）．

［83］赖俊明．北京市义务教育区域均衡发展的财政制度改革研究［J］．现代教育论丛，2011（3）．

［84］王旭东．构建促进北京市义务教育均衡发展的教育财政体制［J］．教育科学研究，2009（6）．

［85］唐忠，崔国胜．北京义务教育非均衡发展的实证分析［J］．北京社会科学，2006（2）．

[86] 李爽，刘黎明．城乡义务教育经费差异分析——以北京市为例［J］．税务与经济，2015（4）．

[87] 张熙，拱雪，左慧．义务教育均衡发展的“北京模式”研究［J］．课程教学研究，2012（12）．

[88] 李海波．义务教育优质均衡发展的新方向——北京市推进义务教育优质均衡发展解析［J］．现代教育学刊，2016（3）．

[89] 杜玲玲．义务教育财政效率：内涵、度量与影响因素［J］．教育学术月刊，2015（3）．

[90] 宋亚香．财政分权对城乡义务教育均衡度的影响实证分析［J］．公共经济与政策研究，2016（上）．

[91] 李军超．财政分权视阈下城乡义务教育均衡发展的动力缺失问题研究［J］．浙江社会科学，2015（5）．

[92] 范永茂．财政分权下的义务教育均衡发展再探讨［J］．政治学研究，2012（6）．

[93] 赵明凤．地方财政义务教育支出绩效与政策研究——以广东省江门市为例［J］．贵州师范学院学报，2014（7）．

[94] 刘安长．关键绩效指标设计在财政支出绩效评价中的应用——以某市义务教育支出为例［J］．地方财政研究，2013（6）．

[95] 陈丰．基于财政视角的城乡义务教育均衡发展研究［D］．中国海洋大学博士学位论文，2014．

[96] 李桂荣，李季洋．均衡发展视域下县域义务教育财政投入研究—基于河南省县级教育财政面板数据的分析［J］．华北水利水电大学学报，2016（3）．

[97] 余秋莹，寇璇，王莹．义务教育财政支出绩效及其影响因素实证分析［J］．公共经济与政策研究，2016（上）．

[98] 宋乃庆，马恋．义务教育财政支出均等化的实证研究：重庆的例证［J］．教育与经济，2016（1）．

[99] 姚艳燕，邢路，姚远．义务教育财政资金配置效率的统计测度——以广东省的实践为例［J］．财政研究，2016（5）．

[100] 谢霞飞．义务教育均衡发展支出的绩效评价研究——基于 AHP 和模糊综合评判法［J］．中南财经大学研究生学报，2016（5）．

[101] 冯学军．中国义务教育财政投入不均衡问题研究［D］．辽宁大学博士学位论文，2013．

[102] 陈笑妍．中国义务教育财政效率评价［J］．企业研究，2013（1）．

[103] 樊燕，邢天添．中国义务教育财政支出绩效评估［J］．湖北大学学报，2013（2）．

[104] 曾芳芳．重庆市教育支出对义务教育供给效率的影响探究——以2009~2013年县级数据为例 [J]. 探索，2015 (3).

[105] Guthrie，J. W. & Rothstein，R. (2001). A New Millennium and a Likely New Era of Education Finance. Ins. Chaikind (Eds.) Education Finance in the New Millennium. .

[106] Gustman，A，L. &Clement，M，O. (1977). Teachers' salary differentials and equality of educational opportunity. Industrial and labor relations review. 31，(1).

[107] Minorini. Educational Adequacy and the Courts：The Promise and Problems of Moving to a New Paradigm [A]. Ladd H. F.，R. Chalk& J. Hansen (Eds.). Equity and Adequacy in Education Finance：Issues and Perspectives [C]. Washington：National Academy Press，1999.

[108] Gthrie W，Rothstein R. Enabling adequacy to achieve reality：Translating adequacy into State school finance distribution arrangements [A]. Ladd H. F.，Chalk R. & Hansen J. S.. Equity and Adequacy in Education Finance [C]. Washington：National Academy Press，1999.

[109] Allan Odden. Moving From Good to Great in Wisconsin：Funding Schools Adequately And Doubling Student Performance [R]. Wisconsin School Finance Adequacy Initiative Final Report，2007.

[110] Verstegen，D. A. State Government Finances For Public Education：The Case of Virhinia [R]. Paper presented at the Annual Meeting of the American Educational Research Association，2000.

[111] Addonizio，M. F.. From Fiscal Equity to Educational Adequacy：Lessons from Michigan [J]. Journal of Education Finance，Spring 2003.

[112] Allan Odden，William H. C. School Finance System：Aging structures in Need of Renovation [J]. Educational Evaluation and Policy Analysis，1998，20 (3).

附录 1：

北京市义务教育政策法规
会议内容分析单元列表

编号	政策法规及会议名称	发行主体和时间	分析单元	编号
1	中共北京市委北京市人民政府关于实施首都教育发展战略率先基本实现教育现代化的决定	京发〔2004〕13 号	建立义务教育阶段教师合理流动制度	1-1
			实施中小学校办学条件标准化建设工程	1-2
2	《中共北京市委、北京市人民政府关于进一步推进义务教育均衡发展的意见》	京发〔2007〕17 号	尽快缩小义务教育阶段区域内学校办学差距	2-1
			要将义务教育经费全面纳入财政预算	2-2
			落实教育经费“三个增长”和新增教育经费主要用于农村学校和城镇相对薄弱学校改造的要求	2-3
			优化结构，提升素质，大力加强义务教育阶段干部教师队伍建设	2-4
			转变观念，内涵发展，努力提高每一所学校教育质量	2-5
			积极稳妥地做好外来流动人口子女在京接受义务教育工作	2-6
			高度重视并切实做好残疾儿童、少年义务教育工作	2-7
			加强督导检查工作，建立和完善对区义务教育均衡发展的检测、督查制度	2-8
3	北京市教育委员会、北京市人民政府教育督导室关于印发北京市义务教育均衡发展状况督导评价方案（试行）的通知	京教督〔2008〕5 号	北京市义务教育均衡发展状况督导评价指标体系：经费保障	3-1
			北京市义务教育均衡发展状况督导评价指标体系：办学条件	3-2
			北京市义务教育均衡发展状况督导评价指标体系：干部师资配备	3-3
			北京市义务教育均衡发展状况督导评价指标体系：普及水平	3-4
			北京市义务教育均衡发展状况督导评价指标体系：政策措施	3-5

续表

编号	政策法规及会议名称	发行主体和时间	分析单元	编号
4	北京市实施《中华人民共和国义务教育法》办法	北京市人民政府 2008 年 11 月 25 日	第五条　市和区、县人民政府应当合理配置教育资源，重点加强农村学校、城镇地区薄弱学校建设，缩小学校之间的办学条件差距，促进义务教育均衡发展，全面提高义务教育的教育质量和办学水平	4 - 1
			第三十六条　区、县教育行政部门应当均衡师资配置学校的力量，在教师培训、岗位设置、骨干教师配备、学科带头人培养等方面向农村学校和城镇地区薄弱学校倾斜，并组织学校校长、教师流动	4 - 2
			第五十二条　教育督导机构对义务教育实施工作的义务教育均衡发展的情况进行督导	4 - 3
5	北京市中长期教育改革和发展规划纲要（2010～2020 年）	2010 年 7 月 13 日至 14 日	进一步增强保障来京务工人员随迁子女接受教育的能力	5 - 1
			统筹教育与经济社会协调发展，统筹城乡与区域教育均衡发展，统筹中央和地方、学校和社会以及中外教育资源优势，统筹各级各类教育科学发展	5 - 2
			各级政府要依法落实推进义务教育均衡发展的职责	5 - 3
			建立和落实义务教育学校教师和校长流动机制	5 - 4
			全面落实本市中小学办学条件标准，实施现代化中小学建设项目	5 - 5
			建立城乡一体化义务教育发展机制	5 - 6
			以公办学校接收为主，完善来京务工人员随迁子女接受义务教育的保障体制	5 - 7
			建立区间义务教育均衡发展协调机制，在义务教育发展规划、学校空间布局结构调整、学校招生、教育教学等方面加强政策协调和资源统筹	5 - 8

续表

编号	政策法规及会议名称	发行主体和时间	分析单元	编号
6	北京市义务教育均衡发展备忘录	北京市与教育局签订2011年3月9日	第一条：在全市16个区（县）中，于2012年底10个区（县）实现县域义务教育基本均衡发展，2015年全市16个区（县）全部实现县域义务教育基本均衡发展，并通过市级人民政府认定	6－1
			第二条：采取有效保障措施，确保完成北京市义务教育均衡发展规划和义务教育学校标准化建设规划确定的目标任务	6－2
			第三条：各级财政优先保障义务教育均衡发展的经费需求，特别保障残疾儿童义务教育经费投入	6－3
			切实改善特殊教育学校办学条件	6－4
			第四条：将义务教育均衡发展情况列入区（县）人民政府和主要负责人的考核指标	6－5
			第六条：认真做好“探索城乡教育一体化发展的有效途径”“推进城区义务教育学校均衡发展”等国家教育体制改革试点项目相关工作	6－6
7	北京市义务教育均衡发展工作推进会	2011年10月26日	要通过推进义务教育均衡发展有效缓解“择校”、课业负担过重、随迁子女入学等问题	7－1
			要加大标准化学校建设推进力度，这是我们推进义务教育均衡发展的体现	7－2
			要加大改革力度，集中破解小升初择校问题和进城务工子女教育难题	7－3
8	北京市教育委员会北京市人民政府教育督导室关于印发北京市区人民政府落实义务教育均衡发展责任情况督导评估办法（暂行）的通知	京教督〔2012〕2号文件	各区人民政府要认真履行推进义务教育均衡发展的法律职责	8－1
			高度重视义务教育发展基本均衡区督导认定工作	8－2
			全面推进区域内义务教育优质均衡发展	8－3
			加强对创建义务教育发展基本均衡区工作的领导，建立相应的组织机构，做到责任明确，目标具体，措施有效，及时检查，确保各项工作落实到位	8－4
			坚持实事求是原则，把创建义务教育发展基本均衡区列入区重要工作日程，按要求完成区推进义务教育均衡发展的自评工作，撰写自评报告，填写自评量表，并按规定时限报送市政府教育督导室	8－5

续表

编号	政策法规及会议名称	发行主体和时间	分析单元	编号
9	北京市中小学建设三年行动计划（2012～2014年）	“首都之窗”北京市政务门户网站2012年9月	市政府将加强对全市中小学建设的统筹规划，加大对教育薄弱区的投入支持和政策倾斜力度，大力促进义务教育优质均衡发展	9－1
			创新体制机制，积极稳妥推进九年一贯制学校建设，促进义务教育阶段学校均衡发展	9－2
10	北京市教育委员会 北京市人民政府教育督导室关于印发《北京市区人民政府落实义务教育均衡发展责任情况督导评估办法（试行）》的通知	京教督〔2013〕7号文件	北京市区政府推进义务教育均衡发展工作督导评估指标体系：入学机会	10－1
			北京市区政府推进义务教育均衡发展工作督导评估指标体系：保障机制	10－2
			北京市区政府推进义务教育均衡发展工作督导评估指标体系：教师队伍	10－3
			北京市区政府推进义务教育均衡发展工作督导评估指标体系：质量与管理	10－4
			北京市中小学办学条件达标评估指标体系	10－5
			北京市义务教育阶段校际间均衡发展状况督导评估指标体系：办学条件	10－6
			北京市义务教育阶段校际间均衡发展状况督导评估指标体系：师资力量	10－7
			北京市区义务教育均衡发展公众满意度调查方案	10－8
11	北京市义务教育均衡发展国家级评估暨中小学校挂牌督导工作推进会	2013年12月27日	深入推进城乡教育一体化	11－1
			构建扩大优质教育资源覆盖面的有效机制	11－2
			缩小区域、城乡、校际差距	11－3
			完善校长、教师交流制度，带动教师和校长群体的提升	11－4
			深化课程教材改革和教育教学改革，提高教育教学质量，不断提高义务教育均衡发展水平与教育公平的保障程度，办好人民满意的教育	11－5

续表

编号	政策法规及会议名称	发行主体和时间	分析单元	编号
12	关于推进义务教育优质均衡发展的意见	中共北京市委办公厅2015年4月23日	通过调整优质教育资源布局，切实缩小校际差距，加快缩小城乡差距，努力缩小区域差距，着力推进义务教育优质均衡发展	12－1
			重点在远郊区建设高水平有特色的民办中小学。将民办中小学发展纳入义务教育优质均衡发展整体规划，建立健全相关政策措施，促进优质均衡发展	12－2
			建立健全“市级统筹、区为主、部门联动、各司其职”的义务教育优质均衡发展责任机制	12－3
			充分发挥市和区财政投入的引导和保障作用，优先保障义务教育优质均衡发展项目建设，不断优化投入结构，向教育重大改革项目、最急需领域和最薄弱环节倾斜	12－4
13	北京市义务教育发展基本均衡县区督导检查反馈意见暨全国义务教育均衡发展中期现场推进会	2015年4月30日	合理配置城乡教师资源，加强乡村教师队伍建设	13－1
			提高特殊群体教育保障水平	13－2
			统筹解决少数学校设施不足问题	13－3

附录2：

北京市各区义务教育均衡满意度调查问卷

注：问卷发放、填写、回收通过问卷星实现，问卷网页版链接为：
http：//www. sojump. com/jq/8519855. aspx

尊敬的问卷参与者：您好！

十年树木，百年树人。教育既是影响每个人一生的事业，也是一个地区发展的动力来源。北京市每年向义务教育投入300多亿元，生均教育经费是全国平均水平的4倍，如此高投入是否一定意味着高产出？政府投入教育的目的是为了办人民满意的教育。本次问卷调查的目的正是为了深入公众内部，了解我们百姓对北京义务教育公平或均衡的满意程度，进而分析提高北京市义务教育均衡绩效中存在的问题。

问卷调查为匿名调查，不会泄露您的任何信息，调查结果只用于学术研究，绝无其他用途，请放心填写问卷。非常感谢您的帮助和配合！

一、基本信息

1. 您是否在北京接受过或正在接受义务教育（小学和初中）

A. 是　　B. 否（跳至第3题）

2. 您接受义务教育主要所在的区为

A. 东城区　　B. 西城区　　C. 朝阳区　　D. 丰台区
E. 石景山区　　F. 海淀区　　G. 门头沟区　　H. 房山区
I. 大兴区　　J. 顺义区　　K. 昌平区　　L. 通州区
M. 怀柔区　　N. 平谷区　　O. 密云区　　P. 延庆区

3. 您是否有子女或其他亲人在北京接受过或正在接受义务教育（小学和初中）

A. 是（跳至第5题）　　B. 否

4. 您是否有子女或其他亲人有意愿（但还未）在北京接受义务教育（小学和初中）

A. 是　　B. 否（结束答题）

5. 您的子女或其他亲人接受义务教育所在区主要为

A. 东城区　　B. 西城区　　C. 朝阳区　　D. 丰台区

E. 石景山区　F. 海淀区　G. 门头沟区　H. 房山区
I. 大兴区　J. 顺义区　K. 昌平区　L. 通州区
M. 怀柔区　N. 平谷区　O. 密云区　P. 延庆区

6. 您的户籍所在地为

A. 北京　B. 其他地区

二、北京市各区义务教育均衡满意度情况

7. 如果让您对您或您子女、亲人所在区的义务教育均衡的总体情况打分（从 10→100 分，表示从极不满意到极为满意），您的评分为

10 分	20 分	30 分	40 分	50 分	60 分	70 分	80 分	90 分	100 分

8. 如果让您对您或您子女、亲人所在区的义务教育均衡的入学政策满意情况打分（从 10→100 分，表示从极不满意到极为满意），您的评分为

10 分	20 分	30 分	40 分	50 分	60 分	70 分	80 分	90 分	100 分

9. 如果让您对您或您子女、亲人所在区的义务教育教师质量均衡的满意情况打分（从 10→100 分，表示从极不满意到极为满意），您的评分为

10 分	20 分	30 分	40 分	50 分	60 分	70 分	80 分	90 分	100 分

10. 如果让您对您或您子女、亲人所在区的义务教育办学条件（教学设备、学校设施、图书拥有量等）均衡的满意情况打分（从 10→100 分，表示从极不满意到极为满意），您的评分为

10 分	20 分	30 分	40 分	50 分	60 分	70 分	80 分	90 分	100 分

11. 如果让您对您或您子女、亲人所在区的义务教育结果（中考情况或进入优质高中的学生比例情况）均衡的满意情况打分（从 10→100 分，表示从极不满意到极为满意），您的评分为

10 分	20 分	30 分	40 分	50 分	60 分	70 分	80 分	90 分	100 分

三、对义务教育均衡发展的意见和建议

12. 您对您或您子女、亲人所在区义务教育机会均衡的期望和政策建议有哪些？（多选）

A. 完全划片就近入学
B. 完全自由选择入学
C. 按比例随机排位就近入学
D. 按比例随机排位选择入学
E. 保障外来务工子女顺利入学
F. 其他（请注明）__________

13. 您对您或您子女、亲人所在区义务教育过程均衡的期望和政策建议有哪些？（多选）

A. 提高农村地区教师质量
B. 提高农村地区办学条件
C. 提高薄弱地区义务教育经费拨付
D. 推进学校管理“集团化”，强校带动弱校发展
E. 提高学校教学主动权
F. 促进民办学校发展，办特色学校，实现教育多元化
G. 其他（请注明）__________

14. 您对您或您子女、亲人所在区义务教育结果均衡的期望和政策建议有哪些？（多选）

A. 升学政策向薄弱地区倾斜
B. 保障外来务工子女入学在京顺利升学
C. 将教育发展纳入政府官员政绩考核
D. 提高义务教育均衡网络信息公开程度
E. 其他（请注明）__________

问卷内容已填写完毕，再次感谢您的配合！

附录3：

北京市义务教育均衡绩效指标有效性调查问卷

注：问卷发放、填写、回收通过问卷星实现，问卷网页版链接为：
http：//www. sojump. com/jq/8407399. aspx
以下内容为问卷网页版导出内容。

尊敬的问卷参与者：您好！

促进义务教育均衡发展是北京教育工作的重中之重，我们希望通过建立义务教育均衡评估指标体系更好地评价北京义务教育均衡现状。研究设计的框架分为三个层次，第一个层次分为四个维度，分别为教育经费，公众感受，学校内部运作和教育发展能力；第二个层次是四个维度的不同考察方向；第三个层次是各考察方向的具体衡量指标，如表1所示。现在我们需要对这25个具体衡量指标进行信效度检验，以保证指标的有效性，希望您以打分的方式评价各指标对于衡量北京义务教育均衡效果的重要程度，以便我们更加科学合理地修改和完善该指标。十分感谢您在百忙之中参与问卷调查！

赋分说明：请您根据专业知识以及自身的经验和感受，衡量以下各指标对于衡量义务教育均衡的重要程度，分数越高代表指标越能反映均衡情况。

表1　　北京义务教育均衡绩效评价指标选择

一级指标	二级指标	三级指标
A1 教育经费	B1－支出方向	C1－生均人员经费
		C2－生均公用经费
		C3－城区生均教育经费
		C4－农村生均教育经费
	B2－支出水平	C5－生均教育经费指数（生均教育经费÷人均GDP）
		C6－义务教育财政支出占三级教育支出的比例
	B3－支出管理	C7－义务教育预算完成率（决算数÷预算数）
A2 公众感受	B4－满意度	C8－公众满意度调查得分
		C9－公众对教育均衡信息公开状况满意度得分
		C10－流动人口（农民工及其子女）的满意度得分
		C11－北京市户籍人口的满意度得分

续表

一级指标	二级指标	三级指标	
A3 学校内部运作	B5－办学条件	C12－生均教学及辅助用房面积	
		C13－生均体育运动场馆面积	拥有数量
			使用率
		C14－生均教学仪器设备	拥有数量
			使用率
		C15－每百名学生教学用计算机台数	拥有数量
			使用率
		C16－生均图书册数	拥有数量
			使用率
	B6－教师资源	C17－生师比	
		C18－生均高于规定学历教师数	
		C19－生均中级及以上专任教师数	
A4 教育均衡发展	B7－机会均衡	C20－入学率	
	B8－过程均衡	C21－班级规模缩小率	
		C22－完成率	
	B9－结果均衡	C23－升学率	
		C24－学生参加全市学业成绩测评达标率	
		C25－学生体育成绩达标率	

1. 您是否是教育相关岗位工作者？[单选题][必答题]

○ 是（请跳至第 2 题）

○ 否（请跳至第 3 题）

2. 您从事哪类教育工作？[单选题][必答题]

○ 中小学教师（请跳至第 5 题）

○ 高校教育相关专业教师（请跳至第 5 题）

○ 高校其他专业教师（请跳至第 5 题）

○ 教育有关部门工作者（请跳至第 5 题）

○ 其他（请具体填写）（请跳至第 5 题）__________ *

3. 您是否是或曾是教育相关专业的学习者？[单选题][必答题]

○ 是（请跳至第 4 题）

○ 否（请跳至问卷末尾，提交答卷）

4. 您所学习的教育相关专业是？[填空题][必答题]

尊敬的老师或教育相关工作者、学习者，感谢您参与本次问卷调查。本次问卷调查的目的是为了对所建立的评价北京市义务教育均衡绩效指标进行信效度分

析，您所要做的是对各项指标对于评价义务教育均衡效果的重要性进行打分，分值越高，则说明指标越有效。请您根据您的专业知识和自身感受进行评分，您的评分对于调查结果非常重要，请您务必认真填！

5. 第一个维度：教育经费［矩阵量表题］［必答题］

	1	2	3	4	5	6	7	8	9	10
生均人员经费	○	○	○	○	○	○	○	○	○	○
生均公用经费	○	○	○	○	○	○	○	○	○	○
城区生均教育经费	○	○	○	○	○	○	○	○	○	○
农村生均教育经费	○	○	○	○	○	○	○	○	○	○
生均教育经费指数（生均教育经费÷人均GDP）	○	○	○	○	○	○	○	○	○	○
义务教育财政支出占三级教育支出的比例	○	○	○	○	○	○	○	○	○	○
义务教育预算完成率（决算数÷预算数）	○	○	○	○	○	○	○	○	○	○

提示：“1”表示极不重要，“10”表示极为重要，分值越高，表明指标对于评价北京各区义务教育均衡绩效越有效

6. 第二个维度：公众感受［矩阵量表题］［必答题］

	1	2	3	4	5	6	7	8	9	10
公众满意度调查得分	○	○	○	○	○	○	○	○	○	○
公众对教育均衡信息公开状况满意度得分	○	○	○	○	○	○	○	○	○	○
流动人口（农民工及其子女）的满意度得分	○	○	○	○	○	○	○	○	○	○
北京市户籍人口的满意度得分	○	○	○	○	○	○	○	○	○	○

提示：“1”表示极不重要，“10”表示极为重要，分值越高，表明指标对于评价北京各区义务教育均衡绩效越有效

7. 第三个维度：学校内部运作［矩阵量表题］［必答题］

	1	2	3	4	5	6	7	8	9	10
生均教学及辅助用房面积	○	○	○	○	○	○	○	○	○	○
生均体育运动场馆面积（拥有量）	○	○	○	○	○	○	○	○	○	○
生均体育运动场馆面积（使用率）	○	○	○	○	○	○	○	○	○	○
生均教学仪器设备（拥有量）	○	○	○	○	○	○	○	○	○	○
生均教学仪器设备（使用率）	○	○	○	○	○	○	○	○	○	○
每百名学生教学用计算机台数（拥有量）	○	○	○	○	○	○	○	○	○	○
每百名学生教学用计算机台数（使用率）	○	○	○	○	○	○	○	○	○	○
生均图书册数（拥有量）	○	○	○	○	○	○	○	○	○	○
生均图书册数（使用率）	○	○	○	○	○	○	○	○	○	○
生师比	○	○	○	○	○	○	○	○	○	○
生均高于规定学历教师数	○	○	○	○	○	○	○	○	○	○
生均中级及以上专任教师数	○	○	○	○	○	○	○	○	○	○

提示："1"表示极不重要，"10"表示极为重要，分值越高，表明指标对于评价北京市各区义务教育均衡财绩效越有效

8. 第四个维度：教育均衡发展［矩阵量表题］［必答题］

	1	2	3	4	5	6	7	8	9	10
入学率	○	○	○	○	○	○	○	○	○	○
班级规模缩小率	○	○	○	○	○	○	○	○	○	○
完成率	○	○	○	○	○	○	○	○	○	○
升学率	○	○	○	○	○	○	○	○	○	○
学生参加全市学业成绩测评达标率	○	○	○	○	○	○	○	○	○	○
学生体育成绩达标率	○	○	○	○	○	○	○	○	○	○

提示："1"表示极不重要，"10"表示极为重要，分值越高，表明指标对于评价北京各区义务教育均衡绩效越有效

本次调查到此结束，再次感谢您参与本次调查，您辛苦了！

附录4：

北京市义务教育均衡绩效
指标权重确定调查问卷

注：问卷发放、填写、回收通过问卷星实现，问卷网页版链接为：http：//www. sojump. com/jq/8439776. aspx

以下内容为问卷网页版导出内容。

尊敬的问卷参与者：您好！

促进义务教育均衡发展是北京教育工作的重中之重，我们希望通过建立义务教育均衡绩效指标体系更好地评价北京义务教育均衡现状。研究设计的指标体系分为三个层次，第一个层次分为四个维度，分别为教育经费，公众感受，学校内部运作和教育发展能力；第二个层次是四个维度的不同考察方向；第三个层次是各考察方向的具体衡量指标。目前，所设计的指标体系已经通过信效度检验，需进一步确定指标权重，希望您能够在您专业知识的基础上，对各项指标进行重要性比较。问卷调查仅用于学术研究，不会涉及您任何私人信息，请您放心填写，十分感谢您在百忙之中参与问卷调查！

填写说明：您只需按照所给矩阵对以下各项指标进行两两比较，选择您认为合理的重要性差距。i 为所列行指标，j 为所列列指标。如果您觉得行指标比列指标明显重要，请选择“i 比 j 明显重要”，以此类推进行重要性程度比较。相同指标之间的重要性比较结果应为“i 与 j 同等重要”。应注意的是，所填写的矩阵的上半部分和下半部分应互为倒数对称。如下图：

	教育经费j	公众感受j	学校内部运作j	教育均衡发展j
教育经费i	i与j同等重要(1) ▼	i比j极端重要(9) ▼	i比j强烈重要(1) ▼	i比j明显重要(5) ▼
公众感受i	j比i极端重要(1/9) ▼	i与j同等重要(1) ▼	j比i明显重要(1/5) ▼	i比j略重要(3) ▼
学校内部运作i	j比i强烈重要(1/7) ▼	i比j明显重要(5) ▼	i与j同等重要(1) ▼	i比j略重要(3) ▼
教育均衡发展i	j比i明显重要(1/5) ▼	j比i略重要(1/3) ▼	j比i略重要(1/3) ▼	i与j同等重要(1) ▼

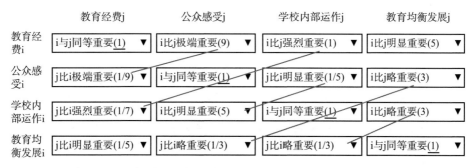

注：1－10题通过网页发放问卷时，表格空白处皆为选择题，选项内容包括：i 比 j 极端重要（9）、i 比 j 强烈重要（7）、i 比 j 明显重要（5）、i 比 j 略重要（3）、i 与 j 同等重要（1）、j 比 i 略重要（1/3）、j 比 i 明显重要（1/5）、j 比 i 强烈重要（1/7）、j 比 i 极端重要（1/9）。

一级指标权重确定

1. 一级指标两两比较［表格数值题］［必答题］

	教育经费 j	公众感受 j	学校内部运作 j	教育均衡发展 j
教育经费 i				
公众感受 i				
学校内部运作 i				
教育均衡发展 i				

二级指标权重确定

2. 教育经费维度下二级指标权重确定［表格数值题］［必答题］

	教育经费支出方向 j	教育经费支出水平 j
教育经费支出方向 i		
教育经费支出水平 i		

3. 学校内部运作维度下二级指标权重确定［表格数值题］［必答题］

	办学条件 j	教师资源 j
办学条件 i		
教师资源 i		

4. 教育均衡发展维度下二级指标权重确定［表格数值题］［必答题］

	机会均衡 j	过程均衡 j	结果均衡 j
机会均衡 i			
过程均衡 i			
结果均衡 i			

三级指标权重确定

5. 教育经费支出方向指标下三级指标权重确定［表格数值题］［必答题］

	生均人员经费 j	生均公用经费 j
生均人员经费 i		
生均公用经费 i		

6. 教育经费支出水平指标下三级指标权重确定［表格数值题］［必答题］

	生均教育经费指数 j	义务教育财政支出占三级教育支出的比例 j
生均教育经费指数 i		
义务教育财政支出占三级教育支出的比例 i		

提示：生均教育经费指数 = 生均教育经费 ÷ 人均 GDP

7. 办学条件指标下三级指标权重确定［表格数值题］［必答题］

	生均教学及辅助用房面积 j	生均体育运动场馆面积 j	生均教学仪器设备 j	每百名学生教学用计算机台数 j	生均图书册数 j
生均教学及辅助用房面积 i					
生均体育运动场馆面积 i					
生均教学仪器设备 i					
每百名学生教学用计算机台数 i					
生均图书册数 i					

提示：选项中，9 = i 比 j 极端重要，7 = i 比 j 强烈重要，5 = i 比 j 明显重要，3 = i 比 j 略重要，1 = i 与 j 同等重要 1/3 = j 比 i 略重要，1/5 = j 比 i 明显重要，1/7 = j 比 i 强烈重要，1/3 = j 比 i 极端重要

8. 教师资源指标下三级指标权重确定［表格数值题］［必答题］

	生师比 j	生均高于规定学历教师数 j	生均中级及以上专任教师数 j
生师比 i			
生均高于规定学历教师数 i			
生均中级及以上专任教师数 i			

9. 过程均衡指标下三级指标权重确定［表格数值题］［必答题］

	班级规模缩小率 j	完成率 j
班级规模缩小率 i		
完成率 i		

10. 结果均衡指标下三级指标权重确定［表格数值题］［必答题］

	升学率 j	学生参加全市学业成绩测评达标率 j
升学率 i		
学生参加全市学业成绩测评达标率 i		

问卷调查到此结束，再次感谢您参与本次问卷调查！

附录 5：

北京市义务教育均衡绩效指标统计

1. 三级指标统计

小学三级指标统计

一级指标	A1 教育经费				A2 公众感受	A3 学校内部运作								A4 教育均衡发展				
二级指标	B1 支出水平		B2 支出方向		B3 公众满意	B4 办学条件					B5 教师资源			B6 机会均衡	B7 过程均衡		B8 结果均衡	
三级指标	C1	C2	C3	C4	C5	C6	C7	C8	C9	C10	C11	C12	C13	C14	C15	C16	C17	C18
东城区	15016	3299. 46	18. 98%	42%	4. 65	3. 40	3. 16	8202. 32	27. 79	41. 99	0. 077	0. 08	0. 05	100%	-1. 7%	103. 9%	96. 94%	84. 1%
西城区	15073	4998. 88	14. 03%	38%	6. 70	4. 10	4. 07	7377. 87	28. 81	40. 73	0. 070	0. 07	0. 04	100%	-2. 9%	99. 6%	100. 7%	90. 2%
朝阳区	13022	14514	29. 81%	52%	6. 68	4. 31	7. 27	7928. 38	25. 95	36. 06	0. 075	0. 07	0. 04	100%	0. 76%	96. 9%	83. 04%	88. 3%
丰台区	9326. 27	2140. 67	46. 22%	48. 6%	5. 24	3. 71	6. 48	4346. 18	25. 81	34. 87	0. 068	0. 07	0. 04	100%	1. 50%	96. 81%	66. 62%	81. 3%
石景山区	14690. 3	2114. 68	51. 16%	43. 7%	5. 90	3. 51	7. 11	7938. 86	27. 74	47. 58	0. 077	0. 08	0. 04	100%	2. 26%	105. 5%	83. 54%	79. 8%
海淀区	9186. 51	7000. 74	23. 40%	47. 4%	6. 58	4. 21	5. 36	11340. 1	33. 53	38. 62	0. 053	0. 05	0. 03	100%	-0. 9%	99. 94%	97. 46%	86. 7%
门头沟区	14796. 7	2389. 20	105. 2%	44. 9%	6. 56	4. 85	7. 71	10619. 9	17. 40	50. 54	0. 083	0. 08	0. 05	100%	-3. 3%	99. 18%	90. 95%	75. 8%

续表

一级指标	A1 教育经费				A2 公众感受	A3 学校内部运作								A4 教育均衡发展				
二级指标	B1 支出水平		B2 支出方向		B3 公众满意	B4 办学条件					B5 教师资源			B6 机会均衡	B7 过程均衡		B8 结果均衡	
三级指标	C1	C2	C3	C4	C5	C6	C7	C8	C9	C10	C11	C12	C13	C14	C15	C16	C17	C18
房山区	14448. 0	7810. 58	45. 81%	47. 0%	6. 56	6. 12	15. 05	5160. 83	27. 08	48. 05	0. 068	0. 07	0. 04	100%	0. 17%	109. 1%	89. 20%	78. 7%
通州区	9182. 25	5562. 84	27. 63%	47. 2%	6. 90	5. 32	11. 40	5853. 35	23. 39	32. 09	0. 071	0. 07	0. 03	100%	0. 15%	97. 15%	73. 10%	73. 5%
顺义区	11224. 7	8141. 47	22. 19%	45. 5%	7. 23	3. 36	10. 69	4074. 52	22. 33	31. 00	0. 064	0. 06	0. 04	100%	1. 97%	99. 70%	94. 61%	85. 1%
昌平区	11920. 4	7087. 28	82. 41%	49. 2%	4. 27	4. 41	13. 60	6435. 68	29. 56	35. 76	0. 079	0. 08	0. 04	100%	3. 26%	99. 09%	69. 96%	80. 9%
大兴区	11625. 1	3115. 40	60. 34%	42. 2%	6. 89	5. 18	12. 18	6365. 64	28. 63	32. 69	0. 074	0. 07	0. 04	100%	-0. 6%	99. 33%	76. 03%	77. 5%
平谷区	18288. 1	8481. 80	101. 8%	44. 7%	6. 50	5. 57	15. 26	7863. 42	32. 41	45. 69	0. 094	0. 09	0. 06	100%	-0. 7%	100. 1%	83. 53%	78. 3%
怀柔区	24138. 5	13187. 0	83. 51%	50. 2%	5. 86	4. 63	11. 19	6319. 20	21. 86	32. 40	0. 079	0. 08	0. 05	100%	-1. 9%	99. 12%	84. 64%	75. 5%
密云区	15448. 5	3926. 62	72. 88%	40. 4%	7. 44	4. 41	13. 40	7674. 39	27. 53	49. 01	0. 070	0. 07	0. 04	100%	-1. 5%	98. 67%	90. 97%	71. 9%
延庆区	17648. 6	7480. 21	111. 6%	42. 8%	7. 63	7. 75	16. 48	8693. 36	23. 06	57. 35	0. 105	0. 10	0. 06	100%	-0. 6%	99. 76%	91. 95%	74. 9%

初中三级指标统计

一级指标	A1 教育经费				A2 公众感受	A3 学校内部运作								A4 教育均衡发展				
二级指标	B1 支出水平		B2 支出方向		B3 公众满意	B4 办学条件					B5 教师资源			B6 机会均衡	B7 过程均衡		B8 结果均衡	
三级指标	C1	C2	C3	C4	C5	C6	C7	C8	C9	C10	C11	C12	C13	C14	C15	C16	C17	C18
东城区	20686	6947. 1	30. 04%	27. 3%	4. 65	4. 94	5. 80	12760	36. 69	56. 44	0. 099	0. 098	0. 062	100%	5. 20%	90. 54%	69. 14%	84. 1%
西城区	20540	7537. 8	27. 98%	26. 7%	6. 70	6. 08	8. 74	12554	49. 60	67. 39	0. 100	0. 099	0. 063	100%	2. 21%	90. 58%	73. 91%	90. 2%

续表

一级指标	A1 教育经费				A2 公众感受	A3 学校内部运作								A4 教育均衡发展				
二级指标	B1 支出水平		B2 支出方向		B3 公众满意	B4 办学条件					B5 教师资源			B6 机会均衡	B7 过程均衡		B8 结果均衡	
三级指标	C1	C2	C3	C4	C5	C6	C7	C8	C9	C10	C11	C12	C13	C14	C15	C16	C17	C18
朝阳区	19250	19435	55. 18%	27. 5%	6. 68	7. 78	13. 62	13631	46. 88	59. 85	0. 120	0. 118	0. 062	100%	3. 51%	90. 46%	40. 82%	88. 3%
丰台区	17855	6816. 2	97. 92%	31. 7%	5. 24	7. 14	11. 74	7826. 5	37. 63	43. 63	0. 105	0. 105	0. 059	100%	7. 65%	82. 30%	39. 11%	81. 3%
石景山区	23291. 7	2991. 3	95. 28%	29. 6%	5. 90	5. 06	10. 90	10850	35. 95	50. 40	0. 109	0. 108	0. 054	100%	7. 84%	87. 25%	45. 82%	79. 8%
海淀区	12652. 3	7696. 8	39. 27%	28. 5%	6. 58	5. 85	9. 18	15395	48. 66	43. 84	0. 080	0. 079	0. 053	100%	4. 91%	92. 78%	67. 21%	86. 7%
门头沟区	19908. 5	3926. 8	205. 3%	31. 6%	6. 56	7. 47	13. 49	12225	21. 18	62. 29	0. 118	0. 115	0. 076	100%	2. 59%	97. 52%	53. 95%	75. 8%
房山区	15488. 4	9912. 6	77. 63%	28. 2%	6. 56	10. 0	23. 35	8833. 8	38. 04	54. 49	0. 116	0. 116	0. 070	100%	4. 25%	87. 03%	48. 93%	78. 7%
通州区	15589. 7	9714. 9	54. 45%	25. 8%	6. 90	7. 79	20. 58	8215. 3	33. 44	40. 36	0. 102	0. 100	0. 052	100%	6. 55%	88. 14%	51. 01%	73. 5%
顺义区	14908. 0	9692. 5	35. 00%	24. 2%	7. 23	5. 96	19. 82	8151. 9	32. 35	46. 20	0. 106	0. 105	0. 064	100%	4. 66%	98. 07%	72. 83%	85. 1%
昌平区	16031. 4	9532. 2	155. 0%	27. 2%	4. 27	8. 13	24. 32	10450	41. 87	47. 26	0. 138	0. 134	0. 072	100%	6. 56%	97. 99%	35. 09%	80. 9%
大兴区	17414. 0	4849. 0	141. 0%	33. 3%	6. 89	8. 62	18. 37	9528. 9	48. 10	46. 74	0. 135	0. 132	0. 081	100%	2. 81%	96. 25%	43. 16%	77. 5%
平谷区	24832. 8	11285	237. 5%	36. 4%	6. 50	7. 73	18. 72	11513	41. 87	55. 53	0. 158	0. 156	0. 125	100%	2. 81%	98. 92%	65. 90%	78. 3%
怀柔区	37908. 0	29033	114. 1%	27. 5%	5. 86	8. 02	14. 43	11984	33. 42	38. 90	0. 134	0. 132	0. 076	100%	8. 56%	93. 50%	63. 41%	75. 5%
密云区	16630. 0	3179. 0	174. 4%	33. 7%	7. 44	6. 45	26. 05	10852	46. 48	61. 60	0. 122	0. 122	0. 074	100%	6. 51%	97. 33%	56. 75%	72. 0%
延庆区	19040. 4	6887. 9	162. 5%	32. 1%	7. 63	9. 10	23. 93	10419	25. 26	56. 88	0. 117	0. 116	0. 069	100%	13. 0%	96. 92%	53. 38%	74. 9%

义务教育总体三级指标统计

一级指标	A1 教育经费				A2 公众感受	A3 学校内部运作								A4 教育均衡发展				
二级指标	B1 支出水平		B2 支出方向		B3 公众满意	B4 办学条件					B5 教师资源			B6 机会均衡	B7 过程均衡		B8 结果均衡	
三级指标	C1	C2	C3	C4	C5	C6	C7	C8	C9	C10	C11	C12	C13	C14	C15	C16	C17	C18
东城区	20002	18384	22. 18%	69. 31%	4. 65	3. 89	4. 00	10481	30. 61	46. 57	0. 088	0. 09	0. 06	100%	1. 74%	94. 08%	67. 02%	84. 09%
西城区	34496	12707	17. 76%	64. 51%	6. 70	4. 70	5. 48	9966. 4	35. 08	48. 77	0. 085	0. 08	0. 05	100%	-0. 33%	90. 26%	74. 41%	90. 17%
朝阳区	29171	30777	35. 40%	79. 92%	6. 68	5. 12	8. 76	10779	30. 86	41. 64	0. 098	0. 10	0. 05	100%	2. 14%	87. 69%	33. 90%	88. 27%
丰台区	21330	8889. 5	57. 83%	80. 24%	5. 24	4. 53	7. 73	6086. 4	28. 63	36. 96	0. 087	0. 09	0. 05	100%	4. 58%	79. 68%	26. 06%	81. 32%
石景山区	24110	19393	62. 59%	73. 26%	5. 90	3. 96	8. 21	9394. 3	30. 14	48. 40	0. 093	0. 09	0. 05	100%	5. 05%	92. 06%	38. 28%	79. 76%
海淀区	20020	27148	27. 67%	75. 87%	6. 58	4. 69	6. 49	13368	37. 99	40. 16	0. 067	0. 07	0. 04	100%	1. 99%	92. 73%	65. 50%	86. 69%
门头沟区	26791	31816	133. 4%	76. 52%	6. 56	5. 64	9. 44	11422	18. 53	54. 06	0. 101	0. 10	0. 06	100%	-0. 35%	96. 72%	49. 07%	75. 83%
房山区	22106	9258. 9	53. 99%	75. 17%	6. 56	7. 22	17. 39	6997. 3	30. 17	49. 87	0. 092	0. 09	0. 06	100%	2. 21%	94. 97%	43. 64%	78. 68%
通州区	18270	8697. 6	33. 42%	73. 01%	6. 90	5. 89	13. 52	7034. 3	25. 71	34. 00	0. 087	0. 09	0. 04	100%	3. 35%	85. 63%	37. 29%	73. 52%
顺义区	27596	13703	25. 61%	69. 68%	7. 23	4. 11	13. 31	6113. 2	25. 21	35. 37	0. 085	0. 08	0. 05	100%	3. 32%	97. 77%	68. 90%	85. 05%
昌平区	26194	21140	98. 82%	76. 39%	4. 27	5. 29	16. 13	8442. 7	32. 48	38. 48	0. 109	0. 11	0. 06	100%	4. 91%	97. 10%	24. 55%	80. 93%
大兴区	12816	9686. 2	78. 46%	75. 51%	6. 89	6. 02	13. 69	7947. 3	33. 40	36. 13	0. 105	0. 10	0. 06	100%	1. 12%	95. 60%	32. 81%	77. 50%
平谷区	34569	19692	136. 9%	81. 09%	6. 50	6. 19	12. 12	9688. 0	35. 13	48. 52	0. 126	0. 12	0. 10	100%	1. 06%	99. 01%	55. 05%	78. 34%
怀柔区	27415	25585	91. 58%	77. 68%	5. 86	5. 60	16. 25	9151. 8	25. 19	34. 27	0. 107	0. 11	0. 06	100%	3. 32%	92. 68%	53. 67%	75. 51%
密云区	22612	22505	100. 8%	74. 12%	7. 44	5. 03	17. 27	9263. 4	33. 32	52. 86	0. 096	0. 10	0. 06	100%	2. 49%	96. 04%	51. 63%	71. 97%
延庆区	25628	10935	127. 9%	74. 84%	7. 63	8. 24	19. 22	9556. 0	23. 86	57. 18	0. 11	0. 11	0. 07	100%	6. 20%	96. 69%	49. 08%	74. 85%

2. 标准化

小学三级指标标准化

一级指标	A1 教育经费				A2 公众感受	A3 学校内部运作								A4 教育均衡发展				
二级指标	B1 支出水平		B2 支出方向		B3 公众满意	B4 办学条件					B5 教师资源			B6 机会均衡	B7 过程均衡		B8 结果均衡	
三级指标	C1	C2	C3	C4	C5	C6	C7	C8	C9	C10	C11	C12	C13	C14	C15	C16	C17	C18
东城区	39%	10%	5%	29%	11%	1%	0%	57%	64%	42%	46%	48%	54%		24%	58%	89%	67%
西城区	39%	23%	0%	0%	72%	17%	7%	45%	71%	37%	33%	32%	40%		6%	23%	100%	100%
朝阳区	26%	100%	16%	100%	72%	22%	31%	53%	53%	19%	42%	42%	17%		62%	1%	48%	90%
丰台区	1%	0%	33%	74%	29%	8%	25%	4%	52%	15%	29%	30%	26%		73%	0%	0%	51%
石景山区	37%	0%	38%	40%	49%	3%	30%	53%	64%	63%	46%	46%	31%		85%	71%	50%	43%
海淀区	0%	39%	10%	66%	69%	19%	17%	100%	100%	29%	0%	0%	11%		36%	25%	91%	81%
门头沟区	38%	2%	93%	49%	68%	34%	34%	90%	0%	74%	58%	60%	57%		0%	19%	71%	21%
房山区	35%	46%	33%	62%	68%	63%	89%	15%	60%	65%	29%	30%	31%		53%	100%	66%	37%
通州区	0%	28%	14%	64%	78%	45%	62%	24%	37%	4%	35%	34%	0%		53%	3%	19%	9%
顺义区	14%	49%	8%	53%	88%	0%	57%	0%	31%	0%	21%	20%	26%		80%	23%	82%	72%
昌平区	18%	40%	70%	78%	0%	24%	78%	32%	75%	18%	50%	50%	29%		100%	18%	10%	49%
大兴区	16%	8%	47%	30%	78%	41%	68%	32%	70%	6%	40%	40%	40%		42%	20%	28%	30%
平谷区	61%	51%	90%	47%	66%	50%	91%	52%	93%	56%	79%	78%	100%		40%	27%	50%	35%
怀柔区	100%	89%	71%	85%	47%	29%	60%	31%	28%	5%	50%	50%	51%		21%	19%	53%	19%
密云区	42%	15%	60%	18%	95%	24%	77%	50%	63%	68%	33%	34%	31%		27%	15%	72%	0%
延庆区	57%	43%	100%	34%	100%	100%	100%	64%	35%	100%	100%	100%	100%		41%	24%	74%	16%

注：C14－入学率所有区皆为100%，无统计意义。

初中三级指标标准化

一级指标	A1 教育经费				A2 公众感受	A3 学校内部运作								A4 教育均衡发展				
二级指标	B1 支出水平		B2 支出方向		B3 公众满意	B4 办学条件					B5 教师资源			B6 机会均衡	B7 过程均衡		B8 结果均衡	
三级指标	C1	C2	C3	C4	C5	C6	C7	C8	C9	C10	C11	C12	C13	C14	C15	C16	C17	C18
东城区	32%	15%	1%	25%	11%	0%	0%	65%	55%	62%	24%	25%	14%		28%	50%	88%	67%
西城区	31%	17%	0%	20%	72%	22%	15%	62%	100%	100%	26%	26%	15%		0%	50%	100%	100%
朝阳区	26%	63%	13%	27%	72%	56%	39%	77%	90%	74%	51%	51%	14%		12%	49%	15%	90%
丰台区	21%	15%	33%	61%	29%	43%	29%	0%	58%	17%	32%	34%	10%		50%	0%	10%	51%
石景山区	42%	0%	32%	44%	49%	2%	25%	40%	52%	40%	37%	38%	3%		52%	30%	28%	43%
海淀区	0%	18%	5%	35%	69%	18%	17%	100%	97%	17%	0%	0%	1%		25%	63%	83%	81%
门头沟区	29%	4%	85%	61%	68%	50%	38%	58%	0%	82%	49%	47%	33%		3%	92%	49%	21%
房山区	11%	27%	24%	33%	68%	100%	87%	13%	59%	55%	46%	48%	25%		19%	28%	36%	37%
通州区	12%	26%	13%	13%	78%	56%	73%	5%	43%	5%	28%	27%	0%		40%	35%	41%	9%
顺义区	9%	26%	3%	0%	88%	20%	69%	4%	39%	26%	33%	34%	16%		23%	95%	97%	72%
昌平区	13%	25%	61%	25%	0%	63%	91%	35%	73%	29%	74%	71%	27%		40%	94%	0%	49%
大兴区	19%	7%	54%	75%	78%	72%	62%	22%	95%	28%	71%	69%	40%		6%	84%	21%	30%
平谷区	48%	32%	100%	100%	66%	55%	64%	49%	73%	58%	100%	100%	100%		6%	100%	79%	35%
怀柔区	100%	100%	41%	27%	47%	60%	43%	55%	43%	0%	69%	69%	33%		59%	67%	73%	19%
密云区	16%	1%	70%	78%	95%	30%	100%	40%	89%	80%	54%	56%	30%		40%	90%	56%	0%
延庆区	25%	15%	64%	65%	100%	82%	90%	34%	14%	63%	47%	48%	23%		100%	88%	47%	16%

注：C14－入学率所有区皆为100%，无统计意义。

义务教育总体三级指标标准化

一级指标	A1 教育经费				A2 公众感受	A3 学校内部运作								A4 教育均衡发展				
二级指标	B1 支出水平		B2 支出方向		B3 公众满意	B4 办学条件					B5 教师资源			B6 机会均衡	B7 过程均衡		B8 结果均衡	
三级指标	C1	C2	C3	C4	C5	C6	C7	C8	C9	C10	C11	C12	C13	C14	C15	C16	C17	C18
东城区	33%	42%	4%	29%	11%	0%	0%	60%	62%	54%	36%	37%	27%		32%	75%	85%	67%
西城区	100%	17%	0%	0%	72%	19%	10%	53%	85%	64%	31%	31%	23%		0%	55%	100%	100%
朝阳区	75%	96%	15%	93%	72%	28%	31%	64%	63%	33%	52%	52%	15%		38%	41%	19%	90%
丰台区	39%	1%	34%	95%	29%	15%	25%	0%	52%	13%	34%	35%	15%		75%	0%	3%	51%
石景山区	52%	46%	38%	53%	49%	2%	28%	45%	60%	62%	45%	45%	12%		82%	64%	28%	43%
海淀区	33%	80%	8%	68%	69%	18%	16%	100%	100%	27%	0%	0%	5%		36%	68%	82%	81%
门头沟区	64%	100%	97%	72%	68%	40%	36%	73%	0%	87%	57%	57%	41%		0%	88%	49%	21%
房山区	43%	2%	30%	64%	68%	77%	88%	13%	60%	68%	43%	45%	27%		39%	79%	38%	37%
通州区	25%	0%	13%	51%	78%	46%	63%	13%	37%	0%	34%	33%	0%		57%	31%	26%	9%
顺义区	68%	22%	7%	31%	88%	5%	61%	0%	34%	6%	31%	31%	19%		56%	94%	89%	72%
昌平区	61%	54%	68%	72%	0%	32%	80%	32%	72%	19%	71%	69%	28%		80%	90%	0%	49%
大兴区	0%	4%	51%	66%	78%	49%	64%	26%	76%	9%	64%	63%	40%		23%	82%	17%	30%
平谷区	100%	48%	100%	100%	66%	53%	53%	49%	85%	63%	100%	100%	100%		22%	100%	61%	35%
怀柔区	67%	73%	62%	79%	47%	39%	81%	42%	34%	1%	67%	67%	39%		56%	67%	58%	19%
密云区	45%	60%	70%	58%	95%	26%	87%	44%	76%	81%	50%	52%	31%		43%	85%	54%	0%
延庆区	59%	10%	92%	62%	100%	100%	100%	48%	27%	100%	75%	75%	48%		100%	88%	49%	16%

注：C14－入学率所有区皆为100%，无统计意义。

3. 二级指标计算

小学二级指标计算

	B1 - 支出方向	B2 - 支出水平	B3 - 满意度	B4 - 办学条件	B5 - 教师资源	B6 - 机会均衡	B7 - 过程均衡	B8 - 结果均衡
东城区	26.32%	15.78%	11.26%	28.19%	49.73%		37.87%	75.41%
西城区	32.44%	0.00%	72.39%	32.44%	35.23%		13.16%	101.54%
朝阳区	57.69%	54.35%	71.74%	32.09%	32.79%		36.93%	76.57%
丰台区	0.64%	51.52%	28.82%	18.91%	28.00%		43.23%	34.30%
石景山区	20.96%	39.04%	48.59%	38.54%	40.59%		78.99%	45.87%
海淀区	16.99%	35.08%	68.68%	45.14%	4.28%		31.78%	85.50%
门头沟区	22.32%	73.01%	68.10%	46.20%	58.15%		7.90%	39.04%
房山区	39.83%	46.18%	68.23%	61.29%	30.14%		72.14%	47.67%
通州区	11.98%	36.90%	78.49%	34.38%	21.47%		32.18%	12.33%
顺义区	28.71%	28.47%	88.18%	14.63%	22.53%		57.07%	76.56%
昌平区	27.70%	73.66%	0.00%	41.45%	41.97%		66.61%	36.26%
大兴区	12.77%	39.48%	78.13%	41.01%	40.13%		32.95%	29.91%
平谷区	56.78%	70.35%	66.44%	66.00%	86.53%		34.40%	40.66%
怀柔区	95.39%	77.28%	47.32%	29.00%	50.54%		19.99%	31.43%
密云区	30.14%	40.88%	94.54%	53.54%	32.59%		22.10%	24.89%
延庆区	50.86%	69.78%	100.00%	85.47%	100.00%		33.87%	36.46%

注：B6 - 机会均衡所有区皆为100%，无统计意义。

初中二级指标计算

	B1－支出方向	B2－支出水平	B3－满意度	B4－办学条件	B5－教师资源	B6－机会均衡	B7－过程均衡	B8－结果均衡
东城区	24.65%	12.14%	11.26%	32.25%	20.45%		36.62%	74.95%
西城区	25.30%	9.24%	72.39%	57.43%	21.77%		20.42%	101.54%
朝阳区	42.07%	19.41%	71.74%	65.80%	37.02%		27.21%	64.92%
丰台区	18.05%	46.00%	28.82%	31.13%	24.12%		29.71%	37.91%
石景山区	23.98%	37.51%	48.59%	28.37%	24.41%		42.92%	38.20%
海淀区	7.78%	18.89%	68.68%	41.40%	0.51%		40.56%	82.78%
门头沟区	17.90%	73.67%	68.10%	49.08%	42.22%		39.53%	31.08%
房山区	17.84%	27.95%	68.23%	69.26%	38.64%		22.76%	37.00%
通州区	17.74%	12.86%	78.49%	38.19%	17.37%		38.08%	19.98%
顺义区	16.17%	1.82%	88.18%	30.94%	27.13%		52.22%	81.78%
昌平区	18.44%	44.20%	0.00%	57.97%	55.93%		62.42%	32.85%
大兴区	13.80%	63.34%	78.13%	57.07%	58.50%		37.65%	27.53%
平谷区	41.17%	100.00%	66.44%	59.61%	100.00%		44.23%	51.01%
怀柔区	100.00%	34.81%	47.32%	39.92%	55.49%		62.30%	38.40%
密云区	9.28%	73.55%	94.54%	64.79%	45.53%		60.49%	19.42%
延庆区	20.84%	64.42%	100.00%	62.12%	38.56%		95.07%	26.97%

注：B6－机会均衡所有区皆为100%，无统计意义。

义务教育总体二级指标计算

	B1 - 支出方向	B2 - 支出水平	B3 - 满意度	B4 - 办学条件	B5 - 教师资源	B6 - 机会均衡	B7 - 过程均衡	B8 - 结果均衡
东城区	36.85%	15.21%	11.26%	31.02%	32.92%		49.42%	74.08%
西城区	64.20%	0.00%	72.39%	43.17%	28.10%		22.62%	101.54%
朝阳区	83.94%	50.38%	71.74%	40.67%	38.02%		39.41%	66.31%
丰台区	22.63%	61.51%	28.82%	19.88%	27.06%		44.45%	35.35%
石景山区	49.48%	44.54%	48.59%	35.74%	32.44%		74.93%	38.17%
海淀区	53.23%	35.72%	68.68%	44.27%	1.73%		48.81%	82.57%
门头沟区	79.65%	85.82%	68.10%	48.96%	50.93%		36.11%	31.29%
房山区	25.35%	45.84%	68.23%	65.68%	37.42%		55.48%	37.92%
通州区	14.27%	30.52%	78.49%	32.27%	20.77%		46.00%	14.60%
顺义区	48.00%	17.80%	88.18%	19.01%	26.71%		71.41%	78.91%
昌平区	58.19%	69.68%	0.00%	43.87%	54.08%		84.34%	32.85%
大兴区	1.84%	57.96%	78.13%	43.50%	54.59%		47.05%	26.06%
平谷区	77.41%	100.00%	66.44%	60.32%	100.00%		53.73%	44.67%
怀柔区	69.67%	69.92%	47.32%	37.27%	56.61%		60.64%	33.34%
密云区	51.36%	64.36%	94.54%	60.40%	43.06%		60.28%	18.90%
延庆区	37.69%	78.73%	100.00%	82.06%	64.87%		95.08%	27.70%

注：B6 - 机会均衡所有区皆为100%，无统计意义。

4. 一级指标计算

小学一级指标计算

	A1 - 教育经费	A2 - 公众感受	A3 - 学校内部运作	A4 - 教育均衡发展
东城区	22.86%	11.26%	44.87%	74.21%
西城区	21.79%	72.39%	34.60%	75.97%
朝阳区	56.59%	71.74%	32.63%	74.33%
丰台区	17.34%	28.82%	25.95%	61.96%
石景山区	26.90%	48.59%	40.13%	75.94%
海淀区	22.93%	68.68%	13.50%	75.87%
门头沟区	38.96%	68.10%	55.45%	53.57%
房山区	41.91%	68.23%	37.17%	74.60%
通州区	20.16%	78.49%	24.38%	51.49%
顺义区	28.63%	88.18%	20.75%	80.01%
昌平区	42.78%	0.00%	41.85%	69.22%
大兴区	21.54%	78.13%	40.33%	57.59%
平谷区	61.23%	66.44%	81.90%	61.60%
怀柔区	89.45%	47.32%	45.68%	54.44%
密云区	33.67%	94.54%	37.32%	52.84%
延庆区	57.07%	100.00%	96.72%	60.04%

初中一级指标计算

	A1 – 教育经费	A2 – 公众感受	A3 – 学校内部运作	A4 – 教育均衡发展
东城区	20.54%	11.26%	23.12%	73.70%
西城区	20.03%	72.39%	29.82%	78.02%
朝阳区	34.63%	71.74%	43.51%	67.69%
丰台区	27.22%	28.82%	25.70%	59.35%
石景山区	28.42%	48.59%	25.31%	63.18%
海淀区	11.43%	68.68%	9.74%	77.43%
门头沟区	36.21%	68.10%	43.77%	59.84%
房山区	21.16%	68.23%	45.55%	57.08%
通州区	16.14%	78.49%	22.07%	55.72%
顺义区	11.46%	88.18%	27.99%	80.40%
昌平区	26.89%	0.00%	56.39%	66.90%
大兴区	30.06%	78.13%	58.17%	58.12%
平谷区	60.48%	66.44%	90.89%	67.84%
怀柔区	78.61%	47.32%	51.98%	68.72%
密云区	30.37%	94.54%	49.88%	61.86%
延庆区	35.14%	100.00%	43.88%	74.16%

义务教育总体一级指标计算

	A1－教育经费	A2－公众感受	A3－学校内部运作	A4－教育均衡发展
东城区	29.75%	11.26%	32.49%	77.02%
西城区	43.13%	72.39%	31.50%	78.64%
朝阳区	72.92%	71.74%	38.62%	71.60%
丰台区	35.39%	28.82%	25.44%	62.66%
石景山区	47.86%	48.59%	33.19%	72.21%
海淀区	47.48%	68.68%	11.33%	79.69%
门头沟区	81.67%	68.10%	50.48%	58.94%
房山区	32.08%	68.23%	43.80%	66.63%
通州区	19.60%	78.49%	23.37%	56.15%
顺义区	38.09%	88.18%	24.97%	84.86%
昌平区	61.96%	0.00%	51.78%	73.09%
大兴区	20.26%	78.13%	52.09%	60.29%
平谷区	84.82%	66.44%	91.05%	68.40%
怀柔区	69.75%	47.32%	52.25%	66.56%
密云区	55.63%	94.54%	46.98%	61.62%
延庆区	51.16%	100.00%	68.75%	74.40%

附录6：

北京市义务教育均衡信息公开政策内容分析编码表

政策名称	发行主体和时间	分析单位	编码
《中华人民共和国义务教育法》（2006年修订）	中华人民共和国主席令第五十二号	人民政府教育督导机构对义务教育工作执行法律法规情况、教育教学质量以及义务教育均衡发展状况等进行督导	1－1
		督导报告向社会公布	1－2
		县级以上人民政府建立健全义务教育经费的审计监督和统计公告制度	1－3
国务院关于深入推进义务教育均衡发展的意见	国发〔2012〕48号	加强对义务教育均衡发展的督导评估工作，对县域内义务教育在教师、设备、图书、校舍等资源配置状况和校际在相应方面的差距进行重点评估	2－1
		将县域公众满意度作为督导评估的重要内容	2－2
		省级政府要根据国家制定的县域义务教育均衡发展督导评估办法，结合本地实际，制定本省（区、市）具体实施办法和评估标准	2－3
国家中长期教育改革和发展规划纲要（2010～2020年）	2010年7月29日	完善考试招生信息发布制度	3－1
		实现信息公开透明，保障考生权益，加强政府和社会监督	3－2
		适应中国国情和时代要求，建设依法办学、自主管理、民主监督、社会参与的现代学校制度，构建政府、学校、社会之间新型关系	3－3
		健全校务公开制度，接受师生员工和社会的监督	3－4
		引导社区和有关专业人士参与学校管理和监督	3－5
		各级政府要切实履行统筹规划、政策引导、监督管理和提供公共教育服务的职责，建立健全公共教育服务体系，逐步实现基本公共教育服务均等化，维护教育公平和教育秩序	3－6
		加强教育监督检查，完善教育问责机制	3－7
		完善教育信息公开制度，保障公众对教育的知情权、参与权和监督权	3－8
		制定教育督导条例，进一步健全教育督导制度	3－9

续表

政策名称	发行主体和时间	分析单位	编码
国家中长期教育改革和发展规划纲要（2010～2020年）	2010年7月29日	探索建立相对独立的教育督导机构，独立行使督导职能。全国督学制度，建设专职督导队伍。坚持督政与督学并重、监督与指导并重	3－10
		加强义务教育督导检查，开展学前教育和高中阶段教育督导检查	3－11
		强化对政府落实教育法律法规和政策情况的督导检查	3－12
		建立督导检查结果公告制度和限期整改制度	3－13
		主动接受和积极配合各级人大及其常委会对教育法律法规执行情况的监督检查以及司法机关的司法监督	3－14
		建立健全层级监督机制	3－15
		加强监察、审计等专门监督	3－16
		强化社会监督	3－17
		加强教育督导制度建设	3－18
		探索督导机构独立履行职责的机制	3－19
关于推进义务教育优质均衡发展的意见	中共北京市委办公厅2015年4月23日	建立健全对中小学生课业负担监测公告制度	4－1
		把减轻课业负担工作作为教育督导的重要内容，进行专项督导	4－2
		优化教育督导评估体系，积极探索委托第三方开展教育评估监测	4－3
		市有关部门要进一步加强督导检查工作，完善督导、考核、评估机制，把义务教育优质均衡发展作为考核区、县政府及其主要负责人的重要内容	4－4
北京市实施《中华人民共和国义务教育法》办法	2008年11月25日	区、县人民政府应当组织相关部门定期对学校的安全管理工作进行监督和指导	5－1
		市和区、县人民政府应当建立健全义务教育经费的审计监督、统计和定期公告制度，加强管理，提高经费的使用效益	5－2
		市和区、县人民政府教育督导机构在本级人民政府领导下负责组织实施本行政区域内的义务教育督导工作，并接受上级教育督导机构的指导	5－3
		市和区、县人民政府应当加强对所属有关部门和下级人民政府实施义务教育工作的监督检查，建立以督导评价结果为主要依据的义务教育公报、通报、表彰制度，并将督导评价结果作为评价各级人民政府义务教育工作的重要指标和考核主要领导干部政绩的重要内容	5－4
		教育督导机构应当向被督导单位下达督导意见书，被督导单位应当按照要求报告整改情况	5－5
		市和区、县人民政府应当听取义务教育督导工作的报告	5－6
		有关督导报告应当向社会公布	5－7

续表

政策名称	发行主体和时间	分析单位	编码
北京市中长期教育改革和发展规划纲要（2010～2020年）	2010年7月13日至14日	建立各级教育质量标准和评价、督导监测制度	6－1
		巩固小学和初中建设成果，加强对义务教育学校的办学水平和教学质量的督导，着力促进学校内涵发展	6－2
		强化人大教育执法检查和政府教育督导检查	6－3
		依法强化各级政府教育督导机构的监督、检查、指导和评估职能	6－4
		加强对各级政府、各级各类教育机构以及其他社会组织全面贯彻落实党的教育方针和贯彻执行教育法律法规情况的督导检查	6－5
		构建以提高教育质量为导向、政府督导评价为主导、学校自评为基础、社会广泛参与的教育督导工作机制，建立行政监督、科学评价、民主管理相结合的教育督导评估体制	6－6
		依法加强和改进基础教育和职业教育督导工作，拓展高等教育、校外教育、社区教育、教师队伍建设等方面的督导工作	6－7
		创新探索与同级政府部门联动督导、购买专业评价服务、开展社情民意调查、跨地区督导合作等工作模式，推进教育督导信息化，逐步实现精准化督导	6－8
		进一步完善教育督导评估标准，促进各级各类教育的协调发展和学校的内涵发展	6－9
		各级教育督导机构依法独立行使督导职能，落实完善教育督导结果公布、整改制度及督促政府和学校履行教育职责的问责制，建立教育督导与教育决策、教育执行之间衔接顺畅、统筹有力的工作机制	6－10
		全面加强督学队伍专业化建设，建立教育督导评估专业机构，推行督学任职资格制度和督学委派制度，完善督学选拔聘任制度、督学培训制度、督学责任区制度	6－11
		加强《教育规划纲要》实施情况的督导评估工作，建立实施情况的跟踪、监测和定期公布机制	6－12
		充分发挥中小学学校家长委员会和家长教师协会的作用，引导社区、家长参与监督学校管理	6－13
		健全政府教育行政部门和各级教育机构的信息发布制度，及时公开信息，接受社会监督	6－14

续表

政策名称	发行主体和时间	分析单位	编码
北京市进一步推进义务教育均衡发展的意见	2007年8月21日	加强督导检查工作，建立和完善对区县义务教育均衡发展的检测、督查制度	7-1
		定期对区域和学校间的差距进行检测与分析	7-2
		完善依法督政、督学的工作机制和运行机制，建立以督导评价结果为主要依据的义务教育公报、通报、表彰制度，并将区域内义务教育均衡发展的督查评估结果作为评价各区县教育工作的重要指标和考核主要领导干部政绩的重要内容加以落实	7-3
		未履行义务教育各项保障职责的区县负责人以及市、区部门主管和责任人，依据新修订的《义务教育法》相关规定给予问责	7-4
		建立“促进义务教育均衡发展先进区”年度表彰机制，设立义务教育均衡发展专项资金，对促进义务教育均衡发展有成效的区县予以奖励	7-5
		各区县要建立相应的督导评估和奖励制度，保障区域义务教育均衡发展	7-6

附录7：

北京市义务教育经费预算管理情况调查问卷（管理者版）

尊敬的校领导：您好！

俗话说，“要想火车跑得快，全靠车头带”。学校的快速发展，离不开您的领导和管理，学校经费管理的科学与否，直接影响着学校的发展和学生接受教育的水平。《国家中长期教育改革和发展规划纲要》提出的“建立科学化精细化预算管理机制”，既是对教育经费管理存在问题的总结和反思，也是教育经费管理的新思路。《纲要》实施以来，各级政府、学校预算管理状况有了不同程度的改进。本问卷调查目的是了解目前教育部门及学校经费预算管理现状，了解您作为学校的领导者，对学校教育预算的感受和需求。您的感受和意见对改善教育预算管理工作至关重要。问卷调查内容不涉及单位任何信息，调查统计结果只用于项目研究，绝无其他用途，请放心填写问卷。非常感谢您的帮助和配合。

填写说明：请在您选择的答案项上打√，或在空格中填上相应的内容。除非有特别说明，否则每道题只选择一个答案打√。

《北京市义务教育预算管理问题研究》课题组

一、选择题

1. 您所在的学校是

A. 小学　　B. 初中　　C. 九年一贯制学校

D. 十二年一贯制学校　　E. 完全中学

2. 您的文化程度

A. 专科　　B. 本科　　C. 硕士

D. 博士　　E. 其他（请注明）__________

3. 您对教育经费预算管理的政策、程序及相关问题的了解程度

A. 完全了解　　B. 部分了解　　C. 听说过

D. 完全不知道

4. 您或学校的其他领导接受政府部门有关预算的培训情况

A. 经常接受　　B. 偶尔接受　　C. 从未接受

5. 您所在学校教育收支纳入预算的情况

A. 全部纳入　　B. 部分纳入　　C. 有大量预算外资金存在

6. 您认为学校的教育经费预算编制工作

A. 非常重要　　B. 一般　　C. 不重要

D. 没有编制的必要

7. 您认为学校编制的预算对政府教育部门预算决策的影响力

A. 很大　　B. 一般　　C. 很小

D. 预算资金分配完全由政府部门决定

8. 您所在学校预算编制过程中教师的参与程度

A. 全员参与　　B. 部分参与　　C. 很少参与

D. 没有参与　　E. 没有参与的必要性

9. 您所在学校经费预算相关信息的公开程度

A. 完全公开　　B. 部分公开　　C. 完全不公开

D. 没有必要公开

10. 上级部门对您所在学校专项经费（含专项公用经费、专项项目经费、基建经费）使用绩效考核情况

A. 严格　　B. 一般　　C. 走过场

D. 没有考核

11. 上级部门开展的教育经费使用绩效考核对您校获得专项经费预算的影响程度

A. 很大　　B. 一般　　C. 有影响

D. 没有影响

12. 上级部门对您所在学校调整专项经费的控制程度

A. 学校不能做任何调整　　B. 根据学校实际进行部分调整

C. 学校没有调整的必要性　　D. 根据预算绩效目标完全由学校决定使用方向

13. 您所在学校专项经费支出占比例最大的部分是

A. 学校基建　　B. 教学设施（计算机、图书、实验设备）

C. 教师培训　　D. 学生创新能力和素质提高

E. 其他（请注明）______________

14. 您认为学校支出项目最需要上级部门支持的方面是

A. 教师工资　　B. 教学设施（计算机、图书、实验设备）

C. 教师培训　　D. 学生创新能力和素质提高

E. 学校基建　　F. 其他（请注明）______________

15. 您认为每年上级部门专项经费拨付的时间

A. 及时　　B. 比较及时　　C. 滞后1~3个月

D. 滞后 3 ~6 个月　　E. 不确定

16. 您认为上级部门教育经费分配对缩小学校之间差距的影响

A. 明显　　B. 一般　　C. 有作用

D. 没有作用

17. 您所在学校领导参与上级政府部门教育经费预算决策的情况

A. 经常参与　　B. 偶尔参与　　C. 没有参与

D. 没有参与的必要

18. 您认为上级部门教育经费预算管理的科学化、精细化程度

A. 非常高　　B. 比较高　　C. 一般化

D. 非常低

19. 您认为上级部门教育经费预算信息的公开透明程度

A. 非常高　　B. 比较高　　C. 一般化

D. 非常低

20. 您认为上级部门教育经费预算管理最需要改进的方面是

A. 预算编制时间仓促　　B. 预算项目文本指导不足

C. 预算编制过程民主程度不够　　D. 预算编制绩效导向不够

E. 预算决策遵循程序不严　　F. 学校没有预算自主权

G. 依据预算结果实施绩效问责不力　　H. 预算财务信息透明不够

I. 其他（请注明）____________

21. 您对上级政府部门教育预算管理的满意程度

A. 非常满意　　B. 比较满意　　C. 一般满意

D. 不满意　　E. 非常不满意

22. 您认为教育经费预算管理科学化、精细化的关键是（可多选）

A. 教育经费收入和支出全部纳入预算

B. 预算编制过程有充分的时间

C. 预算项目文本编制精细化

D. 预算编制过程有广泛的民主参与

E. 预算编制以教育绩效为导向

F. 预算决策过程严格遵循程序

G. 学校在实现绩效目标前提下，有一定的预算执行自主权

H. 依据预算资金使用效果进行绩效问责

I. 预算财务信息文本应当细化

J. 预算相关信息应该公开透明

K. 其他（请注明）____________

23. 您认为目前教育经费预算管理存在的主要问题是（可多选）

A. 预算编制过程时间不足
B. 政府预算支出目标与学校实际匹配度较低
C. 预算项目编制不够科学精细
D. 预算编制民主参与不够
E. 预算执行过程约束力小
F. 预算执行效率不高
G. 学校预算执行缺乏自主权
H. 预算执行结果绩效考核不严
I. 预算绩效问责不力
J. 预算相关信息不够公开透明
K. 其他（请注明）____________

二、开放题

24. 您对进一步完善教育经费预算管理好的建议（可另附页）
建议1：

建议2：

建议3：

问卷内容已填写完毕，再次感谢您的配合！

附录8：

北京市义务教育经费预算管理情况调查问卷（教师版）

尊敬的老师：您好！

所谓教育经费预算管理，通俗地讲，就是对办教育的钱“从哪来”“花多少”“怎么花”进行一个预先安排，并编制形成计划文件。《国家中长期教育改革和发展规划纲要》提出的“建立科学化精细化预算管理机制”，既是对教育经费管理存在问题的总结和反思，也是教育经费管理的新思路。《纲要》实施以来，各级政府、学校预算管理状况有了不同程度的改进，您作为学校的任课教师对此有何感受？本问卷调查目的就是从您的角度出发，了解目前教育部门及学校经费预算管理现状，尤其是您对教育经费预算的感觉和需求。问卷调查内容不涉及您个人和单位的任何私人信息，调查统计结果只用于项目研究，绝无其他用途，请放心填写问卷。非常感谢您的帮助和配合。

填写说明：请在您选择的答案项上打√，或在空格中填上相应的内容。除非有特别说明，否则每道题只选择一个答案打√。

《北京市义务教育预算管理问题研究》课题组

一、基本信息

1. 您主要面对的授课对象是

A. 小学生　　B. 初中生　　C. 其他（请注明）____________

2. 您的文化程度

A. 专科　　B. 本科　　C. 硕士

D. 博士　　E. 其他（请注明）____________

3. 除授课外，您参与学校管理的情况

A. 涉及学校预算管理

B. 涉及学校教学管理，但与学校经费预算管理无关

C. 不涉及学校任何管理

二、您了解教育经费预算和参与编制的情况

4. 您对学校或上级部门教育经费预算管理的政策、程序及相关问题的了解

程度

A. 完全了解　B. 部分了解　C. 听说过

D. 完全不了解

5. 您对所在学校经费预算相关信息的了解程度

A. 完全了解　B. 部分了解　C. 听说过

D. 完全不了解

6. 您了解所在学校经费预算情况的途径是

A. 政府及学校官方网站　B. 学校相关文本材料　C. 学校相关会议

D. 道听途说　E. 其他（请注明）__________

7. 您认为，您所在学校经费预算相关信息的公开程度

A. 完全公开　B. 部分公开　C. 完全不公开

D. 未曾关注

8. 您认为学校的教育经费预算编制工作

A. 非常重要　B. 一般重要　C. 不重要

D. 没有编制的必要

9. 您和学校其他教师在学校预算编制过程中的参与程度

A. 全员参与　B. 部分参与　C. 很少参与

D. 没有参与

10. 您认为学校普通教师参与经费预算管理对教育经费预算编制工作

A. 非常重要　B. 一般　C. 不重要

D. 没有参与的必要

11. 您和学校的其他教师接受有关预算知识和政策的培训情况

A. 经常接受　B. 偶尔接受　C. 从未接受

三、您对学校教育经费预算管理的看法

12. 您认为所在学校教育经费预算管理的科学化、精细化程度

A. 非常高　B. 比较高　C. 一般化

D. 非常低

13. 您认为教育经费预算管理科学化、精细化的关键是（可多选）

A. 提高预算编制人员的专业知识

B. 将教育经费收入和支出全部纳入预算管理

C. 编制的预算项目文本更加精细化

D. 更多的教师有机会参与学校预算编制

E. 有足够的预算编制时间

F. 学校和上级部门以教育成效为导向编制预算

G. 严格遵循预算决策程序

H. 学校在实现绩效目标前提下，有一定的预算自主权

I. 依据预算资金使用效果进行绩效问责

J. 预算相关信息应该公开透明

K. 公开的预算财务文本信息应当细化

L. 其他（请注明）____________

14. 在目前教育经费预算管理水平下，您对所在学校教学条件的满意程度

A. 非常满意　　B. 比较满意　　C. 一般满意

D. 不满意　　E. 非常不满意

15. 您认为，您所在学校教育和教学中迫切需要增加的经费支出项目是（可多选）

A. 提高教师工资

B. 改善教学条件（计算机、图书、实验设备）

C. 加强教师培训

D. 改革教学方法

E. 提高学生创新能力和综合素质

F. 学校基建

G. 其他（请注明）____________

16. 您认为，您所在学校在教育和教学经费支出上需要削减的方面是（可多选）

A. 教师工资　　B. 教学设施（计算机、图书、实验设备）

C. 教师培训　　D. 学生创新能力和素质提高

E. 学校基建　　F. 其他（请注明）____________

17. 您认为，您所在学校在教育和教学经费支出上需要提高效率的方面是（可多选）

A. 教师工资　　B. 教学设施（计算机、图书、实验设备）

C. 教师培训　　D. 学生创新能力和素质提高

E. 学校基建　　F. 其他（请注明）____________

18. 您认为，您所在学校目前教育经费预算管理存在的主要问题是（可多选）

A. 预算编制过程时间不足

B. 预算编制教师参与不够

C. 预算项目编制不够科学精细

D. 政府预算支出目标与学校实际需要匹配度较低

E. 预算执行过程约束力小

F. 预算执行效率不高
G. 学校预算执行缺乏自主权
H. 对预算执行结果绩效考核不严
I. 对预算绩效问责不力
J. 预算相关信息不够透明

19. 您认为，您所在学校教育经费预算管理最需要改进的方面是

A. 预算编制过程民主　　B. 预算项目信息详细、具体
C. 预算编制时间充足　　D. 预算专业知识提高
E. 预算编制绩效导向　　F. 预算决策遵循程序
G. 学校有预算自主权　　H. 依据预算结果实施绩效问责
I. 预算财务信息公开透明　　J. 其他（请注明）____________

20. 您对进一步完善教育经费预算管理好的建议（可另附页）

建议1：

建议2：

建议3：

问卷内容已填写完毕，再次感谢您的配合！

附录9：

北京市义务教育经费预算管理情况调查问卷（学生家长版）

尊敬的家长：您好！

孩子上学是每个家庭的大事儿。北京市近几年对我们中小学投入了大量的资金，学校办学条件得到了很大的改善，这是有目共睹的。但是作为孩子的家长，总希望学校办得更好，使我们的孩子都能上一个优质学校。学校办学是需要花钱的。那么，办教育得花多少钱？钱从哪来？如何花？这就是教育经费预算关注的主要内容。

所谓教育经费预算，通俗的说，就是对办教育的钱“从哪来”“花多少”“怎么花”进行一个预先安排，并编制形成计划文件。《国家中长期教育改革和发展规划纲要》提出的“建立科学化精细化预算管理机制”，既是对教育经费管理存在问题的总结和反思，也是教育经费管理的新思路。《纲要》实施以来，各级政府、学校预算管理状况有了不同程度的改进，您作为学生家长对此有何感受？本问卷调查目的，正是从您作为学生家长的角度，了解目前教育部门及学校经费预算管理现状，以及您对教育预算的感受和需求，问卷调查内容不涉及您孩子个人和学校的任何私人信息，问卷调查统计结果只用于项目研究，绝无其他用途，请放心填写问卷。非常感谢您的帮助和配合。

填写说明：请在您选择的答案项上打√，或在空格中填上相应的内容。除非有特别说明，否则每道题只选择一个答案打√。

《北京市义务教育预算管理问题研究》课题组

一、基本信息

1. 您的孩子目前是在接受

A. 小学教育　　B. 初中教育

2. 您的户籍所在地是

A. 北京　　B. 其他地区

3. 您的学历是

A. 高中及以下　　B. 专科　　C. 本科

D. 硕士　　E. 博士　　F. 其他（请注明）______

4. 您的职业是

A. 生产人员　　B. 销售人员　　C. 市场/工管人员

D. 客服人员　　E. 行政/后勤人员　　F. 人力资源

G. 财务/审计人员　　H. 文职/办事人员　　I. 技术/研发人员

J. 管理人员　　K. 顾问/咨询　　L. 教师

M. 专业人士（如会计、律师、医护人员、记者等）

N. 其他（请注明）____________

二、您了解教育经费预算和参与编制的情况

5. 您对教育经费预算管理的政策、程序及相关问题的了解程度

A. 完全了解　　B. 部分了解　　C. 听说过

D. 完全不了解

6. 您对您孩子所在学校经费预算相关信息的了解程度

A. 完全了解　　B. 部分了解　　C. 听说过

D. 完全不了解

7. 您了解您孩子所在学校经费预算情况的途径

A. 政府及学校官方网站　　B. 学校相关文本材料

C. 学校组织的专门会议报告　　D. 道听途说

E. 未曾关注　　D. 其他（请注明）______

8. 您认为，您孩子所在学校经费预算相关信息的公开程度

A. 完全公开　　B. 部分公开　　C. 完全不公开

D. 未曾关注

9. 作为学生家长，您在学校预算编制过程中的参与程度

A. 充分参与　　B. 部分参与　　C. 很少参与

D. 完全没有参与

10. 您认为学校的教育经费预算编制工作

A. 非常重要　　B. 一般重要　　C. 不重要

D. 没有编制的必要

11. 您认为，作为学生家长参与学校的经费预算管理对教育经费预算编制工作

A. 非常重要　　B. 一般　　C. 不重要

D. 没有参与的必要

三、您对学校教育经费预算管理的看法

12. 在目前教育经费预算管理水平下，您对您孩子所在学校教学条件的满意

程度

A. 非常满意　　B. 比较满意　　C. 一般满意

D. 不满意　　E. 非常不满意

13. 您认为，您孩子所在学校目前迫切需要解决的问题有（可多选）

A. 提高教师的教学水平

B. 开阔教师的国际化视野

C. 提高学生的创新能力和综合素质

D. 提高学生考试科目的学习能力

E. 加强学校基建

F. 改善教学设施（计算机、图书、实验设备）

F. 其他（请注明）____________

14. 您认为，您孩子所在学校在教育和教学经费支出上需要节约开支的方面是（可多选）

A. 教师工资　　B. 教学设施（计算机、图书、实验设备）

C. 教师培训　　D. 学生创新能力和素质提高

E. 学校基建　　F. 其他（请注明）____________

15. 您认为，您孩子所在学校在教育和教学经费支出上需要提高效率的方面是（可多选）

A. 教师工资　　B. 教学设施（计算机、图书、实验设备）

C. 教师培训　　D. 学生创新能力和素质提高

E. 学校基建　　F. 其他（请注明）____________

16. 您认为，百姓监督对促进学校教育经费预算管理的科学化、精细化

A. 非常重要　　B. 比较重要

C. 不重要　　D. 没有监督的必要

17. 目前，您对您孩子所在学校教育经费管理的监督情况

A. 有监督意愿，有监督渠道　　B 有监督意愿但无监督渠道

C. 无监督意愿

18. 您认为教育经费预算管理的科学化、精细化，关键在于（可多选）

A. 提高预算编制人员专业知识

B. 教育经费收入和支出全部纳入预算

C. 预算编制过程有充分的时间

D. 编制的预算项目文本要详细

E. 百姓有机会广泛的参与预算编制过程

F. 预算编制以教育成果绩效为导向

G. 预算决策过程严格遵循程序

H. 依据预算资金使用效果进行绩效问责
I. 学校在实现绩效目标前提下，有一定的预算执行自主权
J. 预算相关信息应该公开透明
K. 公开的预算财务信息应当细化
L. 其他（请注明）____________
19. 您对进一步完善教育经费预算管理好的建议（可另附页）
建议1：

建议2：

建议3：

问卷内容已填写完毕，再次感谢您的配合！